船山遗書

第十一册

宋论
永历实录
莲峰志

〔清〕王夫之 著

中國書店

目录

宋论

宋论卷一·太祖 ……………………………………………………… 3

宋论卷二·太宗 ……………………………………………………… 23

宋论卷三·真宗 ……………………………………………………… 42

宋论卷四·仁宗 ……………………………………………………… 58

宋论卷五·英宗 ……………………………………………………… 84

宋论卷六·神宗 ……………………………………………………… 88

宋论卷七·哲宗 ……………………………………………………… 103

宋论卷八·徽宗 ……………………………………………………… 111

宋论卷九·钦宗 ……………………………………………………… 121

宋论卷十·高宗 ……………………………………………………… 128

宋论卷十一·孝宗 …………………………………………………… 155

宋论卷十二·光宗 …………………………………………………… 163

宋论卷十三·宁宗 …………………………………………………… 171

宋论卷十四·理宗 …………………………………………………… 182

宋论卷十五·度宗　恭宗　端宗　祥兴帝 ………………………… 196

永历实录

永历实录卷一·大行皇帝纪 …………………………………… 205

永历实录卷二·瞿严列传 …………………………………… 214

永历实录卷三·丁王朱列传 …………………………………… 222

永历实录卷四·吴何黄列传 …………………………………… 226

永历实录卷五·李文方列传 …………………………………… 229

永历实录卷六·陈姜列传 …………………………………… 232

永历实录卷七·何堵章列传（郑古爱、杨锡亿附）…………… 237

永历实录卷八·焦胡列传（赵印选 王永柞附）………………… 249

永历实录卷九·马卢二王列传（马维兴附）…………………… 254

永历实录卷十·曹杨张列传（马养麟、黄朝宣附）…………… 260

永历实录卷十一·金王李陈列传（李元胤、刘克安附）……… 265

永历实录卷十二·王杨皮列传 ……………………………… 276

永历实录卷十三·高李列传（牛万财附）…………………… 280

永历实录卷十四·李定国列传 ……………………………… 285

永历实录卷十五·李来亨列传（王光昌、王光兴、郝永忠附）… 292

永历实录卷十六·诸郑列传（阙）…………………………… 295

永历实录卷十七·晏黄二刘列传

（晏霱明、钱秉镫等，黄公辅、陈世杰、蔡之俊、管嗣裘、朱昌时附）…… 296

永历实录卷十八·二张列传

（朱嗣敏、万年策、揭重熙、刘秀矿、周鼎翰、田辟附）…… 303

永历实录卷十九·袁洪曹列传（戴国士、萧琦附）…………… 309

永历实录卷二十·童郭吴万程鲁列传 ……………………… 314

永历实录卷二十一·金堡列传（姚湘、印司奇、丁时魁、张孝起附）… 320

永历实录卷二十二·死节列传上 …………………………… 326

永历实录卷二十三·死节列传下 …………………………… 331

永历实录卷二十四·佞幸列传 ……………………………… 336

永历实录卷二十五·宦者列传 ……………………………… 340

永历实录卷二十六·叛臣列传 ……………………………… 344

莲峰志

总序 353

莲峰志卷一 355

莲峰志卷二 358

莲峰志卷三 364

莲峰志卷四 374

莲峰志卷五 383

宋论

宋论卷一

太祖

一

宋兴，统一天下，民用宁，政用乂，文教用兴，盖于是而益以知天命矣。天曰难谌，匪徒人之不可狃也，天无可狃之故常也；命曰不易，匪徒人之不易承也，天之因化推移，斟酌而曲成以制命，人无可代其工，而相佑者特勤也。

帝王之受命，其上以德，商、周是已；其次以功，汉、唐是已。《诗》曰："鉴观四方，求民之莫。"德足以绥万邦，功足以戡大乱，皆莫民者也。得莫民之主而授之，授之而民以莫，天之事毕矣。乃若宋，非鉴观于下，见可授而授之者也。何也？赵氏起家什伍，两世为裨将，与乱世相浮沉，姓字且不闻于人间，况能以惠泽下流系邱民之企慕乎！其事柴氏也，西征河东，北拒契丹，未尝有一矢之勋；滁关之捷，无当安危，酬以节镇而已逾其分。以德之无积也如彼，而功之仅成也如此，微论汉、唐底定之鸿烈，即以曹操之扫黄巾、诛董卓、出献帝于阽危、夷二袁之僭逆，刘裕之俘姚泓、馘慕容超、诛桓玄、走死卢循以定江介者，百不逮一。乃乘如狂之乱卒，控扶以起，弋获大宝，终以保世滋大，而天下胥蒙其安。呜呼！

天之所以曲佑下民，于无可付托之中，而行其权于受命之后，天自谌也，非人之所得而豫谌也，而天之命之也亦劳矣！

商、周之德，汉、唐之功，宜为天下君者，皆在未有天下之前，因而授之，而天之佑之也逸。宋无积累之仁，无拨乱之绩，乃载考其临御之方，则固宜为天下君矣；而凡所降德于民以靖祸乱，一在既有天下之后。是则宋之君天下也，皆天所旦夕陟降于宋祖之心而启迪之者也。故曰：命不易也。

兵不血刃而三方夷，刑不姑试而悍将服，无旧学之甘盘而文教兴，染掠杀之余风而宽仁布，是岂所望于兵权乍拥、守一长莫著之都点检哉？启之、牖之、鼓之、舞之，俾其耳目心思之牖，如披云雾而见青霄者，孰为为之邪？非殷勤佑启于形声之表者，日勤上帝之提撕，而遽能然邪！佑之者，天也；承其佑者，人也。于天之佑，可以见天心；于人之承，可以知天德矣。

夫宋祖受非常之命，而终以一统天下，底于大定，垂及百年，世称盛治者，何也？唯其惧也。惧者，恻悱不容自宁之心，勃然而猝兴，怵然而不昧，乃上天不测之神震动于幽隐，莫之喻而不可解者也。

然而人之能不忘此心者，其唯上哲乎！得之也顺，居之也安，而惧不忘，乾龙之惕也；汤、文之所以履天佑人助之时，而惧以终始也。下此，则得之顺矣，居之安矣，人乐推之而己可不疑，反身自考而信其无歉；于是晏然忘惧，而天不生其心。乃宋祖则幸非其人矣。以亲，则非李嗣源之为养子，石敬瑭之为爱婿也；以位，则非如石、刘、郭氏之秉钺专征，据岩邑而统重兵也；以权，则非郭氏之篡，柴氏之嗣，内无赞成之谋，外无捍御之劳，如嗣源、敬瑭、知远、威之同起而佐其攘夺也。推而戴之者，不相事使之俦侣也；统而驭焉者，素不知名之兆民也；所与共理者，旦秦暮楚之宰辅也；所欲削平者，威望不加之敌国也。一旦岌岌然立于其上，而有不能终日之势。权不重，故不敢以兵威劫远人；望不隆，故不敢以诛夷待勋旧；学不夙，故不敢以智慧轻儒素；恩不洽，故不敢以苛法督吏民。惧以生慎，慎以生俭，俭以生慈，慈以生和，和以生文。而自唐光启以来，百年嚣陵噬搏之气，浸衰浸微，以消释于无形。盛矣哉！天之以可惧惧宋，而日夕迫动其不康之情者，"震惊百里，不丧匕鬯"。帝之所出而天之所以首物者，此而已矣。然则宋既受命之余，天且若发童蒙，若启甲坼，萦回于宋祖之心不自谌，而天岂易易哉！

虽然，彼亦有以胜之矣，无赫奕之功而能不自废也，无积累之仁而能不自暴也；故承天之佑，战战栗栗，持志于中而不自溢。则当世无商、周、汉、唐之主，而天可行其郑重仁民之德以眷命之，其宜为天下之君也，抑必然矣。

二

韩通足为周之忠臣乎？吾不敢信也。袁绍、曹操之讨董卓，刘裕之诛桓玄，使其不胜而身死，无容不许之以忠。吾恐许通以忠者，亦犹是而已矣。藉通跃马而起，闭关而守，禁兵内附，都人协心，宋祖且为曹爽，而通为司马懿，喧呼万岁者，崇朝瓦解，于是众望丕属，幼君托命，魁柄在握，物莫与争，会附青云之众，已望绝于冲人，黄袍猝加，欲辞不得，通于此时，能如周公之进诛管、蔡，退务明农，终始不渝以扶周社乎？则许之以忠而固不敢信也。

然则通之以死抗宋祖者，其挟争心以逐柴氏之鹿乎？抑不敢诬也。何也？宋祖之起，非有移山徙海之势，蕴崇已久而不可回。通与分掌禁兵，互相忘而不相忌。故一旦变起，奋臂以呼而莫之应。非若刘裕之于刘毅，萧道成之于沈攸之，一彼一此，睨神器而争先获，各有徒众，以待决于一朝者也。无其势者无其志，无其志者不料其终，何得重诬之曰："通怀代周之谋而忌宋祖乎？"

夫通之贸死以争者，亦人之常情，而特不可为葸怯波流者道耳。与人同其事而旋相背，与人分相齿而忽相临，怀非常之情而不相告，处不相下之势而遽视之若无；有心者不能不愤，有气者不能不盈。死等耳，亦恶能旦颓颜而夕北面，舍孤弱而即豪强乎！故曰：贸死以争，亦人之常情，而勿庸逆料其终也。

呜呼！积乱之世，君非天授之主，国无永存之基，人不知忠，而忠岂易言哉？人之能免于无恒者，斯亦可矣。冯道、赵凤、范质、陶谷之流，初所驱使者，已而并肩矣；继所并肩者，已而俯首矣；终所俯首者，因以稽颡称臣，骏奔鹄立，而洋洋自得矣；不知今昔之面目，何以自相对也！则如通者，犹有生人之气存焉，与之有恒也可矣，若遽许之曰周之忠臣也，则又何易易邪！

三

太祖勒石，锁置殿中，使嗣君即位，入而跪读。其戒有三：一、保全柴氏子孙；二、不杀士大夫；三、不加农田之赋。呜呼！若此三者，不谓之盛德也不能。德之盛者，求诸己而已。舍己而求诸人，名愈正，义愈伸，令愈繁，刑将愈起；如彼者，不谓之凉德也不能。求民之利而兴之，求民之害而除之，取所谓善而督民从之，取所谓不善而禁民蹈之，皆求诸人也；驳儒之所务，申、韩之敝辙也。

夫善治者，己居厚而民劝矣，谖顽者无可逞矣；己居约而民裕矣，贪冒者不得黩矣。以忠厚养前代之子孙，以宽大养士人之正气，以节制养百姓之生理，非求之彼也。捐其疑忌之私，忍其忿怒之发，戢其奢吝之情，皆求之心、求之身也。人之或利或病，或善或不善，听其自取而不与争，治德蕴于己，不期盛而积于无形，故曰不谓之盛德也不能。

求之己者，其道恒简；求之人者，其道恒烦。烦者，政之所繇棼，刑之所繇密，而后世儒者恒挟此以为治术，不亦伤乎！子曰："道之以政，齐之以刑。"政刑烦而民之耻心荡然，故曰不谓之凉德也不能。

文王之治岐者五，五者皆厚责之上而薄责之吏民者也。五者之外，有利焉，不汲汲以兴；有害焉，不汲汲以除；有善焉，不汲汲督人之为之；有不善焉，不汲汲禁人之蹈之。故文王之仁，如天之覆下土，而不忧万物之违逆。夫治国、乱国、平国，三时也。山国、土国、泽国，三地也。愿民、顽民、庸民，三材也。积三三而九，等以差；其为利、为害、为善、为不善也，等以殊；而巧历不能穷其数。为人上者必欲穷之，而先丧德于己矣。言之娓娓，皆道也；行之逐逐，皆法也；以是为王政，而俗之偷、吏之冒、民之死者益积。无他，求之人而已矣。

宋有求己之道三焉，轶汉、唐而几于商、周，传世百年，历五帝而天下以安，太祖之心为之也。逮庆历而议论始兴，逮熙宁而法制始密，舍己以求人，而后太祖之德意渐以泯。得失之枢，治乱之纽，斯民生死之机，风俗淳浇之原，至简也。知其简，可以为天下王。儒之驳者，滥于申、韩，恶足以与于斯！

四

自太祖勒不杀士大夫之誓以诏子孙，终宋之世，文臣无欧刀之辟。张邦昌躬篡，而止于自裁；蔡京、贾似道陷国危亡，皆保首领于贬所。语曰："周之士贵。"士自贵也。宋之初兴，岂有自贵之士使太祖不得而贱者感其护惜之情乎？

夷考自唐僖、懿以后，迄于宋初，人士之以名谊自靖者，张道古、孟昭图而止；其辞荣引去、自爱其身者，韩偓、司空图而止；高蹈不出、终老岩穴者，郑邀、陈抟而止。若夫辱人贱行之尤者，背公死党，鬻贩宗社，则崔胤、张浚、李磎、张文蔚倡之于前，而冯道、赵凤、李昊、陶谷之流，视改面易主为固然，以成其风尚。其他如和凝、冯延己、韩熙载之俦，沉酣倡俳之中，虽无巨慝，固宜以禽鱼畜玩而无庸深惜者也。士之贱，于此极。则因其贱而贱之，未为不惬也。恶其贱，而激之使贵，必有所惩而后知改，抑御世之权也。然而太祖之于此，意念深矣。

昔者周衰，处士横议，胁侯王，取宠利，而六国以亡。秦恶其嚣，而坑儒师吏以重抑之。汉之末造，士相标榜，鸷击异己，以与上争权，而汉以熸。曹孟德恶其竞，而任崔琰、毛玠督责吏治以重抑之。然秦以贾怨于天下，二世而灭。孟德死，司马氏不胜群情，务为宽纵，而裴、王之流，倡任诞以大反曹氏之为，而中夏沦没。繇此观之，因其贱而贱之，惩其不贵而矫之者，未有能胜者也。激之也甚，则怨结而祸深；抑之也未甚，则乍伏而终起。故古之王者，闻其养士也，未闻其治士也。聪明才干之所集，溢出而成乎非僻，扶进而导之以兴，斯兴矣。岂能舍此而求椎鲁犷悍之丑夷，以与共天下哉！

其在《诗》曰："鸢飞戾天，鱼跃于渊"；"周王寿考，遐不作人"。飞者，不虞其飏击也。跃者，不虞其纵壑也。涵泳于天渊之中，而相期以百年之效，岂周士之能自贵哉？文王贵之也。老氏之言曰："民不畏死，奈何以死威之？"近道之言也。民不畏死，而自有畏者。并生并育于天地，独以败类累人主之矜全，虽甚冥顽，能弗内愧于心？况乎业已为士，聪明才干不后于人，诗书之气，耳已习闻，目已习见，安能一旦而弃若委土哉！

夫太祖，亦犹是武人之雄也。其为之赞理者，非有伊、傅之志学，睥睨士气之淫邪而不生傲慢，庶几乎天之贮空霄以翔鸢，渊之涵止水以游鱼者矣。可不谓天启其聪，与道合揆者乎！而宋之士大夫高过于汉、唐者，且倍蓰而无算，诚有以致之也。因其善而善之，因其不善而不善之，以治一家不足，而况天下乎？河决于东，遏而回之于西，未有能胜者也。以吏道名法虔矫天下士，而求快匹夫婞婞之情，恶足以测有德者之藏哉！

五

语有之曰："得士者昌。""得"云者，非上心自得之以为己德也。下得士而贡之于上，固上之得也；下得士而自用之以效于国，亦上之得也。故人君之病，莫大乎与臣争士。与臣争士，而臣亦与君争士；臣争士，而士亦与士争其类；天下之心乃离散而不可收。《书》曰："受有亿兆人，离心离德。"非徒与纣离也，人自相离，而纣愈为独夫也。人主而下，有大臣，有师儒，有长吏，皆士之所自以成者也。人主之职，简大臣而大臣忠，择师儒而师儒正，选长吏而长吏贤。则天下之士在岩穴者，以长吏为所因；入学校者，以师儒为所因；升朝廷者，以大臣为所因。如网在纲，以群效于国。不背其大臣，而国是定；不背其师儒，而学术明；不背其长吏，而行谊修。悉率左右以燕天子，群相燕也。合天下贤智之心于一轨，而天子之于士无不得矣。和气翔洽，充盈朝野，浸荣浸昌，昌莫盛焉。"得士者昌"，此之谓也。

大臣不以荐士为德，而士一失矣；师儒不以教士为恩，而士再失矣；长吏不以举士为荣，而士蔑不失矣。乃为之语曰："拜爵公门，受恩私室，非法也。"下泮涣而不相亲，上专私而不能广，亿兆其人而亿兆其心，心离而德离，鲜不亡矣。故人主之病，莫甚于与下争士也。

自唐以来，进士皆为知举门生，终其身为恩故；此非唐始然也，汉之孝廉，于所举之公卿州将，皆生不敢与齿，而死服三年之丧，亦人情耳。

持名法以绳人者，谓之曰不复知有人主。人主闻之，愤恚不平，曰：彼得士而我失之矣。繇是而猜妒刻核之邪说，师申、韩以束缚缙绅，解散士心，使相携贰，趋邪径，腾口说，以要人主。怀奸擅命之夫，自矜孤立，而摇荡国是。大臣不自信，师儒不相亲，长吏不能抚。于是乎纲断纽绝，而独夫之势成。故曰："不信乎朋友，弗获乎上矣。"朋友不信，上亦恶得而获之哉！少陵长，贱妨贵，疏间亲，不肖毁贤，胥曰："吾知有天子而已。"岂知天子哉？知爵禄而已矣。

夫士之怀知己也，非徒其名利也；言可以伸，志可以成，气以类而相孚，业以摩而相益。《易》曰："拔茅茹以其汇。"拔不以其汇，而独茎之草，不足以葺大厦久矣。大臣，心腹也；师儒，耳目也；长吏，臂指也。以心应耳目之聪明，以耳目应臂指之动作，合而为一人之身，而众用该焉。其互相离者，不仁者也。不仁者痿以死，如之何君臣争士而靳为己得也！

太祖之欲得士也已迫，因下第举人挝鼓言屈，引进士而试之殿廷，不许称门生于私门。赖终宋之世不再举耳。守此以为法，将与孤秦等。察察之明，悁悁之忿，呴呴之恩，以抚万方，以育多士，岂有幸哉！岂有幸哉！

六

太祖数微行，或以不虞为戒，而曰："有天命者，任自为之。"英雄欺人，为大言耳。其微行也，以己之幸获，虞人之相效，察群情以思豫制，私利之褊衷，猜防之小智，宋德之所以衰。野史载其乘辇以出，流矢忽中辇板，上见之，乃大言曰："射死我，未便到汝。"流矢者，即其使人为之也。则微行之顷，左右密护之术，必已周矣。而谏者曰"万一不虞"，徒贻之笑而已。

凡人主之好微行也有三，此其一也。其下，则狂荡嬉游，如刘子业诸君耳。其次，则苛察以为能，而或称其念在国民，以伺官箴之污洁、民生之苦乐、国事之废举者也。若此者，其求治弥亟，其近道弥似，其自信弥坚；而小则以乱，大则以亡。迄乎乱与亡而不悔其失，亦愚矣哉！何也？两足之所至，两目之所觇，两耳之所闻，斤斤之明，詹詹之智，以与天下斗捷，未有能胜者也。

且夫人主而微行，自以为密，而岂果能密邪？趾未离乎禁闼，期已泄于近幸；形一涉乎通逵，影已彻乎穷巷；此之伺彼也有涯，而彼之伺此也无朕。于是怀私挟佞者，饰慧为朴，行谄以戆，丑正而相许，党奸而相奖，面受其欺，背贻其笑，激怒沽恩，而国是不可复诘矣。即令其免乎此也，一事之得，不足以盖小人；一行之疵，不足以贬君子；一人之恩怨，不足以定仁暴；一方之利病，不足以概海隅。而偶得之小民者，无稽弗询，溢美溢恶，遂信为无心之词，自矜其察微之睿，以定黜陟，以衡兴革，以用刑赏，以权取与，而群臣莫敢争焉。此尤不待奸人之诡道相要，而坐受其蛊。小之以乱，大之以亡，振古如斯，而自用者不察，良足悲已！

夫欲成天下之务，必详其理；欲通天下之志，必达其情。然而人主之所用其聪明者，固有方也。以求俊乂，冢宰公而侧陋举矣；以察官邪，宪臣廉而贪墨屏矣；以平狱讼，廷尉慎而诬罔消矣；以处危疑，相臣忠而国本固矣。故人主之所用智以辨臧否者，不出三数人，而天下皆服其容光之照。自朝廷而之藩牧，自藩牧而之郡邑，自郡邑而之乡保。听乡保之情者，邑令也；听邑令之治者，郡守也；听郡守之政者，藩牧也。因是而达之廷臣，以周知天下之故。遗其小利，惩其大害，通其所穷，疏其所壅。于是而匹夫匹妇私语之情，天子垂旒纩而坐照之以无遗。天下之足，皆吾足也；天下之目，皆吾目也；天下之耳，皆吾耳也。能欺其独知，而不能掩其众著，明主之术，恃此而已矣。愚氓一往之情辞，不屑听也。而况宵人之投隙以售奸者哉！

古之圣王，询刍荛、问工瞽、建鼗鼓以达臣民之隐者，为己救过也，非以察人也。微行者反是，察愈密，听愈惑，自贻败亡而不悟。故曰良足悲已！故微行者有三，而皆君道之所恶。若宋祖者，即不微行，亦岂有攘臂相仍以夺其所夺于人者乎？则亦均之乎愚而已矣。

七

刘禅、孙皓之容于晋，非晋之厚也，诚有以致之也。刘先主以汉主之裔，保蜀土，奉宗祧，任贤图治，民用乂安，尚矣。孙文台奋身郡将，讨董卓，复洛京，父子三世，退保吴、楚，民不受兵者百余年。天之所佑，人之所怀，司马氏弗能重违而绝其世，有不可绝者在也。禅虽暗，皓虽虐，非称兵首难、燧乱天纪者；降为臣仆，足偿其愆，而恶容殄灭乎？

李煜、孟昶、刘鋹以降王而享国封，受宾恪之礼，非其所应得者也，宋之厚也。迹其先世，无积累之功，无巩固之守，存乎蓬艾之间，偷以自王，不足以当白马之淫威久矣。其降为皂隶，可无余憾。而优渥之礼加乎其身，故曰：宋之厚也。

虽然，责蜀、粤、江左之亢僭争衡，不夙奉正朔于汴、洛，而以俘虏之刑处之，则又不可。臣服者，必有所服也；归命者，必有所归也；有君而后有臣，犹有父而后有子也。唐亡以来，天下之无君久矣。朱温，贼也；李存勖、石敬瑭，沙陀之部夷也；刘知远、郭威，乘人之燧，乍踞其位，犹萤之耀于夜也。剖方州而称帝，仅得其十之二三。特以汴、洛之墟为唐故宫之址，乘虚袭处，而无识者遂题之以正统。如是而欲雄桀足恃者纳土称臣，以戴为共主，天其许之而人其顺之乎？故徐温、孟知祥、刘岩之与朱、李、石、刘相为等夷，而非贼非夷，较犹愈焉。则其后嗣之守土不臣，势穷而后纳款，固君子所矜，而弗容苛责者也。

若夫因乱窃立，穷蹙而俘，宜膺王者之诛；则抑必首乱以劫夺，而非有再造之志者耳。项羽虽负罪有十，而诛秦犹因义愤，故汉高封鲁公以厚葬之，而不掩其功。王莽之乱，人心思汉，诸刘鹊起，而隗嚣、公孙述、张步、董宪之流，俶扰天纪，以殃求莫之民。杨广凶淫，民虽靡止，而窦建德、萧铣，徐圆朗乘之以掠杀既困之民；刘武周、梁师都、薛仁杲倚戎狄以戕诸夏；王世充受隋宠命，狐媚而售其攘夺。凡此者，皆首祸于天下，无已乱之情而利于乱者也。故虽或降附，而稿街之悬，邱民咸快。其与蜀、粤、江南，不可同日而语矣。王者上溯天心，下轸民志，操不爽之权衡以行诛赏，差等之殊，不容紊也。

徐温佐杨行密以御毕师铎、秦宗权之毒，而江、淮安。江、淮之乱，非杨、徐始之也。刘岩坐拥百粤，闭关自擅，而不毒民以与吴、楚争强。孟知祥即不据蜀疆，石、刘惴惴以偷立，契丹外逼，诸镇内讧，救死不遑，固无能越剑阁以绥两川也。则此三方者，未尝得罪于天人，嗣子保其遗业，婴城以守，众溃而后降，苟非残忍嗜害以为心，亦恶能以窦建德、萧铣之诛，违理而逞其淫刑乎！

天之所怒者，首乱者也；人之所怨者，强争者也。仁有不可施，义有不可袭，必如宋祖之优处降王，而后可曰忠厚。

八

口给以御人，不能折也。衡之以理，度之以势，即其御我者以相诘，而固无难折。夫口给者，岂其信为果然哉？怀不可言之隐，相诱以相劫，而有口给之才，以济其邪说，于是坐受其穷。唯明主周知得失祸福之原，秉无私以照情伪之始终，则不待诘而其辩穷矣。曹翰献取幽州之策，太祖谋之赵普。普曰："翰取之，谁能守之？"太祖曰："即使翰守之。"普曰："翰死，谁守之？"而帝之辩遂穷。是其为言也，如春冰之脆，不待凿而自破，而胡为受普之御也！

取之与守，其难易较然矣。劳佚饥饱之势既殊，而攻者处可进可退之地，人无固志，守则生死之争也。能夺之于强夷之手，而畏其不保乎？因其城垒，用其人民，收其刍粮，则蚁附者不能争我于散地。况幽州者，负西山，带卢沟，沓嶂重崖以东迤于海，其视瀛、莫、河朔之旷野千里，可恣骑兵之驰突者奚若？得幽州，则河朔之守撤；不得幽州，则赵、魏之野，莫非边徼。能守赵、魏，而不能守幽州乎？忧曹翰死而无能守幽州者，则姑置之，徒不忧守赵、魏之无人，抑将尽取大河南北而授之契丹也与？翰死而不能更得翰，则幽州之取愈亟矣。所患者，幽州不易得耳。既已得之，而使翰经理守之之事，则虽不如翰者，倚其所缮之营堡，食其所储之米粟，用其所备之甲兵，自可百年而屹然以山立。繇汉以来，踞燕山以扼北边，岂人皆如翰，而短垣卒不可逾，又何忧翰之不再得哉？

虑之远者，亦知其所可知而已。吕后问汉高以社稷之臣，至于一再，则曰："非汝所知。"非独吕后之不知，汉高亦不知也。所可知者，育材有素，抡选有方，委任之以诚，驾驭之以礼，则虽百年以后之干城，皆早卜其勋名之不爽。何事于曹翰膂力方刚之日，而忧其难继哉？逆料后之无良将，而靳复其故宇；抑将料子孙之无令人，而早举中夏投之戎敌，以免争战之劳与？

故普之说，口诚给也；以其矛，攻其盾，破之折之，不待踟蹰，而春冰立泮。然而以太祖之明，终屈于其邪说也，则抑有故矣。谓谁能守者，非谓才不足以守也；谓翰死无能如翰者，非谓世无如翰之才者也。普于翰有重疑矣。而太祖曰："无可疑也。"普则曰："舍翰而谁可弗疑也？"幽燕者，士马之渊薮也。天宝以来，范阳首乱，而平卢、魏博、成德相踵以叛。不惩其失，举以授之亢衡强夷之武人，使拊河朔以瞰中原，则赵氏之宗祏危矣！呜呼！此其不言之隐，局蹐喔嘶于闱闼，而甘于胭缩者也。不亦可为大哀者乎！

夫直北塞垣之地，阻兵而称乱者，诚有之矣。汉则卢绾、陈豨、彭宠、卢芳；唐则始于安禄山，终于刘仁恭父子。然方跃以起，旋仆以灭，亡汉唐者，岂在是哉？且其拥兵自保，而北边阑入之祸消，虽倔强不戢，犹为我吠犬以护门庭也。迨及朱温屠魏博，李存勖灭刘守光，而后契丹之突骑长驱于河、汴，而莫之能遏。御得其道，则虽有桀骜之夫而无难芟刈。即其不然，割据称雄者，犹且离且合，自守其疆域，以为吾藩棘。此之不审，小不忍而宁掷之敌人，以自贻凭陵之祸。四顾怀疑，密谋而安于弃割，弗能告人曰吾之忧在此也，则口给之言，入乎耳而警于心；普曰："翰未可信也，继翰者愈可疑也。"则画河自守，鞭易及而马腹无忧耳。宋之君臣匿情自困，而贻六百年衣冠之祸，唯此而已矣。

乃若普者，则又不仅是。以幕客之雄，膺元勋之宠，睥睨将士，奄处其上，而固无以服其心也。陈桥之起，石守信等尸之，而普弗与；下江南，收西川，平两粤，曹彬、潘美等任之，而普弗与；则当时推诚戮力之功臣，皆睊普而愤其轧己，普固有不与并立之势，而日思亏替之以自安。所深结主知以使倚为社稷臣者，岂计安天下以安赵氏哉？唯折抑武臣，使不得立不世之功以分主眷而已。故其受吴、越之金，而太祖曰："彼以为天下事尽繇书生也。"则太祖亦窥见其情，徒疑忌深而利其相制耳。

惟然，而太祖之任普也亦过矣。不仁者，不可与托国。则他日之甚害其子弟以固宠禄，亦何不可忍也！诚欲崇文治以消桀傲与！则若光武之进伏湛、卓茂，以敦朴纯雅之风，抑干戈之气，自足以靖方夏而化强悍。若湛、茂等者，皆忠厚之心，而无阴鸷钳伏之小知者也。故功臣退处，而世效其贞。当宋之初，岂无其人，而奚必此怀棨倚门、投身戎幕之策士乎？弗获已，而窦仪、吕余庆之犹在也，其愈于普也多矣。险诐之人，居腹心之地，一言而裂百代之纲维。呜呼！是可为天下万世痛哭无已者也。

九

曹翰之策取幽州，勿虑其不可守也，正惟欲取之而不克。何以明其然也？兵者，非可乍用而胜者也，非可于小康之世，众志惰归而能当大敌者也。宋承五代之余，人厌干戈，枭雄之气衰矣。江南、蜀、粤之君臣，弄文墨，恣嬉游，其甚者淫虐逞而人心解体，兵之所至，随风而靡，宋于是乘之以有功。彼未尝誓死以守，此未尝喋血以争，如项羽、公孙述、窦建德、薛举之几胜几负而始克者也。乃天下已收其八九，而将卒之情胥泮涣矣。以此而骤与强夷相竞，始易视之，中轻尝之，卒且以一衄而形神交馁。故太宗之大举北伐，惊溃披离而死伤过半。孰是曹翰之奋独力以前，而可保坚城之遽下邪？

虽然，抑岂无以处此哉？汉高帝尝困于白登矣，至武帝而幕南可无王庭；唐高祖尝称臣于突厥矣，至太宗而单骑可使却走。夫汉与唐，未尝不偃戈息马以靖天下也；未尝不制功臣使蹲伏而不敢窥天位也；特不如赵普者惴惴畏人之有功，而折抑解散之，以偷安富贵。则迟之又久，而后起者藉焉，何忧天下之无英杰以供驱使哉？勾践，一隅之君耳，生聚之，教训之，卒以沼吴。惟长颈鸟喙之难与共功，而范蠡去，文种诛，以终灭于楚。一得一失之几，决于君相之疑信，非繇天下之强弱，其当审矣。

以普忮害之小慧，而宋奉之为家法，上下师师，壹于猜忌。狄青、王德用且如芒刺之在背，惟恐不除焉。故秦桧相，而叩马之书生知岳侯之不足畏。则赵普相，而曹翰之策不足以成功，必也。翰之以取幽州自任也，翰固未之思也。

十

《记》曰："礼从其朔。"朔者，事之始也；从之者，不敢以后起之嗜欲狎鬼神也。又曰："礼，时为大。"时者，情之顺也；大之者，不忍于嗜欲之已开，而为鬼神禁之也。是故燔黍而有敦黍，捭豚而有燔肉，玄酒而有三酒，太羹而有和羹。不废其朔，质也，而将其敬，不从其情，则文也；不违其时，文也，而致其爱，不靳乎美，则质也。兼敦而互成，仁人孝子之以事鬼神者乃尽之。

祭用笾、豆，周制也；夏殷以上，固有不可尽考者矣。不可考者，无自而仿为之，则以古之所可考者为朔。祭之用笾、豆、铏、俎、敦、彝，仿周制而备其器，所以从朔而将其敬，非谓必是而后为鬼神之所歆也。尊其祖而不敢亵，文治也，而质为之诎矣。太祖欲撤之，而用当时之器，过矣。过则自不能晏然于其心，而必为之怵惕，故未几而复用之。然而其始之欲用当时之器，以顺情而致养，亦未甚拂乎道也。歉然不惬，而用祖考之所常御；怵然中变，而存古人之所敬陈；皆心也。非资闻见以仿古，徇流俗以从时也。爱不忍忘，而敬不敢弛；质不忍靳，而文不敢替；故两存之。于其必两存者，可以察仁孝之动以天者矣。

虽然，其未研诸虑而精其义也。古者天子诸侯之事其先，岁有祫，时有享，月有荐。荐者，自天子达于庶人，而祭以等降。祭以文昭敬，位未尊而敬不得伸；荐以质尽爱，苟其亲者而爱皆可致。夫祭必有尸，有尸而有献斯有酢，有酢斯有酬，有酬斯有绎，周洽弥纶，极乎文而不欲其相渎。故尊罍设，玄酒陈，血膋燔，牲升首，太羹具，振古如斯。而笾、豆、铏、俎、敦、彝，皆法古以重用其文，而后尊之也至；尊之也至，而后敬无不伸。若夫荐，则有不必其然者矣。荐非不敬，而主乎爱；主乎爱，则顺乎其时，而以利得其情。古之荐者，所陈之器、所献之味无考焉。意者唯其时而不必于古与！其器，习用而安之；其味，数尝而甘之；仁人孝子弗忍绝也，则于荐设之焉可矣。且夫笾、豆、俎、铏，亦非隆古之器矣；和羹、燔炙，亦非隆古之食矣；古今相酌，而古不废今，于祭且然，而况荐乎？汉、唐以下，所谓祭者皆荐也，未有舍今以从古者也。唯不敢不以从朔之心，留十一于千百，则笾豆相仍，用志追崇之盛。而古器与今器杂陈，古味与今味互进，酌其不相拂者，各以其候而递用之，极致其敬爱，必有当也。而太祖未之讲耳，卒然而撤之，卒然而复之，义不精而典礼不定，过矣。然而其易之之情、复之之心，则固诚有于中惸然而不容抑者存也。有王者起，推此心以求合精于义，而质文交尽，存乎其人焉。非可以意之偶发而废兴之也。

十一

省官以清吏治，增俸以责官廉，开宝之制，可谓善矣。虽然，有说。语云："为官择人，不为人建官。"此核名实、求速效之说也，非所以奖人才、厚风俗、劝进天下于君子之道也。郡县之天下，其为州者数百，为县者千余。久者六载，速者三载，士人之任长吏者，视此而已。他则委琐之簿、尉，杂流兼进者也。以千余县岁进一人，十年而溢于万，将何以置此万人邪？且夫岁进一人之不足以尽天下之才也，必矣。古之建国也，其子、男之国，提封之壤，抵今县之一二乡耳。而一卿、三大夫、九上士、二十七中士、八十一下士，食禄于国，为君子而殊于野人者且如此。进而公、侯，又进而天子之廷，凡其受田禄而世登流品者，不可以纪。故其《诗》云："济济多士，文王以宁。"以文王之德，且非是而无以宁也。育人才以体天成物，而天下以靖。故《易》曰："上天下泽，履，君子以辨上下、定民志。"民志于民而安于利，士志于士而安于义，勿抑其长，勿污其秀，乃以长养善气，礼乐兴，风俗美，三代之所以敦厚弘雅，迎天地之清淑者；岂在循名责实、苟求速效之间哉？

士之有志，犹农之有力也。农以力为贤，力即不勤，而非无其力；士以志为尚，志即不果，而非无其志。士之知有善，犹工贾之知有利也。工贾或感于善，而既已知利，必挟希望之情；士或惑于利，而既已知善，必忌不肖之名。为人上者，因天之材，循人之性，利导之者顺，屈抑之者逆。学而得禄者，分之宜也；菀而必伸者，人之同情也。今使为士者限于登进之途，虽受一命，抑使迁延坷坎，白首而无除授之实，则士且为困穷之渊薮。则志之未果者，求为农而力不任，且疾趋工贾，以不恤旧德之沦亡。其黠者，弄唇舌，舞文墨，炫淫巧，导讼讦，以摇荡天下，而为生民之大蠹。然后从而禁之，乱且自此而兴矣。是故先王建国，星罗棋布，而观之于射，进之于饮，一乡一遂，皆有宾兴之典，试于司马而授之以事，岂其人之果贤于后世哉？所以诱掖而玉之成者，其道得也。

夫论者但以吏多而扰民为忧耳。吏之能扰民者，赋税也，狱讼也，工役也。虽衰世之政，三者之外无事焉。抑考周官六典，任此以督民者，十不二三；而兴学校、典礼乐、治宾旅、莅祀事、候灾祥、庀器服者，事各一司，司各数吏，咸以上赞邦治、下修邦事，劝相之以驯雅之业，而使向于文明。固不能以其喜怒滥施于卑贱，贪叨猎取于贫民弱族也。则吏虽繁，而治固不棼；又何十羊九牧，横加鞭挞之足忧哉？任之以其道也，兴之以其贤也，驭之以其礼也，黜之陟之以其行也。而赋税、狱讼、工役之属，无冗员，无兼任，择其人而任之以专。则吏治之清，岂犹有虑；而必芟之夷之，若芒刺在体之必不能容邪？乃若无道之世，吝于俸而裁官以擅利，举天下之大，不能养千百有司。而金蚀于府，帛腐于笥，粟朽于窌，以多藏而厚亡。天所不佑，人所必仇，岂徒不足以君天下哉？君子所弗屑论已。

十二

军兴，刍粮、糗糒、器仗、舟车、马牛、扉屦、帟幕、械具，日敝日增，重以椎牛酾酒赏功酬谋之费，不可殚极，未有储畜未充而能兴事以图功者也。于是而先储其盈以待事，谋国者所务详也。虽然，岁积月累，希一旦而用，则徒以受财之累，而事卒不成。太祖立封椿库，积用度之余，曰："将以图取燕、云。"志终不遂，而数传之后，反授中国于北敌，则事卒不成之验也。积财既广，既启真宗骄侈之心以奉鬼神；抑使神宗君臣效之，以箕敛天下，而召怨以致败亡；则财之累也。

财可以养士，而士非待余财以养也。谢玄用北府兵以收淮北，刘宋资之以兴；郭子仪用朔方兵以挫禄山，肃宗资之以振。岂有素积以贸死士哉？非但拔起之英，徒手号召，百战而得天下也。盖兵者，用其一旦之气也，用其相习而不骇为非常之情也，用其进而利、坐而不足以享之势也。恃财积而求士以养之，在上者，奋怒之情已奄久而不相为继；在下者，农安于亩，工安于肆，商安于旅；强智之士，亦既清心趋于儒素之为；在伍者，既久以虚名食薄糒，而苦于役；应募者，又皆市井慵惰之夫，无所归而寄命以糊口。国家畜积丰盈，人思猎得，片言之合，一技之长，饰智勇以前，而坐邀温饱，目眐朝廷，如委弃之余食，唯所舐龁，而谁忧其匮？一日之功未奏，则一日之坐食有名，稍不给而溃败相寻以起，夫安所得士而养之哉？锱铢敛之，日崩月坼以尽之，以是图功，贻败而已矣。

且夫深智沉勇决于有为者，非可望于中材以下之子孙也。吾之积之，将以有为也，而后之人不能知吾之所为，而但守吾之所积，以为祖德。其席丰而奢汰者勿论矣；驯谨之主，以守藏为成宪，尘封苔蔽，数无可稽，犹责填入者无已。奸人乘之，窃归私室，而不见其虚。变乱猝生，犹将死护其藏，曾不敢损其有余以救祸。迨其亡，徒赠寇仇，未有能藉一钱之用，以收人心而拯危败者。财之累，于斯酷矣！岂非教积者之作法于凉哉？

天下之财，自足以应天下之用，缓不见其有余，迫不见其不足。此有故存焉：财盈，则人之望之也赊；财诎，则人之谅之也定。见有余者，常畏其尽；见不足者，自别为图。利在我，则我有所恋，而敌有所贪；利不在我，则求利于敌，而敌无所觊。向令宋祖乘立国之初，兵狃于战而幸于获，能捐疑忌，委腹心于虎臣，以致死于契丹，燕、云可图也。不此之务，而窃窃然积金帛于帑，散战士于郊，曰："吾以待财之充盈，而后求猛士，以收百年已冷之疆土。"不亦迷乎！翁姬之智，畜金帛以与子，而使讼于邻，为达者笑。奈何创业垂统思大有为者，而是之学也！

十三

宋初定《开宝通礼》，书佚不传。大抵自唐《开元礼》而上至于《周礼》，皆有所损益矣。妇服舅姑斩衰三年，则乾德三年从大理寺尹拙等奏也。本生父母得受封赠，则淳化四年允李昉之请，赠其所生父超太子太师、母谢氏太夫人始；而真宗天禧元年，遂令所后父母亡、得封本生父母，遂为定制也。斯二者，皆变古制，而得失可考焉。

礼有不可变者，有可变者。不可变者，先王亦既斟酌情理，知后之无异于今，而创为万世法；变之者非大伦之正也。可变者，在先王之世，尊尊亲亲，各异其道，一王创制，义通于一，必如是而后可行；时已变，则道随而易，守而不变，则于情理未之协也。

人之大伦五，唯君臣、父子、夫妇极恩义之至而服斩，兄弟则止于期矣，朋友则心丧而止矣，其他皆君臣、父子、夫妇之推也。舅姑虽尊，繇夫妇而推，非伦之正也。妇人不贰斩，既嫁从夫者，阴阳合而地在天中，均之于一体，而其哀创也深。夫死从子，其义虽同，而庶子不为其长子斩，庶子之妻亦如之，则非适长之不斩，不视从夫而重，虽夫殁无异，一姓之中，无二斩也。是则优夫于父，而妻道尽矣。推而之于舅姑，不容不降也。异姓合，而有宾主之道焉。故妇初执笄以见舅姑，拜而舅姑答之。生答其拜，殁而服期，君子不以尊临人而废礼，所以昭人伦之辨也。

今之夫妇，犹古之夫妇也。则自唐以上，至于成周，道立于不易，情止于自靖，而奚容变焉？若尹拙之言曰："夫居苫块，妇被罗绮，夫妇齐体，哀乐宜同。"其言陋矣。哀乐者，发乎情，依乎性者也。人各自致，而奚以同于夫哉？妇之于夫，其视子之于父也奚若？父斩子期，亦云哀乐异致非父子之道乎？子之居丧也，非见母不入于内，则妇之得见于夫者无几。虽不衰麻，自有质素，祭不行，而无馈笾亚献盛饰之服，苟为礼法之家，亦何至被罗绮以与衰麻相间乎？妇有父母之丧，夫不举乐于其侧，缘情居约，哀者哀，而哀已节者固不以乐乱之，亦无俟强与固哀，而为不及情之贰斩矣。自宋失之，而相沿迄今，以渎典礼，此不可变者，变而失其正也。

若夫为人后者，以所后之父母为父母，而不得厚其私亲，周礼也；非周之尽一天下万世于不可变者也。夫周则有厚道矣。天子诸侯则有世守，卿大夫则有世禄，仰承天职、上事宗庙者，相承也。抑有百世之宗，五世之宗，以合族而勘家政。故嗣国嗣位之适子与其宗子而未有子，则必豫择其昭穆之等亲且贤者以建为嗣。大位奸窥，危病邪伺，不豫则争乱繇此而作。汉之桓、灵，唐之武、宣，听废置于妇寺之手，其炯鉴已。立后以承统，而道壹于所尊，不得以亲间之，示所重也。后世自天子而外，贵贱无恒，奋身自致，庙祧不立，宗子不尊。所谓为人后者，以私爱置，以利赖干，未尝见贵游之子出后于寒门，素封之支承嗣于窭室。又况郦灭于莒、贾篡于韩之渎伦败化者，相仍以乱。则"谓他人父"，"谓他人母"，割其天性之恩，以希非望之获，何有于尊亲？而执古以律今，使推恩靳于罔极，不亦悖乎？

若李昉者，吾不知其何以出后于人，而致青云、依白日，极人世之通显。或怀响响之惠，忘覆载之恩，曾不念位晋三公之身为谁氏之身也，其忍也乎哉！非以世禄而受荣名，非以宗祧故而为养子，前之失也，补过未晚也。且夫古非尽人而有为之后者也，故礼有无后之祭焉。苟非宗子与有世禄，庙祀不因己而存亡，从子可资以继祖，则子之有无，天也；人不可以其伪于天而强为骈拇枝指也。僭立后者非法，觊觎以忘亲为人后者非人，古所不敢不忍者也，奚容假古礼以薄于所生也哉？今之后，非古之后也。李昉之请，天禧之制，变之正也。

是故因亦一道也，革亦一道也。其通也，时也；万古不易者，时之贞也。其塞也，时也；古今殊异者，时之顺也。考三王，俟百世，精义以中权，存乎道而已矣。

十四

将欲公天下而不私其子乎？则亦惟己之无私，而他非所谋也。将欲立长君、托贤者、以保其国祚乎？则亦惟己之知所授，而固不能为后之更授何人者谋也。故尧以天下授舜，不谋舜之授禹也；舜以天下授禹，不谋禹之授启也。授禹，而与贤之德不衰；授启，而与子之法永定。舜、禹自因其时、行其志，而上协帝心，下顺民志，尧、舜岂能豫必之哉？

吴寿梦为四世之谋，而僚死于光；宋穆公为三世之谋，而与夷死于冯。杂公私以行其意欲，及乱之生，慝作于骨肉而不可止。宋太祖惩柴氏之托神器于冲人而传之太宗，可也。乃欲使再传廷美，三传德昭，卒使相戕，而大伦灭裂，岂不愚乎！我以之太宗，我所知也。太宗之授廷美，廷美之授德昭，非我所能知也。臣民之不输心于太宗之子，而奉廷美、德昭，非我所能知也。尧、舜不能必之于舜、禹，而己欲恃赵普之一人，以必之于再传之后乎？

变不可知者，天之数也；各有所怀而不可以强者，人之情也。以人而取必于天，以一人而取必于无定之臣民，则天人无权，而惟己之意欲；圣人之不为此也，所以奉天而顺人也。且使太宗而能舍其子以传之弟与从子也，不待吾之郑重也。如其不能，则骨已朽，言已寒，与闻顾命之赵普且笑我为误，而况拜爵衔恩于太宗之廷者乎？以己意期人，虽公而私；观之不达，虽智而愚；乃以不保其子弟，不亦悲乎！

十五

三代以下称治者三：文、景之治，再传而止；贞观之治，及子而乱；宋自建隆息五季之凶危，登民于衽席，迨熙宁而后，法以敝，民以不康。繇此言之，宋其裕矣。夫非其子孙之克绍、多士之赞襄也。即其子孙之令，抑家法为之檠括；即其多士之忠，抑其政教为之薰陶也。呜呼！自汉光武以外，爰求令德，非宋太祖其谁为迥出者乎？

民之恃上以休养者，慈也、俭也、简也；三者于道贵矣，而刻意以为之者，其美不终。非其道力之不坚，而不足以终也；其操心之始无根，而聊资以用，怀来之不淑，不能久掩也。文、景之修此三者无余力矣。乃其慈也，畜刑杀于心而姑忍之；其俭也，志存厚实而勤用之；其简也，以相天下之动而徐制其后也。老氏之术，所持天下之柄者在此，而天人不受其欺。故王道至汉而阙，学术之不贞者为之也。唐太宗之慈与俭，非有异心也，而无固志。故不为已甚之行以售其中怀之秘，与道近矣；然而事因迹袭，言异衷藏，蒙恩者幸承其惠，偏枯者仍罹其伤。若于简，则非其所前闻矣。繁为口说，而辨给夺人；多其设施，而吏民滋扰。夫惟挟恢张喜事之情，则慈穷而忿起，俭困而骄生，恶能凝静以与人休息乎？是三君者，有老氏处铮之术以亘于中，既机深而事必诡；有霸者假仁之美以著于外，抑德薄而道必穷。及身不偾，犹其才足以待之，不能复望之后嗣，固其宜矣。

宋祖则二者之患亡矣，起行间，陟大位，儒术尚浅，异学不乱其心。怵于天命之不恒，感于民劳之已极，其所为厚柴氏、礼降王、行赈贷、禁淫刑、增俸禄、尚儒素者，一监于毒民侮士之习，行其心之所不安，渐损渐除，而苏其喘息。抑未尝汲汲然求利以兴、求病以去，贸愚氓之愉快于一朝，以不恤其久远。无机也，无袭也，视力之可行者，从容利导，而不尸自尧自舜之名，以矜其美，而刻责于人。故察其言，无唐太宗之喋喋于仁义也；考其事，无文、景之忍人之所不能忍，容人之所不能容也；而天下丝纷之情，优游而就绪；瓦解之势，渐次以即安。无他，其有善也，皆因心者也。惟心之绪，引之而愈长；惟心之忧，出之而不妄；是以垂及百年，而余芳未歇。无他，心之所居者本无纷歧，而行之自简也。简以行慈，则慈不为沽恩之惠；简以行俭，则俭不为贪吝之谋。无所师，故小疵不损其大醇；无所仿，故达情而不求详于文具。子曰："善人为邦百年，可以胜残去杀。"或以文、景当之者，非也；老氏之支流，非君子之所愿见也。太祖其庶几矣！

虽然，尤有其立本者存焉。忍者薄于所厚，则慈亦非慈；侈者必夺于人，则俭亦非俭。文帝之忮淮南，景帝之削吴、楚，太宗之手刃兄弟也；本已削，而枝叶之荣皆浮荣矣。宋祖受太后之命，知其弟不容其子，而赵普密谮之言，且不忍著闻，而亟灭其迹。是不以天位之去留、子孙之祸福，斫其恻怛之心；而不为之制，廓然委之于天人，以顺母而爱弟，蹈仁者之愚而固不悔。汉、唐之主所安忍怀惭而不能自戢者，太祖以一心涵之，而坦遂以无忧。惟其然也，不忍之心所以句萌甲坼，而枝叶向荣矣。不忍于人之死，则慈；不忍于物之殄，则俭；不忍于吏民之劳，则简。斯其慈俭以简也，皆惟心之所不容已。虽粗而不精，略而不详，要与操术而诡于道、务名而远于诚者，所繇来远矣。仁民者，亲之推也；爱物者，民之推也。君子善推以广其德，善人不待推而自生于心。一人之泽，施及百年，弗待后嗣之相踵以为百年也。故曰：光武以后，太祖其迥出矣。

《宋论》卷一终

宋论卷二

太宗

一

钱氏之归宋，与窦融之归汉，仿佛略同。宋之待之也，视光武之待融，固相若也，而宋加厚矣。融之初起，与光武比肩事主，从更始以谋复汉室，非有乘时徼幸之心也。更始既败，独保西陲，而见推为盟主，亦聊以固圉而待汉之再兴。其既得通光武也，绝隗嚣而助攻嚣之师，嚣亡，陇土归汉，融无私焉。则奉版图以入朝，因而礼之，宠以上公，锡以茅土，适足以相酬，而未有溢也。而钱氏异矣。乘唐乱以起于草泽，心固董昌之心也；要唐命以擅有东土，情亦杨行密之情也。徒以西有强吴与争而恐不敌，故假拜表以弹压众心，何尝有共主在其意中哉！唐亡而朱温篡，则又北面事贼，假温之力以掣吴之右臂：自王自霸，鲸食山海，而富无与匹。及宋之兴，虽曰奉朔，亦聊以事朱、李、石、刘者事宋，观望其兴衰而无固志。宋之攻江南也，名为助宋，而投间抵巇，坐收常州为己有。僭伪向尽，乃始执玉以入庭；恋国主之尊，犹不自释也。太宗踵立，中原大定，始卷土以来归。宋之得之，岂钱氏之能授宋也哉？若然，则宋之加厚于钱氏也，不已过乎！

夫置人之情伪，以审己之得失，则予夺正；洁己之愉怫，以谅人之从违，则恩怨平。斯二者，君子之道也，而宋其庶矣。钱氏虽僻处一隅，非宋敌也；而以视江南、粤、蜀，亦足以颉颃，而未见其绌。主无荒淫之愆，下无离叛之虞，画疆自守，傲岸有余；使不量力而闭关以谢宋，则必勤师远出，争战经时而后下之。使然，则白骨横野，流离载道，吴、越之死者积，而中国亦已疲矣。且夫钱俶者，非崛起卒伍，自我得而自我失者也。仰事其先，则宗庙之血食久矣；俯临其下，受禄而立庭众矣。一旦削南面之尊，就班联之次，委故宫于茂草，撤祖庙之櫕梠，夫岂不有痛心于此者？则迟回依恋，不忍遽束手而降附，人各有情，谁能即决于俄顷。不得已而始率宗族子孙以思媚于一王，因以保先王怃留之赤子，俾安于陇亩，而无暴骨之伤；则不忍苛责以显比之不凤也，道宜然也。而宋能折节以勤恩礼，力修长者之行，固非骄倨自大者所能知，久矣。有可责而弗责也，可弗厚而必厚矣。故曰君子之道，而宋其庶矣。休养两浙之全力，以为高宗立国之基，夫诚有以贻之也。

二

不仁之人，不可以托国。悟而弗终托之，则祸以讫；不悟而深信，虽悟而终托之，乱必自此而兴。明察有余，而弗悟者不鲜，固有甚难知者在也。有人于此，与之谋而当，与之决而断，与之言而能不泄，察之于危疑之际而能不移；若此者，予之以仁而不得，斥之以不仁而亦不得，故难知也。虽然，自有不难知者在矣。处人父子、兄弟、夫妇之间，而投蟣承旨以劝之相忮相戕者，则虽甚利于我而情不可测。盖未有仁未绝于心，而忍教人以忮害其天伦者也。持此以为券，而仁不仁之判，若水与火之不相容，故弗难知也。

张子房、李长源之智也，求之于忠谨而几失之。而于汉高帝、唐肃宗、德宗父子猜嫌之下，若痛楚之在肺肝，曲为引譬，深为护持，以全其天性之恩。则求之于忠谨而不得者，求之于仁而仁亦至矣。乃汉、唐之主弗托以国也，使怀忧疑以去。若夫举宗祊民社委之以身后长久之图，则往往任之不仁者而不疑；于是而杨素、徐世勣、赵普之奸售焉。此三人者，谋焉而当，决焉而断，与之言而不泄，处危疑而不移者也。而其残忍以陷我于戕贼，则独任之而不恤。呜呼！天下岂有劝人杀其妻子兄弟而可托以社稷者乎？

杨玄感之反，非玄感之狂也，素之志也。素不死，杨广在其目中，而隋之鹿素得之矣。徐敬业之起兵，非义师也，世勣之杀王后立武氏，欲以武氏乱唐而夺其蹊田之牛也。敬业之力不足以胜武氏耳。世勣不死，纵武氏而后操之，中宗之愚，且为司马德宗，而唐移于徐氏矣。夫赵普，亦犹是也。所与太祖誓而藏之金匮者，曰立长君、防僭夺也。廷美、德昭死矣，太宗一旦不保而普存，藐尔之孤，生死于普之股掌。然则所云防僭夺者，特以太祖死，德昭虽弱，而太宗以英姿居叔父之尊，己懝必不可伸；姑授太宗以俟其身后之冲人，而操纵唯己。故曰：普之情，一素于杨广、世勣于武氏之情。非苛摘之也。

试取普之终始而衡之，其于子房、长源也奚若？而于素、世勣，其异者又几何也？导人以戕杀其天伦者为何等事，而敢于人主之前，无惮于心，无疑于口；非至不仁者，谁敢为之而谁忍为之乎？太宗觉之矣。酬赏虽隆，而终寄腹心于崛起之李昉、吕端，罢普以使死于牖下，故宗社以安。太祖未悟也，发吴、越之瓮金，受雷德骧之面诉，亦既备察其奸；犹且曰：此忠我者，仁足以托。恶知其睨德昭而推刃之心早伏于谮毁太宗不听之日邪？虽然，无难知也。凡普之进谋于太祖者，皆以钳网太祖之故旧元勋而敛权于己也。不仁之不可掩，已久矣。

三

观于赵普、卢多逊进退之际，可以知普之终始矣。普在河阳上表自诉曰：“外人谓臣轻议皇弟，臣实预闻皇太后顾命，岂有间然？”太祖得表，手封而藏之宫中。夫所谓轻议者，议于太祖之前也。议与不议，太祖自知，普何庸表诉？苟无影迹，太祖抑可宣诸中外，奚必密缄以俟他日？然则欲盖弥章之心见矣。传弟者，非太祖之本志，受太后之命而不敢违耳。迨及暮年，太宗威望隆而羽翼成，太祖且患其逼，而知德昭之不保。普探志以献谋，其事甚秘，卢多逊窥见以摘发之。太祖不忍于弟，以遵母志，弗获已而出普于河阳，交相覆蔽，以消他日之衅隙。则普当太祖时以毁秦王者毁太宗，其术一也。

太宗受其面欺，信藏表之言以为戴己。曾不念立廷美者，亦太后之顾命也，普岂独不预闻？而导太宗以置之死，又何心邪？普之言曰："太祖已经一误。"普之情见矣。普于太祖非浅也，知其误而何弗劝之改图？则当日陈不误之谋于太祖而不见听，小人虽谲，不期而自发其隐，恶能掩哉？太宗亦渐知之矣，崇以虚荣，而不委之以机要；故宋琪以两全为普幸，普亦殆矣！特其胁顾命以临太宗，而又曲成其贼害，则心知多逊前此之谮，非普所本无，而弗能施以铁锁也。

杜后之命非正也；卢多逊守太后之命，始之欲全太宗于太祖之世，继之欲全秦王于太宗之世，则非不正也。太后之命虽不正，而疑妒一生，戈矛必起；天伦为重，大位为轻，爱子之私，不敌奉母之志；多逊之视普，其立心远矣。

夫普则诚所谓鄙夫者耳。子曰："苟患失之，无所不至。"患失而无不可为者，诚之所及，志之所执，习之所安，性之所成，以是为利用安身之至要，而天下之道无出于此。切切然患之，若疾痰之加于身而不能自已。是故苟其所结之友，即以患失为待友之信，则友昵之。苟其所奉之君，即以患失为事君之忠，而君宠。为友患失，而阿附朋党，倾危善类，以为友固其荣利。为君患失，而密谋行险，戕害天伦，以为君遂其邪心。夫推其所患以与君友同患，君与友固且怀之以没世；恶知迷以导迷，既陷于大恶而不能自拔；且患之之情既切，则进而患得者无涯；杨素、徐世勣之阴谋，不讫于子孙之援戈以起而不已，皆鄙夫之所必至者乎！

唐亡以后，鄙夫以成奸之习气，熏灼天下而不可浣。普以幕客之雄，沉溺尤至，而机械愈深，虽见疑于英察之主，而终受王封，与冯道等。向非太祖亟进儒臣以荡涤其痼疾，宋且与五季同其速亡。周世宗之英断，岂出太宗下哉？然一传而遽斩者，鄙夫充位为之也。故曰："鄙夫可与事君也与哉！"不可与友以事君，则君不可使之事己，所固然矣。

四

不教之兵，可使战乎？曰："不可。"日教其兵，可使战乎？曰："固不可也。"世所谓教战者：张其旗帜，奏其钲鼓，喧其呼噪，进之、止之、回之、旋之、击之、刺之、避之、就之；而无一生一死、相薄相逼之情形，警其耳目，震其心神。则教之者，戏之也。日教之者，日戏之也。教之精者，精于戏者也。勍敌在前，目荧魄荡，而尽忘之矣。即不忘之，而抑无所用之。是故日教其兵者，不可使战也。

虽然，抑岂可使不教之兵以战哉？夫教战之道无他，以战教之而已矣。古之教战也，教之于四时之田。禽，如其敌也；获禽，如其杀敌也；驱逆，如其挑战也；获而献禽，如其计功以受赏也。趋利而唯恐失，洞中贯脑而唯恐毙之不速，众争追逐而唯恐其后于人，操必杀之心而如不两立。以此而教，行乎战之事矣。然而古之用兵者，邻国友邦之争，怒尽而止，非夷狄盗贼之致死于我而不可与之俱生，以禽视敌，而足以战矣。夫人与人同类，则不容视其死如戮禽而不动其心。敌与我争命，则不如人可杀禽，而禽不能制人之死命。以此为教，施之后世，犹之乎其有戏之心；但习其驰射进止之节，而不能鼓临事之勇，于战固未有当也。况舍此而言教战，黩武也；黩之以戏而已矣。

夫营垒有制，部队有法，开合有势，伏见有机，为将者务知之，而气不属焉，则娴习以熟，而生死成败之介乎前，且心目交荧而尽失其素。况乎三军之士，鼓之左而左，鼓之右而右，唯将是听，而恶用知兵法之宜然哉！所恃以可生可死而不可败者，气而已矣。气者，非可教而使振者也。是故教战者，唯数试之战，而后气以不骇而昌。日习之，日教之，狎而玩之，则其败愈速。是故不得百战之士而用之，则莫若用其新。昔者汉之击匈奴也，其去高帝之时未及百年，凡与高帝百战以定天下者虽已略尽，而子孙以功世彻侯，皆以兵为世业，习非不夙，而酎金之令，削夺无余。武帝所遣度绝幕、斩名王、横驰塞北者，卫青、霍去病、李广、程不识、苏建、公孙敖之流，皆拔起寒微，目未睹孙、吴之书，耳未闻金鼓之节，乃以用其方新之气，而威行乎朔漠。其材官健儿以及数十万之众，天子未闻亲临大阅，将吏未暇日教止齐，令颁于临戎之日，驰突于危险之地，即此以教之而已足于用。故教战者，舍以战教，而教不如其无教，教者，戏而已矣。

虽然，抑有说焉。有数战而不可使战者，屡试之弱敌，幸而克捷，遂欲用之于劲敌也；则宋之用曹彬、潘美以争幽州是已。此数将者，皆为宋削平割据以统一天下者也，然而其效可睹矣。刘铱之虐也，孟昶之荒也，李煜之靡也，狃于苟安，而尽弛其备，兵一临之，而如春冰之顿释；河东差可自固，而太祖顿于坚城之下，太宗复亲御六军，躬冒矢石，而仅克之；则诸将之能，概可知已。幸人之弱，成其平国之功，整行长驱，卧鼓偃旗，而敌已溃；未尝有飞矢流于目睫，白刃接于肘腋，凶危不测之忧也。方且以仁厚清廉、雍容退让、释天子之猜疑，消相臣之倾妒，迨雍熙之世而益老矣。畏以勋名见忌，而思保富贵于暮年之情益笃矣。乃使贸首于积强之契丹，岐沟之死伤过半；岂旌麾不耀云日，部伍不缀星辰，以致敌之薄人于无法哉？怙其胜小敌者以敌大敌，突骑一冲，为生平所未见，而所习者不与之相应，不熸何待焉。张齐贤曰："择卒不如择将。"诸将之不足以一战也，夫人而知之矣。

夫宋岂无果毅趹趻之材，大可分阃而小堪奋击者乎？疑忌深而士不敢以才自见，恂恂秩秩，苟免弹射之风气已成，舍此一二宿将而固无人矣。岐沟一蹶，终宋不振，吾未知其教之与否，藉其教之，亦士戏于伍，将戏于幕，主戏于国，相率以嬉而已。呜呼！斯其所以为弱宋也欤！

五

数变之言，志士耻言之，英主恶闻之。其尚口而无所择也，已贱者也；且诡随而无定操也，不令者也；其反激以相颠倒也，怀奸者也。张齐贤不失为伉直之臣，太宗非听荧之主，宜其免焉。乃当瓦桥战后，议者欲速取幽、燕，齐贤力陈其不可。越六年，齐贤与王显同任枢密，而曹彬、潘美等大举北伐，取岐沟之衄。帝谓齐贤曰："卿等视朕今后作如此事否？"而齐贤愧咎不遑，则岐沟之役，齐贤实赞成之，何前后之相盩戾邪？齐贤不以反覆为耻，太宗不以反覆加诛，夫岂其愦愦之至斯哉？乃取齐贤前日之言而覆理之，则齐贤之志，未尝须臾忘幽、燕者也。

其云"择卒不如择将，任力不如任人"。择将而任之，岂徒以守内地而为偷安之计邪？而太宗卒不能庸。其于将也无所择；醇谨自持之曹彬已耳，朒缩不前之潘美已耳，因仍而委之，无所择也。其于人也不欲任；曹彬之谦谨而不居功，以避权也；潘美之陷杨业而不肯救，以避功也。将避权而与士卒不亲；将避功而败可无咎，胜乃自危；贸士卒之死以自全，而无有不败者矣。虽有都部署之名，而知上之任之也无固志，弗获已而姑试焉，齐贤亦知其不可而姑听焉。于是而齐贤久蕴之情，不容不降志以相从矣。

夫齐贤既知其不可，而不以去就争之，何也？呜呼！舍此，而宋之事无可为矣。契丹之得十六州也，得其地，得其人矣。得其地，则缮城郭，列堡戍，修岩险，知宋有欲争之情，益儆而日趋于巩固。得其人，则愈久而其心愈不回也。当石晋割地之初，朔北之士民，必有耻左衽以悲思者。至岐沟败绩之岁，凡五十年，故老之存者，百不得一。仕者食其禄，耕者习其事，浮靡之夫，且狃其嗜好而与之俱流。过此无收复之望，则其人且视中夏为绝域，衣冠为桎梏，礼乐为赘疣，而力为夷争其胜。且唯恐一朝内附，不能与关南之吏民争荣辱，则智者为谋，勇者为战，而终无可复之期矣。故有志之士，急争其时，犹恐其已暮，何忍更言姑俟哉！

且夫志于有为者，败固其所不讳也。汉高之夷项羽，武帝之攘匈奴，光武之破赤眉，郭子仪之平安、史，皆屡败之余，气不为荼，而惩其所失，卒收戡定之功。彬、美既衄而后，齐贤有代州之捷，尹继伦有徐河之胜；将非无可择，人非无可任，耶律隆绪屡胜之骄兵非无可挫。用兵者，胜亦不可恃也，败亦不可沮也。赞成北伐，何足以为齐贤病哉！而奚庸谏止焉？

唯是太宗悔非所悔，宋琪、王禹偁相奖以成乎怯懦，齐贤于是亦无如此虚枵之君与大臣何；徒有孤出以当一面，少寄其磊砢之壮志而已。故知齐贤之始终以收复为心，而非游移数变无有定情者也。太宗亦深知其有忧国之忧，特不自胜其疑忌消沮之私，岂听荥乎？繹其言，察其情，君子是以重为齐贤悲也。

六

太宗修《册府元龟》《太平御览》诸书至数千卷，命江南、西蜀诸降臣分纂述之任。论者曰：太宗疑其怀故国、蓄异志，而姑以是縻之，录其长，柔其志，销其岁月，以终老于柔翰而无他。呜呼！忮人之善而为之辞以摘之，以细人之心度君子之腹，奚足信哉？

杨业，太原之降将也，父子握兵，死士为用，威震于契丹；谤书迭至，且任以边圉而亡猜。张洎、徐铉、句中正之流，浮华一夫，自诩不为之用，纵之鳌而不足以游，夫人而知之矣。李煜降而不能有他，曹彬谅之，而任其归邸。已灰之烬，不可复炊，二三弄颖之士，固不屑为之重防也。张洎之视诸人，智计较为敏给，亦任之政柄，与参坐论，其余可知已。宋所忌者宣力之武臣耳，非偷生邀宠之文士也。

乃其所以必授纂修之事于诸降臣者，有故。自唐乱以来，朱温凶戾，殄杀清流，杜荀鹤一受其接纳，而震栗几死。陷其域中者，人以文藻风流为大戒，岂复有撩猛虎而矜雅步者乎？李存勖、石敬瑭皆沙陀之孽，刘知远、郭威一执棘之佣也。犷悍相沿，弓刀互竞，王章以毛锥司权算，且不免噪啄于群枭。六籍百家，不待焚坑，而中原无慭遗矣。抑且契丹内蹂，千里为墟，救死不遑，谁暇悯遗文之废坠？周世宗稍欲拂拭而张之，而故老已凋，新知不启。王朴、窦仪起自燕、赵，简质有余，而讲习不夙，隔幕望日，固北方学士之恒也。唯彼江东、西蜀者，保国数十年，画疆自守，兵革不兴，水涘山椒，縢缄无损；故人士得以其从容之岁月，咀文苑之英华。则欲求博雅之儒，以采群言之胜，舍此二方之士，无有能任之者。太宗可谓善取材矣。

光武之兴道艺也，雅乐仪文，得之公孙述也。拓跋氏之饰文教也，传经定制，得之河西也。四战之地，不足以留文治，则偏方晏处者存焉。蒙古决裂天维，而两浙、三吴，文章盛于晚季；刘、宋、章、陶藉之以开一代之治，非姚枢、许衡之得有传人也。繇此言之，士生礼崩乐圮之世，而处僻远之乡，珍重遗文以须求旧之代，不于其身，必于其徒，非有爽也。坐销岁月于幽忧困菀之下者，殆所谓自弃者与！道胜者，道行而志已得；文成者，文著而心以亨。奚必任三事、位彻侯，而后足以荣与？汉兴，功臣名多湮没，而申培、伏胜遗泽施于万年。然则以纂述为束缚英才之徽缥者，细人之陋也。以沮丧君子而有余疚已。

七

人之可信者，不贪不可居之名；言之可信者，不传不可为之事。微生之直，仲子之廉，君子察其不谌。室远之诗，漂杵之书，君子辨其不实。人恶其饰言饰行以乱德也，言恶其溢美溢恶以乱道也。君子之以敦实行、传信史、正人心、厚风俗者，诚而已矣。

江州陈兢九世同居，而太宗岁赐以粟，盖闻唐张公艺之风，而上下相蒙以矜治化也。九世同居，天下亦多有之矣。其宅地广，其田牧便，其习业同，未可遽为孝慈友爱，人皆顺以和也。公艺之告高宗也，曰"忍"。夫忍，必有不可忍者矣。则父子之诤语，妇姑之勃溪，兄弟之交愈，以至于敦伦伤化者皆有之。公艺悉忍而弗较，以消其狱讼仇杀之大恶而已。使其皆孝慈友爱以无尤也，则何忍之有邪？故公艺之言，犹不敢增饰虚美以惑人，为可信也。传陈兢之家者曰："长幼七百口，人无间言。"已溢美而非其实矣。又曰："有犬百余，共一牢食，一犬不至，群犬不食。"其诞至此，而兢敢居之为美，人且传之为异，史且载之为真，率天下以伪，君子之所恶夫乱德之言者，非此言哉？

人而至于百，则合食之顷，一有不至，非按而数之，且不及察矣。犬而至百，垒涌而前，一犬不至，即智如神禹，未有能一览而知者，奚况犬乎？计其家七百口之无间言，为夸诞之说，亦如此而已矣。

尧、舜之有朱、均，文王之有鲜、度，天不能私其美于圣人之家。子之贤不肖，天也。天之化，未有能齐者也；何独于陈氏之家，使皆醇谨以若于长者之训耶？而曰："自陈崇以至于兢，教之有方，饬之有道，家训立而人皆劝。"则尧之于子，既自以则天之德立范于上；而又使事舜于畎亩，以薰陶其气质；陈氏之德十百于尧，其教也十百于舜，庶乎可矣。不然，慧者、愚者、强者、柔者、静者、躁者，咸使整齐专一，而无朱、均、鲜、度之梗化于中，陈氏何德以堪此？取尧、舜犹病之美，夸乡原非刺之无，兢之伪，史之诬，岂待辨而明哉？

且以陈氏之族如彼其善矣，又何赐粟以后，九世之余，寂寂无足纪数；而七百口敦仁崇让之子弟，曾无一人能树立于宋世哉？当唐末以后之丧乱，江州为吴、楚交争之冲。陈氏所居，僻远于兵火，因相保以全其家，分数差明，而无讼狱仇杀之衅。陈氏遂栩栩然以自矜，有司乃栩栩然以夸异，太宗且栩栩然以饰为时雍之化，相率为伪，而犬亦被以荣名。史氏传其不足信者，而世信之；妄人售，而为父兄者恤虚名以渎伦纪；君子所以为世道忧也。

夫君子之齐家，以化及天下也。不为不可成，不居不可久，责备贤者而善养不才，立异以使之同，昭辨以使之一，贤者易以笃其恩，不肖无以增其慝。是以命士而上，父子异宫，不欲其相黩也；五世而降，功缌以绝，不欲其强饰也；立庭之训，止于诗礼；夜饮之戒，严于朝廷；三十授田，而田庐分处；八口以外，而饥寒自赡；无相杂也，则无相竞也。使九世可以同居，族以睦而分以明，则先王胡不立此以为制，而文昭武穆，必使有国有家各赐族以使自为纪哉？化不可骤，情不可强，天不可必，人不可不豫为之防。故伪行伪言不宣，上以诚教，下以诚应。同人之道，类族辨物，而于宗则吝；家人之义，嘻嘻失节，而威如以孚。垂世立教，仁之至、义之尽矣。傀诡之行，矜夸之说，荧惑之下，饰大美以鬻名利，天性受诬而人纪以亡，读史者又何艳焉！

八

三代而下，遂其至性，贞其大节，过而不失其中，幽光内韫，垂五十余年，人无得而称者，其楚王元佐乎！

元佐，太宗之元子也。太宗遂其传子之志，则天下者，元佐之天下也。杜后之命曰：太祖传二弟，而旋授德昭。即令太宗恤遗命，全秦王而授之位，秦王立，其犹从母命也，德昭虽死，而惟吉存；使其不然，则秦王且私授其子，此吴光与僚先后得国之势也。元佐其犹夷昧、余祭之子，位不得而及焉，必矣。太宗挟传子之私，忌秦王而致之死，岂忧己位之不固哉？为元佐计，欲坐收而奄有之尔。故曰：如太宗之志，天下者元佐之天下也。于是而元佐憪然发其天性之恻怛，以质鬼神，以对天下，必欲曲全叔父，以免君父于不仁。愤太宗之不听也，激烈佯狂，纵火焚宫，示不可以君天下。进则有九五之尊，退则膺庶人之罚，万一父怒不测而死及之，亦且甘之如饴。呜呼！是岂三代以下教衰俗圮之得再见者哉？废为庶人，而元佐之心得矣。得其心者，得其仁也。是伯夷、泰伯之所以弁髦人爵，寝处天彝，而保此心以复于礼者也。

东海王强之安于废，父不欲界以天下也。宋王成器之屈于玄宗，弟有社稷之元功，己不得而居其上也。父志存焉，人心归焉，不敢与争，而仅以自保其王爵，议者犹且奖之。元佐以逸获之天下，脱屣而求惬其孤心，岂彼所能企及哉？乃廷无公论之臣，史无阐幽之笔，且以建储称寇准之忠，拥戴诧吕端之节，实录所纪，又为燕不得与及李后、王继恩谋立之说，曲毁其至德。故司马氏曰："伯夷虽贤，得孔子而名益著。"世无君子，信流俗倾妒之口，掩潜德而曲诬之，后世之史，不如其无史也，多矣。

太宗怒，欲安置之于均州，百官谏而止者，知其志之正而理之伸也。真宗立，复楚王之封，加天策将军之号，待以殊礼者，知其弃万乘以全至性，而李后之谋，必其所不就也。太宗愧之，真宗安之，而不能动廷臣国史之心；流俗之迷而不觉，有如是夫！

或曰：泰伯不欲有天下，逃之勾吴，而元佐终受王封，何也？曰：周未有天下，而勾吴为殷之蛮服；古有公子去国而为羁之礼，则有余地以听泰伯之徜徉。宋则一统六寓，而元佐奚适焉？若其终受王封也，藉令秦王立，惟吉继，而太宗既君天下，致年康，则其元子固当为王；王者，元佐之应得也。不为天子而德已至，奚婞婞然致怒天伦，效陈仲子之为哉！

乃于是而见宋之无人也。德昭之死，廷美之窜，大乱之道，太宗之巨慝也。立其廷者，以刚直称，则窦偁、姚坦；以昌言称，则田锡、张齐贤；以方正称，则李昉、吕端；皆所谓贤臣也。而俯首结舌，听其安忍戕性以行私，无敢一念开国之先皇者。仅一卢多逊卫太宗于前，护秦王于后，无忘金匮之言；而赵普之邪说一张，附致深文以窜死。昏霾掩日月之光，仅露孤光于元佐，有心者自知择焉。奚必孔子，而后可致伯夷于青云，存乎人心之不死者而已矣。

九

太宗谓秦王曰:"人君当淡然无欲,勿使嗜好形见于外。"殆乎知道者之言也夫!且夫人之有所嗜好而不能自已者,吾不知其何以然也。耳目口体于天下之物,相得而各有合,欲之所自兴,亦天也。匪徒小人之所依,抑君子之所不能去也。然而相得者,期于得而止;其合也,既合而固可无求。匪徒崇高富贵者之易于属厌,抑贫窭之子可致而致焉者也。

故夫人之所嗜,亦大略可睹矣。居海国者,不嗜麕麚;处山国者,不嗜鳗蛤。未闻其名,则固不慕也;未尽其致,则固不耽也。然则世之有所嗜好而沉迷不反者,皆著见于外而物得乘之以相惑耳。繇是而销日糜月,滥喜狂怒,废事丧德,戕天物,耗财用,导愊淫,迕宵小,抵于败国亡家而不悟。岂果其嗜好之不可遏哉?群然取一物而贵之,则贵矣;群然取一物而安之,则安矣。有所贵而忘其贱,有所安而忘其本不足以安:时过事已,而不知当日之酷好者何心。若是者,吾又恶知其何以然哉?

卫懿公之于鹤也,唐玄宗之于羯鼓也,宋徽宗之于花石也,达者视之,皆无殊于瓦缶之与块土凡虫也,而与之相守以不离。求其故而不得,设身而代为之思,盖触目喜新,偶动于中而著见于外,窥之者曲以相成,习闻数见,浮言胥动,随以流而不可止耳。口之欲止于味,而山珍海错者,非以味也,以其名也。体之欲止于适,而衣珠玉者,非以适也,以其名也。一夫偶以奇而炫之,无识者相因而和之,精而益求其精,备而益求其备;乃至胡椒之八百斛,杨梅仁之十石,不知何所当于嗜欲,而必汲汲以求者如此。呜呼!以口还口,而味亦靳矣;以目还目,而色亦靳矣;以耳还耳,而声亦靳矣;以体还体,而衣被器用游观之所需者亦靳矣。过此,则皆流俗浮游之言转相传述,溢于其分。而劳形、怵神、殃民、珍物,役役以奔走,至死而不释。呜呼!是其愚也,吾且恶知其何以然哉?

故君子之无欲,不爽于理者,无他,耳目口体止于其分,不示人以殊异之情,则人言之沓至,稗官之妄述,导谀者之将顺,鬻技者之蛊惑,举不以易吾耳目口体之素。然则淡然无欲者,非无欲也;欲止于其所欲,而不以流俗之欲为欲也。

夫流俗之欲而荡其心,夫人之所不能免也。奚以治之?其惟有以镇之乎！太宗曰“朕无他好，惟喜读书”，所以镇之也。镇之者，息其纷纭，抑其竞躁，专凝其视听而不迁；古今成败得失之故，迭至而相警，以域其聪明；其神闲，其气肃，其几不可已，其得不能忘。如是，而流俗之相荧者，不待拒而自不相亲。以是而形见于外，天下之饰美以进者，相奖以道艺。其人非必贤，其所习者抑不诡于正矣；其学非必醇，其所尚者固不损于物矣。因而精之，因而备之，而道存焉。故太宗之择术善矣。宋儒先以格物穷理为身、心、意、知之所自正，亦此道焉耳。

虽然，但言读书，而犹有所患。所患者，以流俗之情临简编，而简编之为流俗用者不鲜也。故萧绎、杨广、陈叔宝、李煜以此而益长其恌淫。岂徒人主然哉？凡为学者皆不可不戒也。夫苟以流俗之心而读书，则读书亦嗜好而已。其销日靡月废事丧德也，无以愈。如是者其淫有三，不知戒而蹈之者众，故不可不戒也。物求其名，形求其似，夸新竞丽，耽僻摘险，以侈其博，如是者谓之色淫。师鲰儒之章程，殉小生之矩步，析音韵以求工，设机局以相应，曳声引气，意短言长，如是者谓之声淫。读可喜之言而如中酒，读可怒之事而如操戈，嬉笑以谐心，怒骂以快意，逞其气以击节于豪宕之篇，弛其志以适情于闲逸之语，心与俱流，情将日荡，如是者谓之志淫。此三淫者，非所读之书能病之也。风、雅兼贞淫之什，《春秋》有逆乱之书；远流俗，审是非，宁静以镇耳目之浮明，则道贞于一。轩辕之语，里巷之谣，无不可益也。非是而涉猎六籍，且有导人以迷者；况史册有繁言，百家有琐说乎？班固之核也，蔡邕之典也，段成式、陆佃之博也，苏轼、曾巩之辨也，以是而猎荣名，弋物望，又奚异于烂羊之关内侯、围棋之宣城守、宣淫之控鹤监乎？无他，以读书为嗜好，则适以导人于欲也？惟无欲而后可以读书。故曰：太宗之言，殆知道者之言也。

十

论治者佥言久任，为州县长吏言之耳。夫岂徒牧民者之使习而安哉！州县之吏去天子远，贤不肖易以相欺；久任得人，则民安其治；久任失人，则民之欲去之也，不能以旦夕待，而壅于上闻。故久牧民之任，得失之数，犹相半也。至于大臣，而久任决矣。

国家之政，见为利而亟兴之，则奸因以售；见为害而亟除之，则众竞于嚣。故大臣之道，徐以相事会之宜，静以需众志之定，恒若有所俟而不遽，乃以熟尝其条理，而建不可拔之基。志有所愤，不敢怒张也；学有所得，不敢姑试也。受政之初，人望未归；得君之始，上情未获；则抑养以冲和，待以审固，泊乎若无所营，渊乎若不可测，而后斟酌饱满，以为社稷生民谢无疆之恤。期月三年之神化，固未可为大贤以下几幸也。乃秉政未久，而已离乎位矣。欲行者未之能行，欲已者未之能已，授之他人，而局又为之一变。勿论其君子小人之迭进，而莠稗窃嘉谷之膏雨也。均为小人，而递相倾者，机械后起而益深；均为君子，而所学异者，议论相杂而不调。以两不相谋之善败，共图一事之始终，条绪判于咫寻，而得失差以千里。求如曹参之继萧何，守画一之法以善初终者，百不得一也。且惟萧何之相汉，与高帝相为终始，绪已成，而后洞然于参之心目，无所容其异同。向令何任未久而参代，亦恶能成其所未就以奏治定之功！况其本异以相攻，彼抑而此扬者乎！

夫爰立作相者，非骤起衡茅、初登仕版者也；抑非久历外任、不接风采者也。既异乎守令之辽阔而不深知，则可不可决之于早，既任之而固可勿疑；奚待历事已还，而始谋其进退。故善用大臣者，必使久于其任，而后国是以不迷，君心以不眩。

宋自雍熙以后，为平章、为参知、为密院、总百揆掌六师者，乍登乍降，如拙棋之置子，颠倒而屡迁。夷考其人，若宋琪、李昉、李穆、张齐贤、李至、王沔、陈恕、张士逊、寇准、吕端、柴禹锡、苏易简、向敏中、张洎、李昌龄者，虽其间不乏侥幸之士，而可尽所长以图治安者，亦多有之。十余年间，进之退之，席不暇暖，而复摇荡其且前且却之心，志未伸，行未果，谋未定，而位已离矣。则求国有定命之讦谟，人有适从之法守，其可得与？以此立法，子孙奉为成宪，人士视为故事。其容容者，既以传舍视黄扉，浮沉于一日之荣宠；欲有为者，亦操不能久待之心，志气愤盈，乘时以求胜。乃至一陟一迁，举朝视为黜陟之期，天子为改纪元之号；绪日以纷，论日以起，嚚讼盈廷，而国随以毙。垂法不臧，非旦夕之故矣。

夫宋之所以生受其敝者，无他，忌大臣之持权，而颠倒在握，行不测之威福，以图固天位耳。自赵普之谋行于武人，而人主之猜心一动，则文弱之士亦供其忌玩。故非徒王德用、狄青之小有成劳，而防之若敌国也。且以寇准起家文墨，始列侍从，而狂人一呼万岁，议者交弹，天子震动。曾不念准非操、懿之奸，抑亦无其权藉；而张皇怵惕，若履虎之哐人，其愚亦可嗤也。其自取孤危，尤可哀也。至若蔡京、秦桧、贾似道之误国以沦亡，则又一受其蛊，惑以终身，屹峙若山，莫能摇其一指。立法愈密，奸佞之术愈巧。太宗颠倒其大臣之权术，又奚能取必于暗主？徒以掣体国之才臣，使不能毕效其所长。呜呼！是不可为永鉴也欤！

十一

自唐渔阳之乱，藩镇擅士自殖，迄于割据而天下裂。有数郡之土者，即自帝自王，建蚁封之国。养兵将，修械具，僭仪卫，侈宫室，立百官，益以骄奢，其用不赀。户口农田之箕敛，史不详其虐取者奚若，概可知其溪壑之难填矣。然而固不给也。于是而海国之盐，山国之茶，皆官榷卖；又不足，则榷酒、税农器之令，察及毫毛。迨宋之初，未能除也，皆仍僭伪之陋也。

然就此数者论之，唯农器之税，为虐已甚。税兴而价必涌贵，贫民不赡，则器不利而土荒，民之贫，日以酷矣。榷酒者，官吏降为当垆之佣保，辱人贱行之尤也。而抑有可通之理焉。唯海之有盐，山之有茶，农人不得而有也，贫民不得而擅其利也，弃末耜以营牢盆，舍原隰而趋冈阜，富民大贾操利柄以制耕夫之仰给，而军国之盈虚杳不与之相与；则逐末者日益富，力田者日益贫，匪独不均，抑国计民生之交蹙矣。故古者漆林之税，二十而五，车乘牛马，税之于商，先王之以敦本裕民，而持轻重之衡以低昂淳黠者，道莫隆焉。则斯二者多取之，以宽农田之税，仁之术，义之正也。虽偏方之主，立为程法，其迹若苛；而有王者起，又恶得而废焉？

若夫酒，则尤有道存焉。古之为酒者，以疗疾，以养老，以将敬于宾祭。而过饮之禁，自禹以来，垂戒疤焉。天子所不敢耽，圣人所不敢旨，则愚贱贫寒之子，不敢恣其所欲，素封纨绔之豪，不得听其所嗜。故《周官》有萍氏之讥，恶人之易得而饮也。商贾贸贩之不可缺也，民非是无以通有无而赡生理，虽过徼民利，而民亦待命焉。若夫酒，则藉其无之，而民生自遂；且能永无之，而民气尤醇。乃其流既久，而不可以乍绝，则重税之，而酤者不得利焉。税重价增，而贫者不得饮焉。岂非厚民生正风俗者之所大快哉？然则税之已重，而不为民病者，莫酒若也。榷酒虽辱，而税酒则正，又何疑乎？百家之市无悬帘，则日暮无狺争之狂子；三时之暇无巷饮，则长夏无称贷之穷民；又何病焉！淳化五年，罢官卖而使输课，折中之允得者也。新法行而官卖复行，乃至以歌舞诱人之沉湎，恶足以体太宗之至意乎？

税不一，而莫先于酒，其次茶也，又其次盐也。三者之轻重，准诸道而可得其平。唯农器之税，至景德六年而后罢，太宗于此疏矣。

十二

古有云："受降如受敌。"非但行陈之间，诈降以诱我而覆我也。果于降而无以驭之，示以瑕而使乘，激其怨而使愤，益其骄而使玩，其祸皆深于受敌。受敌而不竞，一败而止，屡败而犹足以振，患在外也。受降而无以驭之，则患在内而无以解。梁之于侯景，身毙国倾，朱异受之也。唐之于河北，兵连祸结，仆固怀恩受之也。或激之，或骄之，祸一发而不知所以防。而不仅此也，无以激之，而无以缓之，犹激也；无以骄之，而无以服之，犹骄也。则宋之于李继捧是已。

李氏自唐以来，世有银、夏，阻于一方；无可归之主；衣被器具之需，仰给于中国者不赡，翘首以望内集者，固其情也。及是，河东之下三年矣。仅隔一水而即宋疆。僭伪削平，风声远讫，卷土而来，披襟而受之，易易也。而正未易也。银、夏之在西陲，士马精强，风俗犷戾，十九同于外夷，固非钱氏蹙处海滨、文弱不振之比也。则受之也，岂得以受钱氏者受之乎？太上之受远人也以德，其次以恩，其次以略，又其次以威。唯德与威，非一旦之积也。宋之德而既凉矣！其恩，则呴呴之仁，不足以抚骄子；其威，则瓦桥关之围，莫州之败，岐沟之衄，天子亲将，倾国大举，而死伤过半，亟议寝兵；李氏入而深测之矣。三者无得而待焉，则受之之略，不容不审也。

继捧既移镇彰德，而四州易帅矣。帅之者，谁使而可邪？使能择虎臣
以镇抚，鼓厉其吏士而重用之，既可以断契丹之右臂；而久任之部曲，尚
武之边民，各得效其材勇以图功名；继迁虽逃，无能阑入而摇荡之，四州
安矣。乃岂无可遣之帅？而托非其人。非无可遣也，夙将如曹彬，而弭
德超得行其离间；血战如杨业，而潘美等得谤以叛离；固不欲付马肥土勇
盐池沃壤于矫矫之臣。夫既不能尔矣，则继捧虽奉版以请吏，而以恩怀
之，使仍拥定难之节，无失其世守；薄收其贡税，渐设其金判，以待其定
而后易制之；且勿使迁居内地，窥我设施，以相玩而启戎心，不犹愈乎？
且夫欲降者，继捧与其二三僚幕而已。其从之以入者，倔强之心，未尝一
日而去于其怀。故继迁之走，旋起收之而乐为之用。还继捧于故镇，则部
落民庶既得内附之利，而无吏治之扰。继迁无以蛊众心，而嚣张渐革，无
难折棰而收之矣。

是策也，唯乘其初附而销萌于未乱，则得也。迨继迁复振之后，守臣
歼，疆土失，赵普乃用之以纵继捧而使归，则中国已在其目中，徒以长寇
而示弱。则继捧北附于契丹，继迁且伪降以缓敌；卒至帝制自雄，虏刘西
土，掣中国以纳赂于北敌，而日就亡削。谋之不臧，祸亦烈矣。乃当日
者，处堂之君相，栩栩然曰："天下已定，百年割据之远人怀音归我，披
襟以受之，无难也。"不已妄乎？

无其德，不建其威；恃其恩，不知其略；有陨自天之福，非其人不
克承也。是故东汉之绝西域，宣德之靳交趾，诚有戒心焉。保天下以无
虞者，唯不可动以小利而思其永，斯以得怀远招携之道，固非宋之所能
胜任也。

十三

为君子儒者，亟于言治，而师申、商之说，束缚斯民而困苦之，乃自
诧曰："此先王经理天下大公至正之道也。"汉、唐皆有之，而宋为甚。陈
靖请简择京东西荒地及逃民产籍；募民耕作，度田均税，遂授京西劝农
使；陈恕等知其不可行，奏罢之，而黜靖知陈州。论者犹惜靖说之不行，

为恕等咎。呜呼！非申、商之徒以生事殃民为治术者，孰忍以靖之言为必可行乎？圣王不作，而横议兴，取《诗》《书》《周礼》之文，断章以饰申、商之刻核，为君子儒者汩没不悟，哀我人斯，死于口给，亦惨矣哉！

今姑勿论其言，且问其人。靖，太常博士也。非经国之大臣，无田赋之官守，出位以陈利害者何心？及授以陈州之民社，则尸位以终，于民无循良之绩，于国无匡济之能，斯其人概可知矣。故夫天下无事而出位以陈利国便民之说者，其人皆概可知也。必其欲持当国大臣之长短，思以胜之，而进其党者也；不则其有所怯忌于故家大族而倾之也；不则以己之贫，嫉人之富，思假公以夺人者也；不则迎君与大臣之意旨，希得当以要宠利者也。即不然，抑偶睹一乡一邑之敝，动其褊衷，不知天下之不尽然，而思概为改作者也。如是者，览其章奏，若有爱民忧国之忧；进而与之言，不无指天画地之略；及授以政，则面墙而一无能为。是其为浮薄侥幸之匹夫也，逆风而闻其膻，而皮相者乐与之亲。《书》曰："何畏乎巧言、令色、孔壬。"诚畏之也。

乃若其言，则苟实求诸事理而其奸立见。唯夫国敝君贪，大臣无老成之识，于是而其言乃售。今取靖言而按之，所谓荒地者，非荒地也；所谓逃民产籍者，非逃民也。自汴、晋交兵，迄于契丹之打草谷，京东、西之凋残剧矣。张全义、成汭之仅为拊循，周世宗以来之乍获休息，乃有生还之游子，侨寓之羁人，越陌度阡，薄耕以幸利，而聊为栖息。当陈靖陈言之日，宋有天下三十二年耳。兵火之余，版籍错乱，荒莱与熟地，固无可稽；逃亡与归乡，抑无可据。则荒者或耕，逃者或复，幸有脱漏以慰鸿雁之哀鸣，百年大定以还，自可度地度人，以使服赋率。靖固知其非荒非逃，而假为募民之说，俾寸土一民，词穷而尽敛之。是役一兴，奸民之讦发，酷吏之追偿，无所底止，民生瘁而国本戕。非陈恕等力持以息其毒，人之死于靖言者，不知几何矣。唐之为此者，宇文融也，而唐以乱。宋之季世为此者，贾似道也，而宋以亡。托井地之制于《周官》，假经界之说于《孟子》，师李悝之故智而文之曰利民，袭王莽之狂愚而自矜其复古，贼臣之贼也。而为君子儒者，曾以其说之不行为惆怅乎？

夫三代之制，见于典籍者，既已略矣，若其画地域民，而俾任土作贡者，则有以也。古之人民，去茹毛饮血者未远也，圣人教之以耕，而民皆择地而治，唯力是营；其耕其芜，任其去就，田无定主，而国无恒赋。且九州之土，析为万国，迨周并省，犹千有八百诸侯，自擅其土以取其民，轻重法殊，民不堪命。故三代之王者，不容不画井分疆，定取民之则，使不得损益焉。民不自为经界，而上代为之。非此，则择肥壤，弃瘠原，争乱且日以兴，芜莱且日以广。故屈天子之尊，下为编氓作主伯之计，诚有不得已也，夫岂以限万世而使必服其征哉！乃其所谓再易者，非必再易也；一易者，非必一易也；其莱田，非必莱也；存其名，不核其实，勤者不禁其广耕，而田赋正如其素。故自上农以至下农，其获五等。岂百亩之所获，勤惰如是其差乎？莱地之耕否使然耳。

及汉以后，天下统于一王，上无分土逾额之征，下有世业相因之土，民自有其经界，而无烦上之区分。至于兵火之余，脱锋刃而务菑畬者，或弱民有田而不敢自列于户，或丁壮有力而不但自垦其田。夫亦患田之不辟而民之不勤，百姓不足而国亦贫耳。无与限之，弗劳募也。名为募而实为综察，以与归飞之雁争稻粱，不已惨乎！

夫如靖者流，妒匹夫匹妇之偷得一饱，而为富有四海之天子益锱铢升斗之利。孟子曰："辟草莱、任土地者，次于上刑。"非若此侪，其孰膺明王之铁钺邪？不劝而自劝者，农也；劝农者，厉农者也。头会箕敛，而文之曰"劝"。夫申、商亦何尝不曰"吾以利民"哉！而儒者诬先王易简之德，以申、商之纤密当之，晋陈靖以与周公齿。道之不明，莫斯为甚矣。

《宋论》卷二终

宋论卷三

真宗

一

咸平四年，诏赐九经于聚徒讲诵之所，与州县学校等，此书院之始也。嗣是而孙明复、胡安定起，师道立，学者兴，以成乎周、程、张、朱之盛。及韩侂胄立伪学之名，延及张居正、魏忠贤，率以此附致儒者于罪罟之中，毁其聚讲之所，陷其受学之人，钳纲修士，如防盗贼。彼亦非无挟以为之辞也。固将曰："天子作君师，以助上帝绥四方者也。亦既立太学于京师，设儒学于郡邑，建师长，饩生徒，长吏课之，贡举登之，而道术咸出于一。天子之导士以兴贤者，修举详备，而恶用草茅之士，私立门庭以亢君师，而擅尸其职，使支离之异学，雌黄之游士，荧天下之耳目而荡其心。"为此说者，听其言，恣其辩，不核其心，不揆诸道，则亦娓娓乎其有所执而不可破也。然而非妨贤病国，祖申、商以虔刘天下者，未有以此为谋国之术者也。

孔子之教于洙、泗，衰周之世也。上无学而教在下，故时君不能制焉。而孔子以为无嫌。彼将曰："今非周纲解纽之代，不得尸上天木铎之权也。"呜呼！佞人之口给，不可胜穷，而要岂其然哉？

三代之隆，学统于上，故其《诗》曰："周王寿考，遐不作人。"然而声教所讫，亦有涯矣，吴、越自习文身，杞、莒沦于夷礼，王者亦无如之何也。若太学建于王都，而圻内为方千里，庠序设于邦国，而百里俭于提封；则春弦夏诵，礼射雅歌，远不违亲，而道无歧出；故人易集于桥门，士乐趋于鼓箧。迨及季世，上之劝之也不勤，而下有专师之函丈矣。况乎后世之天下，幅员万里，文治益敷，士之秀者，不可以殚计，既非一太学之所能容。违子舍，涉关河，抑立程限以制其来去，则士之能就学于成均者，盖亦难矣。若夫州县之学，司于守令，朝廷不能多得彬雅之儒与治郡邑，而课吏之典，又以赋役狱讼为黜陟之衡，虽有修业之堂，释菜之礼，而迹袭诚亡，名存实去，士且以先圣之宫墙，为干禄之捷径。课之也愈严，则遇之也益诡；升之也愈众，则冒之也愈多。天人性命，总属雕虫，月露风云，只供游戏。有志之士，其不屑以此为学也，将何学而可哉？恶得不倚赖鸿儒，代天子而任劳来匡直之任哉？

君子于此，以道自任，而不嫌于尸作师之权者，诚无愧也。道不可隐而明之，人不可弃而受之，非若方外之士，据山林以傲王侯也；非若异端之师，亢政教以叛君父也。所造者，一王之小子；所德者，一王之成人。申忠孝之义，劝士而使之亲上；立义利之防，域士而使之靖民。分天子万几之劳，襄长吏教思之倦；以视抡文之典，不足以奖行，贡举之制，不足以养恬，其有裨于治化者远矣。

当四海一王之世，虽尧、舜复起，不能育山陬海澨之人才而使为君子。则假退处之先觉，以广教思，固其所尸祝而求者也。为君子者，又何愧焉？教行化美，不居可纪之功，造士成材，初无邀荣之志。身先作范，以远于饰文行干爵禄之恶习，相与悠然于富贵不淫、贫贱不诎之中。将使揣摩功利之俗学，愧悔而思附于青云。较彼抡才司训之职官，以诗书悬利达之标，导人弋获者，其于圣王淑世之大用，得失相差，不已远乎？

然则以书院为可毁，不得与琳宫梵宇之庄严而并峙；以讲学为必禁，不得与丹灶刹竿之幻术而偕行；非妒贤病国之小人，谁忍为此戕贼仁义之峻法哉？宋分教于下，而道以大明，自真宗昉；视梁何胤钟山之教加隆焉，其功伟矣。考古今之时，推邹、鲁之始，达圣王之志，立后代之经，以摧佞舌，忧世者之责也，可弗详与？

二

汉武帝之告匈奴曰："南越王头已悬阙下，单于能战，可来。"而匈奴远遁。是道也，齐桓公用之，逾卑耳，伐山戎，为燕辟地，然后南次陉亭，而楚人服罪。故曰："不战而屈人之兵。"非不战也，战功成于彼，而威自伸于此也。中国之自寻兵也，则夷狄必乘之以讧。非徒晋之八王争而刘、石起，即汉、唐之始，汉夷秦、项而冒顿益骄，唐平僭伪而突厥方骋。何也？斗不出于其穴，知其力之已疲也。若夫胥为夷狄矣，强弱之情势虽辽绝而不相知，抑以其意揣而类推之。谓犷戾驰突无制之勇，风飘雨骤而不可御者，彼犹我也。中国能以其长，破其阻，歼其众，得其君长，郡县其部落，则我亦犹彼，而何弗惴惴焉？志曰："先人有夺人之心。"非夺之于方战之谓也。夺之于未战之前，不战而屈，即战而已先馁，其衄败可八九得矣。

李继迁死，德明嗣立，曹玮上言："国危子弱，愿假精兵擒德明送阙下，复河西为郡县。"此一时也，固宋室兴替之大机；而庸主具臣畏葸偷安，猥云德致，拒玮之谋，降诏招抚。悲夫！宋之自折入于西北，为千古憾，虽有虎臣，其将如之何哉！玮之为将，非徒言无勇，徒勇无谋，稽其后效，概可睹矣。世为勋臣，宋抑待以肺腑，睥睨孤豚，游其几俎。诚假以精兵，推心授钺，四州斗绝一隅，孺子植根未固，功之夙成在玮心目间，亦在天下后世心目间也。德明知其不敌，且敛手归朝，而听我之建置西陲，以掣契丹之右臂；百年逋寇，平以一朝，威震贺兰而声驰朔漠。固将曰：今之中国，非昔之中国也。耶律隆绪其敢轻举以向澶州胁盟要赂乎？

善用兵者，欲其攻瑕也，而又不欲攻其已瑕者也。舍瑕而攻坚，则挫于坚，而瑕者亦玩。怯于坚而攻其已瑕，则胜之不足为武，而坚者谅其无能。夫唯处于瑕不瑕之间，而乘瑕以破其坚，则足以震勍寇之心，而制之以气。李继迁之强狡，固契丹之所惮也。而暴死之顷，弱子抚不辑之众，人心离而无为之效死，以为坚而有瑕可攻，以为瑕而人知其坚，不知其瑕。则功一就，而震叠迄于遐荒，其必然之势矣。

且不但此也。宋之所以召侮于契丹者，气先荼也。昔之收巴蜀、入两粤、下江南，皆以众凌寡，乘其瓦解而坐获之。一试之白草荒原、控骑鸣镝之地，边声一起，而气已先夺。夫河西亦塞外矣，引置之凶危之地，而捷报以可就之功，则将视朔漠之骄子，亦犹是可走可馘之虏，气已先增十倍；而又得李氏数世之积，以使趋利而争进。且以士为吾士，人为吾人，士马为吾士马，使若玮者抚而用之，渡一苇以向云中，则幽、燕在其股掌，南取甘、凉，内撤延、环之守，关中固而汴、洛得西面之屏藩。何至澶州之警一闻，盈廷项缩，遽欲走金陵，走巴、蜀，为他日海门窜死之嚆矢哉？

玮谋不行，德明之诏命一颁，而契丹大举之师逾年即至，其应如响，而宋穷矣。况德明不翦，延及元昊，蕞尔小丑，亢为敌国，兵衄将死，趣奉金缯，祸迄于亡而不已。一机之失，追救末繇。呜呼！谋国如斯，孰谓宋有人邪？周莹、王继英之尸位中枢，不足责也。张齐贤、李沆之咎，又奚辞哉？沆之言曰："少有忧勤，足为警戒。"此士燮内宁外患之邪说也。沆者，宋一代柱石之臣也，而何是之述焉？

三

凡上书陈利病，以要主听，希行之者，其情不一，其不足听则均也。其一，大奸挟倾妒之心，己不言以避指摘，而募事外之人，讦时政之失，以影射执政，激天子以废置，掣任事者之肘而使去，因以得遂大奸之所怀。其一，怀私之士，或欲启旁门以幸进，或欲破成法以牟利，其所欲者小，其言之也大，而借相类之理以成一致之言，杂引先王之正训，诡附于道，而不授人以攻击。其一，小有才而见诎，其牙慧笔锋，以正不足，以妄有余，非为炎炎娓娓之谈，不足以表异，侥幸其言之庸，而身因以显。此三者，皆怀慝之奸，訹君相以从己，而行其胁持者也。

非此，则又有闻君之求言也亟，相之好士也甚，踸踔而兴，本无定虑，搜索故纸，旁问涂人，以成其说；叩其中怀，亦未尝信为可行，而姑试言之，以耀人之耳目。非此，则又有始出田野，薄游都邑，受一命而登仕籍，见进言者之耸动当时，而不安于缄默，晨揣夕摩，索一二事以为立说之资，而掇拾迂远之陈言以充幅；亦且栩栩然曰："吾亦为社稷计灵长，为生民拯水火者也。"以自炫而已矣。

非此，则抑有诵一先生之言，益以六经之绪说，附以历代之因革，时已异而守其故株，道已殊而寻其蠹迹；从不知国之所恃赖，民之所便安，而但任其闻见之私，以争得失；而田赋、兵戎、刑名、官守，泥其所不通，以病国毒民而不恤。非此，则有身之所受，一事之甘苦，目之所睹，一邑之利病，感激于衡茅，而求伸于言路。其言失也，亦果有失也。其言得也，亦果有得也。而得以一方者，失于天下；得以一时者，失于百年。小利易以生愚氓之喜，隐忧实以怵君子之心。若此者，心可信也，理可持也，而如其听之，则元气以伤，大法以圮，弊且无穷。而况挟前数者之心以诬上行私，而播恶下土者乎？故上书陈利害者，无一言之足听者也。

李文靖自言曰："居位无补，唯中外所陈利害，一切报罢，可以报国。"所谓大臣者，以道事君。此可以当之矣。道者安民以定国，至正之经也。秉道以宅心而识乃弘，识唯其弘而志以定，志定而断以成，断成而气以静，气静而量乃可函受天下而不迫。天下皆函受于识量之中，无不可受也，而终不为之摇也。大矣哉！一人之识，四海之藏，非有道者，孰能不惊于所创闻而生其疑虑哉？

夫天下有其大同，而抑有其各异，非可以一说竟也久矣。其大同者，好生而恶死也，好利而恶害也，好逸而恶劳也。各守其大经，不能无死者，而生者众矣；不能无害者，而利者长矣；不能无劳者，而逸者达矣。天有异时，地有异利，人有异才，物有异用。前之作者，历千祀，通九州，而各效其所宜；天下虽乱，终亦莫能越也。此之所谓伤者，彼之所自全；此之所谓善者，彼之所自败。虽仁如舜，智如禹，不能不有所缺陷以留人之指摘。识足以及此矣，则创制听之前王，修举听之百执，斟酌听之长吏，从违听之编氓，而天下各就其纪。故陈言者之至乎吾前，知其所自起，知其所自淫；知其善而不足以为善，知其果善而不能出吾之圜中。蝉噪而知其为夏，蛬吟而知其为秋，时至则鸣，气衰则息，安能举宗社生民以随之震动？而士自修其素业，民自安其先畴，兵自卫其职守，贤者之志不纷，不肖之奸不售。容光普照，万物自献其妍媸，识之所周，道以之定。故曰："天下之动，贞于一者也。"文靖之及此，迥出于姚元之、陆敬舆、司马君实之表，远矣。

前乎此者丙吉，后乎此者刘健，殆庶几焉。其他虽有煌炫之绩，皆道之所不许也。以安社稷不足，而况大人之正物者乎？有姚元之，则有张说；有陆敬舆，则有卢杞；有司马君实，则有王安石；好言而莠言兴，好听而讼言竞。唯文靖当国之下，匪徒梅询、曾致尧之屏息也；王钦若列侍从而不敢售其奸；张齐贤、寇准之伉直而消其激烈；所以护国家之元气者至矣。文靖没，宋乃多故，笔舌争雄，而郊原之妇子，不能宁处于枭园瓜圃之下矣。《诗》曰："高山仰止，景行行止。"高者，不易攀也；景者，无有歧也；道之所以覆冒万物而为之宗也。岂易及哉！岂易及哉！

四

澶州之役，寇平仲折陈尧叟、王钦若避寇之策，力劝真宗渡河决战，而日与杨大年饮博歌呼于帐中。故王钦若之谮之曰："准以陛下为孤注。"其言亦非无因之诬也。王从珂自将以御契丹于怀州，大败以归而自焚；石重贵自将以追契丹于相州，诸将争叛而见俘于虏；皆孤注也。而真宗之渡河类之。且契丹之兵势方张，而饮谑自如，曾无戒惧，则其保天子之南归，而一兵不损，寸土不失，似有天幸焉，非孤注者之快于一掷乎？则钦若之谮，宜其行矣。

呜呼！盈宋之庭，铮铮自命者充于班序，曾无一人能知准之所恃，而惊魂丧魄，始挠其谋，终妒其功，高琼、杨亿以外，皆巾帼耳。后之论者曰："准以静镇之也。"生死存亡决于俄顷，天子临不测之渊，而徒以静镇处之乎？则论者亦冯拯、王钦若之流匹，特见事成而不容已于赞美，岂知准者哉？无所见而徒矜静镇，则景延广十万横磨之骄语，且以速败，而效之者误人家国，必此言矣。

夫静镇者，必有所以镇而后能静也。谢安围棋赌墅，而挫苻坚于淝水，非但恃谢玄北府之兵也。慕容垂、朱序、张天锡之撑持实久矣。夫平仲所恃者奚在哉？按事之始终，以察势之虚实，则洞若观火矣。愚者自不察耳。

观其形势，固非小有所得而遽弭耳以退也。乃增卅万之赂，遂无一矢之加，历之数十年，而无南牧之马。岂萧挞览之偶中流矢，曹利用之口给辩言，遂足戢其戎心哉？兵甫一动，而议和之使先至，利用甫归，而议和之使复来，则其且前且却、徜徉无斗志者，概可知也。契丹之灭王从珂也，石敬瑭为之内主；其灭石重贵也，杜威、赵延寿为之内主，契丹不能无内应而残中国，其来旧矣。此内之可恃者也。

且今之契丹，非昔之契丹矣。隆绪席十六州之安，而内淫于华俗；国人得志于衣锦食粱，而共习于恬嬉。至是而习战之将如休哥辈者，亦已骨朽。其入寇也，闻李继迁以蕞尔之小丑，陷朔方，胁朝廷，而羁縻弗绝；及其身死子弱，国如浮梗，而尚无能致讨，且不惜锦绮以饵之使安。宋之君臣，可以虚声恐喝而坐致其金缯，姑以是胁之，而无俟于战也。则挟一索赂之心以来，能如其愿而固将引去，虏主之情，将士之志，三军之气，胥此焉耳矣。故其攻也不力，其战也不怒，关南之土，亦可得则得，不得则已之本情；兵一动而使频来，和之也易，而攻之也抑无难。平仲知之深，持之定，特兵谋尚密，不欲昌言于众以启哓哓之辩论耳。使乘其不欲战之情而亟攻之，因其利我之和而反制之，宁我薄人，必胜之道也。平仲曰："可保百年无事。"非虚语也。此外之可恃者也。

可恃之情形，如彼其昭著，六军之士，欢呼震野，皆已灼见无疑。唯钦若、尧叟、冯拯之流，闻边情而不警于耳，阅奏报而不留于目；挟雕虫之技，傲将吏而不使尽言；修鹄立之容，迨退食而安于醉梦；羽书沓至，惊于迅雷；金鼓乍闻，茫如黑雾；则明白显易之机，在指掌之间，而莫之能喻。已而虏兵忽退，和议无猜，且不知当日之何以得此于契丹。则其云孤注者，虽倾妒之口，抑心所未喻，而亿其必然也。

故体国之大臣，临边疆之多故，有密用焉，而后可以静镇。密者缜也，非徒其藏而不泄。得将吏之心，而熟审其奏报；储侦谍之使，而曲证其初终；详于往事，而知成败之繇；察其合离，而知强弱之数。故蹲伏匿于遐荒，而防其驰突；飞镝交于左右，而视若虻蠓；无须臾之去于心者，无俄顷之眩于目。其密也，斯以暇也；其暇也，斯以奋起而无所惴也。谢安石之称《诗》曰："訏谟定命，远犹辰告。"命定于夙而时以告，猷斯远矣。夫岂易言静镇哉！

五

王旦受美珠之赐，而俯仰以从真宗之伪妄，以为荧于货而丧其守，非知旦者，不足以服旦也。人主欲有所为，而厚贿其臣以求遂，则事必无中止之势，不得，则必不能安于其位。及身之退，而小人益肆，国益危。旦居元辅之位，系国之安危，而王钦若、丁谓、陈彭年之徒，侧目其去，以执宋之魁柄。则其迟回隐忍而导谀者，固有不得已于斯者矣。

真宗之夙有侈心也，李文靖知之久矣。澶州和议甫成，而毕士安散兵归农，罢方镇，招流亡，饰治平之象，弛不虞之防，启其骄心，劝之夸诞，非徒钦若辈之导以恬嬉也。钦若曰："唯封禅可以镇服四海，夸示外国。"言诚诞矣。然而契丹愚昧，惑于机祥，以戢其戎心者抑数十年。则旦知其不可，而固有不能遏抑者也。钦若、谓之奸，旦知之矣。陈彭年上文字，旦瞑目不视矣。钦若之相，旦沮之十年矣。奉"天书"而悒怏，死且自愧，激而欲披缁矣。然而终不能已于顺非从欲之恶者，于此而知大臣之不易于任也。

使旦而为孙奭，则亦可以"天岂有书"对也。使旦而为周起，则亦可以"毋恃告成"谏也。即使旦已处外而为张咏，亦可以乞斩丁谓争也。且使旦仍参政而为王曾，犹可以辞会灵宫使自异也。今既委国而任之我，外有狡虏，内有群奸，大柄在握，君心未厌，可以安上靖邦、息民弭患。而愤起一朝，重违上旨，虚位以快小人之速进，为国计者，亦难言之。故曰大臣不易任也。

虽然，旦之处此也，自有道焉。旦皆失之，则彷徨而出于苟且之涂，弗能自拔，其必然矣。澶州受盟纳贿之耻，微钦若言，君与大臣岂能无愧于心？恬然以为幸者，毕士安蕙畏之流耳。旦既受心膂之托，所用雪耻而建威者，岂患无术哉？任曹玮于西陲，乘李德明之弱而削平之，以断契丹之右臂，而使奢于威，可决策行也。兵初解而犹可挑，戍初撤而犹可置，择将帅以练士马，慎守令以实岩邑，生聚教训，举天下之全力以固河北而临幽、燕，可渐次兴也。能然，则有以启真宗愤耻自强之心，作朝气以图桑榆之效，无用假鬼神以雪前羞，而钦若不能逞其邪矣。

如其才不逮，则其初膺爱立之命，不可不慎也。旦之登庸，以寇准之罢相也。钦若不能与同朝，则旦亦不可与钦若并用。乃钦若告旦以祥瑞之说，旦无以处之，而钦若早料其宜无不可。则旦自信以能持钦若，而早已为钦若所持。夫其为钦若持，而料其不能为异者，何也？相位故也。使旦于命相之日，力争寇准之去，而不肯代其位，则钦若之奸不摧而自折，真宗之惑不辨而自释，亦奚至孤立群奸之上，上下交胁以阿从哉？进退之际，道之枉直存焉，且于此一失，而欲挽之于终，难矣！既乏匡济之洪猷，以伸国威而定主志；抑不审正邪之消长，以慎始进而远佞人；虽有扶抑之微权，而不容不诎。要而言之，视相已重，而不知其重不在位，而在所以立乎其位者也。

宋之盛也，其大臣之表见者，风采焕然，施于后世，繁有人矣；而责以大臣之道，咸有歉焉。非其是非之不明也，非其效忠之不挚也，非其学术之不正也，非其操行之不洁也，而恒若有一物焉，系于心而不能舍。故小人起从而蛊之，已从而玩之，终从而制之；人主亦阳敬礼而阴菲薄之。无他，名位而已矣。夫君子乐则行，方行而忧，忧即违也；忧则违，方违而乐，乐又可行也。内审诸己，而道足以居，才足以胜，然后任之也无所辞。外度诸人，而贤以汇升，奸以凤退，然后受之也无所让。以此求之张齐贤、寇准、王曾、文彦博、富弼、杜衍诸贤，能超然高出于升沉兴废之间者，皆有憾也。而旦适遇真宗眷注之深，则望愈隆，权愈重，所欲为者甚殷，所可为者甚赜；于是而濡轮曳尾以求济，而不遂其天怀，以抱愧于盖棺，皆此为之矣。

呜呼！世教之衰，以成乎习俗之陋也。童而习之，期其至而不能必得，天子而下，宰相而已。植根于肺腑，盘结而不可锄。旦之幼也，其父佑植三槐于庭，固已以是为人生之止境，而更何望焉。后世之人才所繇与古异也，不亦宜乎！

六

宋初，吏治疏，守令优闲。宰执罢政出典州郡者，唯向敏中勤于吏事。寇准、张齐贤非无综核之才也，而倜傥任情，日事游宴；故韩琦出守乡郡，以"昼锦"名其堂；是以剖符为休老之地，而不以民瘼国计课其干理也。且非徒大臣之出镇为然矣。遗事所纪者，西川游宴之盛，殆无虚月，率吏民以嬉，而太守有"邀头"之号。其他建亭台，邀宾客，携属吏以登临玩赏，车骑络绎，歌吹喧阗，见于诗歌者不一。计其供张尊俎之费，取给于公帑者，一皆民力之所奉也；而狱讼征徭，且无暇以修职守；导吏民以相习于逸豫，不忧风俗之日偷，宜其为治道之蠹也滋甚。然而历五朝、百余年间，民以恬愉，法以画一，士大夫廉隅以修，萑苇草泽无揭竿之起。迄乎熙宁以后，亟求治而督责之令行，然后海内骚然，盗夷交起。繇此思之，人君抚有四海，通天下之志以使各得者，非一切刑名之说所可胜任，审矣。

子曰："一张一弛，文武之道也。"张弛之用，敬与简之并行不悖者也。故言治者之大病，莫甚于以申、韩之惨核，窜入于圣王居敬之道。而不知其病天下也，如揠苗而求其长也。

夫俭勤与敬，治道之美者也。恃二者以恣行其志，而无以持其一往之意气，则胥为天下贼。俭之过也则吝，吝则动于利以不知厌足而必贪。勤之亟也必烦，烦则责于人以速如己志而必暴。俭勤者，美行也；贪暴者，大恶也；而弊之流也，相乘以生。夫申、韩亦岂以贪暴为法哉？用其一往之意气，以极乎俭与勤之数，而不知节耳。若夫敬者，持于主心之谓也。于其弛，不敢不张以作天下之气。于其张，不敢不弛以养天下之力。谨握其枢机，而重用天下，不敢以己情之弛而弛天下也，不敢以己气之张而张天下也。故敬在主心，而天下咸食其和。

夫天有肃，则必有温矣；夫物有华，而后有实矣。上不敢违天之化，下不敢伤物之理，则易简而天下之理得，固非外儒术而内申、韩者之所能与也。以己之所能为，而责人为之，且以己之所不欲为强忍为之，而以责人；于是抑将以己之所固不能为，而徒责人以必为。如是者，其心恣肆，而持一敬之名，以鞭笞天下之不敬，则疾入于申、韩而为天下贼也，甚矣！

夫先王之以凝命守邦而绥天下也，其道协于张弛之宜，固非后世之所能及。而得其意以通古今之变，则去道也犹近。此宋初之治，所以天下安之而祸乱不作者也。

三代之治，其详不可闻矣。观于聘、燕之礼，其用财也，如此其费而不吝；饮、射、烝、蜡之制，其游民也，如此其裕而不烦。天子无狗马声色玩好之耽，而不以宵旦不遑者督其臣民；长吏无因公科敛、取货鬻狱之恶，而不以寝处不宁者督其兆庶。故《皇华》以劳文吏，《四牡》以绥武臣，《杕杜》以慰戍卒，《卷阿》以答燕游，《东山》咏结缡之欢，《茉苢》喜春游之乐，皆圣王敬以承天而下宜乎人者。其弛也，正天子之张于密勿以善调其节者也。

宋初之御天下也，君未能尽敬之理，而谨守先型，无失德矣。臣未能体敬之诚，而谨持名节，无官邪矣。于是而催科不促，狱讼不繁，工役不损，争诈不兴。禾黍既登，风日和美，率其士民游泳天物之休畅，则民气以静，民志以平。里巷佻达之子弟，消其嚣凌之戾气于恬愉之下，而不皇皇然逐锥刀于无厌；怀利以事其父兄，斯亦平情之善术也。奚用矫情于所不堪，惜财于所有余，使臣民迫束纷纭，激起而相攘敚哉？《易》曰："乾始能以美利利天下，不言所利。"不言利者，利之所以美也。内申、韩而外儒术，名为以义正物，而实道之以利也。区区以縻财为患者，守瓶之智，治一邑而不足，况天下乎！

夫财之所大患者，聚耳。天子聚之于上，百官聚之于下，豪民聚之于野。聚之之实，敛人有用之金粟，置之无用之窖藏。聚之之心，物处于有余而恒见其不足。聚之之弊，辇之以入者不知止，而窃之以出者无所稽。聚之之变，以吝陋激其子孙，而使席丰盈以益为奢侈。聚之之法，掊克之金人日进其术，而蹈刑之穷民日极于死。于是而八口无宿舂，而民多穷瘠；馈饟无趋事，而国必危亡。然且曰："君臣上下如此其俭以勤，而犹无可如何也。"呜呼！劳形怵心以使金死于藏，粟腐于庾，与耳目口体争铢两以怨咨。操是心也，其足以为民上，而使其赤子自得于高天广野之中乎？

夫官资于民，而还用之于其地，则犹然民之得也。贡税之入，既以豢兵而卫民，敬祀而佑民，养贤而劝民；余于此者，为酒醴豆笾犒赐之需，而用之于燕游，皆田牧市井之民还得之也。通而计之，其纳其出，总不出于其域，有宽之名，而未尝不惠。较之囊括于无用之地者，利病奚若邪？

子曰："奢则不孙。"恶其不孙，非恶其不啬也。传曰："俭，德之共也。"俭以恭己，非俭以守财也。不节不宣，侈多藏以取利，不俭莫大于是。而又穷日殚夕、汲汲于簿书期会，以毛举纤微之功过，使人重足以立，而自诧曰勤。是其为术也，始于晏婴，成于墨翟，淫于申、韩，大乱于暴秦；儒之驳者师焉。熙、丰以降，施及五百年，而天下日趋于浇刻。宋初之风邈矣！不可追矣！而况《采薇》《天保》雅歌鸣瑟之休风乎？

七

宋之以隐士征者四：陈抟、种放、魏野、林逋。夫隐，非漫言者。考其时，察其所以安于隐，则其志行可知也。以其行，求其志，以其志，定其品，则其胜劣固可知也。

抟之初，非隐者也。唐末丧乱，僭伪相仍，抟弃进士举，结豪侠子弟，意欲有为。其思复唐祚，与自欲争衡也，两不可知，大要不甘为盗窃之朱温、沙陀之部族屈，而思诛逐之；力不赡，志不遂，退而隐伏，乃测天地之机，为养生之术，以留目而见澄清之日。迨宋初而其术成矣，中国有天子，而志抑慰矣。闲心云住，其情既定，未有能移之者。而天子大臣又以处轩辕集者待抟，则不知抟也弥甚。但留其所得于化机之一端，传之李挺之、穆伯长以及邵氏。虽倚于数，未足以穷神化于易简而归诸仁义，则抑与庄周互有得失而不可废也。抟之所用以隐者在此。使其用也，非不能有为于世，而年已垂百，志不存焉，孰得而强之哉？

若种放，则风斯下矣。东封西祀，�屦以随车尘，献笑益工，腼颜益厚；则其始授徒山中高谈名理者，其怀来固可知已。世为边将，不能执干戈以卫封疆，而托术于斯，以招名誉；起家阀阅，抑不患名不闻于黼座，诟谇交加，植根自固，恶足比数于士林邪！

魏野、林逋之视此，则超然矣。名已达于明主，而交游不结轸于公卿；迹已远于市朝，而讽咏且不忘于规谏。质其义也，而安以无求；乐其情也，而顺以自适。教不欲施，非吝于正人也，以求己也。书不欲著，非怠于考道也，以避名也。若是者，以隐始，以隐终。志之所存，行则赴之，而隐以成。与抟异尚，而非放之所可颉颃久矣。

乃以其时考之。则于二子有憾焉。子曰："有道则见，无道则隐。"云有道者，岂时雍之代，无待于我，但求明主之知以自荣哉？苟非无道，义不可辱，固将因时之知我不知而进退也。今二子者，当真宗之世，君无败德，相不嫉贤，召命已臻，受禄不诬；而长守荒山，骄称巢、许，不已过乎？前乎此者，郑云叟也；后乎此者，苏云卿、吕徵之也。皆抢攘之世，道在全身，而二子非其时也。

乃以实考之，抑有不足为二子病者。真宗召命下征之时，宋有天下方五十年，而二子老矣！江南平、太原下之去此也，三十二年尔。则二子志学之始，固犹在割据分争之日也。惩无定之兴亡，恶乱人之去就，所决计以自命者，行吟坐啸于山椒，耿介之志一定，而所学者不及于他。迨天下之既平，二子之隐局已就，有司知而钦之，朝士闻而扬之，天子加礼而愿见之，皆曰："此隐君子也。"夫志以隐立，行以隐成，以隐而见知，因隐而受爵；则其仕也，以隐而仕，是其隐也，以仕而隐；隐且为梯荣致显之捷径，士苟有志，孰能不耻哉？伊、吕之能无嫌于此者，其道大，其时危，沟中之民，翘首以待其浣涤，故莘野、渭滨，非为卷娄集膻之地。若二子之时，宋无待于二子。二子之才，充其所能为，不能轶向敬中、孙奭、马知节、李迪而上之也。一日晋立于大廷，无所益于邱山；终身退处于岩穴，无所损于培塿。则以隐沽清时之禄，而卒受虚声之诮，二子之所不忍为，念之熟矣。岸然表异，以愧夫炫孤清而徼荣宠者，抑岂非裨益风教以效于天下与来世哉！

君臣之义，高尚之节，皆君子之所重也。而要视其志之所存。志于仕，则载质策名而不以为辱；志于隐，则安车重币而不足为荣。苟非辱身贱行之伪士，孰屑以高蹈之名动当世而希君相之知乎？嗣是而后，陈烈以迁鄙为天下笑，邵康节志大而好游于公卿之间，固不如周子之不卑小官，伊川之不辞荐召，为直伸其志而无枉于道也。存乎其心之所可安者而已矣。

八

寇平仲求教于张乖崖，乖崖曰："《霍光传》不可不读。"平仲读之，至"不学无术"而悟，曰："张公谓我。"夫岂知其悟也，正其迷也？故善听言者之难，善读书者之尤难也，久矣。

班史云学，吾未知其奚以学也；其云术，吾未知其术何若也。统言学，则醇疵该矣；统言术，则贞邪疑矣。若夫乖崖之教平仲也，其云术者，贞也；则其云学者，亦非有疵也。奚以知其然邪？乖崖且死，以尸谏，乞斩丁谓头置国门，罢宫观以纾民命。此乖崖之术，夫岂摧刚为柔，矫直为曲，以希世免祸而邀荣之诡术哉？

术之为言，路也；路者，道也。记曰："审端径术。"径与术则有辨。夹路之私而取便者曰径，其共繇而正大者曰术。摧刚为柔、矫直为曲者，径也，非术也。平仲不审乎此，乃惩刚直之取祸，而屈挠以祈合于人主之意欲，于是而任朱能以伪造"天书"进，而生平之玷，不可磨矣。抑亦徒为妖人大逆之媒，而己且受不道之诛，谪死瘴疠之乡。则其惩霍光之失者，祸与光等，而污辱甚焉。术不如其无术，故曰：其悟也，正其迷也。

夫人之为心，至无定矣。无学以定之，则惑于多歧，而趋蹊径以迷康庄，固将以蹊径为康庄而乐蹈之。故君子不敢轻言术，而以学正其所趋。霍光之无术，非无张禹、孔光之术也。其不学，非不如张禹、孔光之学也。浸令霍光挟震主之威，而藏身于张禹、孔光之术，则抑且为"伪为恭谨"之王莽，不待其子而身已膺渐台之天诛。非唯乖崖不欲平仲之为此，即班史亦岂欲霍光之若彼哉？学也者，所以择术也，术也者，所以行学也。君子正其学于先，乃以慎其术于后。《大学》之道，正身以正家，正家以正天下。正身者，刚而不可挠，直而不可枉，言有物而不妄，行有恒而不迁，忠信守死以不移，骄泰不期而自远。光能以是为术，则虽有芒刺之君，无所施其疑忌；虽有悍妻骄子，不敢肆其凶逆；而永保令名于奕世矣。夫光立非常之功，居危疑之地，唯学可以消其衅。况平仲之起家儒素，进退唯君，无逼上之嫌者乎！伊尹之学，存乎伊训；傅说之学，存乎说命；周公之学，存乎《无逸》；召公之学，存乎旅獒。张禹、孔光掇拾旧闻，资其柔佞，以正若彼，以邪若此，善读书者其何择焉？平仲怏怏于用舍，一不得当，刓方为圆，扬尘自蔽，与王钦若、丁谓为水火，而效其尤。夫且曰吾受教于张公而知术矣。惜哉！其不得为君子，而自贻窜殛之灾。故曰：其悟也，正其迷也。

君子之学于道也，未尝以术为讳，审之端之而已矣。得失者，义利之大辨；审之也，毫发不可以差。贞淫者，忠佞之大司；端之也，跬步不可以乱。禄不可怀，权不可怙，君恶不可以逢，流俗不可以徇，妖妄不可姑为尝试，宵小不可暂进与谋。《诗》云："周道如砥，其直如矢。"行之家而家训修，行之天下而天下之风俗正，行之险阻而险阻平；可荣可悴，可生可死，而心恒泰然。君子之以学定其心而术以不穷者，此而已矣。乖崖之言术者，此也。则意班史之言术者，亦应未远于此。平仲所习闻于当世之学者，杨亿、刘筠，彼所谓浮华之士也，则固不足以知学者之术矣。恶足以免于疚哉？

九

　　小人之不容于君子，黜之、窜之、诛之，以大快于人心，而要必当于其罪。罪以正名，名以定法，法以称情。情得法伸，奸以永惩，天下咸服，而小人亦服于其罪而莫能怨。君子非求免怨于小人也，而怨以其理，则君子固任其愆。且使情不得而怨以其理者勿恤，则深文忮害之门启，而小人操此术以致难于君子也，靡所不至，遂以召罗织于无穷。故君子之治小人也，至于当其罪而止，而权术有所不用。不得，则姑舍而待其自毙。苟己无愆，得失治乱听之于理数，不得而无自失，不治而不酿乱，足以自靖而已矣。正大持理法之衡，刑赏尽忠厚之致，不可不慎也。

　　王曾，宋之君子也。丁谓之为小人，天下允之，万世允之者也。真宗崩，嗣君始立，曾与谓分执政柄，两不相容。谓之怨毒满天下，公恶遍朝廷，必不容于执政者，可计日待也。即旦夕不可使尸辅弼之权，号于王庭而决去之，亦岂患无辞？曾欲去之，诱谓留身，密陈其恶于冲主，权也；亦权之不诡于正者也。乃以山陵改作，石穴水出，而为之辞曰："谓欲葬真宗于绝地，使无后嗣。"致雷允恭于大辟，而窜谓于海外。呜呼！此小人陷君子之术，而奈何其效之邪？舍其兴淫祀、营土木、陷寇准、擅除授、毒民病国、妒贤党奸之大罪，使不得昭著于两观；而以诞妄亡实之疑案，杀不当杀者，以致谓于羽山之殛；则孰得曰曾所为者，君子之道哉？

　　移山陵于水石之穴，以为宜子孙者，司天监邢中和之言也；信而从之者，雷允恭也；谓无能为异而听之，庸人之恒态也。苟当其罪以断斯狱，中和以邪说窜，允恭以党邪逐，谓犹得末减，而不宜以此谴大臣。曾乃为之辞曰："包藏祸心，移皇陵于绝地。"其不谓之深文以陷人也奚辞？

夫穿地而得水石，谓非习其术者，而恶能知之？石藏于土，水隐于泉，习其术者，自谓知之，以术巧惑人，实固不能知也。浸使中和、允恭告曾于石未露水未涌之时，而为之名曰宜子孙，曾能折以下有水石而固拒之乎？真宗既不葬于此矣，仁宗无子，继有天下者，非真宗之裔，又岂曾仍用旧穴之罪乎？中和以为宜子孙，妄也；曾曰绝地，亦妄也。两妄交争，而曾偶胜。中和、允恭且衔冤于地下，勿论谓矣。天下之恶谓怨谓，而欲其窜死也，久矣；一闻抵法，而中外交快。乃谓奸邪病国之辜，不昭著于天下以儆官邪，则君子不以为快。乘母后之怒，以非其罪而死谓于穷发瘴疠之乡，君子且为谓悲矣。谓以是而窜死，谓之荣也，而曾何幸焉？

呜呼！宋之以"不道""无将"陷人于罪罟者，自谓陷寇准始。急绝其流，犹恐不息，曾以是相报，而益长滔天之浸。嗣是而后，章惇、苏轼党人交相指摘，文字之疵，诬为大逆，同文馆之狱兴，而毒流士类者不知纪极。君非襁褓之子，臣非拥兵擅土之雄，父子兄弟世相及而位早定，环九州以共戴一王，宗社固若盘石，孰为"无将"？孰为"不道"？藉怀不逞之心，抑又何求而以此为名，交相倾于不赦之罗网？曾欲诛逐小人，而计出于此，操心之险，贻害之深，谁得谓宋之有社稷臣哉！其君子，气而已矣。其小人，毒而已矣。气之与毒，相去几何？君子小人之相去，亦寻丈之间而已矣。天下后世之欲为君子者，尚于此焉戒之哉！

《宋论》卷三终

宋论卷四

仁宗

一

曹魏严母后临朝之禁，君子深有取焉，以为万世法。唐不监而召武、韦之祸，玄宗既靖内难，而后为之衰止。不期宋之方盛而急裂其防也。

仁宗立，刘后以小有才而垂帘听政，乃至服衮冕以庙见，乱男女之别，而辱宗庙。方其始，仁宗已十有四岁，迄刘后之殂，又十年矣。既非幼稚，抑匪暗昏，海内无虞，国有成宪，大臣充位，庶尹多才，恶用牝鸡始知晨暮哉？其后英宗之立，年三十矣，而曹后挟鞠养之恩，持经年之政；盖前之辙迹已深，后之覆车弗恤，其势然也。宣仁以神宗母，越两代而执天下之柄，速除新法，取快人心，尧、舜之称，喧腾今古。而他日者，以挟女主制冲人之口实，授小人以反噬，元佑诸公亦何乐有此。而况母政子政之说，不伦不典，拂阴阳内外之大经，岂有道者所宜出诸口哉？

夫汉、唐女主之祸，有繇来矣。宫闱之宠深，外戚之权重，极重难返之势，不能逆挽于一朝。故虽骨鲠大臣如陈蕃者，不能不假手以行其志。至于宋，而非其伦矣。然而刘后无可奉之遗命，而持魁柄迄于老死而后释，孰假之权？则丁谓之奸实成之也。谓以邪佞逢君，而怨盈朝野，及此而事将变矣，结雷允恭以奉后而觊延其生命，则当国大臣秉正以肃清内外，在此时矣。王曾执政，系天下之望者不轻，曾无定命之谟，倡众正以立纲纪，仍假手乞灵于帘内，以窜谓而求快于须臾；刘后又已制国之命，而威伸中外，曾且无如之何。然则终始十年，成三世垂帘之陋，激君子小人相攻不下之势，非曾尸其咎而谁委哉？曹后之贼也，先君慎择付托之嗣子，几为庐陵房州之续，则刘后之逐宰相者，逐天子之竿也。微韩公伸任守忠之法，而危词以急撤其帘，浸使如曾，宋其殆矣！韩公一秉道，而革两朝之弊。后起之英，守成宪以正朝廷，夫岂非易易者？而元佑诸公无怀私之恶，有忧国之心，顾且踬曾之失，仍谓之奸，倒授宰制之权于簪珥，用制同异之见于冲人，以不正而临人使正，不已惛乎！

夫昔之人有用此者，谢安是也。安图再造之功于外，而折桓氏之权于内；苦势已重，不欲独任魁柄，以召中外之疑，贻桓氏以口实。抑恐群从子弟握兵柄，泊方州，倚勋望以自崇，蹈敦、温之覆轨。故奉女主以示有所禀，而自保其臣节。元佑诸公，夫岂当此时、值此势，不得已而姑出于是哉？所欲为者，除新法也。所欲去者，章惇、蔡确邪慝之鄙夫也。进贤远奸，除稗政，修旧章，大臣之道，大臣之所得为也。奉嗣君以为之，而无可避之权，建瓴之势，令下如流，何求不得？而假灵宠于宫闱，以求快于一朝，自开衅隙以召人之攻乎？易动而难静者，人心也。攻击有名、而乱靡有定之祸，自此始矣。用是术者，自王曾之逐丁谓倡之。韩公矫而正之，而不能保其不乱。邪一中于人心，而贤者惑焉，理之不顺，势不足以有行，而世变亟矣。

夫奉母后以制冲人，逆道也。躬为天子矣，欲使为善，岂必不能？乃视若赘疣，别拥一母后之尊，临其上以相箝束：行一政，曰：太后之忧民也；用一人，曰：太后之任贤也。非甚盛德，孰能忍此？即其盛德，亦未闻天子之孝，唯母命而莫之违也。且以仁宗居心之厚，而全刘氏之恩于终始，其于政事无大变矣。而刘后方殂，吕夷简、张耆等大臣之罢者七人，王德用、章德象俱以不阿附故，而受显擢。则元佑诸公推崇高后以改法除奸，而求其志道之伸，保百年之长治也，必不可得矣。太后固曰："官家别用一番人。"而诸公不悟，盱豫以鸣，曾莫恤后灾之殆甚，何为者也？王曾幸而免此者，仁宗居心之厚，而范希文以君子之道立心，陈"掩小故以全大德"之言，能持其平也。观于此，而韩、范以外，可谓宋之有大臣乎？

不可拂者，大经也；不可违者，常道也。男正位乎外，女正位乎内，既嫁从夫，夫死从子，妇道之正也。虽有庸主，犹贤哲妇。功不求苟成，事不求姑可，包鱼虽美，义不及宾。此义一差，千涂皆谬，可不慎与！

二

仁宗之称盛治，至于今而闻者羡之。帝躬慈俭之德，而宰执台谏侍从之臣，皆所谓君子人也，宜其治之盛也。夷考宋政之乱，自神宗始。神宗之以兴怨于天下、贻讥于后世者，非有奢淫暴虐之行；唯上之求治也亟，下之言治者已烦。乃俞其臣下之烦言，以启上之佚志，则自仁宗开之。而朝不能靖，民不能莫，在仁宗之时而已然矣。

国家当创业之始，繇乱而治，则必有所兴革，以为一代之规。其所兴革不足以为规一代者，则必速亡。非然，则略而不详、因陋而不文、保弱而不竞者，皆有深意存焉。君德、民心、时会之所凑，适可至于是；既至于是，而亦足以持国于不衰。乃传之数世而弊且生矣。弊之所生，皆依法而起，则归咎于法也，不患无辞。其为弊也，吏玩而不理，士靡而亡实，民骄而不均，兵弛而不振；非其破法而行私，抑沿法而巧匿其奸也。有志者愤之，而求治之情，迫动于上，言治之术，竞起于下；听其言，推其心，皆当时所可厌苦之情事，而厘正之于旦夕，有余快焉。虽然，抑岂必归咎于法而别求治理哉？吏玩而不理，任廉肃之大臣以饬仕阶而得矣。士靡而亡实，崇醇雅之师儒以兴正学而得矣。民骄而不均，豪民日竞，罢民日瘠，人事盈虚之必有也；宽其征徭，疲者苏而竞者无所容其指画矣。兵弛而不振，籍有而伍无，伍有而战无，战争久息之必然也；无荐贿之将，无私杀之兵，委任专而弛者且劝以强劲矣。若是者，任得其人，而法无不可用。若十一千百之挂漏，创法者固留有余以养天下而平其情。匹夫匹妇祁寒暑雨之怨咨，猾胥奸民为鼠为雀之啄龁，恶足坏纲纪而伤教化？有天下者，无容心焉可矣。

宋自建隆开国，至仁宗亲政之年，七十余岁矣。太祖、太宗之法，敝且乘之而生者，自然之数也。夫岂唯宋祖无文、武之至德，议道之公辅无周、召之弘猷乎？即以成周治教之隆，至于穆、昭之世，蠹蠹亦生于简策，固不足以为文、武、周、召病也。法之必敝矣，非鼎革之时，愈改之，则弊愈丛生。苟循其故常，吏虽贪冒，无改法之可乘，不能托名逾分以巧为吹索。士虽浮靡，无意指之可窥，不能逢迎揣摩以利其诡遇。民虽强可凌弱，无以启之，则无讦讼之兴以两俱受毙，俾富者贫而贫者死。兵虽名在实亡，无以乱之，则无游惰之民以枭张而起，进则为兵而退则为盗。唯求治者汲汲而忧之，言治者啧啧而争之，诵一先生之言，古今异势，而欲施之当时，且其所施者抑非先王之精意；见一乡保之利，风土殊理，而欲行之九州，且其所行者，抑非一邑之乐从。神宗君臣所夜思昼作，聚讼盈廷，飞符遍野，以使下无法守，开章惇、蔡京燔乱以亡之渐者，其风已自仁宗始矣。前乎此者，真宗虽有淫祀骄奢之失，王钦若、丁谓虽有贪权惑主之恶，而李太初慎持之于前，王子明谨守之于后。迨乎天圣、明道之间，老成凋谢已向尽矣。仅一直方简重之李迪，起自迁谪，而任之不专。至若王曾等者，非名节之不矜也，非勤劳之不夙也，以术间道，以气矜刚；而仁宗当受谏之美名，慕恤下之仁闻，欣然举国以无择于听。迨及季年，天章开，条陈进，唯日不给，以取纲维而移易之；吏无恒守，士无恒学，民无恒遵，兵无恒调。所赖有进言者，无坚僻之心，而持之不固；不然，其为害于天下，岂待熙、丰哉？知治道者，不能不为仁宗惜矣。

夫秉慈俭之德，而抑有清刚之多士赞理于下，使能见小害而不激，见小利而不歆，见小才而无取，见小过而无苛；则奸无所荧，邪无能间，修明成宪，休养士民，于以坐致升平，绰有余裕。奈之何强饮疥癣之疾以五毒之剂，而伤其肺腑哉！故仁宗之所就者，概可见矣。迹其谋国，则屡败于西而元昊张，启侮于北而岁币增。迹其造士，则闻风而起者，苏氏父子掉仪秦之舌；揣摩而前者，王安石之徒，习申、商之术；后此之挠乱天下者，皆此日之竞进于大廷。故曰神宗之兴怨于天下、贻讥于后世者，皆仁宗启之也。

夫言治者，皆曰先王矣。而先王者，何世之先王也？孔子曰："吾从周。"非文、武之道隆于禹、汤也。文、武之法，民所世守而安焉者也。孟子曰："遵先王之法。"周未亡，王者未作，井田学校所宜遵者，周之旧也。官习于廷，士习于学，民习于野；善者其所夙尚，失者其所可安，利者其所允宜，害者其所能胜；慎求治人而政无不举。孔、孟之言治者，此而已矣。啧啧之言，以先王为口实，如庄周之称泰氏，许行之道神农，曾是之从，亦异于孔子矣。故知治者深为仁宗惜也。

三

仁宗有大德于天下，垂及今而民受其赐；抑有大弊政以病民者二百年，其余波之害，延于今而未已。盖其求治之心已亟，但知之而即为之，是故利无待而兴，害不择而起。

其有大德于天下者，航海买早稻万石于占城，分授民种，是也。其种之也早，正与江南梅雨而相当，可以及时而毕树艺之功；其熟也早，与深秋霜燥而相违，可弗费水而避亢旱之害；其种之也，田不必腴而获不赀，可以多种而无瘠芜之田；皆其施德之普也。昔者周有天下，既祀后稷以配天，为一代之祖；又祀之于稷以配社，享万世之报。然则有明王起，饬正祀典以酬功德，奉仁宗以代周弃而享祀千秋，其宜也。惜乎无与表章者，史亦略记其事而不揄扬其美，则后王之过也。

若其弊之病天下者，则听西川转运使薛田、张若谷之言，置交子务是也。交子变而为会子，会子变而为钞，其实皆敝纸而已矣。

古之税于民也，米粟也，布缕也。天子之畿，相距止于五百里；莫大诸侯，无三百里之疆域；则粟米虽重，而输之也不劳。古之为市者，民用有涯，则所为者简；田宅有制，不容兼并，则所赍以易者轻。故粟米、布帛、械器相通有无，而授受亦易。至于后世，民用日繁，商贾奔利于数千里之外；而四海一王，输于国、饷于边者，亦数千里而遥；转挽之劳，无能胜也。而且粟米耗于升龠，布帛裂于寸尺，作伪者湮湿以败可食之稻麦，靡薄以费可衣之丝枲。故民之所趋，国之所制，以金以钱为百物之母而权其子。事虽异古，而圣王复起，不能易矣。乃其所以可为百物之母者，固有实也。金、银、铜、铅者，产于山，而山不尽有；成于炼，而炼无固获；造于铸，而铸非独力之所能成，薄赀之所能作者也。其得之也难，而用之也不敝；输之也轻，而藏之也不腐。盖是数物者，非宝也，而有可宝之道焉。故天下利用之，王者弗能违也。唯然，而可以经久行远者，亦止此而已矣。

交子之制，何为也哉？有楮有墨，皆可造矣，造之皆可成矣；用之数，则速裂矣；藏之久，则改制矣。以方尺之纸，被以钱布之名，轻重唯其所命而无等，则官以之愚商，商以之愚民，交相愚于无实之虚名，而导天下以作伪。终宋之世迄于元，延及洪、永之初，笼百物以府利于上，或废或兴，或兑或改，千金之赀，一旦而均于粪土，以颠倒愚民于术中；君天下者而思为此，亦不仁之甚矣！夫民不可以久欺也，故宣德以来，不复能行于天下。然而余害迄今而未已，则伤诏禄之典，而重刑辟之条，无明王作，而孰与更始？其害治亦非小矣。

钞之始制也，号之曰"千钱"，则千钱矣。已而民递轻之，而所值递减，乃至十余钱而尚不售，然而"千钱"之名固有也。俸有折钞以代米，乃至一石而所折者数钱；律有估物以定赃，乃至数金而科罪以满贯。俸日益薄，而吏毁其廉；赃日益重，而民极于死。仅一钞之名成，而害且积而不去，况实用以代金钱，其贼民如彼乎？益之以私造之易，殊死之刑日闻于司寇，以诱民于阱而杀之，仁宗作俑之愆，不能辞矣。

是故君天下者，一举事而大利大害皆施及无穷，不可不审也。听言轻，则从善如流，而从恶亦如流。行法决，则善之所及者远，而恶之所被者亦长矣。以仁如彼，以不仁如此，仁宗两任之，图治者其何择焉？舜之大智也，从善若决江、河，而戒禹曰："无稽之言勿听。"以其大智，成其至仁，治道尽此矣。

四

大臣进位宰执，而条列时政以陈言，自吕夷简始。其后韩、范、富、马诸君子，出统六师，入参三事，皆于受事之初，例有条奏。闻之曰："天下有道，行有枝叶，天下无道，言有枝叶。"以此知诸公失大臣之道。而明道以后，人才之寖降，风尚之寖卑，前此者石、李、向、王之风轨，不可复追矣。

《书》曰："敷奏以言，明试以功。"以言者，始进之士，非言无以达其忱；上之庸之，非言无以知其志。故观其引伸，知其所学；观其蕴藉，知其所养；非必言之可行而听之行也。后世策问贤良，科举取士，其法循此，而抑可以得人；然而不能无不得之人矣。至于既简在位，或贤或否，则以功而明试之，非以言者之始测于影响，而下亦仅此以为自效之资也。且夫藉言以为羔雁者，亦挟长求进之士尔。其畜德抱道、具公辅之器者，犹不屑此。而况大任在躬，天职与共，神而明之、默而成之者，非笔舌之所能宣；而喋喋多言，以掩力行不逮之愆尤乎？

即以敷奏言之，射策之士，谏议之官，言不容已也，而抑各有其畔，不可越也。将以匡君之过与？则即以一德之凉，推其所失而导之以改，无事掇拾天德王道，尽其口耳之所记诵者，罄之于一牍也。非是者，为鬻才之曲士。将以指政之非与？则即一事之失，极其害之所至，而陈其所宜，无事旁推广引，泛及他端之未善，以责效于一朝也。非是者，为乱政之辩言。将以摘所用之非人与？则即以一人之罪状，明列其不可容，无事抑此伸彼，滥及盈廷，以唯吾所欲废置也。非是者，为死党之憸人。将以论封疆之大害与？则即以一计之乖张，专指而征其必偾，无事胪列兵法，画地指天，以遥制生杀之枢机也。非是者，为首祸之狂夫。且夫一言出，而且俟君之行此一言也，则事不冗，而力以暇而有余。一言出，而君既行此一言矣，则意相得，而后可因而复进。故志行而言非虚设。行与不行，皆未可必之于君心；姑且言出如哇，而唯恐不充于幅，诚何为者？况乎一人之识，以察一理，尚虑其义不精，而害且伏于其隐。乃搦管经营，旁搜杂引，举君德、民情、兵、农、礼、乐、水、火、工、虞无涯之得失，穷尽之于数尺之章疏。才之果胜与？念之果周与？发果以诚，而行果无不得与？问之心，而固不能自信；按之他日，而已知其不然。徒尔洋洋娓娓、建瓴倾水而出之，不少待焉；不怍之口，莫知其咎，亦孔之丑矣。则在怀才初进之士，与职司言责之臣，犹不可不慎也。而得君已深，历任已夙，居密勿以静镇四海者，尤勿论矣。

明道以后，宰执诸公，皆代天工以临群动者也。天下之事，唯君与我坐而论之，事至而行之，可兴则兴之已耳，可革则革之已耳。唯道之从，唯志之伸，定命以辰告，不崇朝而遍天下，将何求而不得？奚待烦言以耸众听？如其微言而不悟，直言而不从，欲行而中沮，欲止而旁出；则有引身以退，免疚恶于寸心，而不待暴白以号于人曰："吾已缕析言之，而上不我庸也。"此宰执大臣所以靖邦纪而息嚣凌之枢要也。在昔李太初、王子明以实心体国，奠七十余年社稷生民于阜安者，一变而为尚口纷呶之朝廷，摇四海于三寸之管，谁尸其咎？岂非倡之者在堂皇，和之者尽士类，其所繇来者渐乎！宰执有条奏矣，侍从有条奏矣，庶僚有条奏矣，有司有条奏矣；乃至草茅之士，有喙斯鸣，无不可有条奏矣。何怪乎王安石之以万言耸人主，俾从己以颠倒国是；而远处蜀山闻风跃起之苏洵，且以权谋憸险之术，习淫遁之文章，售其尉缭、孙膑之诡遇，簧鼓当事，而荧后世之耳目哉？

姚元之之以十事要玄宗也，在未相之先，谓不可行而己不敢相也，是亦慎进之一术也。既已为相，则唯其行之而无复言矣。陆敬舆之详于论事也，一事竟而又及一事，因时之迫以答上问，而非阔达迂疏以侈文章之富也。宰执之道，司听言以待黜陟耳，息浮言以正人心耳。言出而行浇，言长而忠薄，言之不已，而国事不可为矣。读者惑焉，诧为盛美，违山十里，蟪蛄犹闻，束宋人章奏于高阁，学术治道庶有瘳焉。俗论不然，宜中国之日疲以蹙也。

五

仁宗之生，以大中祥符三年，岁在庚申，及嘉佑二年乙酉，二十有六年，拟之于古，未逮乎壮有室之齿也。曹后之立，未及期月，则皇子之生，非所绝望。乃育英宗于宫中，使后拊鞠之。呜呼！念宗社之重而忘私，是岂非能为人之所不能，足为万世法者哉！

三王以后，与子之法立，苟为适长，道不得而废焉。汉明虽贤，光武犹谓失德；晋惠虽暗，武帝不任其愆。故三代有豫教之法，尽人之所可为，而贤不肖治乱安危举而听之于天，亦且无如之何矣。乃无子而嗣未有定，以及乎危病之际，奸人妇寺挟私意以援立庶支，市德居功，而倒持魁柄，汉唐之祸，率繇此而兴。其近正者，则辨昭穆，审亲疏，弟与从子以序而登，斯亦可以止争而靖国矣。而于帝王慎重天位之道，固未协也。夫唯适长之不容变置，为百王之成宪，而贤不肖非所谋耳。无子而授之同产之弟与从子之长，古未有法，道无可执。则天既授我以选贤而建之权，如之何不自化裁，可诿诸后以任臣僚之扳立邪？英宗方四岁而鞠之宫中，察其情志，审其器量，远其外诱，习其家法，而抑受恩勤之德于中宫。他日曰："宫中尝养二子，小者近不慧，大者可也。"帝之留心于国本，非一日矣。范、富、包、文、司马虽心是其请，且不欲授以援立之权，独托腹心于韩公，然抑闻命而始请其名，前此者亦未敢有所拟也。则熟筹密运于一人之心，又岂奸邪之得窥伺哉？

在礼有之曰："为人后者为之子。"非尽人无子而必为立后也。自大夫以上，有世禄、食采邑、建祖庙者，达乎天子。苟无子而必有后，则三代之兴，虽无子而固有子。豫立之典，虽不见于史策，而以为后之文推之，则苟有有世守，无无子者，必有子，而与子之法固不以无出而废也。抑在《礼》有之曰："为人后者，为其父母服期。"本非期而加以期之谓也。若以亲疏序及，而所立者从子之长，则所生父母虽降，而固有叔父之亲，不必加隆而固服期。则功缌以降之族子，但使温恭之度形于早岁，皆择养而豫教之，无问亲疏亦明矣。汉、唐之君，轻宗社而怙其专私，未有能者。仁宗虑之早而断之决，以定百王之大法。于是高宗有所禀承，远立太祖之裔孙，而本支不敢妄争，臣民欣为推戴，两宫全其慈孝，社稷赖以小康，皆仁宗之贻谋为之先导也。

虽然，义隐于三代，而法沮于汉、唐，仁宗创起而决策，以至正之举，而有非常之疑，故任守忠惑曹后以起衅，而仁宗无虑也。有韩公在，制守忠之死命，而曹后黜于其义也。高宗无可恃之大臣矣，于是而内禅以定其位。然则心苟无私，变通在我，居天位之尊，承皇天之命，仰先祖之灵，奉名义之正，无志不可行，无谋不可定。何畏乎命异，何忧乎事变哉？

六

朋党之兴，始于君子，而终不胜于小人，害乃及于宗社生民，不亡而不息。宋之有此也，盛于熙、丰，交争于元佑、绍圣，而祸烈于徽宗之世，其始则景佑诸公开之也。

国家刚方挺直之正气，与敦庞笃厚之醇风，并行而不相悖害。大臣任之，而非但大臣任之也。人主平其情，以不迫行其用舍，慎其听，以不轻动于人言；则虽有小人，不伤君子，其有君子，不患其有小人，而国是贞矣，而嚣凌息矣。前乎景佑者，非无丁谓、王钦若之奸佞也。而王旦沮钦若之登庸，马知节折钦若之匿奏，张咏且死请戮尸以贸丁谓之头，李迪誓死而斥丁谓之奸，王曾且独任窜谓之举，而不劳廷臣之交击。故钦若、谓非无邪党，亦以讦讼不行，而但偷容容之福；胡旦、翟马周、梅询、曾致尧之徒，或乍张而终替，或朒缩而不前。盖大臣以国之治乱、人之贞邪、引为己任，而不匿情于且吐且茹之交，授发奸摘伏之权于锐起多言之士。故刚而不挠，抑重而不轻，唯其自任者决。而天子亦不矜好问好察之名，闻人言而轻为喜怒。则虽有繁兴之众论，静以听君相之从违，自非田锡、孙奭任谏诤之职者，皆无能骋其辩也。

好善则进之，恶恶则去之，任于己以持天下之平者，大臣之道也。引之不喜，激之不怒，居乎静以听天下之公者，天子之道也。而仁宗之世，交失之矣。仁宗之求治也急，而性情之所偏倚者，宽柔也。宽柔者之能容物，人所知也。宽柔者之不能容物，非知道者不知也。至于前而有所称说，容之矣，未遽以为是，未遽以为非也。容之容之，而言沓至，则辩言者且将怒其所必怒，而终不能容。夫苟乐求人言，而利用其臧否，则君子小人莫能自必，而特以议论之短长为兴废。于是而小人之党，竞起争鸣；而自附于君子之华士，抑绰约振迅，饰其文辞，以为制胜之具。言满天下，蔚然可观，相传为不讳之朝。故当时士民与后世之闻其风者，所甚歆仰于仁宗，皆仁宗之失也。于是而宋兴以来敦庞笃厚之风，荡然不足以存矣。

抑考当时之大臣，则耆旧已凋，所仅存者，吕夷简尔。夷简固以讪之不怒、逐之不耻、为上下交顺之术，而其心之不可问者多矣。其继起当国能守正而无倾险者，文彦博矣，而亦利用夷简之术，以自挫其刚方之气；乃恐其志不足以行，则旁求助于才辩有余之士，群起以折异己而得伸。韩、富、范、马诸公，虽以天下为己任，而不能自超出于此术之上。于是石介、苏舜钦之流，矫起于庶僚，而王素、唐介、蔡襄、余靖一唱百和，唯力是视，抑此伸彼，唯胜是求。天子无一定之衡，大臣无久安之计，或信或疑，或起或仆，旋加诸膝，旋坠诸渊，以成波流无定之宇。熙、丰以后纷呶嘈沓之习，已早见于此，而君犹自信曰："吾能广听。"大臣且自矜曰："吾能有容。"士竞习于浮言，揣摩当世之务，希合风尚之归，以颠倒于其笔舌；取先圣之格言，前王之大法，屈抑以供其证佐。童而习之，出而试之，持之终身，传之后进，而王安石、苏轼以小有才而为之领袖；皆仁宗君相所侧席以求，豢成其毛羽者也。乃至吕惠卿、邓绾、邢恕、沈括、陆佃、张耒、秦观、曾巩、李鸢之流，分朋相角，以下逮于蔡京父子，而后覆败之局终焉。呜呼！凡此訾訾捷捷者，皆李沆、王旦所视为土偶，任其掷弃山隅，而不使司祸福者也。而仁宗之世，亟导以兴。其刚方也，非气之正也。其敦笃也，非识之定也。置神器于八达之衢，过者得评其长短而移易之，日刓月敝，以抵于败亡。天下后世犹奖其君德之弘，人才之盛；则知道者之希，知治者之无人，抑今古之有同悲矣！

按仁宗之世，所聚讼不已者，吕夷简、夏竦之进退而已。此二子者，岂有丁谓、王钦若蠹国殃民已著而不可掩之恶哉？夷简之罪，莫大于赞成废后。后伤天子之颊，固不可以为天下母，亦非甚害于大伦。竦之恶莫大于重诬石介。而介之始进而被黜，以争录五代之后，亦宋忠厚之泽过，而无伤于教化；矜气以争，黜之亦非已甚。而范、余、欧、尹遽群起以去国为高，投滴水于沸油，焰发而莫之能遏。然则吕、夏固不足以祸宋，而张逐虎之网，叫呼以争死命于麋兔，何为者邪？天子不慎于听言，而无恒鉴；大臣不自秉国成，而奖浮薄；一彼一此，以气势为荣枯，斯其以为宋之季世而已矣。读其书，言不可胜求也；闻其名，美不可胜传也。即而察之，外强而中枯；静而诊之，脉浮而筋缓；起伏相代，得失相参。契丹胁之，而竭力以奉金缯；元昊乘之，而兵将血于原野。当时之效，亦可睹矣，奚问后世哉！

七

言者人得进谏于君，而谏无专官，不欲天下之以言为尚也。圣王乐闻天下之言，而恶天下之以言为尚；上下交责于己，而不攻人以求胜，治之所以定，功之所以成，俗之所以淳，乱之所以讫也。谏之有专官，自萧梁始，而唐因之。谏有专官，则以言为职矣。以言为职，则以言为尚矣。以言为职，欲无言而不可；以言为尚，求所以言者，但可言而即言之。于是进不揆于理，退不信于心；利其所病，病其所利，贤其所不肖，不肖其所贤；时之所趋，意之所动，闻见之所到，曲折以蕲乎工，矫揉以成其是；科条繁而搏击骛，枝叶盛而蔓延张，唯其所尚，以称其职，无不可言也。《易》曰："乱之所繇生，则言语以为阶。"职此谓矣。

乃唐之有专官也，隶于门下省，则与宰相为僚属，而听治于宰相，法犹善也。所以然者，天子之职，论相而已矣。论定而后相之，既相而必任之，不能其官，而唯天子进退之，舍是而天子无以治天下。夫天子无以博察乎人之贤奸而悉乎民之隐志，唯此一二辅弼之臣寄以子孙黎民者，为其所谨司。然而弗能审焉，则天子无以为天下君。若夫必置谏官以赞其不逮者有故：大臣者，一谏而善道之，再谏而昌言之，三谏而危言之；然而终不庸焉，则引身以退，大臣之道也。故唯宗社安危，贤奸用舍，生民生死之大司，宰相执之，以弼正天子之愆，而自度其去就。若夫天子一言之不合，一动之不臧，好尚之不端，喜怒之不节，见端于微，未形于大，宰相屑屑然以力争，争而不从，不从而不去，则辱其身；不从而急去，则遗其君。故宰相必靳于其小，而以封驳争论之权授之谏官，而后宰相得以持其大，而为进退之大经。故唐之制犹善也。

宰相之用舍听之天子，谏官之予夺听之宰相，天子之得失则举而听之谏官；环相为治，而言乃为功。谏官者，以绳纠天子，而非以绳纠宰相者也。天子之职，止此一二日侍密勿心膂之大臣，弗能决择而委之谏官，则天子旷矣。天子旷而繁言兴，如是而不乱者，未之有也。仁宗诏宰相毋得进用台官，非中丞知杂保荐者毋得除授，曰："使宰相自用台官，则宰相过失无敢言者。"呜呼！宋以言语沓兴，而政紊于廷，民劳于野，境蹙于疆，日削以亡，自此始矣。

且夫宰相之非其人，有自来矣。上之所优礼而信从者，必其所喜者也。下之诡遇而获上之宠者，必上之所歆者也。上喜察察之明，则苛烦者相矣。上喜响响之恩，则柔茸者相矣。上贪黩武之功，则生事者相矣。上利锱铢之获，则掊克者相矣。上耽宴安之逸，则擅权者相矣。上逐声色之欲，则导淫者相矣。上惑佛老之教，则妖妄者相矣。上寄耳目于宦寺，则结阉竖者相矣。上委国政于妃嫔，则交宫禁者相矣。天下不患无君子，而不能获上于所不好。天下不能无小人，而不能惑上于无所迷。故谏官以其犯颜无讳之危言，绳之于早，纠之于微，则木不腐而蠹不生，形不污而影不黯；宰相之可否，入明鉴之中，莫能隐蔽。又岂待谏官之毛举细过以加其上，而使不足以有为乎？

是道也，自天子以至于修士，未有不以此为听言之经者也。言之益也，在攻其过，而诏以其所不知。然而有辨矣。或听言而悟，或听言而迷。刚愎以自用，则祸至而不知。无主而听荧，则衅生于不审。故曰乐闻天下之言，而恶天下之以言为尚。道之迹相背而实相成者，唯君子能辨之。

有言于此，攻己之失而尽其辞，君子之所乐也。言虽不当，抑必有当焉者矣。即无所当，而不欲拒之以止人之忠告也。有言于此，攻人之失而发其隐，君子之所恶也。言虽非私，必有私者伏矣。即果无私，而不欲行之以启人之讦谤也。故君子之听言，止以自攻。

岂徒天子之于宰相为然邪？百执之得失，有司之功罪，司宪者治之矣。天子以含弘之德临其上，育其才而进之以所未逮。人乃以自劝于修为，而乐效其职。而越位以持人之短长者，矫举纤芥，摘发暮夜，以败人之名节而使自弃，固明主之所必远。

抑岂徒天子之听谏官为然邪？庶士之族，亦有亲疏；闾里之交，亦有比耦；其离其合，自以其伦而为厚薄。而浮薄之士，喜谈臧否者，攻其所不见，述其所未闻，以使猜疑，固修士之所必绝。

且岂徒攻人之过以相排陷者为然邪？朝则有章，家则有法；先王之精意，不以小利疑其不宜；先正之格言，不可以私心度其未至。而积引繁杂，琐陈利害，快愚贱之鄙心以要誉，乘时势之偶然以改图。一人之识，而欲尽天下之理；一端之得，而欲强百致之齐。凭臆见以亏短成法，倚古语以讥驳时宜，言不如其心，心不如其理，穷工极变，以蛊人心而乱常道。尤有道者之所必绝，而不使敢干。

夫君子所乐听人言者，嗜欲之不戢，器识之不弘，学问之不勉，好尚之不端，喜怒之不节，动止之不庄，出话之不正。勿惮我之威，勿疑我之拒，勿薄我为不足言，勿恕我以姑有待。如石攻玉，必致其精；如绳裁木，必一于正。则薰沐以求之，拜稽以受之，而唯恐其易尽。如其刚直之气，不以加我而以加人，则小臣仆妾且将不可以一言入而刑赏及之，况仅此一二坐论之元臣，而授荣辱之大权于悠悠之心口哉？

自仁宗之为此制也，宰执与台谏分为敌垒，以交战于廷。台谏持宰执之短长，以鸷击为风采，因之廷叱大臣以辱朝廷，而大臣乃不惜廉隅，交弹而不退。其甚者，有所排击以建其所欲进，而巨奸且托台谏以登庸，害乃伏于台辅。宰执亦持台谏之短长，植根于内庭，而假主威以快其报复。于是或窜或死，乃至褫衣受杖，辱当世之士，而好名者且以体肤之伤毁为荣。其甚者，布私人、假中旨、以居掖垣，而自相攻击，害又中于言路。季世之天下，言愈长，争愈甚，官邪愈侈，民害愈深，封疆愈危，则唯政府谏垣不相下之势激之也。仁宗作法之凉，延及五百年而不息。求如唐之谏官宰相同寮而不忧其容隐者，且不可得。况古之无人不可谏，用匡君德，而不以尚口为习俗者，养敦庞刚正之元气以靖邦家，其得失岂寻丈之间哉？

自仁宗之为此制也，吕夷简即以逐孔道辅等十人，而余靖、孙沔旬日再窜。廷臣水火之争，迄于徽、钦，无日无人不争为鼎沸。论史者犹以为善政，则甚矣一曲之士，不足与言治道也！

八

元昊之必反，弗待其后事而知之。今立于五百年之余，不揣而信其必然，况当日乎？粤自继迁之死，子弱国危，弗能制其死命，漫曰以恩致之，实则输锦绮以献笑，丐其不相凌暴而已。于是而西陲撤备，将帅戢身，戍兵束手者，垂三十年，而昊始反。计德明之世，无亡矢折镞之患，拥盐池苑马之资，借中国金缯之利，休养其人，以傲岸于河山险固之地，虽微元昊，且将鹰饱而飞；况昊以雄狡之才，中国久在其目中，而欲使弭耳以驯于柙也，庸可得乎？

于是而宋所以应之者，固宜其茫然也。种氏以外，无一人之可将，中枢之地，无一策之可筹。仅一王德用之拥虚名，而以"貌类艺祖、宅枕乾冈"之邪说摇动之，而不安于位。狄青初起，抑弗能乘其朝气、任以专征，不得已而委之文臣。匪特夏竦、范雍之不足有为也。韩、范二公，忧国有情，谋国有志，而韬钤之说未娴，将士之情未浃，纵之而弛，操之而烦，慎则失时，勇则失算。吟希文"将军白发"之歌，知其有弗获已之情，四顾无人，而不能不以身任。是岂足与狡诈凶横之元昊争生死者哉？其所用以直前者，刘平、石元孙、任福阘茸轻脆之夫也。则昊之不能东取环、延，南收秦、陇，以席卷关中者，幸其无刘渊、石勒之才也。

故韩、范二公之任此，良难矣。三十年间，执国柄以赞庙谟者谁邪？李沆四方艰难之说，无可告语，而仅以属之王旦，旦亦弗能效也。曹玮忧元昊之状貌非常，不得昌言，而仅以语之王曾，曾固弗能信也。君饰太平以夸骄虏，臣立异同以争口舌，将畏猜嫌而思屏息，兵从放散而耻行枚。率不练之疲民，驭无谋之塞帅，出入于夏竦、王沿之间，吕夷简复以疲痹任心膂而可否其上，才即倍蓰于二公，亦弗能振宿莠之枝，而使翘然以起。则不能得志于一战，而俯首以和终，无足怪者。

乃以其时度其势，要其后效，宋之得免于危亡也，二公谋异，而范公之策愈矣。任福之全军覆没也，范公过信昊之可抚而堕其术中也。韩公力主进兵会讨，策昊之诈，而自戒严以行边，则失在范，而韩策为长。然范之决于议抚者，度彼度此，得下策以自全者也。

古今有定势焉，弱者不可骤胜而强，强者可徐俟其弱。故有不必危亡之势，而自贻以危亡者，以不可张之弱尝试而争乍张之强也。夫前之自萎以积弱而养昊之强者，已如彼矣。然彼虽强，而未尝无所惮也。以一隅而敌天下，则贫富不相若。以孤军而抗天下，则众寡不相若。内患未起，而人利于安存，则撼我也难。内治犹修，而人不思外附，则诱我也无术。固本自强，以待其疲，犹足恃也。而无识者，蹶然而起，以希非望之功。驱积衰之众，糜无益之财，投进有可前、退有可却之散地，挑进则利、却则死于狡寇，姑与薄侵其边疆，而堕其陷阱。一尝之而败矣，彼气增而我气折矣。再尝之、三尝之，而无不败矣，彼气弥增而我气折尽以无余矣。彼固未能如是其勇，我以勇贻之也。我且未必如是其怯，自教吾人以怯也。前之有所惮者，无可惮矣。有所疑者，无可疑矣。则虽有勇将劲兵以继其后，彼且无所惧，奋死以相搏，而势终不敌。元魏之于六镇，契丹之于女真，女真之于蒙古，皆是也。不然，以土地甲兵刍粮之富，率有余之众，卫久立之国家，以捍乍兴之小丑，奚其不敌，而瓦解以亡哉？

使如韩公徇夏竦之策，并数路之兵，同出一道，用争胜负，人怀异心，而投之虏穴。彼尽锐以攻其瑕，一将衄而全军骇溃，内地更无坚守有余之兵，岂徒鄜、延、泾、原之不可保哉？关中糜烂，而汴、洛之忧亦棘矣。范公之镇延州也，兴营田、通斥候、修堡砦，种世衡城青涧以相策应，缓夏竦之师期，按兵不动，以观其衅。使得如公者以终其所为，财可充，兵可用，术可择，俟之俟之，元昊死，谅祚弱，无难折箠以收为外臣。即未能然，而不驱尝试之兵，送腰领以增其骄悍，金城屹立，士气犹存，元昊虽强，卒不能渡河而有尺土。此范公之略，所繇愈于韩公者远也。

可移者石也，不可移者山也。无土以障之，则河不决；无水以溅之，则油不炎。使汉高以武帝之兵临冒顿，则汉必危；抑使杨镐、王化贞以范公之策保沈、辽，则国必不毙。是道也，持于积弱之余，而以救其失者也。急庸人之所缓者，建威之弘略；缓庸人之所急者，定倾之成算。无事而嬉于堂，闻变而斗于市，今古败亡之券，可不鉴诸！

九

人之不能有全才也，唯其才之有所独优也。才之所规，遂成乎量。才所独优，而规之以为量，则量穷于所规，规之内有余，而规之外不足。呜呼！夫孰知不足者之能止于其分，而无损于道；有余者求盈于所规之外，治之而实以纷之也。观于韩、范二公可见矣。

韩公之才，磊落而英多，任人之所不能任，为人之所不敢为，故秉正以临险阻危疑之地，恢乎其无所疑，确乎其不可拔也。而于纤悉之条理，无曲体求详之密用。是故其立朝之节，直以伊、周自任，而无所让。至于人官物曲之利病，吉凶变动之机宜，则有疏焉者矣。乃以其长用之于短，其经理陕西也，亟谋会师进讨，而不知固守以待时；多刺陕西义勇，而不恤无实而有害；皆用其长而诎焉者也。若法度、典礼、铨除、田赋，皆其所短者。而唯其短也，是以无所兴革，而不启更张之扰。

而范公异是。以天下为己任，其志也。任之力，则忧之亟。故人之贞邪，法之疏密，穷檐之疾苦，寒士之升沉，风俗之醇薄，一系于其心。是以内行修谨，友爱施于宗族，仁厚式于乡闾，唯恐有伤于物，而恶人之伤而物也独切。故以之驱戎，无徼功之计，而致谨于缮修自固之中策。唯其短也，而善用之，乃以终保西陲，而困元昊于一隅。若其执国柄以总庶务，则好善恶恶之性，不能以纤芥容，而亟议更张；裁幸滥，核考课，抑词赋，兴策问，替任子，综核名实，繁立科条，一皆以其心计之有余，乐用之而不倦。唯其长也，而亟用之，乃使百年安静之天下，人挟怀来以求试，熙、丰、绍圣之纷纭，皆自此而启，曾不如行边静镇之赖以安也。

繇是观之，二公者，皆善用其短，而不善用其长。故天下之不以用所长而成乎悔吝者，周公而后仅见其人也。夫才之所优，而学亦乐赴乎其途；才既优之，学且资之，喜怒亦因之而不可遗。喜心既行，而物之不伤者鲜矣。才注于斯，学效于斯，喜怒循斯以发，量之所规，不能度越乎斯，而欲以此概及乎规之所不至；则何如不足其所不足者，上怵心于天时，下增疑于物理，谨以待物之至，而治之以时，使可受益于天人，而量固未尝不弘远也。

才之英发者，扩而充之，而时履于危，危而有所惩则止。故韩公之于西夏，主战而不终，其刺义勇也，已敝而终改。若其折母后，定储位，黜奸阉，匡幼主，无所三思以直行其道，则正以不劳形怵心于细故，而全其大勇。而范公忧之已急，虑之已审，乃使纤曲脂韦之士，得依附以售其术，固自天下己任之日，极其量而不得有余矣。

苟为君子，则必知所敬矣。才所不足，敬自至焉。才所有余，不觉其敬之弛也。唯其敬也，是以简也。才所有余者，欲简而不能。才所不足者，欲不简而不得。简之必敬，敬则不容不简。以此而论二公，韩之蔽于所长者仅也，而范公已甚矣。天章阁开之后，宋乱之始也。范公缜密之才，好善恶恶之量为之也。是以缜密多知之才，尤君子之所慎用也。

十

科举试士之法有三：诗赋也，策问也，经义也。宋皆用之，并相褒贬，而以时兴废。夫此三者，略而言之，经义尚矣。策问者，有所利用于天下者也。诗赋者，无所利用于天下者也。则策问之贤于诗赋，宜其远矣。乃若精而求之，要归而究之，推以古先圣王涵泳之仁、濯磨之义，则抑有说焉。

经义之制，自唐明经科之帖经始。帖经者，徒取其记诵，则其待士者已末矣。引而伸之，使演其精意，而著为经义，道之所以明，治之所以定，皆于此乎取之。抑使天下之士，成童以后，日纽绎于先圣之遗书，以厌饫于道腴，而匡其不轨。故曰经义尚矣。然而不保其不敝者，习之斯玩之，玩之斯侮之，以仁义中正之格言，为弋利掠名之捷径。而支离者旁出于邪，疲茸者偷安于鄙，雕绘者巧乱其真，拘挛者法伤其气，皆所谓侮圣人之言者也。则明经而经以晦，尊经而经以亵，末流之所必趋；纠之以法，而法愈以锢人之心。是其为敝也，已弊而后知之，未弊之前，弊伏而不觉。故君子不能豫度士风之日偷，而废之于先。

而弊之显著于初者，莫诗赋若也。道所不谋，唯求工于音响；治所勿问，只巧绘其莺花。其为无所利用于天下也，夫人而知之，夫人而能言之，则固不得与策问争长矣。策问之兴，自汉策贤良始。董仲舒天人之对，历数千年而见为不刊。嗣起者，竞起以陈当世之务，为得为失，为利为病，为正为邪，为安为危，人百其言，言百其指，以争效之于天子。天子所求于士以共理天下者，正在于斯。以视取青妃白之章，不亦远乎！然为此说者，抑未体乎先王陶淑之深心，以养士习，定国是，知永终之敝，而调之于早者也。

夫先王之造士，岂不欲人抒其规画以赞政纪哉？乃汉之始策贤良也，服官之后，品行已征，成绩已著，三公二千石共保其为醇笃之儒，而后策之。始进之士，固不以此为干禄之径，而自献以言，夫亦有深意存矣。道莫乱于多歧，政莫紊于争讼，士莫恶于揣摩天下之形势而思以售其所欲为。夫苟以策问进之，则士皆于策问习之。陈言不适于时，则倚先圣以护其迁；邪说不准于理，则援往事以文其悖。足未越乎闾门，而妄计九州之盈诎；身未试乎壁垒，而辄争一线之安危。于是诡遇之小夫，心胥史之心，学幕宾之学，依附公门以察其条教，窥探时局以肆其褒讥。人希范、蔡之相倾，俗竞仪、秦之互辩，而淳庞简静之休风，斩焉尽矣。其用也，究以无裨于用也；其利也，乃以成其害也。言诡于下，听荧于上，而民不偷、国不仆者，未之有也。

且夫诗赋，则亦有所自来矣。先王之教士而升以政也，岂不欲规之使圆，削之使方，檠之使必正，束之使必驯，无言而非可用，无动而非可法，俾皆庄肃如神，干惕如战，勤敏如疾风，纤密如丝雨，以与天下相临，而弘济艰难哉？然而先王无事此也。幼而舞勺矣，已而舞象矣，已而安弦操缦矣。及其成也，宾之于饮，观之于射，旅之于语，泮涣夷犹，若将远于事情，而不循乎匡直之教。夫岂无道而处此？以为人之乐于为善而足以长人者，唯其清和之志气而已矣。不使察乎天下之利，则不导以自利之私；不使揣于天下之变，则不动其机变之巧；不使讦夫天下之慝，则无余慝之伏于心；不使测夫天下之情，则无私情之吝于己。荡而涤之，不以鄙陋愁其心；泳而游之，不以纷拿鼓其气。养其未有用之心，为有用之图，则用之也大；矜其无可尚之志，为所尚之道，则其所尚也贞。咏歌忼叹于人情物态之中，挥斥流俗以游神于清虚和畅之宇。其贤者，进于道，而以容四海、宥万民、而有余裕；不肖者，亦敛戢其乔野鸷攫之情，而不操人世之短长，以生事而贼民。盖诗赋者，此意犹存焉。虽或沉溺于风云月露之间，茫然于治理，而岂掉片舌、舞寸管，以倒是非、乱纲纪，贻宗社生民之害于无已哉？

繇此言之，诗赋之视经义弗若也，而贤于策问多矣。范希文奋起以改旧制，于是而浮薄之士，争起而习为揣摩。苏洵以孙、吴逞，王安石以申、商鸣，皆持之以进；而为之和者，实繁有徒，以裂宋之纲维而速坠。希文之过，不可辞矣。若乃执政之党人，摘策问之短，为之辞曰："诗赋声病易考，策论汗漫难知。"此则卑陋已极，适足资希文之一笑而已。

十一

上书纠察之言，有直，有佞，有奸。是天下之公是，非天下之公非，昌言而无讳者，直也。迎时之所是而是之，不顾其非；迎时之所非而非之，不恤其是；曲言而善辩者，佞也。是天下之公非，非天下之公是，大言以胁上者，奸也。要其所言者，必明察其短长。或以为病国，或以为罔上，或以为侵权，或以为废事，引国计之濒危，指登进之失序，自言妨忌者何人，直摘失谋者何事，乃以是其所是，非其所非。虽佞且奸，亦托之爱君忧国之直，而不避怨以相攻击，则人君为其所动也，亦有縣矣。

乃三者之外，有妖言焉。非徒佞也，非徒奸也，托之于直，以毁伤人之素履，言一发而无可避、无可辩也。若是者，于草为堇，于虫为螣，于鸟为鹏，于兽为狐。风一倡，而所号为君子者，亦用其术以加之小人，而不知其不可也。则其为妖也，不可辞矣。凡为此言者，其大端有四：曰谋为叛逆，曰诅咒诽谤，曰内行不修，曰暗通贿赂。呜呼！使直不疑、陈平不遇明主，则废锢终身；狄仁杰非有天幸，则族灭久矣。不幸而为其所惑也，君以杀其体国之臣，父以杀其克家之子，史氏且存其说，以污君子于盖棺之后。自春秋以来，历汉、唐而不绝，犹妖鸟孽狐之不绝于林莽也，而宋为甚。王拱辰之以陷苏舜钦摇杜衍也，丁谓之以陷寇准也，夏竦之以陷石介及富弼也，蒋之奇之以陷欧阳修也，章惇、苏轼之以互相陷也，莫非妖也。加之以“无将”之辟，则曰密谋而人不觉。污之以帷薄之慝，则曰匿丑而迹不宣。喧之以诽谤，则文字皆索瘢之资。讦之以关通，则礼际亦行私之迹。辱之以赃私，则酒浆亦暮夜之投。人所不能言者言之矣，人所不敢言者言之矣，人所不忍言者言之矣。于国计无与也，于官箴无与也，于民瘼无与也，于吏治无与也。大则施以覆载之不容，细亦被以面目之有觎。倾耳以听道路之言，而藏身托于风闻之误。事已白，而自谓责备之严；事无征，而犹矜诛意之效。无所触而兴，是怪鸟之啼于坐隅也。随其影而射，是孽虫之藏于深渊也。虽有曲谨之士，无得而防；虽有善辩之口，无从而折。昏霾起而眉目不辨；疫厉兴而沿染无方，亦且终无如之何矣。

呜呼！苟有明君，亦岂必其难辨哉？天下方定，大位有归，怀逆何望也？君不杀谏臣，士不惜直言，诽谤何为也？既以登朝，谁能拒戚畹近信而弗与接也？时方暇豫，谁能谢燕游欢笑而无所费也？至于宗族有谗人，而小缺在寝门，则闲言起。婢妾有怨望，而嫌疑在欵笑，则丑诋宣。明主相信以素履，相知以大节，度以势之所屈，揆以理之所无；则密陈之而知其非忠，斥言之而知其非直，面相质讦，而知君子之自爱，且代为之惭，而耻与之争。若夫人之为贤为奸，当其举之于乡，升之于朝，进而与之谋国；独契之知，众论之定，已非一日；何待怨隙开而攻击逞，乃俟宵人之吹索而始知哉？而优柔之主，无救日之弓以射妖鸟，则和颜以听，使尽其词。辱朝廷、羞当世士，既已成乎风气。于是自命为君子人者，亦倒用其术以相禁制。妖气所薰，无物不靡，岂徒政之所繇乱哉？人心波沸，而正直忠厚之风斩焉。斯亦有心者所可为之痛哭矣！

王曾舍丁谓之大罪，而以山陵水石诈其有不轨之心。唐介所称"真御史"也，张尧佐之进用，除拟出自中书，责文彦博自有国体，乃以灯笼锦进奉贵妃，诋诃之于大廷。曾言既用，谓虽殛而罪不昭。介贬虽行，彦博亦缘之而罢相。然则仁宗所终始乐闻者，以暧昧之罪加人。而曾与介身为君子，亦利用妖人之术，行辛螫以快其心。风气狂兴，莫之能止。乃至勒为成书，如《碧云騢》诸录，流传后世，为怪诞之嚆矢。是非之外有毁誉，法纪之外有刑赏。中于人主之心，则淫刑以逞；中于士大夫之心，则机械日张。风俗之恶，一邑一乡之中，狂澜亦日兴而不已。有忧世之心者，且勿以奸佞为防，而急正妖言之辟，庶有瘳与！

十二

《传》曰："一薰一莸，十年尚犹有臭。"莸，臭也，间之以薰，则臭有所止息，而何以臭之十年邪？知此者，而后可与言治。

仁宗自明道二年刘后殂始亲政，迄乎帝崩，三十年，两府大臣四十余人。夷考其人，韩、富、范、杜诸公之大节炳然者，若而人矣。抑若吕夷简、夏竦、陈执中、高若讷，清议所交谪者，抑繁有徒。他如晏殊、宋庠、王曙、丁度之浮沉而无定守者抑与焉。其进也，不固进，俄而退矣；其退也抑未终退也，俄而又进矣。人言一及而辄易之，互相攻击则两罢之；或大过已章而姑退之，或一计偶乖而即斥。且诸人者，皆有所怀来，持以为用，一得位而即图尝试；而所与倡和以伸其所为者，勃然蹶起，乘所宗主者之大用，以急行其术。计此三十年间，人才之黜陟，国政之兴革，一彼一此，不能以终岁。吏无适守，民无适从，天下之若惊若骛、延颈举趾、不一其情者，不知其何似，而大概可思矣。

数进而数退者，或贤或佞，固不可保矣。则政之所緀乱，民之所緀伤，非但小人之亟代君子，君子之泽不及下逮也。以君子亟代君子，其同也，则何取乎代之？其异也，则亦旦之令不保于夕也。且以君子而亟代小人，吏民既已受小人之虐，而降心茹荼以从之，从之已夙，亦不得已而安之，而代之者又急反焉，则前劳费而后效亦不易收；且抑不敢信以为可久，而志愈惑，力愈诎矣。况以小人而亟代小人，小人者，各有其私以相倾而相制者也，则且托于锄奸革弊之大名以摇天下。为害之实相若也，而名与法，则纷纠杂出而不可纪。进者退矣，已而退者又进矣。输忠者无可释之忧疑，怀奸者挟危机以观望。自非清刚独立之端士，且游移以冀两容；虽以利病昭著之谋献，亦乍行而无成绩。害者害，而利者亦害；邪者邪，而贞者不能固保其贞。举棋之不定也，筑室之不成也，以求社稷生民之安平巩固于百年也，其可得乎？

夫天子之无定志也，既若此矣。持之以静正，养之以和平，需之以从容者，固将望之有学有守之宰执，与忧国如家之谏臣。深知夫善政虽行而不能永也，危言虽听而不能终也；无亦奉祖宗之成宪以折其狂兴，息搏击之锋芒以杜其反噬，犹庶乎其有定也。而为大臣者，席未暖于紫禁，剑已及于寝门。议磨勘矣，核任子矣，改科举矣，均公田矣，皇皇然若旦不及夕，而一得当以为厚幸。言路之臣，若蔡襄、唐介、孔道辅者，赪发于颜，发竖于额，以与当路争衡于笔舌，知不足以相胜也，而特以求伸于眉睫。乃至浮薄之士，心未喻君子之深衷，而闻风以遥和；身未试小人之沮害，而望影以争攻。一波乍兴，万波随涌。党邪丑正之徒，亦相师以相报。天子且厌闻之，而奸邪亦不以弹劾为耻。于是祖宗朝敦庞镇静之风日陵月替，而天下不可为矣。人知熙、丰以后，议论繁兴，毒痛四海，激盗贼，召远敌；亦恶知滥觞之始，早在仁宗之世乎？

伊尹之训曰："咸有一德。"一者，慎择于先而谨司之于后也。王心载宁，而纲纪定，法守专，廷有亲臣，野无横议，天下永绥，外侮不得而乘焉。呜呼！三代以下，能以此言治者鲜矣。宜其举四海而沦胥之也。

十三

元昊死，谅祚初立，议者请饵其三将，破分其势，可以得志。程琳曰："幸人之丧，非所以柔远人。"立说之非，人皆知之，诚哉其不可与谋也！《春秋》重伐丧之贬，予士匄之还，彼有取尔矣。邻国友邦，偶相失以相愈，兵临服罪，同好如初，则乖约肆淫，大伤人子之心，信不仁矣。元昊者，沦于夷之叛臣，为我蟊贼者也。死亦不足恤也。丧亦不足矜也。如其可削平，以休息吾民，巩固吾宇，恶容小不忍以乱大谋哉？故琳说之非，不可托《春秋》之义为之解也。

虽然，宋至此而欲乘丧以图谅祚，谈何容易乎？昔者继迁死，德明弱，曹玮欲得精兵俘孤雏，郡邑其地；庙算无成，而元昊嗣之以逞。今元昊死，为破分其国之说，亦师玮之智，而奚谓其未可邪？夫所谓理势者，岂有定理，而形迹相若，其势均哉？度之己，度之彼，智者不能违，勇者不能竞，唯其时而已。

继迁虽悍不内附，收众侵边，宋弗能讨而抚之，然犹定难一节使耳。德明嗣立，需宋之宠命以雄长其部落，君臣之分尚在，则予夺之政犹行。力诎归降，自有余地以相待。弗能为窦融也，犹不害为田兴；勿庸致死于我，而服之也易。元昊已俨然帝制矣，宋之待之者，名之曰"夏国"。则固不能以臣礼畜，而视为友邦矣。建郊庙，立宫阙，岂有一旦芟夷，俯首而从臣列。则谅祚虽孱，处于无可却步之势，其以死争存亡者，必也。且不徒谅祚已也。当德明之始，为之部曲者，亦节镇之偏裨，幕府之参佐也。元昊僭而百官设，中国叛人如张元辈者，业已将相自居。束身归阙，不诛不废，而抑不能与徐铉、杨业同升显列。则人怀有死无降之志，以为谅祚效，其情其势，岂可旦暮亟摧者哉？继迁之叛也，虽尝诱杀边臣，袭据银州，而宋不能惩；然未尝一与交兵，受其挫窘，张彼势而自见其弱也。及元昊之世，宋一败于延州，而刘平、石元孙骈首受刃；再败于好水川，而任福全军覆没。韩、范、王、庞分招讨之任，仅保残疆，无能报也。则中国落胆于西人，狡虏益增其壮气。元昊死而余威固在，度之彼势既然矣。

且宋当德明之世，去平江南、下西蜀、破太原也未久，兵犹习战。而曹玮以知兵世将，奋志请缨，鬻其后效，固知其足恃也。及仁宗之季，其风将死亡殆尽，厢禁之兵，仅存名籍。王德用、狄青且颠倒于廷臣之笔舌。乃欲以机巧离其部曲，率屡败疲民以求逞，未有不自贻僵仆者矣。度之己者又然也。今之时非昔之时，而势可知已。势不相若，而安危存亡之理，亦昭然其不昧矣。

抑以天下之大势言之，宋从曹玮之谋而克也，则威建而可折契丹之气，亦唯昔为然，而今不可狃也。当彼之时，宋与契丹犹相角而不相下，则宋苟平西夏，契丹且避其锋。及澶州之役一兴，而宋亟荐贿矣。刘六符片言恐喝，而益币称纳矣。契丹之得志于宋，不待夏人之援；而尽宋之力以争夏，则鹬蚌之持，契丹且坐乘其弊。即如议者之志，三大将离叛以卷土来归，一隅孤悬，契丹顺右臂而收之，一刘裕之俘姚泓，徒为赫连效驱除耳。关、陇且岌岌矣，奚能终有河西以临朔漠哉？宋于此时，急在北而不在西，明矣。岁币日增，力穷坐困，舍契丹以不虑，而外侥幸于斗绝之西陲，胜不足以立威，败则益增召侮。瘠牛偾于豚上，其如猛虎何邪？况乎利诱三将之策，尤童昏之智，只为夏人玩弄以相倾覆也乎？以此思之，程琳之说非也，而有不能讼言以示弱者，故假于伐丧之义，以止妄人之辩，琳或有深心焉，未可知也。

难得而易失者，时也，德明方弱之日也；已去而不可追者，亦时也，元昊初丧之日也。齐桓陉亭之次，宋襄用之而兵败身伤；刘裕北伐之功，吴明彻效之而师歼国蹙。知时以审势，因势而求合于理，岂可以概论哉？

十四

功名之际，难言之矣。蔑论小人也，为君子者，道相谋，志相叶，好恶相若，进退相待，无不可视人若己者，而于此有不能忘者焉。非其宠禄之谓也。出而思有为于当世，得君而事之，才可以胜，志可以伸，心可以无愧，大功可以成，大名可以立，而不得与焉，退处于无能有为之地，则惆惆之情，一动而不可按抑。于是而于友不纯乎信，于君不纯乎忠，于气不纯乎和，于品不纯乎正，皆功名之念为之也。故君子贵道德而贱功名，然后坦然以交于上下，而永保其贞。呜呼！难言之矣！

韩、富二公之相为辅车也，旧矣。富任中枢，而韩出安抚，不以为嫌也。富方报罢，而韩亟引退，深相信也。乃其后富有憾于韩，韩公死而不吊，隙末之衅，生死不忘，岂韩有以致之哉？仁宗之建储也，范蜀公净言于廷，谏官交起以应之，而富公居中力劝其成，韩公尚未与也。已而韩公入相，富自以母丧去位，于是韩公面对，不恤恶怒，迫请英宗之名，起复之苦块之中，正名皇子，韩公固独任焉，而富不与。逾年而仁宗崩，英宗立，宦官构曹后以思废立，于是危言以镇压曹后，调和两宫，宗社无动摇之衅，韩公亦独任焉，而富不与。曹后无归政之志，韩公厉声迫请撤帘于衣裾尚见之余，韩公又独任之，而富不与。于是而富怏怏求罢，出守扬州，嫌却自此开矣。及乎英宗早折，韩公受凭几之命，请力疾书名以定神宗，而折太后旧衷求兔之邪心，富既出守，韩公自独任之，富固不得而与也。凡此数不得与者，自后而言，富以含憾去，而自不欲居其任。自前而言，富以子道在而固不得与闻。乃持此以开隙于趣向同归之益友，富于是乎不得允为君子矣。

夫此二公者，或收功于西陲，或著节于北使，出入两府，通显已极，人望咸归，君心式重，与乎定策而位不加崇，局外置升而望不为贬，夫岂待是以收厚实哉？富亦辞荣有素，非有怀禄固宠之情也。然而捏目空花，青霄为障，几成张耳、陈余之晚节，无他，功不自己成，名不自己立，怀忠爱以求伸，不克遂其匡扶社稷之夙志，以正告天下后世，郁悒周章，成乎褊衷而不自释也。故曰功名之际，难言之也。是以君子以道义自靖其心，而贱功名为末节，诚有以也。

或且以致疑于韩公曰："大功之所就，大名之所居，君子于此，有让道焉。则前之定议于密勿者，胡不待富于服阕之后？后之抗争于帘前者，胡不留富于请外之时？幸得同心之侣，与协恭以允济，而消疑忌于未形，韩公有余歉焉。"之说也，其于君子之道，名取而不以诚者也。夫苟秉拓达光大之衷，则宗社之事，苟有任者，奚必在我？韩公固不以狭小之量拟富之必出于此。而天位去留之际，国家祸福之机，当间不容发之时，如其恤谦让之文，迟回而姑待，避怨憎之迹，作意以周旋；则事机一失，变故丛生。庸人误国以全身，胥此道耳。而公岂屑为之哉？且夫英宗之嗣，所欲决策者，仁宗之独断耳。英宗育于宫中二十八年矣，而皇子之名未正，仁宗之迟回而审可否者已熟。然而廷臣争请，牍满公车，未能决之一朝者，有间之者也。曹后之情，任守忠辈宵人之计，已岌岌矣。则斯举也，独任之则济，分任之则疑。韩公他日或告以蹉跌而身不保。公叹曰："人臣尽力事君，死生以之，成败天也，岂可豫忧其不济。"以此为心，忘其身矣，而何有于人？功可分，名可让，而死不可要人而与共；专死也，非专功也，何容轻议哉？

　　夫富公固非有异志者，而观其生平，每多周防免咎之意，故出使而发视国书，以免吕夷简之陷。则奋不顾身，以强人主，以犯母后，以折奸邪者，诚非富之所能与。使必相待而相让，不我沮也，而固不能我决也，且从容审量而授我疑也。仰质皇天，昭对皇祖，拊省梦魂，揭日月以正告于天下后世，可为则为之，可言则言之已耳。宾宾然以功为不可独成，名为不可独尸，期远怨于朋友而坐失事机，为社稷臣者岂若是？国家之不幸也多矣，伊尹迁桐，莱朱不与；周公破斧，君奭弗闻。富怀不平之心，自愧于君子，而韩公何憾焉？夫韩公不以功名之志期富，其待之也厚矣，惜乎富之未喻也。

　　《宋论》卷四终

宋论卷五

英宗

一

　　集思广益，而功不必自己立，大臣之道也。而抑有不尽然者，非光大宅心而忠忱不渝者，其孰能知之？夫博访于前，以尽人之才；分功于后，以奖人之善；是道也，则亦唯其当而已矣。用人则采公论，而后断之以其真；其合者，则曰此众之所允惬者也。行政则访群议，而后析之以其理；其得者，则曰此众之所襄成者也。此其所当者也。若夫宗社之所以安，大臣之所以定，奸邪窥伺于旁，主心疑贰于上，事机决于俄顷，祸福分于毫厘，则疏远之臣民，既非其所深喻；即同朝共事，无敢立异而愿赞其成者，或才有余而志不定，或志可任而才不能胜。徒取其志，则清谨自矜之士，临之而难折群疑；抑取其才，则妄兴徼利之人，乘之而倒持魁柄。如是者，离人而任独，非为擅也。知之已明，审之已定，握之于幽微之存主；而其发也，如江、河之决，不求助于细流。是道也，伊、周之所以靖商、周，慎守其独知，而震行无眚，夫孰得而与之哉？三代以还，能此者，唯韩魏公而已矣。

　　霍光之敢于易位也，张安世、田延年之共成之也。所以然者，光于大臣之道未纯，而神志不足以充也。且其居功受赏之情，不忘于事后，则固断之以独而不可也。而韩公超然远矣。人主长矣，而母后之帘不撤；宵小持其长短，谤谮繁兴，以惑女主，而英宗之操纵，在其掌中。于斯时也，非独张升、曾公亮、赵概之不能分任其死生，即文、富二公直方刚大之气，至此而不充。故"决取何日"之言，如震雷之迅发，而叱殿司以速撤；但以孤忠托先君之灵爽，而不假片言之赞助。其坐政事堂，召任守忠，斥其恶而速驱以就窜，必不以告赵概，而制之以勿敢异同。呜呼！以如此事，而咨谋于庶尹，会议于堂皇，腾书于章奏，求其事之不偾也，几何哉？

刘瑾一导淫之小竖耳，非有荧惑宫闱、动摇神器之危机也。韩文倡之，李梦阳成之，九卿随声而和之，刘、谢居中而应之；李东阳、王鳌俯仰其间，亦非素结瑾以徼荣者；而参差巨柄，竟以空朝廷而长宵人之气。况守忠所挟者，垂帘之母后，所欲动摇者，入继之嗣君。则天位危，而顾命大臣之窜死，在俄顷间；此何如事，而呼将伯之助，以召不测之忧哉？韩公之独任于己也，其志之真，盟于梦寐；其道之正，积于生平；其情之定，忘乎生死；其力之大，发以精神。功何必不自己成，名何必不自己立，而初无居功立名之心，可揭日月以告之天下。《易》曰："或从王事，知如字光大也。"知光大者之独行而无所恤，乃可以从王事，臣道之极致也。文、富诸君子，且不难推而置之局外，而况他有所倚哉？赵汝愚之未能此也，非韩侂胄不足以立功，而事权失矣，虽有朱子，不能善其后也。

夫韩公之坦然无惧而以为己任，非一日也。其请皇嗣也，仁宗曰："朕有此意久矣！谁可者？"斯言也，在仁宗为偶然之语，而使顾瞻愿谨者闻之，必震栗失守而不敢争。公且急请其名，以宣示中外，视神器之所归，如献酬之爵，唯所应得者而揖让以将之。此岂文、富诸公所能任？而内无可援引之后妃，下无可居间之宦寺，则即有奸邪，亦不能挟以为名而相忮害。为仁繇己，岂袭义者之所可与于斯乎？无乐取人善之虚衷，不足以经庶务；无独行其志之定识，不足以任大谋。刚愎自用者，及其临事而待命于人。斗筲之器，所受尽而资于瓶盎，必然之势也。

二

濮王典礼之议，古今之公论集焉。夫粗而论之，亦易辨矣；精而论之，言必有所衷，道必有所察，彝伦不容以毫发差，名义不可以形势袭，未易易也。如苟古有可引而引之，言有可以夺彼而抗言之，则匪徒其邪也，其正者亦以敓天理而伤教本。岂易易哉？人之有伦也，有同焉者，有异焉者。同焉者，理之在天下者也。异焉者，理在夫人之心者也。胥天下而亲其亲，长其长，一也。统之于一，其义昭明，历古今、统上下、而不容异；无所异，则无所容其辩矣。乃人各亲其亲，非以天下之所必亲而亲之。人各长其长，非以天下之所必长而长之。则名同而实异，道同而德异，义理同而性情异。执彼以概此，辩愈繁而心愈离，非精义以悦心者，弗能与于斯。故曰"未易易也"。

以汉宣之于史皇孙，光武之于南顿府君、例英宗之于濮王者，非也。汉宣虽继孝昭以立，而孝昭不以宣帝为子，宣帝亦未尝以孝昭为父。非若英宗早育于宫中，业已正皇子之名也。光武上继元帝，序七庙之昭穆而已。光武之生，不逮元帝，遭国中圮，奋起庶宗，自百战以复汉社稷，其不父元帝而必父南顿，尤烈于汉宣。故必正名南顿府君曰"皇考"，亲奉祀焉，不可委之伯叔之子而自忘其所生也。则固与英宗无中兴之功烈，而仁宗实为其祢，异矣。故以二帝拟英宗，而等仁宗于孝昭、孝元，不协于仁宗之心。不协于仁宗之心，则英宗之心亦不协。此温公欲以厚仁宗，而不知适以薄。故曰非也。

若夫欧阳永叔缘"为其父母"之文，以正濮王皇考之称，其不中于礼，夫人而知之，而未知其所以非也。为其父母服期，此大夫以降世禄之家，为人后者，得伸于其所生尔。天子绝期，不得于此而复制期服。盖天子者，皇天上帝明禋之所主，七庙先皇禘祫之所依，天下生民元后父母之所托。故于伯叔父之应服期者，生而臣之，没而从为诸侯锡衰之礼，尊伸而亲屈，是以绝期。而出后于天子，则先皇委莫大之任于其躬，可以夺其所自生之恩德，固与世禄之子仅保其三世之祀者殊也。则使英宗立而后濮王薨，不得为之服；不得为之服，则父母之称，不足以立矣。而时无能以此折永叔之非也。

温公曰"宜准封赠期亲尊属故事，称为皇伯，高官大爵，极其尊荣"者，亦非也。濮王之始繇节度使而封郡王，繇郡王而赠濮王，皆以英宗故而受殊礼。则仁宗之为英宗报本地也，久矣。益其封赠，不为加荣，即如其前，不为有阙。子不得以其尊加之于所生，而驭以爵禄；固心之所有惮，而实心之所弗忍者也。则封赠之说，不可行矣。以所生言之，则父也。以族属言之，则犹之乎凡为伯父者之为皇伯也。固为伯父，不待立名；实非伯父，名非繇我。而为之名曰皇伯，固不如无为之名而心可以安。故温公之说，亦曲就而非正也。

至若王圭之言曰："陛下所以负扆端冕，万世相承，皆先帝德也。"此言何为而至于人子之耳哉？以贵为天子、富有四海、传之子孙为德，而不可忘；则是以富贵故，而父非其父；以富贵所不在故，而不父其父。见利忘恩，人之所以异于禽兽者，泯矣。孝子于此，将有怀惭自痛、追悔出继之非，敝屣天下，脱之而逃耳。以小人之心，议天伦之大，没天地祖宗之重任、怀荣其身、庇其子孙之私恩。圭乃昌言此不道之说于廷，而当时犹以为允，世教之衰，非徒小人之乱之矣。

夫濮王既不可称考，抑不可称伯，此中书所为驳圭等议，而议以当称何亲？圭等穷矣。苟据典礼以求其允惬，自可不穷。濮王已薨，书召弗及矣。若祭，则天子于伯叔无丧毕致祭之礼。濮王自有子孙，世其爵，延其祀，俾奕世勿绝，则所以报本者已遂。而岁时修举，自属濮国之小宗，天子弗与焉。天子弗与，则称谓可绝，又何必致疑于名之何称，而徒滋聚讼哉？然而英宗有难处者于此：君子之守道也，不昧其初。濮王之薨，英宗尝执三年之丧矣。未为天子而父之，已为天子而不父，则始末不相应。而前之哀戚，以大位而改其素，安能不耿耿焉。此则仁宗之过也。业已方四岁，而育之宫中者二十五年，知之非不深矣。濮王超进大国之封，为英宗故，立之非不决也。而不早正皇子之名，别为濮王立后，以定其世系。仁宗一犹豫，而授英宗以两不自胜之情。故以韩公之秉正，而俯仰以从欧阳之议，实有其难处者存也。处乎难处，而容以率然之心议之乎？求尽人伦之至者，研义以极其精，乃能存仁以无所憾。孤持一义，不研诸虑以悦诸心，其不胜于邪说也，必矣。况如王珪之以人欲灭天理者乎？

《宋论》卷五终

宋论卷六

神宗

一

言有大而无实，无实者，不祥之言也。明主知之，知其拓落而以是相震，则一闻其说，而屏退之唯恐不速。唯智小而图大，志陋而欲饰其短者，乐引取之，以钳天下之口，而遂其非。不然，望而知其为妄人，岂难辨哉？

王安石之入对，首以大言震神宗。帝曰："唐太宗何如？"则对曰："陛下当法尧、舜，何以太宗为哉？"又曰："陛下诚能为尧、舜，则必有皋、夔、稷、契，彼魏征、诸葛亮者，何足道哉？"呜呼！使安石以此对飏于尧、舜之廷，则靖言庸违之诛，膺之久矣。抑诚为尧、舜，则安石固气沮舌噤而不敢以此对也。夫使尧、舜而生汉、唐之后邪，则有称孔明治蜀、贞观开唐之政于前者，尧、舜固且揖而进之，以毕其说，不鄙为不足道而遽斥之。何以知其然也？舜于耕稼陶渔之日，得一善，则沛然从之。岂耕稼陶渔之侣，所言善言，所行善行，能轶太宗、葛、魏之上乎？大其心以函天下者，不见天下之小；藏于密以察天下者，不见天下之疏。方步而言趋，方趋而言走，方走而言飞；步趋犹相近也，飞则固非可欲而得者矣。故学者之言学，治者之言治，奉尧、舜以为镇压人心之标的；我察其情，与缁黄之流推高其祖以树宗风者无以异。韩愈氏之言曰："尧以是传之舜，舜以是传之禹。"相续不断以至于孟子。愈果灼见其所传者何道邪？抑仅高举之以夸其所从来邪？愈以俗儒之词章，安石以申、商之名法，无不可曰尧、舜在是，吾甚为言尧言舜者危也。

夫尧、舜之学，与尧、舜之治，同条而共贯者也。安石亦知之乎？尧、舜之治，尧、舜之道为之；尧、舜之道，尧、舜之德为之。二典具存，孔、孟之所称述者不一，定以何者为尧、舜之治法哉？命岳牧，放四凶，敬郊禋，觐群后，皆百王之常法。唯以允恭克让之心，致其精一以行之，遂与天同其巍荡。故尧曰"无名"。舜曰"无为"。非无可名，而不为其为也。求一名以为独至之美，求一为以为一成之例，不可得也。今夫唐太宗之于尧、舜，其相去之远，夫人而信之矣。而非出号令、颁科条之大有异也。藉令尧、舜而举唐太宗所行之善政，允矣其为尧、舜。抑令唐太宗而仿尧、舜所行之成迹，允矣其仅为唐太宗而止。则法尧、舜者之不以法法，明矣。德协于一，载于王心，人皆可为尧、舜者，此也。道贞乎胜，有其天纲，汤、武不师尧、舜之已迹，无所传而先后一揆者，此也。法依乎道之所宜；宜之与不宜，因乎德之所慎。舍道与德而言法，韩愈之所云"传"，王安石之所云"至简、至易、至要"者，此也。皋、夔、稷、契以其恭让之心事尧、舜，上畏天命，下畏民嵒。匹夫匹妇有一善，而不敢骄以所不屑，唐、虞之所以时雍也。顾乃取前人经营图度之苦心以拨乱扶危者，而凌躐之，枵然曰："尧、舜之道至易，而无难旦夕致也。"商鞅之以胁秦孝公者，亦尝用此术矣。小人而无忌惮，夫亦何所不可哉？

扬尧、舜以震其君，而诱之以易；揭尧、舜以震廷臣，而示之以不可攻。言愈高者趋愈下，情愈虚者气愈骄。言及此，而韩、富、司马诸公亦且末如之何矣！曹丕曰"吾舜、禹也"，则舜、禹矣。源休曰"吾萧何也"，则萧何矣。奸人非妄不足以利其奸，妄人非奸无因而生其妄。妄人兴而不祥之祸延于天下，一言而已蔽其生平矣。奚待其溃堤决岸，而始知其不可遏哉？

二

君子之道，有必不为，无必为。小人之道，有必为，无必不为。执此以察其所守，观其所行，而君子小人之大辨昭矣。必不为者，断之自我，求诸己者也。虽或诱之，而为之者，必其不能自固而躬冒其为焉。不然，荧我者虽众，弗能驱我于丛棘之中也。必为者，强物从我，求诸人者也。为之虽我，而天下无独成之事，必物之从而后所为以成，非假权势以迫人之应，则锐于欲为，势沮而中止，未有可必于成也。以此思之，居心之邪正，制行之得失，及物之利害，其枢机在求人求己之间，而君子小人相背以驰，明矣。

夫君子亦有所必为者矣，子之事父也，臣之事君也，进之必以礼也，得之必以义也。然君子之事父，不敢任孝，而祈免乎不孝；事君不敢任忠，而祈免乎不忠。进以礼者，但无非礼之进，而非必进；得以义者，但无非义之得，而非必得。则抑但有所不为，而无必为者矣。况乎任人家国之政，以听万民之治。古今之变迁不一，九州之风土不齐，人情之好恶不同，君民之疑信不定。读一先生之言，暮夜得之，鸡鸣不安枕而揣度之，一旦执政柄而遽欲行之，从我者爱而加之膝，违我者怒而坠诸渊，以迫胁天下而期收功于旦夕；察其中怀，岂无故而以一人犯兆民之指摘乎？必有不可问者存矣。夫既有所必为矣，则所迫以求者人，而所惛然忘者己矣。故其始亦勉自钤束，而有所不欲为；及其欲有为也，为之而成，或为之而不成，则喜怒横行，而乘权以逞。于是大不韪之事，其夙昔之所不忍与其所不屑者，苟可以济其所为而无不用。于是而其获疚于天人者，昭著而莫能掩。夫苟以求己、求人、必为、必不为之衡，而定其趋向，则岂待决裂已极而始知哉？

故王安石之允为小人，无可辞也。安石之所必为者，以桑弘羊、刘晏自任，而文之曰周官之法，尧、舜之道；则固自以为是，斥之为非而不服。若夫必不可为者，即令其反己自攻，固莫之能遁也。夫君子有其必不可为者，以去就要君也，起大狱以报睚眦之怨也，辱老成而奖游士也，喜谄谀而委腹心也，置逻卒以察诽谤也，毁先圣之遗书而崇佛、老也，怨及同产兄弟而授人之排之也，子死魄丧而舍宅为寺以丐福于浮屠也。若此者，皆君子所固穷濒死而必不为者也。乃安石则皆为之矣。抑岂不知其为恶而冥行以蹈污涂哉？有所必为，骨强肉愦，气溢神驰，而人不能遂其所欲，则荆棘生于腹心，怨毒兴于骨肉；迨及一踬，而萎缩以沉沦，其必然者矣。

夫君子相天之化，而不能违者天之时；任民之忧，而不能拂者民之气。思而得之，学而知其未可也；学而得之，试而行之未可也；行而得之，久而持之未可也。皆可矣，而人犹以为疑；则且从容权度以待人之皆顺。如是而犹不足以行，反己自责，而尽其诚之至。诚至矣，然且不见获于上，不见信于友，不见德于民；则奉身以退，而自乐其天。唯是学而趋入于异端，行而沉没于好利，兴罗织以陷正人，畏死亡而媚妖妄，则弗待迟回，而必不以自丧其名节。无他，求之己者严，而因乎人者不求其必胜也。唯然，则决安石之为小人，非苟责之矣。

或曰："安石而为小人，何以处夫黩货擅权导淫迷乱之蔡京、贾似道者？夫京、似道能乱昏荒之主，而不能乱英察之君，使遇神宗，驱逐久矣。安石唯不如彼，而祸乃益烈。诶诶之辩，硁硁之行，奚足道哉！

三

神宗有不能畅言之隐，当国大臣无能达其意而善谋之者，于是而王安石乘之以进。帝初莅政，谓文彦博曰："养兵备边，府库不可不丰。"此非安石导之也，其志定久矣。

国家之事，相仍者之必相变也，势也。大张之余，必仍之以弛；大弛之余，必仍之以张。善治者，酌之于未变之前，不极其数；持之于必变之日，不毁其度。不善治者反此，而大张大弛，相乘以胜，则国乃速敝。夫神宗固承大弛而势且求张之日也。仁宗在位四十一年，解散天下而休息之。休息之是也，解散以休息之，则极乎弛之数，而承其后者难矣。岁输五十万于契丹，而俯首自名曰"纳"；以友邦之礼礼元昊父子，而输缯帛以乞苟安；仁宗弗念也。宰执大臣、侍从台谏、胥在廷在野、宾宾喷喷以争辩一典之是非，置西北之狄焉若天建地设而不可犯；国既以是弱矣。抑幸无耶律德光、李继迁鸷悍之力，而暂可以赊免。非然，则刘六符虚声恐喝而魄已丧，使疾起而卷河朔以向汴、洛，其不为石重贵者，何恃哉？于是而神宗若处桎棘之台，蠡然不容已于伤心，奋起而思有以张之；固仁宗大弛之反，授之以决裂之资。然而弗能昌言于众，以启劲敌之心，但曰"养兵备边"，待廷臣之默喻。宰执大臣恶容不与其焦劳，而思所以善处之者乎？

夫神宗之误，在急以贫为虑，而不知患不在贫，故以召安石聚敛之谋，而敝天下。然而无容怪也，凡流俗之说，言强国者，皆不出于聚财之计。太祖亦尝为此言矣。饱不宿，则军易溃；赏不重，则功不兴；器仗、甲胄、牛马、舟车、糗糒、刍稿、椎牛酾酒，不庀不腆，则进不速而守不固。夫孰谓其不然者，要岂有国者之忧哉？汉高起于亭长，无儋石之储，秦据六国之资，敛九州之赋于关中，而不能与争一战之生死，且以为兴亡之大数，置勿论也。刘裕承桓玄播乱、卢循内讧之余，以三吴一隅之物力，俘姚泓，缚慕容超，拓跋氏束手视其去来，而莫之敢较。唐积长安之金帛米粟，安禄山拥之，而肃宗以朔方斥卤之乡，崛起东向，驱之速遁。德宗匹马而入梁州硗确之土，困朱泚而诛夷之。则不待积财已丰，然后可强兵而挫寇，亦较然矣。

若夫仁宗之过于弛而积弱也，实不在贫也。密勿大臣如其有定识与？正告神宗曰："以今日之力，用今日之财，西北之事，无不可为也。仁宗之休养四十年，正留有余、听之人心、以待后起之用。而国家所以屈于小丑者，未得人耳。河北之能固圉以待用者，谁恃而可也？绥、延之能建威以制寇者，谁恃而可也？守先皇之成宪，而益之殷忧，待之十年，而二虏已在吾指掌。"则神宗不言之隐，早授以宅心定志之弘图，而戢其求盈无已之妄；安石揣摩虽工，恶能攻无瑕之玉哉？

夫宋之所以财穷于荐贿，国危于坐困者，无他，无人而已矣。仁宗之世，亦孔棘矣。河北之守，自毕士安撤备以后，置之若遗。西事一兴，韩、范二公小为补葺，辄贡"心胆寒裂"之谣，张皇自炫。二公虽可分阃，固不能出张子房、李长源之上。藉使子房执枹鼓以敌秦、项，长源佩櫜鞬以决安、史，势固不能。而其为彭、韩、李、郭者何人？宋固不谋也。怀黄袍加身之疑，以痛抑猛士，仅一王德用、狄青，而猜防百至，夫岂无可恃之才哉？使韩、岳、刘、吴生北宋之代，亦且束身偏裨，老死行间，无以自振；黄天荡、朱仙镇、藕塘、和尚原之绩，岂获一展其趑雄邪？唯不知此，而早以财匮自沮，乃夺穷民之铢累，止以供无益之狼戾，而畜其所余，以待徽宗之奢纵。若其所恃以挑敌者，王韶已耳，徐禧已耳，高遵裕已耳，又其下者，宦者李宪已耳。以兵为戏，而以财为弹鹊之珠。当国大臣，无能以定命之讦谟，为神宗辰告，徒欲摧抑其有为之志，宜神宗之厌薄已亟，固必曰："赞仁宗四十余年养痈之患者，皆此侪也。"言之徒长，祇益其骄而已。

呜呼！宋自神宗而事已难为矣。仁宗之弛已久，仍其弛而固不可，张其弛而又已乖。然而酌其所自弛以渐张之，犹可为也，过此而愈难矣。安石用而宋敝，安石不用而宋亦敝。神宗急进富公与谋，而无以对也。宋之日敝以即于亡也，可于此而决之矣。

四

王安石之未试其虐也，司马君实于其新参大政，而曰"众喜得人"，明道亦与之交好而不绝，迨其后悔前之不悟而已晚矣。知人其难，洵哉其难已！子曰："不知言，无以知人也。"夫知言者，岂知其人之言哉？言饰于外，志藏于中；言发于先，行成于后。知其中，乃以验其外；考其成，乃以印其先。外易辨，而中不可测；后易核，而先不能期。然则知言者，非知其人之所言可知已。商鞅初见孝公而言三王，则固三王之言矣。王莽进汉公而言周公，则固周公之言矣。而天下或为其所欺者，知鞅、莽之言，而不知三王与周公之言也。知言者，因古人之言，见古人之心；尚论古人之世，分析古人精意之归；详说群言之异同，而会其统宗；深造微言之委曲，而审其旨趣；然后知言与古合者，不必其不离矣；言与古离者，不必其不合矣。非大明终始以立本而趣时，不足以与于斯矣。

立圣人之言于此以求似，无不可似也。为老氏之言者曰"虚静"。虚静亦圣人之德也。为释氏之言者曰"慈悯"。慈悯亦圣人之仁也。为申、韩、管、商之言者曰"足兵食，正刑赏"。二者亦圣人之用也。匿其所师之邪慝，而附以君子之治教，奚辨哉？揣时君之所志，希当世之所求，以猎取彝训，而迹亦可以相冒。当其崇异端、尚权术也，则弁髦圣人以恣其云为。及乎君子在廷，法言群进，则抑捃拾尧、舜、周公之影似，招摇以自诡于正。夫帝王经世之典，与贪功谋利之邪说，相辨者在几微。则苟色庄以出之，而不易其怀来之所挟，言无大异于圣人之言，而君子亦为之动。无惑乎温公、明道之乐进安石而与之言也。

夫知言岂易易哉？言期于理而已耳，理期于天而已耳。故程子之言曰："圣人本天，异端本心。"虽然，是说也，以折浮屠唯心之论，非极致之言也。天有成象，春其春，秋其秋，人其人，物其物，秩然名定而无所推移，此其所昭示而可言者也。若其密运而曲成，知大始而含至仁，天奚在乎？在乎人之心而已。故圣人见天于心，而后以其所见之天为神化之主。知言者，务知其所以言之密藏，而非徒以言也。如其有一定之是非，而不待求之于心，则恻怛不生于中，言仁者即仁矣；羞恶不警于志，言义者即义矣；饰其言于仁义之圃，而外以毒天下，内以毁廉隅，皆隐伏于于内，而仁义之言，抑可不察。安石之所能使明道不斥绝而与之交者，此也。当其时，秀慧之士，或相奖以宠荣，或相溺于诗酒。而有人焉，言不及于戏豫，行不急于进取，则奉天则以鉴之，而不见其过；将以为合于圣人之言，而未知圣人之言初不仅在于此。乃揖而进之，谓是殆可与共学者与！实则谰言之隐，与圣人传心之大义微言相背以驰，尤甚于戏豫诡遇之徒。何则？彼可裁之以正，而此不可也。

若温公则愈失之矣，其于道也正，其于德也疏矣。圣人之言，言德也，非言道也，而公所笃信者道。其言道也，尤非言法也，而公所确持者法。且其忧世也甚，而求治也急，则凡持之有故，引之有征，善谈当世之利病者，皆嘉予之，而以为不谬于圣人之言。于明道肃然敬之矣，于安石竦然慕之矣，乃至于荡闲败度之苏氏，亦翕然推之矣。侈口安危，则信其爱国；极陈利病，则许以忧民；博征于史，则喜其言之有余；杂引于经，则羡其学之有本。道广而不精，存诚而不知闲邪，于以求知人之明，不为邪慝之所欺，必不可得之数矣。凡彼之言，皆圣人之所尝言者，不可一概折也。唯于圣人之言，洗心藏密，以察其精义；则天之时，物之变，极乎深而研以其几。然后知尧、舜、周、孔之治教，初无一成之轨则，使人揭之以号于天下。此之谓知言，而人乃可得而知，固非温公之所能及也。穷理，而后诡于理者远；尽性，而后淫于性者诎；至于命，而后与时偕行之化，不以一曲而蔽道之大全。知言者"穷理尽性以至于命"之谓也。明道早失之，而终得之。温公则一失已彰，而又再失焉；悔之于安石败露之余，而又与苏氏为缘。无他，在知其人之言，而不知古今先哲之言也。

五

熙、丰新法，害之已烈者，青苗、方田、均输、手实、市易，皆未久而渐罢；哲、徽之季，奸臣进绍述之说，亦弗能强天下以必行；至于后世，人知其为虐，无复有言之者矣。其元佑废之不能废，迄至于今，有名实相仍行之不革者，经义也，保甲也；有名异而实同者，免役也，保马也；数者之中，保马之害为最烈。

保马者，与民以值使买马，给以牧地而课其蕃生以输之官。洪武以后，固举此政于淮北、山东，而废牧苑。愚民贪母马之小利于目前，幸牧地之免征于后世，贸贸然而任之。迨其子孙贫弱，种马死，牧地徒，间岁纳马，马不能良，则折价以输，一马之值，至二十五金，金积于阉寺，而国无一马，户有此役，则贫饿流亡、求免而不得，皆保马倡之也。夫马，非其地弗良，非其人弗能牧也。水旱则困于刍粟，寒暑则死于疾疫。唯官有牧苑，而群聚以恣其游息；官有牧人，而因时以蠲其疾；官有牧资，而水旱不穷于饲；则一虚一盈，蕃产自倍。自成周以迄于唐，皆此制也。汉、唐车骑之盛，用捍边陲，而不忧其匮，奈何以诱愚民而使陷于死亡哉？行此法者，曾不念此为王安石之虐政，徒以殃民而无益于国马，相踵以行，祸延无已，故曰害最烈也。

保甲之法，其名美矣，好古之士，乐称说之；饰文具以塞责之俗吏，亟举行之。以为可使民之亲睦而劝于善邪？则非片纸尺木之能使然矣。以为团聚而人皆兵，可以御敌邪？则寇警一闻而携家星散，非什保之所能制矣。以为互相觉察而奸无所容邪？则方未为盗，谁能诘之；既已为盗，乃分罪于邻右，民皆重足以立矣。以为家有器仗，盗起而相援以擒杀之邪？则人持数尺之仗、蚀镝之铁，为他人以与盗争生死，谁肯为之？责其不援而加以刑，赇吏猾胥且乘之以索贿，而民尤无告矣。如必责以器仗之精，部队之整，拳勇者赏之，豪杰者长之；始劝以枭雄，终任以啸聚。当熙、丰之世，乘以为盗者不一，而祸危昭著者，则邓茂七之起，杀掠遍于闽中，实此致之也。溺古不通之士，无导民之化理、固国之洪猷，宝此以为三代之遗美，不已愚乎！

免役之愈于差役也，当温公之时，朝士已群争之，不但安石之党也。民宁受免役之苛索，而终不愿差役者，率天下通古今而无异情。驱迟钝之农人，奔走于不习知之政令，未受役而先已魂迷，既受役而弗辞家破，输钱毕事，酌水亦甘，不复怨杼柚之空于室矣。故免役之害日增，而民重困者，有自来也。自宇文氏定"租、庸、调"之三法以征之民也，租以田，庸以夫。庸者，民之应役于官，而出财以输官，为雇役之稍食也。庸有征而役免矣。承平久而官务简，则庸恒有余，而郡库之积以丰，见于李华所论清河之积财，其征也。及杨炎行"两税"之法，概取之而敛所余财归之内帑，于是庸之名隐，而雇役无余资。五代僭伪之国，地狭兵兴，两税悉充军用，于是而复取民于输庸之外，此重征之一也。安石唯务聚财，复行雇役之法，取其余羡以供国计，而庸之外又征庸矣。然民苦于役，乃至破产而不偿责，抑不复念两税之已输庸，宁复纳钱以脱差役之苦。繇是而或免或差，皆琐屑以责之民；民虽疲于应命，然止于所应派之役而已。朱英不审，而立"一条鞭"之法，一切以输之官，听官之自为支给。民乍脱于烦苛，而欣然以应。乃行之渐久，以军兴设裁减之例，截取编徭于条鞭之内，以供边用。日减日削，所存不给，有司抑有不容已之务，酷吏又以意为差遣，则条鞭之外，役又兴焉。于是免役之外，凡三征其役，概以加之田赋，而游惰之民免焉。至于乱政已亟，则又有均差之赋而四征之。是安石之立法，已不念两税之已有雇赏；而温公之主差役，抑不知本已有役，不宜重差之也。此历代之积弊已极，然而民之愿雇而不愿差者，则脂竭髓干而固不悔也。

若夫经义取士，则自隋进士科设以来，此为正矣。纳士于圣人之教，童而习之，穷年而究之，涵泳其中而引伸之。则耳目不淫，而渐移其不若之气习。以视取青妃白，役心于浮华荡冶之中者，贞淫之相去远矣。然而士不益端，学不益醇，道不益明，则上之求之也亡实，而下之习之也不令也。《六经》《语》《孟》之文，有大义焉，如天之位于上，地之位于下，不可倒而置也。有微言焉，如玉之韫于山，珠之函于渊，不可浅而获也。极之于小，而食息步趋之节，推求之而各得其安也。扩之于大，经邦制远之猷，引伸之而各尽其用也。研之于深，保合变化之真，实体之而以立其诚也。所贵乎经义者，显其所藏，达其所推，辨其所异于异端，会其所同于百王，证其所得于常人之心，而验其所能于可为之事，斯焉尚矣。乃司试者无实学，而干禄者有鄙心，于是而王鏊、钱福之徒，起而为苟成利试之法。法非义也，而害义滋甚矣。大义有所自止，而引之使长；微言有所必宣，而抑之使隐；配之以比偶之词，络之以呼应之响，窃词赋之陋格，以成穷理体道之文，而使困于其中。始为经义者，以革词赋之卑陋，继乃以词赋卑陋之成局为经义，则侮圣人之言者，白首经营，倾动天下，而于道一无所睹。如是者凡屡变矣。而因其变以变之，徒争肥瘠劲弱于镜影之中，而心之不灵，已濒乎死。风愈降，士愈偷，人争一辙，如兔园之册，复安知先圣之为此言者将以何为邪？是经义之纳天下于聋瞽者，自成、弘始，而溃决无涯。岂安石之为此不善哉？

合此数者观之，可知作法之难矣。夫安石之以成宪为流俗而亟改之者，远奉尧、舜，近据《周官》，固以胁天下曰："此圣人之教也。"夫学圣人者，得其精意，而古今固以一揆矣。《诗》云："思无疆，思马斯臧。"此固自牧畜之证，而保马可废矣。子曰："苟子之不欲，虽赏之不窃。"此不责民以弭盗之证也，而保甲徒劳矣。《周官》行于千里之畿，而胥盈于千，徒溢于万，皆食于公田，此民不充役之验也。则差役之虐政捐，而免役之诛求亦止矣。《记》曰："顺先王《诗》《书》《礼》《乐》以造士。"则经义者，允为良法也。而曰顺者，明不敢逆也。为琐琐之法以侮圣言者，逆也。绌其逆，而士可得而造，存乎其人而已矣。诚得圣人之精意以行之，而天下大治。自立辟以扰多辟之民，岂学古之有咎哉？

六

老氏之言曰："以正治国，以奇用兵。"言兵者师之，为乱而已矣。王韶请击西羌、收河湟、以图夏，王安石称为奇策而听之。诚奇矣。唯其奇也，是以进无尺寸之功，而退有邱山之祸也。以奇用兵而利者有之矣。正不足而以奇济之，可以暂试，不可以常用；可以脱险，不可以制胜；可乘疲寇而速平，不可御强敌而徐效。如其用之，抑必有可正而后可奇也。舍正用奇，而恃奇以为万全之策，此古今画地指天之妄人，误人家国者所以积也。论者皆咎陈余之不用李左车也，使余用左车之策，韩信抑岂轻入其阱中者？前车偶涉，伏起受挫，信亦自有以制之。以汉之强、信之勇，加脆弱之孤赵，井陉小蹊，四面环攻，余固无术以继其后，恶足以救其亡哉？一彼一此，一死一生，视其力而已矣。唯在两军相持而不犯，不须臾之顷，姑试其奇，发于其所不及防而震挠之，可矣。然而其不可震挠者，固自若也。议之于朝廷，传之于天下，明示以奇，而延之岁月以一试，吹剑首者之一映而已矣。

　　夏未尝恃西羌以为援，西羌未尝导夏以东侵，河、湟之于朔方，不相及也。拓跋、赫连端视刘裕之拔姚泓而不为之动，知裕之道为己灭泓也。则使宋芟尽群羌，全有河湟之土，十郡孤悬，固不能守，只为夏效驱除，其能乘风席卷，进叩谅祚之垒乎？如其能大举以西征与！择大将，整六师，压谅祚之疆以讨僭逆之罪，而谅祚据贺兰以自保，于是遣偏师掠西羌以溃其腹心，是或一策也，收蜀者栈道、剑门夹攻之术也。然而西羌各保其穴，固且阻顿而不能前。今一矢不及于银、夏，而远涉沙碛河、洮之险，薄试之于羌，一胜一负，一叛一服，且不能制羌之死命，夏人睥睨而笑之。然且栩栩自矜曰：“此奇策也。”安石之愚，不可砭矣。

　　在昔继迁死，德明弱，觊从曹玮之请，捕灭之，可以震詟契丹者，彼一时也，席太宗全盛之余，外无澶州纳赂之辱，宋无所屈于契丹，内无军士各散居归农之令，兵虽力未有余，而尚未自形其不足。且继迁肉袒称臣，与契丹为唇齿，则威伸于德明而契丹自震，固必然之势也。抑谓兵不可狃于不战，而以征夏之役，使习勇而不倦；亦其时夙将犹存，部曲尚整，有可用之资，勿以不用斁之也。今抑非其时矣。弛不虞之防、狎安居之乐者，凡数十年。徒以群羌散弱，乘俞龙珂内附之隙，侥幸以图功；然且谋之五年而始城武胜，七年而始降木征。操弹雀之弓，欲射猛虎，恶足以自强，而使彼畏我以不相侵乎？木征之降未几，而屠懦之秉常且凭凌而起，宋之死者六十万人。其于正也，无毫发之可恃，而孤持一奇以相当，且其奇者，又非奇也。然而不败者，未之有也。

　　是故奇者，举非奇也。用兵者，正而已矣。不以猜疑任将帅，不以议论为谋略，不以文法责进止。峙刍粮，精甲仗，汰老弱，同甘苦，习击刺，严营陈，堂堂正正以临之，攻其所必救，搏其所必争。诚有余也，而后临机不决，间出奇兵以迅薄之，而收速效。故奇者，将帅应变之权也，非朝廷先事之算也。赵充国曰："帝王之兵，以全取胜。"此之谓也。老氏者，持机械变诈以侥幸之祖也，师之者，速毙而已矣。

七

国民之交敝也，自苛政始。苛政兴，足以病国虐民，而尚未足以亡；政虽苛，犹然政也。上不任其君纵欲以珍物，下不恣其吏私法以戕人，民怨渐平，而亦相习以苟安矣。惟是苛政之兴，众论不许，而主张之者，理不胜而求赢于势，急引与己同者以为援，群小乃起而应之，竭其虔矫之才、巧黠之慧、以为之效。于是泛滥波腾，以导谀宣淫蛊其君以毒天下，而善类一空，莫之能挽。民乃益怨，衅乃倏生，败亡沓至而不可御。呜呼！使以蔡京、王黼、童贯、朱勔之所为，俾王安石见之，亦应为之发指。而群奸尸祝安石、奉为宗主、弹压天下者，抑安石之所不愿受。然而盈廷皆安石之仇雠，则呼将伯之助于吕惠卿、蔡确、章惇诸奸，以引凶人之旅进，固势出于弗能自已，而聊以为缘也。势渐迤者趋愈下，志荡于始而求正于末者，未之有也。是故苛政之足以败亡，非徒政也，与小人为类，而害乃因缘以蔓延。倡之者初所不谋，固后所必至也。

夫欲使天下之无小人，小人之必不列于在位，虽尧、舜不能。其治也，则惟君子胜也。君子胜而非无小人。其乱也，则惟小人胜也。小人胜而固有君子。其亡也，则惟通国之皆小人。通国之皆小人，通国之无君子，而亡必矣。故苛政之兴，君子必力与之争；而争之之权，抑必有所归，而不可以泛。权之所归者，德望兼隆之大臣是已。大臣不能持之于上，乃以委之于群工，于是而争者竞起矣。其所争者正也，乃以正而争者成乎风尚，而以争为正。越职弗问矣，雷同弗问矣。以能言为长，以贬削为荣，以罢闲为乐，任意以尽言，而惟恐不给。乃揆其所言，非能弗相刺谬也；非能弗相剿袭也；非能无已甚之辞，未然而斥其然也；非能无蔓延之语，不然而强谓然也。捃举及于纤微之过，讦谪及于风影之传，以激天子之厌恶，以授群小之反攻，且跃起而自矜为君子，而君子小人遂杂糅而莫能致诘。如攻安石者，无人不欲言，无言不可出，岂其论之各协于至正，心之各发于至诚乎？乃至怀私不逞之唐坰，反复无恒之陈舜俞，亦大声疾呼，咨嗟涕洟，而惟舌是出。于是人皆乞罢，而空宋庭以授之小人。迨乎蔡京、王黼辈兴，而言者寂然矣。通国无君子，何怪乎通国之皆小人哉？

乃其在当日也，非无社稷之臣，德重望隆，足以匡主而倚国是，若韩、富、文、吕诸公者，居辅弼之任，而持之不坚，断之不力，如先世李太初之拒梅询、曾致尧，王子明之抑王钦若、陈彭年，识皆有所不足，力皆有所不逮。而以洁身引退，倒授其权于新进之庶僚，人已轻而言抑琐，不足耸人主之听，只以益安石之横。且徒使才气有狷之士，挫折沉沦，不为国用；而驱天下干禄者，惩其覆轨，望风遥附，以群陷于邪。诸公过矣，而韩公尤有责焉。躬任两朝定策之重，折母后之垂帘，斥权阉以独断，德威树立，亘绝古今。神宗有营利之心，安石挟申、商之术，发乎微已成乎著，正其恩怨死生独任而不可委者。曾公亮、王陶之琐琐者，何当荣辱，而引身遽退，虚端揆以待安石之纵横哉？韩公尤过矣！虽然，抑非公之过也。望之已隆，权之已重，专政之嫌，先起于嗣君之肺腑。则功有不敢居，位有不敢安，权有不敢执，身有不可辱，公亦末如之何也。夫秉正以拒邪，而使猝起争鸣之安石不得逞者，公之责也。斥曾公亮之奸，讼韩公之忠，以觉悟神宗安韩公者，文、富二公之责也。乃文之以柔居大位，无独立之操；富抑以顾命不与，怀同堂之忌；睨韩公之远引，而隐忍忘言。及安石之狂兴，而姑为缓颊，下与小臣固争绪论，不得，则乞身休老，而自诩不污，亦将何以质先皇而谢当世之士民乎？韩公一去，而无可为矣。白日隐而繁星荧，嗜彼之光，固不能与妖孛竞耀也。

夫神宗有收燕、云定银、夏之情，起仁宗之积弛，宋犹未敝，非不可图也。和平中正之中，自有固本折冲之道。而筹之不素，问之莫能酬答，然且怀私以听韩公之谢政，安得谓宋有人哉？无大臣而小臣瓦解；小臣无可效之忠，而宵小高张；皆事理之必然者。司马、范、吕诸公强挽已发之矢而还入于彀，宜其难已。然则宋之亡也，非法也，人也。无人者，无大臣也。李太初、王子明而存焉，岂至此乎？

八

论人之衡有三：正邪也，是非也，功罪也。正邪存乎人，是非存乎言，功罪存乎事。三者相因，而抑不必于相值。正者其言恒是，而亦有非；邪者其言恒非，而亦有是；故人不可以废言。是者有功，而功不必如其所期；非者无功，而功固已施于世。人不可以废言，而顾可以废功乎？论者不平其情，于其人之不正也，凡言皆谓之非，凡功皆谓之罪。乃至身受其庇，天下席其安，后世无能易，犹且摘之曰："此邪人之以乱天下者。"此之谓"不思其反"。以责小人，小人恶得而服之？已庇其身，天下后世已安之而莫能易，然且任一往之怒，效人之诃诮而诃诮之；小人之不服，非无其理也，而又恶能抑之？

章惇之邪，灼然无待辨者。其请经制湖北蛮夷，探神宗用兵之志以希功赏，宜为天下所公非，亦灼然无待辩者。然而澧、沅、辰、靖之间，蛮不内扰，而安化、靖州等州县，迄今为文治之邑，与湖、湘诸郡县齿，则其功又岂可没乎？惇之事不终，而麻阳以西，沅、溆以南，苗寇不戢，至今为梗。近蛮之民，躯命、妻子、牛马、粟麦莫能自保。则惇之为功为罪，昭然不昧，胡为乐称人之恶，而曾不反思邪？

乃若以大义论之，则其为功不仅此而已也。语曰："王者不治夷狄。"谓沙漠而北，河、洮而西，日南而南，辽海而东，天有殊气，地有殊理，人有殊质，物有殊产，各生其所生，养其所养，君长其君长，部落其部落，彼无我侵，我无彼虞，各安其纪而不相渎耳。若夫九州之内，负山阻壑之族，其中为夏者，其外为夷，其外为夏者，其中又为夷，互相襟带，而隔之绝之，使胸腋肘臂相亢悖而不相知，非无可治，而非不当治也。然且不治，则又奚贵乎君天下者哉？君天下者，仁天下者也。仁天下者，莫大乎别人于禽兽，而使贵其生。苗夷部落之魁，自君于其地者，皆导其人以鸷戾淫虐，沉溺于禽兽，而掊削诛杀，无间于亲疏，仁人固弗忍也。则诛其长，平其地，受成赋于国，涤其腥秽，被以衣冠，渐之摩之，俾《诗》《书》《礼》《乐》之泽兴焉。于是而忠孝廉节文章政事之良材，乘和气以生，夫岂非仁天下者之大愿哉？以中夏之治夷，而不可行之九州之外者，天也。其不可不行之九州之内者，人也。惟然，而取蛮夷之土，分立郡县，其功溥，其德正，其仁大矣。

且夫九州以内之有夷，非夷也。古之建侯也万国，皆冠带之国也。三代之季，暴君代作，天下分崩。于是而山之陬，水之滨，其君长负固岸立而不与于朝会，因异服异制以趋苟简。至春秋时，莒、杞皆神明之裔，为周之藩臣，而自沦于夷。则潞甲之狄，淮浦之夷，陆浑之戎，民皆中国之民，君皆诸侯之君，世降道衰，陷于非类耳。昭苏而莘袯之，固有待也。是以其国既灭，归于侯服，永为文教之邦，而彝伦攸叙。故《春秋》特书以大其功。岂云王者不治，而任其为梗于中区乎？永嘉之后，义阳有蛮夷号，仇池有戎名，迨及荡平，皆与汴、洛、丰、镐无异矣。然则辰、沅、澧、靖之山谷，负险阻兵者，岂独非汉、唐政教敷施之善地与？出之泥滓，登之云逵，虽有诛戮，仁人之所不讳。而劳我士马，费我刍粮，皆以保艾我与相接壤之妇子。劳之一朝，逸之永世，即有怨咨，可弗避也。君天下者所宜修之天职也。

夫章惇之立心，逢君生事以邀功，诚不足以及此。而既成乎事，因有其功；既有其功，终不可以为罪。迄于今日，其所建之州县，存者犹在目也。其沿之以设，若城步、天柱诸邑之棋布者，抑在目也。而其未获平定，为苗夷之穴，以侵陵我郡邑者，亦可睹也。孰安孰危，孰治孰乱，孰得孰失；征诸事，问诸心，奚容掩哉？概之以小人，而功亦罪，是亦非，自怙为清议，弗能夺也。虽然，固有不信于心者存矣。

《宋论》卷六终

宋论卷七

哲宗

一

　　极重之势，其末必轻，轻则反之也易，此势之必然者也。顺必然之势者，理也；理之自然者，天也。君子顺乎理而善因乎天，人固不可与天争，久矣。天未然而争之，其害易见；天将然而犹与之争，其害难知。争天以求盈，虽理之所可，而必过乎其数。过乎理之数，则又处于极重之势而渐以向轻。君子审乎重以向轻者之必渐以消也，为天下乐循之以不言而辨，不动而成，使天下各得其所，嶷然以永定而不可复乱。夫天之将然矣，而犹作气以愤兴，若旦夕之不容待，何为者邪？古之人知此也，故审于生民涂炭之极，察其数之将消，居贞以俟，徐起而顺众志以图成。汤之革夏，武、周之胜殷，率此道也。况其非革命改制之时乎？

　　汉武帝锐意有为，而繁苛之政兴，开边牟利，淫刑崇侈，进群小以荼苦其民，势甚盛而不可扑也。然而溢于其量者中必馁，驰于其所不可行者力必困，怨浃于四海者，心必怵而不安。故其末年罢兵息役，弛刑缓征，不待人言之洊至，而心已移矣，图已改矣。其未能尽革以复文、景之治者，霍光辅孝昭起而承之，因其渐衰之势，待其自不可行而报罢。于是而武帝之虔刘天下者，日消月沉，不知其去而自已。无他，唯持之以心，应之以理，一顺民志，而天下不见德，大臣不居功，顺天以承佑。承天之佑者，自无不利也。

考神宗之初终，盖类是矣。当其始也，开边之志，聚财之情，如停水于脆土之堤而待决也。王安石乘之以进，三司条例使一设，而震动天下以从其所欲。于是而两朝顾命之老，且引退而不能尽言；通国敢言之士，但一鸣而即逢贬窜；群小揣意指而进者，喧不可息也。此势之极重者也，然而固且轻矣。安石之所执以必为者，为之而无效矣。河不可疏，而淤田不登矣；田不可方，而故籍难废矣；青苗之收息无几，而逋欠积矣；保马之孳息不蕃，而苑牧废矣；民怨于下，土怨于廷，而彻乎上听矣。高遵裕之败，死尸盈野，弃甲齐山，而天子且为之痛哭矣。安石则不肖之子挠之于内，反面之党讼之于廷，神宗亦不复以心膂相信。邓绾、吕嘉问且婴显罚，王安礼纠兄之过，而亟进升庸。手实、方田，自安石创者，皆自神宗而报罢矣。使神宗有汉武之年，其崩不速，则轮台之诏，必自己先之，弗待廷臣之亟谏。盖否极而倾，天之所必动，无待人也。几已见矣，势已移矣。则哲宗立，众正升，因其欲熸之余焰，撤薪以息之者，平其情，澄其虑，抑其怒张之气以莅之。其不可行者，已昭然其不可行；无所利者，已昭然其有害；敝而弗为之修，弛而弗为之督，三年之中，如秋叶之日向于凋，坐而待其陨矣。而诸君子积怒气以临之，弗能须臾忍也，曾霍光之弗若，奚论古先圣哲之调元气而养天下于和平哉？

牛之斗虎，已毙而斗之不已，牛乃力尽而死。安石既退，吕惠卿与离叛而两穷。吕申公、司马温公以洎孙固、吴充，渐起而居政地。彼蔡确、章惇、王珪、曾布之流，无安石博闻强识之学、食淡衣粗之节，岂元佑诸公之劲敌哉？操之已蹙者，畏之已甚；疾之已亟者，疑之已深，授之以不两立之权，而欲自居于畸重，则昔之重在彼者轻，而今之重在诸公者，能长保其重哉？天方授我，而我不知，力与天争，而天且去之矣，夫岂有苍苍不可问之天哉？天者，理而已矣；理者，势之顺而已矣。此之不察，乃曰："天祚社稷，必无此虑。"天非不祚宋也，谋国者失之于天，而欲强之于人以居功而树德者为之也。

二

毕仲游之告温公曰："大举天下之计，深明出入之数，以诸路所积钱粟，一归地官，使天子知天下之余于财，而虐民之政可得而蠲。"大哉言乎！通于古今之治体矣。温公为之耸动而不能从。不能从者，为政之通病也，温公不免焉。其病有三：一曰惜名而废实，二曰防弊而启愚，三曰术疏而不逮。

天子不言有无，大臣不问钱谷，名之甚美者也。大臣自惜其清名，而又为天子惜，于是讳言会计，而一委之有司。是未察其立说之义，而蒙之以为名也。不言有无者，非禁使勿知之谓也。不于有而言无以求其溢，不于无而计有以妄为经营。知其所入，度其所出，富有海内，不当言无也。不问钱谷者，非听上之糜之，任下之隐之，而徒以自标高致也。出入有恒，举其大要，业已喻于心，而不屑屑然问其铢累也。若乃宾宾然若将浼己而去之，此浮薄子弟之所尚，而可以为天子、可以为大臣乎？自矜高洁之名，而忘立国之本，此之谓惜名而废实。习以为尚，而贤者误以为道之所存，其惑久矣。

为弼成君德之说者曰：天子不可使知国之富也，知之则侈心生。于是而幸边功、营土木、耽玩好、滥赐予之情，不可抑止。李林甫、丁谓之导君以骄奢，唯使知富而已。禁使勿知，而常怀不足之心，则不期俭而自俭。之说也，尤其大谬不然者。天子而欲宣欲以尚侈乎，岂忧财之不足而为之衰止哉？高纬、孟昶、刘铱仅有一隅，物力凡几，而穷奢以逞。汉文惜露台之费，非忧汉之贫也。奄有九州之贡税，即不详知其数，计可以恣一人之挥斥者，虽至愚暗，不虑其无余。唐玄、宋真既有汰心，侵令日告虚枵，抑且横征别出。夫颦眉坐叹而相戒以贫，鄙野小人施之狂子弟而徒贻其笑。欲止天子之奢，而勿使知富，则将使其君如土木偶人，唯人提掇而后可乎？为新法者，本以北失燕、云，西防银、夏为忧，则亦立国之本图，固不当以守财坐叹，导其君以抱璧立枯也。此防弊者之迂疏，为谋已下也。

乃若术疏而不逮，则虽博练如温公，吾不能信其不然矣。天子之不能周知出入之数、畜积之实者有故：方在青宫之日，既无以此为其所宜闻而详告者矣；迨其嗣立，耽宴乐而念不及之者勿论已；即在厉精之主，总其要不能察其详，抑以此为有代我以来告者，而弗容亟问也。若大臣则亦昔之经生，学以应人主之求者耳。乃其童之所习，长之所游，政暇公余之所涉猎，即不以宴游声色荡其心，而所闻所知者，概可见矣。下者，词章也；进而上焉，议论也；又进而上焉，天人性命之旨也。即及于天下之务，亦上推往古数千年兴废得失之数，而当世出纳之经制，积聚之盈歉，未有过而问者。故亿其有，而不知其未必有也；亿其无，而不知其未尝无也；知其出，而不知其出之何所支也；知其入，而不知其入之何所藏也；知其散，而不知合其散者之几何也；知其合，而不知合之散者几何也。虽以温公经济之实学，上溯威烈，下迄柴氏，井井条条，一若目击而身与之；然至于此，则有茫然若群川之赴海，徒见其东流，而不知归墟者何天之池矣。则虽欲胪列租税之所登，度支之所余，内府之所藏，州郡之所积，计其多寡，而度以应人主有为之需，固有莫扪朕舌而终以吃呐者。则学之不适于用，而一听小人之妄为意计也，其能免乎？

夫王安石之唯不知此也，故妄亿国帑之虚，而以桑、孔之术动人主于所不察。元佑诸公欲诎其邪，而惝然者亦安石耳。则相惆相值，勿问贞邪，而各以时竞，何异两盲之相触于道，其交谇也必矣。夫唯大臣之不以此为务，而俾天子之卒迷也，故其害有不可胜言者。守之者，胥隶也，掌之者，阉宦也；腐之者，暗室也；籍之者，蠹纸也；湮沉而不可问，盗窃而不可诘。呜呼！此皆蔀屋小民粟粟而获之，丝丝而织之，铢铢而经营之，以效立国久长之计，使获免于夷狄盗贼之摧残者。而君臣上下交置之若有若无之中，与粪土均其委弃；智者所不能自已，抑仁者所不忍忘者也。天子大臣非山椒水涘携杖观云之畸士，而曰此非所宜知也。则孔子曰"足食足兵"，其为俗吏之嚆矢与？丁谓上《会计录》以后，至熙宁元年，六十年矣。中历仁宗四十一年之节俭，民无流亡，国之所积可知也。青苗、均输、农田、水利之所获，一部娄之于泰山。诸君子不能举此以胜安石之党，且舌挢而不能下，徒以气矜，奚益哉？

三

《易》曰："天下之动，贞胜者也。"贞胜者，胜以贞也。天下有大贞三：

诸夏内而夷狄外也，君子进而小人退也，男位乎外而女位乎内也。各以其类为辨，而相为治，则居正以治彼之不正，而争胜矣。若其所治者贞，而所以治者非贞也，资于不正，以求物之正；萧望之之于恭、显，刘琨之于聪、勒，陈蕃之于宦寺，不胜而祸不旋踵；小胜而大不胜，终以灾及其身，祸延于国。故君子与其不贞而胜也，宁不胜而必固保其贞。元佑诸公昧此，以成绍圣以后之祸。善类空，国事乱，宗社亦鞑以倾，亦惨矣哉！

新法之为民病，甚矣。诸公顺民之欲，急起而改之，不谓其非贞也。即疑于改父之非孝，而奉祖宗之成宪，以正先君之阙失，亦不可谓非孝之贞也。乃改之者，诸公不自任其责，嗣君不与闻其谋，举而仰听于太后。于是盈廷之士，金曰后，尧、舜也；普天之下，胥曰后，尧、舜也；乃至传之史册，而后世道听之说，犹曰后，尧、舜也。取后而跻之尧、舜，曰后，尧、舜矣；其可抑尧、舜而匹之后，曰尧、舜，后邪？故曰："拟人必于其伦。"伦者，不相夺也。诸公跻后而尧、舜之，群小抑后而吕、武之；以伦求之，吕、武虽不肖，犹其等伦，而尧、舜悬绝焉。则吕、武之说，足以争胜而亡忌。伦也者，类也；天之生是使别也。草与木并植，而芝兰之芳，不可以为梁栋；鸟与兽并育，而翟雉之美，不可以驾戎车；天子与后敌尊，而母后之贤，不可以制道法。非是者，自丧其贞，而欲以胜物，匪徒小人之反噬有辞也；天所弗佑，祖宗之灵所弗凭依，天下臣民亦怀疑而其情不固。不贞者之不胜，古今之通义，不可违也。

哲宗之立，虽仅十龄，乃迨高后之殂，又七年矣。后一日不亡，帝一日不得亲政，则此七年者，月之朗于夜，非日之昱于昼也。且昼虽阴，而以照物，其能俾人洞见者，视月远矣。天子虽幼，而以莅众，其能俾人信从者，视后多矣。而不但此也，位尊权重，可以唯其所为，然且惮于恶而强为善者，自非上哲，亦唯其名而已。夫为恶而恶之名归之人而己不与，则无所惮，而有委罪之路。为善而善之名归之人而己不与，则不能强，而徒挟不平之情。实则资己之权藉以为之，名则去之，严父不能得之于子，而为人臣者，欲以得之君，不已悖乎？

新法之弊，神宗之暮年亦自知之矣。永乐之败，悔不用王安礼之言。王安石子死魄丧，其志已衰。王雱、吕惠卿自相龁蹄，而神宗已厌之矣。邓绾、吕嘉问秽迹彰明而见黜矣，蒲宗孟诋司马君实而见诃矣，孙固、吕公著渐进而登两府矣。则使当国者述神宗之志，以遗诏行之，蠲青苗之逋欠，弛保马之孳生，缓保甲之练习，以次而待哲宗于识知之后，告以民主之艰苦，示以祖法之宽弘，次第而除之；使四海慕新主之仁，而不掠美以归牝鸡之啼曙，夫岂不可必得者？计不出此，拥女主以行其志，后一日不死，天子一日隅坐画诺，如秉笔之内竖，奉教而行。即以韩维、苏轼、刘挚、朱光庭辈处此，其能俯首以听焉否邪？故人谓温公守贞有道而未通乎变者，非也。温公之所不足者，正未能贞也。贞之大者，天之经也，地之义也，人之彝伦也，事之纲纪也。以阴御阳，以女制男，何殊乎以夷狄令中国，以小人治君子乎？《坤》之初六曰："履霜，坚冰至。"当《坤》之初，阴无失德，非有坚冰之祸；而发端之始，与《乾》干相革，则所秉不正，在希微之间，而诡于其涂，不可以复暄和高朗之宇，固无待血战而始知其害也。温公胡不闻焉？

呜呼！国之将乱也，黄发耆臣老死而无与继者。神宗之季年，韩、富二公先后而逝，文潞公虽存，年已迟暮，且仁柔以召物议，众望所不归也。使有秉国钧者，如韩公于英、仁二庙嗣立之初，持德威以翼戴，当元佑三四年间，撤太后之帘，以兴革之权、进退之柄归之天子；则群小无言可执，无隙可乘，而国定矣。温公权藉既轻，道亦逊焉，徒恃愚氓浮动之气，迁客跃起之情，迫于有为而无暇择焉，其能济乎？权轻者，非势之胜也；道逊者，非理之贞也。捷反捷复，捷兴捷废，天下皆丧其贞，则女贞之失先之也。故曰古今之通义，不可违也。

四

置一说之短长，以通观一时之措施，则其治乱安危，可未成而决其必然于先，旷千载而信其所以然于后，无有爽也。哲宗在位十有五年，政出自太后者凡八年，哲宗亲政以还凡六年。绍圣改元而后，其进小人、复苛政，为天下病者，勿论矣。元佑之政，抑有难于覆理者焉。绍圣之所为，反元佑而实效之也。则元佑之所为，矫熙、丰而抑未尝不效，且启绍圣而使可效者也。呜呼！宋之不乱以危亡者几何哉？

天子进士以图吾国，君子出身以图吾君，岂借朝廷为定流品分清浊之场哉？必将有其事矣。事者，国事也。其本，君德也。其大用，治教政刑也。其急图，边疆也。其施于民者，视其所勤而休养之，视其所废而修明之，拯其天灾，惩其吏虐，以实措之安也。其登进夫士者，养其恬静之心，用其方新之气，拔之衡茅，而相劝以君子之实也。岂徒绍圣哉，元佑诸公之能此者几何邪？所能卓然出其独至之忧，超出于纷纭争论之外而以入告者，刘器之谏觅乳媪而已，伊川请就崇政、延和讲读，勿以暑废而已，范淳夫劝帝以好学而已。自是而外，皆与王安石已死之灰争是非，寥寥焉无一实政之见于设施。其进用者，洵非不肖者矣，乃一唯熙、丰所贬斥之人，皇皇然力为起用，若将不及。岂新进之士，遂无一人可推毂以大任之，树百年之屏翰者；而徒为岭海迁客伸久郁之气，遂可无旷天工乎？其恤民也，安石之新法，在所必革矣。频年岂无水旱？而拯救不行；四海岂无冤民？而清问不及；督行新法之外，岂无渔民之墨吏？而按劾不施；触忤安石之余，岂无行惠之循良？而拔尤不速。西陲之覆败孔棘，不闻择一将以捍其侵陵；契丹之岁币屡增，不闻建一谋以杜其欺侮。夫如是，则宋安得有天下哉？一元佑诸公扬眉舒愤之区宇而已矣。

马、吕两公非无忧国之诚也，而刚大之气，一泄而无余。一时蝼屈求伸之放臣，拂拭于蛮烟瘴雨之中，惛惛自得。出不知有志未定之冲人，内不知有不可恃之女主，朝不知有不修明之法守，野不知有难仰诉之疾苦，外不知有睥睨不逞之强敌，一举而委之梦想不至之域。群起以奉二公为宗主，而日进改图之说。二公且目眩耳荧，以为唯罢此政，黜此党，召还此人，复行此法，则社稷生民巩固无疆之术不越乎此。呜呼！是岂足以酬天子心膂之托，对皇天，质先祖，慰四海之孤茕，折西北之狡寇，而允称大臣之职者哉？

吾诚养君德于正，则邪自不得而窥；吾诚修政事以实，则妄自无从而进；吾诚慎简干城之将以固吾圉，则徼功生事之说自息；吾诚厘剔中饱之弊以裕吾用，则掊克毒民之计自消；吾诚育士以醇静之风，拔贤于难进之侣，为国家储才于百年，则奸佞之觊觎自戢，而善类之濯磨自弘。曾不出此，而夜以继日，如追亡子：进一人，则曰此熙、丰之所退也；退一人，则曰此熙、丰之所进也；兴一法，则曰此熙、丰之所革也；革一法，则曰此熙、丰之所兴也。然则使元佑诸公处仁、英之世，遂将一无所言，一无所行，优游而聊以卒岁乎？未见其有所谓理也，气而已矣。气一动而不可止，于是吕、范不协于黄扉，洛、蜀、朔党不协于群署，一人茕立于上，百尹类从于下，尚恶得谓元佑之犹有君，宋之犹有国也！而绍圣诸奸，驾驷马骋康庄以进，莫之能御矣。反其所为者，固师其所为也。是故通哲宗在位十四年中，无一日而不为乱媒，无一日而不为危亡地，不徒绍圣为然矣。

当其时，耶律之臣主亦昏淫而不自保，元昊之子孙亦偷安而不足逞；藉其不然，靖康之祸，不能待之他日也。而契丹衰，夏人弱，正汉宣北折匈奴之时会。乃恣通国之精神，敝之于一彼一此之短长，而弗能自振。呜呼！岂徒宋之存亡哉？无穷之祸，自此贻之矣。立乎今日，以覆考哲宗之代之所为，其言洋溢于史册，以实求之，无一足当人心者。苟明于得失之理，安能与登屋遮道之愚民同称庆快邪？

夫君子之自立也有节，而应天下也有道。心之无私，不待物之不我辱而后荣；为之有实，不待法之无所弊而后治。故入其朝，观其所为；读其书，观其所成。聚天下之聪明才力，以奉一人而理万物，不期正而无不正，然后其兴也，必也。此则君子以自靖而靖天下者也。岂徒伊、吕哉？两汉之盛，唐、宋之初，无有不然者。夫谁如哲宗在御之世，贸贸终日，而不知将以何为也！

《宋论》卷七终

宋论卷八

徽宗

一

徽宗之初政，粲然可观，韩忠彦为之，而非韩忠彦之能为之也。未几而向后殂，任伯雨、范纯礼、江公望、陈瓘以次废黜，曾布专，蔡京进，忠彦且不能安其位而罢矣。锐起疾为而不能期月守，理乱之枢存乎向后之存没，忠彦其能得之于徽宗乎？循已覆之轨者倾，仗非其所仗者踬。以仁宗之慈厚居心，而无旁窥怀妒之小人，然且刘后殂，而张耆、夏竦不能复立于廷，王德用、章德象以与刘后异而急庸。若高后晨陨，群奸夕进，攻击元佑，不遗余力，前事之明鉴，固忠彦等所在目方新者。仍拥一母后以取必于盛年佻达之天子，仗者非所仗也。则邢恕、章惇、蔡卞虽已窜死，岂无继者？祸烈于绍圣，而贞士播弃终身，以恣噂沓之狂夫动摇社稷，后车之覆，甚于前车，亦酷矣哉！

忠彦虽为世臣，而德望非温公之匹，任伯雨诸人亦无元佑群贤之凤望。一激不振，士气全颓，举天下以冥行而趋于泥淖，极乎靖康，无一可用之材，举国而授之它人，无足怪者。将雪之候，先有微温，其温也，岂暄和之气哉？于是而诸君子之处此也，未易易矣。太后不可恃也，忠彦斯不可恃也；李清臣、蒋之奇之杂进，愈不可恃也；曾布之与忠彦互相持于政府，弥不可恃也。然而温诏之颁，起用之亟，固自朝廷发矣。范忠宣曰："上果用我矣，死有余责。"伊川曰："首被大恩，不供职，何以仰承德意。"苏子瞻海外初还，欣然就道。夫固有不可恝于君臣之际者，知其不可恃，而犹欣跃以从，亦君子宅心之厚与！

虽然，酌之以道，规之以远，持之以贞，而善调元气以使无伤，固有道焉。天下有道，道在天下，则身从天下以从道。天下无道，道在其身，则以道爱身，而即为天下爱道。以道爱身者，喜怒不轻动于心，语默不轻加于物，而进退之不轻，尤其必慎者也。执之仇雠，而知仇雠者之必不我力，不可得而执也。爱而加膝，念加膝者之无难投渊，不以身试渊也。夫且使昏庸之主，知我之不以欣欣而动，弗得以我为赖宠。夫且使邪佞之党，见我之迟迟以进，弗得疑我之力争。夫且使天下之士，惜其名节，念荣宠之非荣，而不辱身以轻试。夫且使四海之民，知世之方屯，隐忍以茹荼苦，而不早计升平，以触苛虐而重其灾。故范淳夫劝蜀公之不赴，而尹和靖疑伊川之易就，非独为二公爱其身也，为天下爱道，而道尚存乎天下也。

以爱君之切，而不忍逆君之命；以忧国之至，而迫欲为国宣力；以恤民之笃，而辄思为民请命；则小人之占风而趋、待隙而钻者，固将曰：彼犹我也。一虚一实迭相衰王，而凶威可试，不遗余力，以捋采而尽刘之；昏庸之主，亦将曰：此呼而可来者，麾而可去，天下安得有君子哉？唯予言而莫违，否则窜之诛之，永锢而无遗种，亦不患国之无人也。后生者，不得与于直道之伸，亦将曰：先生长者，亦尝亟于进矣。则弗待君之果明，臣之果直，未进而获进焉，无不可也，奚必与世龃龉哉？于是而小人有可借之口，庸主有轻士之情，人士无固穷之节。朝为无人之朝，野为无人之野。则大观以后，迄于靖康，醉梦倾颓，无有止讫，终无一人焉，能挽海宇之狂趋以救死亡，不亦痛与！

宋之不靖也，自景佑而一变矣。熙宁而再变，元佑而三变，绍圣而四变，至是而五变矣。国之靡定，不待智者而知也。乃数十年来，小人迭进，而公忠刚直之臣，项背相依。然求其立难进易退之节，足以起天子之敬畏，立士类之坊表者，无其人焉。骐骥与驽骀争驾，明星与萤火争光，道已贬，身已媟，世安得而不波流，国安得而不瓦解哉？韩忠彦孤立以戴女主，而望起两世之倾危，诸君子何其易动而难静也！伊川贬，而尹和靖、张思叔诸学者皆罹伪学之禁。韩侂胄之恶，自此倡之。则非祸中于国家，而且害延于学术矣。建中靖国之初政，有识者所为寒心也，奚粲然可观之有？

二

政之善者，一再传而弊生，其不善者，亦可知矣。政之善者，期以利民，而其弊也，必至于厉民。立法之始，上昭明之，下敬守之，国受其益，人受其赐。已而奉行者非人，假其所宽以便其弛，假其所严以售其苛，则弊生于其间，而民且困矣。政之不善者，厉民以利国，而其既也，国无所利，因以生害，而民之厉亦渐以轻。立法之始，刻意而行之，令必其行，禁必其止，怨怒积于下而不敢违，已而亦成故事矣。牧守令长之贤者，可与士民通议委曲，以苟如其期会而止，而不必尽如其法。若其不肖者，则虽下不恤民喁，上亦不畏国法，但假之以济其私，而涂饰以应上，亦苟且塞责而无行之之志。则其为虐于天下者，亦渐解散而不尽如其初，则害亦自此而杀矣。故即有不善之政，亦不能操之数十年而民无隙之可避。繇此言之，不善之政，未能以久贼天下；而唯以不善故，为君子所争，乃进小人以成其事，则小人乘之以播恶，而其祸乃延。故曰："有治人，无治法。"则乱天下者，非乱法乱之，乱人乱之也。

蔡京介童贯以进，与邓洵武、温益诸奸剿绍述之邪说，推崇王安石，复行新法。乃考京之所行，亦何尝尽取安石诸法，督责吏民以必行哉？安石之昼谋夜思，搜求众论，以曲成其申、商、桑、孔之术者，京皆故纸视之，名存而实亡者十之八九矣。则京之所为，固非安石之所为也。天下之苦京者，非其苦安石者也。是安石之法，未足以致宣、政之祸；唯其杂引吕惠卿、邓绾、章惇、曾布之群小，以授贼贤罔上之秘计于京，则安石之所以贻败亡于宋者此尔。载考熙、丰之时，青苗、保甲、保马、市易之法，束湿亟行，民乃毁室鬻子，残支体，徒四方，而嗷号遍野。藉令迄乎宣、政，无所宽弛，则天下之氓，死者过半，揭竿起者，不减秦、隋之季。乃绍圣踵行，又二十余年，而不闻天下之怨毒倍于前日。方腊之反，驱之者朱勔花石之扰，非新法迫之也。此抑可以知政无善恶，俱不足以持久，倚法以求赢，徒为聚讼而已矣。

神宗之求治也迫，安石之欲售其邪僻之术也坚，交相骛而益之以戾气，力持其是，以与君子争，无从欲偷安之志以缓之，故行之决而督之严，吏无所容其曲折，民无所用其推移，则如烈火之初炎，而无幸存之宿草。及哲宗而以怠心行之，及徽宗而抑以侈心行之矣。则吏民但可有盈余以应诛求，饰文具以免勘督者，自相遁于下而巧避之。且如保甲之法，固可以一纸报成功；青苗之息，固可洒派于户口土田。醉梦之君，狭邪之相，苟足其欲，而以号于人曰："神宗之所为，吾皆为之矣。"而民之害，亦至此而稍纾矣。

繇此言之，政无善恶，统不足以持久。吏自有其相沿之习，民自有其图全之计。士大夫冒谴以争讼于庭而不足，里胥牖户协比以遁于法而有余。故周公制六官，叙《六典》，纤悉周详，规天下于指掌，勒为成书，而终不以之治周。非不可行也，行之而或遁之，或乘之，德不永而弊且长也。

人主而为国计无疆之休，任贤而已矣；大臣而为君建有道之长，进贤而已矣。所举贤，而以类升者，即不如前人之懿德，而沿流风以自淑，必不为蟊贼者也。所举不肖，而以类升者，岂徒相效以邪哉？趋而愈下，流而愈淫，即求前人之不逮而不可得。呜呼！安石岂意其支流之有蔡京哉？而京则曰："吾安石之嫡系也。"诸君子又从而目之曰："京所法者，安石也。"京之恶乃益以昌矣。故善治天下者，章民者志也，贞民者教也，树之百年者人也。知善政之不足恃，则非革命之始，无庸创立己法；知恶政之不可久，则虽苛烦之法，自可调之使驯。读一先生之言，欲变易天下而从己，吾未见其愈于安石也，徒为蔡京之口实而已。

三

靖康之祸，自童贯始。狄夷不可信而信之，叛臣不可庸而庸之，逞志于必亡之契丹，而授国于方张之女真。其后理宗复寻其覆轨，以讫其大命。垂至于后，犹有持以夷攻夷之说取败亡者，此其自蹈于凶危之阱，昭然人所共喻矣。而宋之一失再失以殒命者，不仅在此。藉令徽宗听高丽之言，从郑居中、宋昭之谏，斥童贯、王黼之奸，拒马植、张毂之请，不以一矢加辽，而且输金粟、起援兵、以卫契丹，能必耶律淳之不走死乎？能必左企弓之固守燕山而不下乎？能使女真不压河北而与我相迫乎？能止女真之不驰突渡河而向汴乎？夫然，则通女真之与不通，等也；援辽之与夹攻，等也。童贯兴受其败，而宋之危亡，非但贯之失算也。

辍夹攻之计以援辽，辽存而为我捍女真，此一说也，宋岂能援契丹而存之者？以瓦解垂亡之契丹，一攻之，而童贯败于白沟矣；再攻之，而刘延庆、郭药师败于燕山矣。攻之弗能攻也，则援之固弗能援也。不可以敌燎火将熄之萧干，而可以拒燎原方炽之粘没喝乎？拒契丹而勿援，拒女真而勿夹攻，则不导女真以窥中国之短长，守旧疆以静镇之，此一说也，近之矣。乃使女真灭辽，有十六州之地，南临赵、魏，以方新不可遏之锐气，睥睨河朔之腴土，遣一使以索岁币，应之不速而激其忿怒，应之速而增其狎侮。抑能止锋戢锐，画燕自守，而不以吞契丹者龁我乎？然则夹攻也，援辽也，静镇也，三者俱无以自全。盖宋至是而求免于女真也，难矣。

自澶州讲和而后，毕士安撤河北之防，名为休养，而实以启真宗粉饰太平之佚志，兴封祀、营土木者十八载。仁宗以柔道为保邦之计，刘六符一至，而增岁币如不遑，坐销岁月于议论之中者又四十一年。神宗有自强之志，而为迂谬之妄图，内敝其民于掊克，而远试不教之兵于熙河。契丹一索地界，则割土以界之，而含情姑待，究无能一展折冲之实算。元祐以还，一彼一此，聚讼盈廷，置北鄙于膜外者又二十余年。阃无可任之将，伍无可战之兵，城堡湮颓，戍卒离散。徽宗抑以嬉游败度，忘日月之屡迁。凡如是者几百年矣。则攻无可攻，援无可援，镇无可镇。请罢夹击之师者，罢之而已；抑将何以为既罢之后画一巩固之谋邪？故曰童贯误之，非徒童贯误之也。

虽然，宋即此时，抑岂果无可藉以自振者乎？以财赋言，徽宗虽侈，未至如杨广之用若泥沙也。尽天下之所输，以捍蔽一方者，自有余力。以兵力言，他日两河之众，村为屯、里为砦者，至于飘泊江南，犹堪厚用。周世宗以数州之土，乘扰乱之余，临阵一麾，而强敌立摧，亦非教练十年而后用之也。以将相言，宗汝霖固陶侃之流匹也。张孝纯、张叔夜、刘子羽、张浚、赵鼎俱已在位，而才志可征。刘、张、韩、岳，或已试戎行，或崛起草泽，而勇略已著。用之斯效，求之斯至，非无才也。有财而不知所施，有兵而不知所用。无他，唯不知人而任之，而宋之亡，无往而不亡矣。

不知犹可言也，不任不可言也。是岂徒徽宗之暗，蔡京之奸，败坏于一旦哉？自赵普献猜防之谋，立国百余年，君臣上下，惴惴然唯以屈抑英杰为苞桑之上术。则分阃临戎者，固以容身为厚福，而畏建功以取祸。故平方腊，取熙河，非童贯以阉宦无猜，不敢尸战胜之功。嚣嚣者满堂也，而窥其户久矣，阒其无人矣。虽微童贯挑女真以进之，其能免乎？汉用南单于攻北单于，而匈奴之祸讫；闭关谢绝西域，而河西之守固；唯其为汉也。庙有算，阃有政，夹攻可也，援辽可也，静镇尤其无不可也。唯其人而已矣。

四

奸人得君久，持其权而以倾天下者，抑必有故。才足以代君，而贻君以宴逸；巧足以逢君，而济君之妄图；下足以弹压百僚，而莫之敢侮；上足以胁持人主，而终不敢轻。李林甫、卢杞、秦桧皆是也。进用之始，即有以耸动其君，而视为社稷之臣；既用之，则信向而尊礼之；权势已归，君虽疑而不能动摇之以使退。故高宗置刀鞲中以防秦桧，而推崇之益隆；卢杞贬，而德宗念之不衰；李林甫非杨国忠之怀忮以相反，玄宗终莫之轻也。而其时盈廷之士，无敢昌言其恶，微词讥讽而祸不旋踵矣。而蔡京异是。

徽宗之相京也，虽尝赐坐而命之曰："卿何以教之？"亦戏也。实则以弄臣畜之而已。京之为其所欲为也，虽奉王安石以为宗主，持绍述之说以大残善类。而熙、丰之法，非果于为也，实则以弄臣自处而已。其始进也，因与童贯游玩，持书画奇巧以进，而托之绍述，以便登揆席。其云绍述者，戏也。所师安石以《周官》饰说者，但"唯王不会"之一言，所以利用夫戏也。受宠既深，狂嬉无度，见安妃之画像，形之于诗；纵稚子之牵衣，着之于表；父子相仍，迭为狎客。乃至君以司马光谴臣，臣以仁宗谴君，则皆灼然知其为俳优之长，与黄幡绰、敬新磨等。帝亦岂曰此可为吾任社稷者？京、攸父子亦岂曰吾为帝腹心哉？唯帝之待之也媟，而京、攸父子之自处也贱，故星变而一黜矣，日中有黑子而再黜矣，子用而父以病免，不得世执朝权矣。在大位者侯蒙、陈显，斥之为蟊贼，而犹优游以去；冗散之臣如方轸，草泽之士如陈朝、陈正汇，诃之如犬豕，而犹不陷于刑。未尝有蟠固不可摇之势也。徽宗亦屡欲别用人代之矣。而赵挺之、何执中、张商英之琐琐者，又皆怀私幸进，而无能效其尺寸。是以宠日以固，位日以崇，而耆老不死，以久为贼于天下。计自其进用以迄乎南窜之日，君亦戏也，臣亦戏也。嗣之者，攸也、绦也；偕之者，王黼也、朱勔也、李邦彦也；莫非戏也。花鸟、图画、钟鼎、竹石、步虚、受箓、倡门、酒肆，固戏也；开熙河、攻交趾、延女真、灭契丹、策勋饮至、献俘肆赦，亦莫非戏也。如是而欲缓败亡之祸，庸可得乎？

故有李林甫，不足以斩肃宗之祚；有卢杞，不足以陷德宗于亡；有秦桧，不足以破高宗之国。京无彼三奸之鸷悍，而祸乃最焉。彼之为恶者，犹有所为以钳服天下；而此之为戏者，一无所为也。彼之得君者，君不知其奸，而奸必有所饰；此之交相戏者，君贱之而不能舍之，则无所忌以无不可为也。即无女真，而他日起于草泽，王善、李成、杨么之徒，一呼而聚者百余万，北据太行，南蹂江介，足以亡宋而有余矣。撄狡强锐起之天骄，尚延宋祚于江左，幸也。虽然，唯其戏也，含诟忍耻以偷嬉宴，则其施毒于士民者亦浅，固有可以不亡者存焉。京年八十，而与子孙窜死于南荒，不得视林甫、杞、桧之保躯命于牖下也。足以当之矣。

五

杨龟山应诏而出，论者病之，亦何足以病龟山哉？君子之出处，唯其道而已矣。召之者以道，应之者以道，道无不可，君子之所可也。徽宗固君也，进贤者，君之道也。蔡京固相也，荐贤者，相之道也。相荐之，天子召之，为士者无所庸其引避。天下虽无道，而以道相求，出而志不行，言不庸，然后引身而退，未失也。龟山何病哉？当其时，民病亟矣，改纪一政而缓民之死，即吾仁也；国危迫矣，匡赞一谋而救国之危，即吾义也。民即不能缓其死，而吾缓之之道不斩于言；国即不能救其危，而吾救之之方不隐于心；则存乎在我者自尽，而不以事之从违为忧。君子之用心，自有弗容已者。徽宗虽暗，而犹吾君；蔡京虽奸，而犹吾君之相；相荐以礼，相召以义，奚容逆亿其不可与有为而弃之。病龟山者，将勿隘乎？

虽然，试设身以处，处龟山之世，当重和之朝廷，而与当时在位之人相周旋，固有大难堪者。不知龟山之何以处此也？《易》于《艮》之三曰："艮其限，列其夤，厉熏心。"曷厉乎？厉以其熏也。立孤阳于四阴之中，上无与应，熏之者莫非阴浊也，故危也。孔子之道大矣，非可凌躐而企及者。然而其出也，以卫灵公之荒淫，而固有蘧瑗、史鱼在也。则立乎其廷，周回四顾，而可与为缘者不乏，则群小之熏，不能乱君子之臭味。故季斯、公山弗扰、佛肸皆可褰裳以涉；而女乐一归，则疾舍宗国而不为忍。何也？奸邪者，君子之所可施其檠括；而同昏之朝，腥闻熻然，环至以相熏，则欲姑与之处，而无以自置其身。孔子且然，况不能为孔子者乎？龟山方出之时，何时邪？徽宗如彼矣，蔡京如彼矣，蔡攸、王黼、童贯、梁师成之徒又如彼矣。而一时人士相趋以成乎风尚者，章醮也，花鸟也，竹石也，钟鼎也，图画也。清歌妙舞，狭邪冶游，终日疲役而不知倦。观乎靖康祸起，虏蹂都城，天子啼号，万民震栗，而抄劫金帛之役，洪刍、王及之辈，皆一时自标文雅之士，劫宫娥以并坐，歌谑酣饮，而不以死为忧。则当时岂复有奸邪哉？聚鸟兽于君门，相为蹢躅而已。龟山以严气正性之儒者，孤立于其间。槐棘之下，谁与语者？待漏之署，谁与立者？岁时往还之酬答，谁氏之门可以报谒？楛棘及肤，丛锥刺目，彼则无惭，而我能自适乎？庄生曰："撄而后宁。"亦必有以宁也，亦必相撄而后相拒以宁也。不能撄我，而只以气相熏染，厉而已矣，奚宁哉？念及此，则龟山之出，诚不如其弗出矣。

于是而尹和靖之坚不欲留，尚矣。《艮》之上曰："敦艮，吉。"超出群阴之上，与三异志，而时止则止，非道之必然，心之不得不然也。道生于心，心之所安，道之所在。故于乱世之末流，择出处之正者，衡道以心，而不以心仿道；无以熏其心而心泰矣。尚奚疑乎？

六

　　势极于不可止，必大反而后能有所定。故《易》曰："倾否，先否后喜。"否之已极，消之不得也，倾之而后喜。惜其倾而欲善保其终，则否不倾而已自倾。谋国者，志非不忠，道非不正，不忍视君之琐尾、民之流离，欲因仍而补救之，其说足以耸动天下。乃弗能救也，而只甚其危亡，则唯惜倾而靳于倾者使之然也。

　　宋至徽宗之季年，必亡之势，不可止矣。匪徒女真之强不可御也，匪徒童贯之借金亡辽之非策也，尤匪徒王黼受张毂之降以挑狡虏也。君不似乎人之君，相不似乎君之相，垂老之童心，冶游之浪子，拥离散之人心以当大变，无一而非必亡之势。于是而宇文虚中进罪己之言，吴敏、李纲定内禅之策，不可谓非消否之道也。乃汴都破，二帝俘，愈不可挽矣。内禅者，死守之谋也。死守则必有死守之具矣。任庙算者唯纲，纲之外无人矣；任戎阃者唯种师道，师道之外无人矣。尽纲之谋，竭师道之勇，可以任此乎？朱子固已论之曰："不足恃也。"且微徒纲与师道也，婴孤城，席懈散之势，一日未亡，一日有处堂之计。人心不震，规画不新，虽诸葛孔明不能止荆州之溃，虽郭子仪不能已陕州之奔。何也？势已倾者不倾，而否亦不倾也。乱起于外者，制之以中；乱集于中者，制之以外。处于有余之地，而后可以自立；可以自立，而后可以御人。先王众建诸侯，以为藩屏，时巡其守，王迹以通，五服四方皆天子之外舍也。故幽王死于宗周，而襄王存于氾水。《春秋》记之曰："天王出居于郑。"居者，其所宜居也。举天下而皆其所居，则皆其所自立矣。皆其所居，而拘挛于不可久居者以自困；则有余之地，皆非其地，有余之人，皆非其人，畏倾而倾必及之。否岂有自消之理哉？

　　徽宗南奔以避寇，势迫而不容弗避，避之尚未足以亡也。以势言之，头不剃者命不倾；以理言之，死社稷者，诸侯之道也，非天子之道也。诸侯弃其国而无国，天子弃都城而固有天下，未丧其世守也，故未大失也。其成乎必亡者，内禅而委位于钦宗也。委位于钦宗，则徽宗非天下之君矣。本不可以为人之君，而又委位以自失其柄，为萧然休老之人。则处有余之地而非其地，抚有余之人而非其人。权借之所归，据之以抗强虏者，犹然子处危城之嗣主。是出奔犹未失，而内禅之失，不可救矣。唐玄宗走蜀，而太子北走朔方，犹太子也。玄宗犹隐系东南人心，而人知有主。太子虽立，而置身于外，以收西北之心，故可卷土重来以收京阙。钦宗受内禅之命，是天子固在汴京，走而东者，已非天子也。盈廷之士，类皆谀贼之余，婴城之众，徒恋身家之计。纲以此曲徇其意，拥钦宗以迟回于栈豆。为之名曰"效死弗去"。肩货贿以惜迁徙之愚氓，群起欢呼，以偷一日之安。怀、愍之覆辙，憯莫之惩，以冥行而蹈之，不亦悲乎！

向令内禅不行，徽宗即出，人知吾君之尚在，不无奋死之心；帝持大柄以旁招，尚据河山之富；群小抱头以骇散，不牵筑室之谋；太子受钺以抚军，自效广平之绩；揆其时势，较康王之飘泊济州者，尚相什百也。唯纲昧此，惜此四面受敌之孤城，仍此议论猥繁之朝廷，率此奸邪怙党之金壬，殉此瞻恋秾华之妇稚。虏兵乍退，歌舞仍前。夫且曰："微纲之使有君而有国也，安得此晏处之休哉？是奠已溃之宗祊而宁我妇子也，功施不朽矣。"盘庚曰："胥动以浮言。"非此谓与？

徽宗以脱屣自恣之身，飘然而去，翩然而归，既不能如德宗之在奉天。钦宗以脆弱苟延之命，有召不应，有令不行，抑不能如肃宗之在灵武。都城官吏军民，以浮华安佚之累，倏然而忧，俄然而喜，终不能如朔方、邠、宁之军，愤起反攻，以图再造。祸在转盼，而犹为全盛之图，纲何未之思也！其在当日者，城连万雉，阙启千门，鸡犬方宁，市廛未改，不忍弃之一朝，而思奉一人以固守，夫岂非忧国恤民之至意？而目前之殷盛，一俄顷之浮荣；转盼之凋残，成灰飞之幻梦。卒使两君俘，六宫虏，金帛括尽，冻饿空城，曾不得逸出以谋生，而上下交绝其大命。如是而以为不忍，其忍也，不已惨乎？故所咎于纲者，有所惜而忘所大惜也。邪说行，狂夫逞，敷天之痛，纲其罪之魁与！

《宋论》卷八终

宋论卷九

钦宗

一

　　扶危定倾有道，于其危而扶之，不可得而安也；于其倾而定之，不可得而正也。倾危者，事势之委也，末也；所以致倾危者，本也。循其所以危，反之而可以安；矫其所以倾，持之而可以正。故扶危定倾者，其道必出于此。虽然，本之与末，有发端而渐启者，有切近而相因者。则正本之图，有疏有亲，有缓有急，必审其时而善持之。不然，则穷溯其本而不足以救其末，无益也。发端而渐启者，其始之弊，未至于此，相沿以变，而并失其旧，乃成乎切近相因之害；于此图之，而已得倾危之本。若其始之所启，虽害繇此以渐兴，而时移势易，无所复用其匡正，其本也，而固非其本矣。

　　今夫河之为患，遏之于末流，不得也。神禹为之疏之，循其本矣。然载始者，壶口也，而冀州平。溯其横流于中州者，则抑以砥柱以东，出山而溢于荥、漯者，为众流之本。若其发源昆仑，在西极之表者，岂非河之大源哉？而于彼穷之，终不能已兖、豫之氾滥。故言治河者，未有欲穷之于其源者也。

靖康之祸，则王安石变法以进小人，实为其本。而蔡京之进，自以书画玩好介童贯投徽宗之好，因躐大位，引群小导君于迷，而召外侮。其以绍述为名，奉安石为宗主，绘形馆阁、配食孔庙者，皆假之以弹压众正，售其佞幸之私而已矣。夫安石之修申、商之术，以渔猎天下者，固期以利国而居功，非怀私而陷主于淫惑，此其不可诬者也。安石之志，岂京之志，京之政，抑岂安石之政哉？故当靖康之初，欲靖内以御外，追其祸本，则蔡京、王黼、童贯、朱勔乱于朝，开衅于边，允当之矣。李邦彦、白时中、李梲、唐恪之流，尸位政府，主张割地，罢入卫之兵，撤大河之防者，皆京、贯辈同气相求、因缘以进者也。出身狭邪，共习嬉淫，志荼气枯，抱头畏影，而蕲以苟安，岂复知有安石之所云云者？师京、贯之术，以处凶危，技尽于请和，以恣旦夕之佚乐而已。京、贯等虽渐伏其罪，而所汇引之宵人，方兴未殄。则当日所用为国除奸者，唯昌言京、贯之为祸本，以斥其党类，则国本正，而可进群贤以决扶危定倾之大计，唯此而可以为知本矣。骨已冷，党已散，法已不行，事势已不相谋之安石，其为得为失，徐俟之安平之后而追正之，未为晚也。舍当前腹心之蛊，究已往萌蘗之生，龟山、崔鶠等从而和之，有似幸国之危以快其不平之积者。而政本之地丛立者皆疲茸淫荡之纤人，顾弗问也。则彼且可挟安石以自旌曰："吾固临川氏之徒也。弹射我者，元祐之苗裔，求伸其屈者，非有忧国之忱者也。"荧主听，结朋党，固宠利，坏国事，恶能复禁哉？

杨国忠受戮于马嵬，而唐再造，无庸究李林甫之奸也。辨学术，正人心，善风俗，定纲纪，前不能伸于建中靖国之初，而事已大败，乃泄其久蕴之忿怒，所本者，非本矣。辽绝而不相及，泮涣而不相济，何为者邪？迨及建炎之后，安石之说不待攻击而自销亡，亦足以知安石之不足攻，而非靖康之急务矣。竭忠尽力，直纠京、贯之党，斥其和议之非，以争存亡于庙算，言不溢而事不分，此之谓知本。

二

女真胁宋以割三镇、割两河，宋廷之臣，争论不决，于其争论而知宋之必亡也。抑以知宋亡而贻中国之祸于无已也。李邦彦、聂昌、唐恪之徒，固请割地以缓须臾之死者勿论已。徐处仁、吴敏以洎李伯纪、杨中立之坚持不割之策，义正矣。虽然，抑有能得女真之情，而自善其不割之计者乎？不得其情，虽为之计无补也，况乎其无能为保固三镇、两河之计也。

胁人以割地者，契丹之胁石晋也，秦人之胁三晋也，皆未能得而须其自割也。契丹胁石晋于求缓之日，地犹王从珂之地，而两非所有。秦人之胁三晋，三晋虽弱，抑婴城固守，必覆军杀将，旷日持久而后得之，故胁其割而后得不劳。而女真之势异是。自败盟南侵以来，驰突于无人之境，至一城则一城溃，一城溃则一路莫不溃矣。欲三镇即可得三镇，欲两河即可得两河，何为哓哓然竞使命之唇舌，而莫能使其必从邪？呜呼！当时议者盈廷，曾无一人焉察及于此，中国之无人久矣，祸乃延及无穷而不可遏矣。

辽之既灭，女真之志已得，未尝有全举中国之成心也。宋人召之挑之，自撤其防以进之，于是而欲逞志于宋，乃且无定情焉。而教之以胁地胁赂者，郭药师也。药师者，亦习乎契丹之所以加宋者，而欲效之女真，求地耳，求赂耳，求为之屈耳。是故终女真之世，止于此三者。而大河以南，国破君俘，城空千里，且举以授之张邦昌、刘豫而不欲自有，夫岂贪之有所止，而戢自焚之兵哉？永嘉以来，南北分而夷、夏各以江、淮为守，沿而习之，局定于此，志亦仅存乎此也。汴京破而立张邦昌、刘豫者，修石晋之故事也。和议成而画淮以守者，循拓跋氏之已迹也。盖自苻坚溃败以后，王猛之言，永为定鉴。故拓跋佛狸临江而不敢渡。正统之名，天式临之；天堑之设，地固限之；虽甚鸱张，罔有越志。然则宋持其不敢擅有中夏之情，苟须地必待我之割之也，则固有以处此矣。不割三镇，必有以守三镇。不割两河，必有以守两河。欲守三镇、两河，必固守大河以为之根本。欲守大河，必备刍粮，缮城堡，集秦、陇、吴、蜀、三楚之力以卫京邑。此之不谋，但曰"祖宗之疆土，不可与人"。即不与之，不能禁其不取。空谈无实，坐废迁延，而三镇、两河不待割而非己有矣。轻骑驰突于汴京，而宗祧永丧矣。疆土任人之吐茹，而何割与不割之有哉？

然而女真之所欲者，且自三镇而止。彼且曰："天以中原授中原之主，吾不得而力争。"故挞懒、兀术，人异其志，金山之匹马，且以得返为幸，完颜亮马一南牧，而群下叛离以致之死。然则处当日之情形，勿问三镇也，勿问两河也，抑可弗问汴京之守与不守也。名号存，呼召集，亲统六师以与相颉颃；充彼之欲，得河北而其愿已毕，气已折，力已疲，且安坐而饱饫以嬉游，天下事尚可徐图其大定。即令不克，亦岂授女真以意想不及之弋获，而无所讫止乎？意想不及之获，可以获矣。立邦昌，而邦昌不能有；立刘豫，而刘豫不能有；大河以南人无主，而戴之以为君，则江、淮以南，何不可戴之以为君？蒙古氏乃以知天之无有定情，地之无有定域，而惟力是视，可有者无不可有矣。呜呼！不测其不敢深求之情，弱者靡、强者嚚，纵使氾澜而流及于广远，天且无如人何，而万古之纲维以裂。故曰中国之无人，非一晨一夕之故也。

谢安石之知及此矣，故以一旅抗百万之众而不慑。自立也有本，则持重以待之，而其锋自折。气矜取胜，茫然于彼己之情伪，徒为大言以耸众听，流俗惊为伟人，而不知其无当于有无之数也。是可为大哀也矣！

三

上与下交争者，其国必倾。惟大臣能得之于上，而不使与下争；惟君子能辑之于下，而不使与上争。听其争而不能止者，具臣也。以身为争之衡，而上下交因之以争者，自居于有为有守，而实以贻上下之灾。衰乱之世，恒多有之，是人望之所归也，而有道者弗取焉。

凡争之兴，皆有名可据，有故可循。而上不见信，下不相从，乃相持而不相下。迨乎争矣，则意短而言长，言顺而气烈。气之已烈，得失、利害、存亡、生死皆所不谋，而愤兴于不自已。故盘庚之诰曰："而胥动以浮言。"言勿问是非，一浮而是者已非，有道者甚畏天下之有此，而岂其以身为之的乎？气之浮也，必乘乎权，而后其动也无所复惮。上之权，以一人而争天下，以其崇高也；下之权，以匹夫而争天子，以其众多也。权者，势之所乘；发以气，乘以势，虽当乎理，而亦为乱倡。故曰"其国必倾"。汉、唐之季，其倾也皆然，而宋为甚。上之争下也，斥之、诎之、窜之、禁之，乃至刊之于籍，勒之于石，以大声疾呼而告天下。自熙宁以后，一邪一正，皆归于此，而王安石、司马光实以身受其冲。于是而下之争起矣。登屋援树，喧呼以争命相之权者，其流风所鼓，乃至万众奔号，蹙君门而为李纲鸣其不平。上既违之，下乃愤之；下且竞之，上愈疑之。交相持，而利害生死俱所不恤。

夫新法之病民，迫欲司马之相以蠲除之者，犹情理之正也。然而朝廷之用舍，国政之兴革，岂此喧哓一往之气所可取必者哉？至若纲之得众心者，惟请内禅，守京都，保市廛庐舍之鲜华，偷朝菌蟪蛄之宴乐。而他日者，括金帛，掠子女，百万生齿流离于雨雪溽至之下，死者过半，则固不如早捐其总于货贿之情，远避凶危，以保妻子，尚可生生自庸也。而妇人稚子感纲之德，交质于室，以动蚩蚩之众，攘臂而前，蔑君民之礼，践蹂宫门，国其尚可以安存乎？

且夫司马之不得行其志者，正以此也。故哲宗亲政之后，天子厚其疑忌，以为是率乱民而胁上以相己者，固已目无君上。则勒名党碑之首，尽反元祐之为，以恣章惇、蔡京之奸，皆此致之。若纲，识虽不足，忠则有余，暗主奸臣，固无得间以相为仇忌；而一窜再窜，志终不伸。迄高宗之世，可以白矣，而指为朋党，以宋世不再举之刑，施之陈东。无他，惟伏阙呼号者不逞，而与天子争权，迹已逆而心终不可白矣。

温公律己之严，非有所召致，而引儿童走卒以为羽翼，固已。即在纲也，危亡在目，殷忧在心，抑必不操券以致陈东，使率众以颂己。其当众情沸腾之下，固且无如之何，而不足为二公病。虽然，君子静天下之人心以靖国者，固有道矣。尽忠以与君谋，其可赞以必行者，言不容长也。秉正以与僚友谋，其所引以自任者，旁无所待也。同乎我者受之，而得当以行，喜勿遽也。异乎我者听之，裁之在我，怒勿形也。退而缄之于心，不以慷慨之容动众，而使依己以为宗也。不用而奉身以退，不自暴白其心，而激人以归怨于上也。失职之士，怨恣之民，达其愤，恤其隐，而勿引之以使尽其不平之鸣也。夫然，则谋定而人不知，功成而言不泄。忠不行，道不试，而微罪以去，恒有余地以待君之悟，而无所激以成乎不可已之争。则朝野兵民，各居静以待命，虽有巨奸猾寇，亦弗能窥我之涯际，而间宵小以起收其利。如其终不见信于天子，不胜于奸邪，则亦天也。吾之自靖自献者无尤，则一死以报宗祏而无愧。而士民嚣陵之戾气，无自而开，则祸亦不永。君子之以靖共尔位，邀神听之和平者，此而已矣。以此求之，岂徒纲哉？温公固未之逮矣。

谢安石抗桓温，却苻坚，而民不知感。郭子仪厄于程元振，困于鱼朝恩，而众不为伸。种师道耄老无能，而塞帷呼跃。成败之殊，其持之者异也。已乱者先已其争，争不甚者危不亟，存乎任国事者之有道也。子曰："君子无所争。"己且不争，况使君与民挟己以为争端乎？

四

曹操之雄猜也，徐庶以刘先主之故，终身不为一谋。操能杀荀彧，而不能杀庶，委顺可为也。然犹曰庶未尝触操之忌也。司马昭之很也，阮籍为草表，而以箕、颍之节期之。昭能杀稽康，而不能杀籍，隐默可为也。然犹曰微辞而未斥言之也。郅恽上书王莽，陈谶纬，谏其复汉室而归臣服。莽弗能杀，而及见光武之兴，婉曲可为也。然犹曰诡托符命以术制莽也。马伸于张邦昌之僭立，上申状以请复辟，至再至三而不已，邦昌惧而从之；弗畏于逆臣，弗惧于狡虏，弗忧于吴开、莫俦之群小，志至气充，不知有死，而死亦终弗及焉。然则士苟有志，昭昭然揭日月而行之，夷、齐扣马之谏，奚必武王而后可施哉？

呜呼！士不幸而生于危亡之世，君已俘，宗庙已墟，六宫尽辱，宗子无余，举国臣民寄死生于他人之手，而听其嚼啮，奸宄施施且拥叛逆而为主，不死而何以自堪。乃自梅执礼、吴革、刘韐、李若水、张叔夜之外，非有可死之几，死且无裨于名义。故张浚、赵鼎、胡寅唯匿形免污以自全，无死地也。伸居台谏之职，欲求死地以致命，则唯有直责邦昌使奉康王之一说，可以自慰其梦魂而无疚憾。忤邦昌者，死地也。邦昌之从己而避位，非伸之所取必者也。岂有人方求为天子，而助逆者又进骑虎之说以怵之，可以笔舌力争夺其尊富哉？故曰死地也。稍一迟回，而姑为隐忍矣。以死为心，以成败委命，以纲常名义自任，而不求助于人，则亦何不可揭日月以行，而言犹嚅嗫乎？

子曰："邦无道，危行言孙。"无道者，君不明，而犹故国之君；俗不美，而犹中国之俗；非国破君辱逆臣窃位之谓也。言孙者，道不可亟明，则以微言待后；志不可急白，则以谦让自居；非谈笑以道君父之危，缓颊而免乱贼之怒也。当伸之世，操伸之志，以为伸之所得为，岂谓此哉？且伸之言，亦未尝不孙也。其申状于邦昌也，仍以台官上申宰相之礼；其进说也，仍期以定策立元辅之功。则以视段秀实之笏击朱泚也，犹从容而不迫。非伸之气荼于秀实也，彼已成乎不可挽之势，而此则有可转之机也。然使邦昌怙恶而不从，群奸交怼其异己，则伸亦与秀实同捐其肝脑。其危也，孙也；而其孙也，未尝不危也。伸于是合乎刚柔之节矣。

夫人之于义也，岂患不知哉？患无其志耳。抑徒患其志之不存哉？患其气之不充耳。邦昌之不可帝也，天子之不可听女真立也，为宋之臣民不可戴邦昌为君也，夫人而知之，夫人而亦有其心矣。若有所覆而不得露，若有所挚而不得舒，若有所隔而不得吐，皆气不胜也。故持其志者，以气配义，而志乃伸。

《宋论》卷九终

宋论卷十

高宗

一

　　光武跳身河北，仅有渔阳一旅，而平定天下者，收群盗之用也，故有铜马帝之号焉。宗汝霖之守东京以抗女真，用此术也。考之史册，光武所受群盗之降，几二千万。王莽之季，盗虽蜂起，亦不应如彼其多。盖降而或复叛，归于他盗，已而复降，至于三四，以有此数。不然，则建武之初，斥土未广，何所得粟以饲此众邪？宗汝霖所收王善等之众二百余万，其聚而有此众者，亦非尽剽悍贸死之壮夫也。徽宗之世，河北之盗已兴。迨及靖康，女真破汴京而不有，张邦昌僭大号而不尸，高宗远处淮左而不能令。郡邑无吏，吏无法。游奕之虏骑，往来蹂践，民莫能自保其命。豪强者聚众砦处，而农人无可耕之土，市肆无可居之廛，则相率依之，而据太行之麓，以延旦夕之命。室无终岁之计。瓮无宿春之粮，鸟兽聚而飞虫游，勿问强弱，合而有此数也。闻汝霖受留守之命，依以自活，为之美名曰"忠义"以抚之，抑岂诚为忠义者哉？故汝霖之用之也，欲其急也。
　　光武之用群盗，唯知此也。故用之以转战，而不用之以固守。来者受之，去者不追，迨其有可归农之日，则自散归其田里。是以天下既定，此千余万者，不知其何往。用之以转战，而不用之以固守者，乘其方新之气也。来者受之，去者不追，可不重劳吾河内、宛、洛之民，竭赀力以养之也。汝霖之在当日，盖东京尚有积粟，可支二百万人一二岁之食，过此而固不能矣。是以汝霖自受命守京，迄于病卒者仅一年，而迫于有为，屡请高宗归汴，以大举渡河，知其乍用而可因粮于敌，不可久处而变生于内也。奸邪中沮，志不遂而郁邑以殒命。渡河之呼，岂徒恊大计之不成，抑且虑此二百余万人非一汴之所能留也。汝霖卒，而复散为盗，流入江、湘、闽、粤，转掠数千里，不待女真之至，而江南早已糜烂。非韩、岳亟起而收之，宋必亡矣。

无食不可以有兵，无士不可以得食，不进不可以有土。得食足而兴兵者，处全盛之宇，捍一方之寇，如赵充国之策羌是也。不可以用乌合之众，撄方张之虏，保已破之国，审矣。念吾之且必穷，知众之不久聚，忧内之必生变，更无余法以处此，唯速用其方新之气而已。急用而捷，所杀者敌也。急进而不利，所杀者盗也。鼓之舞之，使无倒戈内向者，则存乎主帅之恩威。夫此二百余万之盗，固皆有山砦可为退处之穴；而收吾简练之禁旅，进可为之援，退亦不恣其反噬。然此要非久留聚处，耗吾刍粟，扰吾农人，以生其狃侮之所能胜。是则汪、黄内盅，高宗中馁，旷日迁延，迟回汴土，即令汝霖不没，而事亦渐难矣。群盗之流入内地者，韩、岳竭力以芟夷之，歼杀过半，弱者抑散而佣食于四方，然后收其仅存之可用者以为吾用。非尽此食甚之鸷，可帅之以所向无前也。故汝霖亦知独力任此之不足也，亟请高宗返驾京阙以弹压群杰，且可辇输东南之粟帛，调发入援之兵卒，而为可继之图。若孤恃汝霖之志义，而无刘裕匡复之盛望以奢群雄，抑无郭子仪朔方之部曲以立根本，仰给不赀，徒贻怨玩，刘越石之困于段匹磾者，其前鉴也。上无君，内无相，始而盛者渐以衰，悲愤中来，坐视其败，虽欲不悒悒以自陨天年，其可得乎？

故谓汝霖不死，凭恃此众可席卷燕、云者，非能知汝霖茹茶之苦心也。驭之必有其权，养之必有其具，然后此二百余万乌合之旅，可收其利而不逢其害。非光武之聪明神武，而欲驯扰不轨之徒，以与虎狼争生死，岂易言哉！岂易言哉！

二

　　高宗之畏女真也，窜身而不耻，屈膝而无惭，直不可谓有生人之气矣。乃考其言动，察其志趣，固非周赧、晋惠之比也。何以如是其馁也？李纲之言，非不知信也；宗泽之忠，非不知任也；韩世忠、岳飞之功，非不知赏也；吴敏、李梲、耿南仲、李邦彦主和以误钦宗之罪，非不知贬也。而忘亲释怨，包羞丧节，乃至陈东、欧阳澈拂众怒而骈诛于市，视李纲如仇雠，以释女真之恨。是岂汪、黄二竖子之能取必于高宗哉？且高宗亦终见其奸而斥之矣。抑主张屈辱者，非但汪、黄也。张浚、赵鼎力主战者，而首施两端，前却无定，抑不敢昌言和议之非。则自李纲、宗泽而外，能不以避寇求和为必不可者，一二冗散敢言之士而止。以时势度之，于斯时也，诚有旦夕不保之势，迟回葸畏，固有不足深责者焉。苟非汉光武之识量，足以屡败而不挠，则外竞者中必枵，况其不足以竞者乎？高宗为质于虏廷，熏灼于剽悍凶疾之气，俯身自顾，固非其敌。已而追帝者，滨海而至明州，追隆佑太后者，薄岭而至皂口，去之不速，则相胥为俘而已。君不自保，臣不能保其君，震慑无聊，中人之恒也。亢言者恶足以振之哉？

　　靖康之祸，与永嘉等，而势则殊矣。怀、愍虽俘，晋元犹足以自立者：以外言之，晋惠之末，五胡争起，乱虽已极，而争起者非一，则互相禁制，而灭晋之情不果。女真则势统于一，唯其志之欲为而无所顾也。以内言之，江南之势，荆、湘为其上游，襄、汉为其右臂。晋则刘弘凤受方州之任，财赋兵戎听其节制，而无所掣曳，顾、陆、周、贺诸大族，自孙氏以来，世系三吴之望，一归琅玡，而众志交孚，王氏合族拥众偕来以相扶掖。宋则虽有广土，而无绥辑之人，数转运使在官如寄，优游偃息，民不与亲，而无一兵之可集、一粟之可支。高宗盱衡四顾，一二议论之臣，相与周旋之外，奚恃而可谋一夕之安？琐琐一苗、刘之怀忿，遽夺其位而幽之萧寺，刘光世、韩世忠翱翔江上，亦落拓而不效头目之捍。自非命世之英，则孑然孤处，虽怀悲愤，抑且谁为续命之丝？假使晋元处此，其能临江踞坐，弗忧系组之在目前哉？故高宗飘摇而无壮志，诸臣高论而无特操，所必然矣。

于是而知国之一败而不可支者，唯其孤也。有萧何在关中，而汉高泗水之败，得有所归。有寇恂在河内，而邓禹长安之败，散而复合。崛起者且如是矣。若夫唐室屡覆，而朔方有可借之元戎，江、淮有可通之财赋，储之裕而任之人者勿猜，非一朝一夕之积矣。宋则奄有九土，北控狁夷，西御叛寇，而州无绥抚之臣，郡无持衡之长，军卫为罪人之梏，租庸归内帑之藏。吏其土者，浮游以需，秩满而飏去。一旦故国倾颓，窜身无所，零丁江介，俯海澨以容身。陈东、欧阳澈慷慨而谈，其能保九子仅存之一线，不随二帝以囚死于燕山乎？《传》曰："周之东迁，晋、郑焉依。"言其必有依也。《诗》曰："池之竭矣，不云自频。"外已久枯，而中存之勺水一洄而无余也。宋自置通判于诸州，以夺州镇之权，大臣出而典郡者，非以逸老，则为左迁。富庶之江南，无人也；岩险之巴、蜀，无人也；扼要之荆、襄，无人也；枢要之淮、徐，无人也。峨冠长佩，容与于天下，贤者建宫墙以论道，其次饰亭榭以冶游，其下攘民财以自润。天子且安之，曰："是虽不肖，亦不至攘臂相仍，而希干吾神器者也。"则求如晋元以庸懦之才，延宗社而免江、淮之民于左衽，不亦难乎？故以走为安，以求和为幸，亦未可遽责高宗于一旦也。

乃其后犹足以支者，则自张浚宣抚川、陕而奉便宜之诏始。宋乃西望而犹有可倚之形。且掣肘之防渐疏，则任事之心咸振。张、韩、岳、刘诸将竞起，以荡平群盗，收为部曲。宋乃于是而有兵。不縶其足者，不仆其身；不刈其枝者，不槁其本。故垂及秦桧椓削之余，而逆亮临江，高宗不为骇走，且下亲征之诏。则使前此者，有威望之重臣镇江、淮，以待高宗之至，亦未必气沮神销之至于如斯也。

首其谋者，唯恐天下之不弱；继其后者，私幸靡散之无忧。国已斁，寇已深，而尸位之臣，争战争和，戚中相讼，无一人焉，惩诸路勤王之溃散，改覆辙以树援于外。宋本不孤，而孤之者，猜疑之家法也。以天子而争州郡之权，以全盛而成贫寡之势，以垂危而不求辅车之援，稍自树立，而秦桧又以是惑高宗矣。和议再成，依然一毕士安之策也。岳飞诛死，韩世忠罢，继起无人，阃帅听短长于文吏，依然一赵普之心也。于是举中原以授蒙古，犹掇之矣。岂真天骄之不可向迩哉？有可借之屏藩，高宗犹足嗣唐肃之平安、史；无猜忌之家法，高宗犹足似唐德之任李晟。故坏千万世中夏之大闲者，赵普也。以太祖之明，而浸润之言，已沁入于肺腑。况后之鬓养深宫，以眇躬莅四海者乎？光武不师高帝之诛夷，上哲能之，非可期于中材以下也。

三

言有纲，道有宗；纲宗者，大正者也。故善言道者，言其宗而万殊得；善言治者，言其纲而万目张。循之而可以尽致，推之而可以知通，传之天下后世而莫能掷其瑕璺。然而抑必有其立诚者，而后不仅以善言著也。且抑必听言者之知循知推，而见之行事者确也。抑亦必其势不迫，而可以徐引其绪；事不疑，而可以弗患其迷也。如是，则今日言之，今日行之，而效捷于影响。乃天下之尚言也，不如是以言者多矣。疏庸之士，剽窃正论，亦得相冒以自附于君子之言；宗不足以为万殊之宗，纲不足以为万目之纲，寻之不得其首，究之不得其尾，泛然而广列之，若可以施行，而莫知其所措。天下有乐道之者，而要为馨帨之华，亦奚用此喋喋者为哉？

高宗南渡，李伯纪之进言数矣。其言皆无可非也。顾其为纲宗者，报君父之仇也，复祖宗之宇也。又进而加详焉，远小人，亲君子也；议巡幸，决战守也；择将帅，简兵卒也；抚河北，镇荆、襄也。如纲之言，循之推之，以建中兴之业，允矣其无瑕璺矣。故天下后世无有得议其非者，而咎高宗之不用。虽然，以实求之，而奚足以当纲宗哉？足以立纲宗而非其诚，则纲宗者，虚设之纲宗，固无当也。

君父之痛，土宇之蹙，诚不容已者。然其容已与不容已，系乎嗣君之志而已。有其志，不待言也；无其志，言无益也。有其志而不知所以为之，弗示以方，固弗能奖也。故此二言者，人皆可言，人皆可信，而究止于空言。进而加详，则固愿终其说以导之而出于迷涂，天下后世之所乐听，或亦高宗之所欲闻乎！其云亲君子，远小人，尚矣。苟非清狂不慧者，孰以为不然？乃君子小人，有定名而无定指者也。以小人为君子，而君子矣；以君子为小人，而小人矣。故诸葛《出师表》必目列其人以当之。今不直简贤而求其进，斥奸而请其退，则奚以知汪伯彦、黄潜善之非君子，而赵鼎、胡寅之非小人邪？议巡幸，决战守，急矣。而行伍之凭借，孰为干城？强敌之争趋，何从控御？刍粮何庤以不匮？器仗何取以求精？岂天子匹马以前，疲卒扶羸以进，遂足定百年之鼎，成三捷之功乎？择将帅，简兵卒，尤其要者。抑就莅戎行而数奔者择之邪？无亦求之偏裨，求之卒伍，求之草泽而择之邪？天子自择之邪？纲可代为之择邪？天子自择之，则亦非不有所任用矣。纲可代择之，则胡不心维口诵于坐论之下，如赵普之为太祖谋者，而但虚悬一择之之号，以听人之诡遇乎？惊奔之余，兵卒之不足久矣。集之必有其方；部之伍之，必有其制；教之练之，督之绥之，必有其将。河北之南来，闽海、楚、蜀之新募，必有其可使战可使守之势。合其散而使一，振其弱而使强，必有其道。纲诚以一身任安危之寄，则躬任之，默识之，日积月累，以几于成，尤非大声疾呼，悬一榜、下一令之所能胜也。则尤不可以空言效也。抚河北，镇襄、邓，诚形势之不容缓矣。河北之待抚，岂徒号于上曰"吾不割也"，众志遂以成城乎？其吏民为朝廷守者，孰可任也？孰未可任，而急须别拣将帅以任之也？张所、傅亮固未足以胜任。即令任之，而所以安所、亮而使尽其力者何术也？襄、邓之财赋兵戎，其可因仍者何若？其所补葺者何从？专任而无旁挠者何道？凡此，皆就事而谋之，因势而图之，非可一言而据为不拔之策。国政在握，成败在于目睫，迫与天子谋之，进群策以酌之，固有密藏于夙夜而研几于俄顷者，岂建鼓而亡子可追哉？乃纲但琅琅乎其言之矣。一言而气已竭矣。则汪、黄之党且笑之曰：是老生之常谈，谓饥当食，而为无米之炊者也。恶足以拯吾君于危殆而措之安哉？于斯时也，二帝俘矣，两宫陷矣，自河朔以向江、淮，数千里城空野溃，飘摇徐、兖之郊，内顾而零丁孑处。纲以一身系九鼎之重，则宜以一言而析众论之归。犹且组练篇章，指未可遽行之规画，以祈免乎瑕璺。夫岂贾、董际汉盛时，高论以立令名之日？则言之善者，不如其无言也。

　　夫宋之所以浸弱浸削至于亡者，始终一纲宗之言，坐销岁月而已。继纲而献策者，杨中立、胡敬仲犹是也。后乎此而陈言者，刘共父、真西山犹是也。乃前乎此而倡之者，景佑以来，吕、范诸公以洎王介甫之邪僻，苏子瞻之纵横，无非是也。以拟诸道，皆提其宗；以考诸治，皆挈其纲；孰得指其瑕璺者？而求其言之即可行，行之即可效者，万不得一焉。故曰："其言之不怍，则为之也难。"不怍者，可正告于天下后世，而不违于纲宗之大正者也。叩其所以为之而不得，则难矣。夫言也，而仅以祈免于怍也与哉？陆敬舆以奏议辅德宗，而反奉天之驾，一议为一事而已，非建立纲宗、统万殊万目于数纸之中也。斯则诚为善言者乎！

四

屈身逆乱之廷，隐忍以图存社稷，人臣之极致也，而抑视乎其所处矣。测其有可图之几，以待天下之变，姑且就之，两处于有余之地，以存其身与其禄位，而遽许之为行权以济险；则名义之途宽，而忠孝之防裂，君子所必严为之辨者也。其所处者可以置吾身，身虽危，犹安也。安其身而动，动而利，可以出君父于险；动而不利，不丧其身之所守；则生死成败，皆可以自靖，如是者尚矣。其次，则身非可安，而无可安之土，乃以身试不蠋，而思以济其志。志之得，则可以大有为于天下；志之不得，犹不以身为罪囮，而毁分义之防。故陈平、周勃俯仰于吕后之侧，非徒志在安刘也。惠帝崩，后宫之子，犹高帝之苗裔，可以为君者，依之以待吕氏之变，而伸其诛锄，固未尝一日辱其身于异姓也。王导之于苏峻，王坦之、谢安之于桓温，忍其熏灼，阳与相亲，贼未篡，吾君尚在，弗容立异以激祸之成。峻诛、温死，而其志伸；峻不诛，温不死，晋社已移，终弗能救，而后死之，未晚也。"苏武节"之消，不足以为之病矣。狄仁杰之仕于伪周也，庙已改，君已囚，无可仕矣。而仁杰当高宗之世，未与大臣之列，则舍武氏不仕，而更无可执国柄、进忠贤、以为兴复之基。灼知其逆，而投身以入，不恤垢辱以与从逆之臣齿，非但一死之不惜，操心愈隐，怀贞愈烈，尤非夫人之所可托者也。审此，则吕好问、朱胜非无所逃其同逆之辜，不能为之掩覆矣。

好问自中丞迁少宰，参国政久矣。张邦昌受虏册以篡大位，此何时也？马伸等犯死以争，而好问无言；赵鼎、胡寅洁身以逃，而好问不出。邦昌舞蹈以受冕旒，好问从容而充陪列。已知众志之不归，乃问邦昌曰："真欲立邪？否邪？"邦昌遽有"不敢当"之对。则亦探邦昌不决之情，而姑为变计。然则高宗不系人望于济州，通国且戴邦昌以为主，好问受伪命之已久，又奚以自拔于逆廷哉？夫好问之心，固非若吴开、莫俦之夸佐命也；亦非决志不污，如洪皓之誓死以不从刘豫也。权处于进可宋、退可邦昌之歧途，以因风而草偃；则募人通帛书于高宗，亦游移两全之巧，无往而不足以自容。及王宾掷发已穷，犹曰："世被国恩，受贤者之责。"将谁欺邪？且使于邦昌无"真立"之问，于高宗无尺帛之书，宋遂终无如邦昌何哉？密奏不足为有无，嗣君非因其护戴，唯此七尺之躯，一污而终不可浣。好问曰："闭门洁身，实不为难。"洁身而身存之非难，洁身而身死之岂易乎？果其为段司农不辱之身，则又能闭门而全其躯命邪？以此质之，好问之论定矣？

若夫朱胜非者，尤不足齿于士类者也。苗、刘，二健卒耳。权藉不重，党类不滋，逆谋不夙，所欲逞志者，王渊、康履而止。浸淫及上，遂敢废人主而幽之萧寺。胜非躬秉大政，系百僚之望，使有不可夺之节，正色立朝，夫二贼者，讵敢尔哉？乃内禅之举，胜非且尸陪列之长，为下改元之诏。德不重，才不赡，志不固，贼之貌之也久，故其胁之也轻，而胜非之从也易。乃使其祸不惩，则宋之危也亦亟矣。夫二贼所挟持以逞者，其心可洞见也。女真临江而思渡，江东之不保在旦夕矣。二贼岂有为宋守吴、会之心乎？始立婴儿以待变，女真至，则弑高宗，执子旉以纳降；女真不至，则徐揽众权，要九锡而规篡。藉令三方之义师不星驰而至，贼势已成，虏兵且进，胜非其能事从中起，枭贼首以复辟乎？如其能之，则他日之自辩曰："偷生至此，欲图今日之事。"固可解也。而悲愤始于张浚，成谋定于吕颐浩，奋勇决于韩世忠，胜非何与焉？其志欲图者，果何图也？察所怀来，一冯道、范质之心而已。胜非之生，无豪毛之益也。如其死也，则以明夫苗、刘之为贼，而激忠义之人心以起，诚重于泰山矣。无靖康之祸，有所奉之君，名义自己而立衡，存亡即于己而取决。事易于邦昌挟女真之势，而抑无好问通闲道之书。事定之余，优游以去，而贬窜不加焉，宋安得复有王章哉？

士所出身以事者，君也；所以事君者，身也。身之已辱，功且不足以盖之，而况其不足以言功也。身之所履，因乎心之所安；心之所安，因乎时之所处。有以处身而心乃裕，有以处心而事乃贞。大白不缁，有其大白者存也。屈以求伸，有其必伸者在也。功名授之事外之人，节义存乎当局之正。好问死，不患拥戴康王之无将相；胜非死，不患革除明受之无义师。王蠋捐躯而齐复振，翟义夷族而汉复兴。死且非徒死而无益也，然而非果于义者之所期也。立身则有本末矣，立朝则有风裁矣，立志则有炱影矣。安能一日缓颊于乱贼之前，以观望其情，而徐图转计哉？留余地以待他日之辩，辩则辩矣，吾不知其启口之际，何以自扪其心也！

五

兀术渡江而南，席卷吴、会，追高宗于四明，东迤海滨；其别将追隆佑太后，南至于虔州之皂口，西掠楚疆，陷岳、潭，而武昌在其怀袖。当是时也，江南糜烂，宋无一城之可恃，韩、岳浮寄于散地，而莫能自坚。此符坚所几幸而不得，拓跋佛狸所迁延而惮进者也。举天下而全有之，奚待蒙古于他日哉？然而兀术急于渡河而归，高宗且可画淮而守，此可以知国家安危之机，非一朝一夕之故矣。

女真之不能久处江东也，若有所怵惕，而梦寝不安。非其欲之有所厌也，非其力之不足恃也；攻有余而守不足者，无与故也。杜充之降，疑有与矣。而充不足以当有无之数，孑然自以其身降，而号令不能及众；则女真之不能凭借以有江、淮，深知之矣。深入国境而能因而据之者，必有拥众降附代为招集之人。故刘整、吕文焕降于蒙古，而后宋不能免于土崩。地非其地也，人非其人也，风土之刚柔，山川之险易，人心之向背，乍履其地而无以相知。安能孤军悬处，设守令，索刍粮，以无忧其困？师行千里而不见敌者，心必危；乌合以附而无任其安辑者，信之必不固。则兀术之方胜而惧，得地而不敢有，所必然矣。

夫宋之得此，于天下虽无片土之安，而将帅牧守相持以不为女真用，固有以致之也。其于士大夫也，亦几失其心矣；然而诛夷不加也，鞭笞愈不敢施也。祖宗之家法定，奸邪虽逞，而天子不为之移，则奸邪亦知所禁而弗能播其凶德。其于武臣也，猜防之而不使展其勇略，是以弱也；然而有功而未尝故挫抑之，有过而未尝深求之，危困而未尝割弃之，败衄而未尝按诛之。待之也既使有余，而驭之也亦有其制。不使之擅部曲而听其去来，不使之幸寇存以胁吾权宠。不纵之于先而操之于后，则怨不深；不操之已穷而纵之使傲，则情不悖。故武人犹思媚于君，而部曲不从逆以靡。天下之大势，十巳去其八九，而士心协，民志定，军情犹固；宋之所以立国百余年如一日，而滨危不改其恒也。

至于史嵩之、贾似道起，尽毁祖宗之成法，理宗汶弱而莫能问，士心始离，民心始散。将帅擅兵，存亡自主，而上不与谋，然后望风瓦解。蒙古安驱以入，晏坐以抚，拾天下如一羽而无所疑。不然，刘、吕虽降，安能举我所豢养之吏士直前相搏，而乐附狡夷如其父兄也哉？斩刘巫，则小人易激；鞭笞用，则君子亦离。部曲众而封赏早，则去来自恣；孤旅危而应援绝，则反噬必深。上与下泮涣而不相知，敌乃坐收之，而反为吾腹心之患。宋之乱政，至蔡京当国、童贯临戎而极矣。而凡数者之病犹未剧也。是以高宗跳身航海而终不亡也。

六

人之为言也，贸贸而思之，绵绵而弗绝，天可指，地可画，圣人可唯其攀引，六经可唯其撷拾，而以成乎其说。违道之宜而以为德，大害于天下而以为利。探其所终，必不能如其言以行，而辄欲行之。时而有达情以体物、因势以衡理者，主持于上，必不听之以行。乃以号于天下曰："吾说之不行，世衰道降，无英君哲相志帝王之盛治者使然也。"于是而有传于世，乃使殃民病国之邪臣，窃其说以文其恶，则民之憔悴，国之败亡，举繇乎此。要其徒以贼民而无能利国，则亦终莫能如其说以行也，只为乱而已矣。

当建炎之三年，宋之不亡如缕，民命之死生，人心之向背，岌岌乎求苟安而不得矣。有林勋者，勒为成书，请行十一之税。一夫限田五十亩，十六夫为井，井赋二兵一马，丝麻之税又出其外。书奏，徽一官以去。呜呼！为勋干禄之资，则得矣。其言之足以杀天下而亡人之国，亦惨矣！时亦知其不可而弗行，而言之娓娓，附古道以罔天下，或犹称道之弗绝。垂至于贾似道，而立限以夺民田为公田，行经界以尽地力而增正赋，怨讟交起，宋社以墟，盖亦自此启之也。

古之言十一者，曰中正之赋。而孟子曰："轻之者貉道也。"汉乃改之为三十而一。然则汉其貉乎？何以一人陶济万室之邑，历千年而不忧其匮也？夫以天下而奉一人，礼际禄廪宫室车服之费，则已约矣，非百里一邦，制度繁殷之比也。而不但此也，古者建国分土，民各输于其都，自远郊而外，道里之远者，即在王畿，亦五百里而近。莫大诸侯，不过二百余里而已。而大夫之有采地者，即其都邑以出纳。唯然，则名十一而实亦十一已耳。自汉合四海以贡天府，郡县去天子之畿，有逾于五千里者矣。其以输塞下养兵卫民者，又过于是。逆流而漕，车舆驴马任辇以行，其费不赀。使必盈十一以登太仓，三倍而不足以充。故合计民之所输将，名三十而实且溢于十一矣。且欲立取民之制，求盈于十一，民之膏脂尽于此，而尚足以生乎？今使勋计其亩田，令输十一于京、边，勋其能之而无怨邪？抑徒为此不仁之言，以导君于贪暴邪？况乎古之十一者，有田有莱，有一易再易之差，则亦名十而实二十。汉之更制，乃以革李悝之虐，而通周制之穷，百王之大法也。其何容轻议哉？

至欲于一井四百五十亩之中，赋二兵一马，以充戎行，不知勋之将以何为也。将以战与？则驱愿懦之农人，以与悯不畏死之盗贼、乐杀无厌之外夷，贸躯命于喋血屠肝之地，一兵死而更责一兵，不杀尽农人而不止。无诛夷之峻法以督之，则闻金鼓而骇溃，国疾以亡。将以戍与？则荷戈而趋数千里之绝塞，饥寒冰雪，仅存者其余几何？抑且重为征发，而南亩之余以耕者，又几何也？三代之兵，所戍者，百里之疆场也；所战者，乍相怨而终相好之友邦也；所争胜负者，车中之甲士也；追奔不穷日，俘馘不尽人。乃欲以行之后世流血成渠之天下，虽微仁人，亦不禁为之恸哭矣。若马，则国有坰牧，而益以商贾之征，固未尝责农人供戎车之用。勋欲更取盈焉，商鞅、李悝所不忍为而欲为之，亦可谓覆载不容之凶人矣！

夫勋固曰："此先王之法也。"从而称之者，亦曰："此先王之制也。"建一先王以为号，而胁持天下之口，诚莫有能非之者。而度以先王之时，推以先王之心，其忍此乎？抑使勋自行之，而保民之不揭竿以起乎？且使行之于勋之田庐，而勋不弃产以逃乎？夫亦扪心而自问乎？

奉一古人残缺之书，掠其迹以为言，而乱天下者，非徒勋也。庄周之言泰氏也，许行之言神农也，墨翟之言大禹也。乃至御女烧丹之言黄帝也，篡国之大恶而言舜、禹也，犯阙之巨盗而言汤、武也，皆有古之可为称说者也。古先圣王之仁育而义正者，精意存乎象外，微言善其变通，研诸虑，悦诸心，征之民而无怨于民，质之鬼神而无恫于鬼神，思之慎而言之讱，恶容此呭笔濡墨求充其幅者为哉？前乎勋而为王安石，亦《周官》也；后乎勋而为贾似道，亦经界也。安石急试其术而宋以乱，似道力行其法而宋亡。勋唯在建炎惊窜不遑之日，故人知其不可行而姑置之。陈亮犹曰："考古验今，无以加也。"呜呼！安得此不仁之言而称之也哉？

七

绍兴诸大帅所用之兵，皆群盗之降者也。高宗渡江以后，弱甚矣。张浚、岳飞受招讨之命，韩、刘继之。于是而范汝为、邵青、曹成、杨么之众皆降而充伍，乃以复振。走刘豫，败女真，风闻惊窜之情，因以有定。盖群盗者，耐寒暑，撄锋镝，习之而不惊；甲仗具，部队分，仍之而无待；故足用也。不然，举江南厢军配囚脆弱之众，恶足以当巨寇哉？

乃考之古今，用群盗者，大利大害之司也。受其归者有权，收其用者有制。光武收铜马而帝，曹操兼黄巾而强，唐昭用朱温而亡，理宗抚李全而削。盗固未可轻用也。以弱而受强，则宾欺其主；以强而受强，则相角以机；以强而受弱，则威生其信。无故而来归者，诈也。挫于彼而归于此者，弗能为助者也。以名相服，而无其实者，乍合而终离也。故欲抚群盗者，必先之以剿；而群盗之欲降也，抑先战胜而后从。虽已为我之部曲，犹以强弱与我争主客之权。唐何挟以受朱温？宋何恃以受李全？温与全且睥睨我而倒持其制，翱翔自得，复将谁与禁之？唯绍兴诸帅之知此也，风驰雨骤而急与之争。一败之，再败之，无不可败之盗，而后无不可受。群盗岂徒畏我哉？抑信其可恃为吾主，而可无衄折死亡之忧矣。此其受之之权也。

若夫所以用之者，尤有可用不可用之辨焉。均为盗，而既为之长矣，固袖然自大，而以为我有此众也。受命归降，而又崇其秩以统其众，则虽有居其上以控制之者，尊而不亲，而不能固保其尊。其来也，因之而来；则其去也，因之而去。其顺也，因之而顺；则其逆也，因之而逆。天子且拥虚名，元戎徒为旒缀。夫且肉袒而市我于敌，夫且怀奸而代我以兴，矧望其策心戮力以死相报乎？故盗可用，而渠帅不可用也。

乃竟有固不可用者，即其戢志无他，而必不可图功。盖其初起也，皆比闾之侪伍，无权借以相事使，而群推一人以为长；此一人者，何以能折骜傲之众使不离哉？固有工于为盗之术，而众乃弭耳以听。其为术也，非有规恢天下之略也；抑非智勇过人，而战无不胜也。不以败为忧，不以走为耻，不以旦此夕彼为疑。进之务有所卤获以饱众，退之知不可敌，而急去以全其军。得地而无固守之情，以善其规避；一战而不求再战，以节其劳疲；志在偷以求全其部曲，而不期乎功之必成。于是徜徉不幸之地，凭恃山川之险，以免其人于屠戮之苦，而有旁掠之利。于是贸贸而起者，乐推奉而戴之为尊。夫如是，欲使之争封疆于尺寸，贸身首以立功，未有能胜者也。败亦走，胜亦走，无所不走者，无所不掠。甚则坐视国家之倾危，而乘之收利。或叛或篡，皆其习气之无恒，熟用之而不恤者也。威不足以慑之，恩不足以怀之，非徒唐昭、宋理之无以驭之也；即光武亦奚能洗涤其顽诡，使媚己以共死生哉？故光武于赤眉之帅，诮以"铁中铮铮"，唯待以不死；曹操收黄巾之众，终不任以一将之功。而朱温、李全仍拥部曲，屹为巨镇，进则败而退则逆，为盗魁者，习与性成，终不能悛也。

绍兴诸帅用群盗而废其长，张用、曹成、黄佐仅得生全，范汝为、杨么皆从斩馘，李成、刘忠宁使之北降刘豫，而不加收录。则根既拔者枝自靡，垢已涤者色以新。人皆吾人也，用唯吾用也，指臂相使之形成，以搏撠有余力矣。宋之抚有江、淮，贻数世之安，在此也。荡涤尽，则民力裕；战胜频，则士气张；大憝诛，则叛逆警；部曲众，则分应周；控制专，则进退决。故以走刘豫，挫兀术，而得志于淮、汴。垂及异日，完颜亮犹不能以一苇杭江而逞，皆诸帅决于灭贼之功也。非高宗之志变，秦桧之奸售，宋其兴矣。

八

上有不能言之隐，下有不能变之习，贤者且奉之以为道之纲，奸人遂乘之以售其忮害之术。迨乎害之已著，且莫知弊之所自，而但曰："知人其难！"故贤为奸惑，而庸主具臣勿论也。夫岂然哉？

尝读《胡氏春秋传》而有憾焉。是书也，著攘夷尊周之大义，入告高宗，出传天下，以正人心而雪靖康之耻，起建炎之衰，诚当时之龟鉴矣。顾抑思之，夷不攘，则王不可得而尊。王之尊，非唯诺趋伏之能尊；夷之攘，非一身两臂之可攘。师之武，臣之力，上所知，上所任者也。而胡氏之说经也，于公子翚之伐郑，公子庆父之伐于余邱，两发"兵权不可假人"之说。不幸而翚与庆父终于弑逆，其说伸焉。而考古验今，人君驭将之道，夫岂然哉？前之胤侯之于夏，方叔、召虎、南仲之于周；后之周亚夫、赵充国之于汉，郭子仪、李光弼之于唐；抑岂履霜弗戒，而必于"今将"也乎？"天下有道，征伐自天子出。"自出者，命自上行之谓也。故《易》曰："在师中，王三锡命。"锡命者王，在师中者"长子"。在其中，任其事，而以疑忌置之三军之外，恩不浃，威不伸，乍然使之，俄然夺之，为"弟子"而已。弟子者，卑而无权之谓也。将而无权，舆尸之凶，未有免焉者也。唯胡氏之言如此，故与秦桧贤奸迥异，而以志合相奖。非知人之明不至也，其所执以为道者非也。

然此非胡氏专家之说也。宋之君臣上下奉此以为藏身之固也，久矣。石守信、高怀德之解兵也，曹翰之不使取幽州也，王德用、狄青之屡蒙按劾也，皆畜菹醢之心，而不惜长城之坏。天子含为隐虑，文臣守为朝章。胡氏沿染余风，沁入心肾，得一秦桧而喜其有同情焉。呜呼！夫岂知疑在岳、韩，而信在滔天之秦桧，其子弟欲为之盖愆，徒触怒以窜死，而终莫能挽哉？

桧之自虏归也，自谓有两言可以耸动天下。两言者：以河北人归女真，河南人归刘豫也。是其为说，狂骇而必不可行。匪直资千秋之笑骂，高宗亦怒而榜其罪于朝堂。然而胡氏以管仲、荀彧期之，高宗终委国而听之，虽不知人，宁至于是！夫桧所欲遣归女真、刘豫者，非泛谓沦处江东之士民也。凡扈从南来分节建旆诸大帅，皆夹河南北之部曲，各有其军。而高宗宿卫之旅，不能与较盈虚。高宗惩苗、刘之难，心惴惴焉。桧以为尽遣北归，则枝弱者干自强，而芒刺之忧以释。盖亦与《胡氏春秋》之旨相符。特其奸计未周，发言太骤，故高宗亦为之愕异。而韩、岳之勋名尚浅，高宗亦在疑忌相参之际，故不即以为宜。而胡氏促膝密谈，深相契合者，犹未可即喻之高宗也。

已而群盗平矣，诸帅之军益振矣，屡挫女真之功日奏矣。三军之归向已深，万姓之凭依已审，士大夫之歌咏已喧，河北之企望已至，高宗之忌之也始甚。桧抑术愈工，志愈惨，以为驱之北而不可者，无如杀之罢之，权乃尽削而事易成。故和议不成，则岳飞之狱不可起，韩世忠之兵不可夺，刘光世、张俊不戢翼而效媚以自全。高宗之为计也，以解兵权而急于和；而桧之为计也，则以欲坚和议而必解诸将之兵；交相用而曲相成。在廷之臣，且以为子翚、庆父之祸可永杜于百年。呜呼！亦孰知桧之别有肺肠，睥睨宗社，使不死，乌可制哉？

九

高宗决策选太祖后立以为嗣，道之公也，义之正也，保固宗祧之大计也。而其议发于上虞丞娄寅亮。疏贱小臣，言出而天子之位定，大臣无与者，宋之无人久矣！寅亮之言，定一代之纲常，协千秋之公论，诚伟矣哉！顾其为人，前此无学术之表见，后此无德业之传闻，固非议定于诚，以天下为己任者也。高宗于此，犹在盛年，度以恒情，必逢恶怒。越位危言，曾不忧及罪罟，夫寅亮何以任此而无疑哉？盖高宗之畜此志久矣，其告范宗尹者明矣。故溢传于外，寅亮与闻而深信之，以为先发夫人之所未发者，功可必，名可成，有荣而无辱也。是谋也，宗尹闻之，中外传之，寅亮处下位而深知之。在位大臣充耳结舌，曾无有能赞一言者，故曰宋无人也。

夫宗尹诚不足道矣。张德远新平内难，任授分陕，赵惟重系属本支，尊参坐论；君有志而不能知，君有美而不能成，君有宗社生民之令图而不能决。所谓“焉用彼相”者，责奚辞哉？故高宗之任二相也不专，谋和与战也不定，以其无忧国之忧也。乃使自虏来归之秦桧，一旦躐级其上，而执诛赏之大权，诚有以致之者，而不足深怪也。

治末者先自本，治外者先自内。匡君之失者，必奖其善。欲行其志者，必有以大服君民上下之心。当其时，雪二帝之耻，复祖宗之地，正夷夏之防，诚切图矣，而抑犹其末也。阐太祖之幽，盖太宗之愆，立义自己，以感天人之丕应，付畀得人，以垂统绪于灵长者，本也。故张子房当草昧之初，而亟垂家法；李长源当扰乱之世，而决定嫌疑。然后天子知有忧国如家之忠爱，而在旁之浸润不入；宵人知我有赞定大策之元功，而瓯臾之流丸自止。自宫中以迄四海，咸知国家之祚胤方新。而谋自我成，道惟君建，则倾心一志以待我之敷施。身居百僚之长，日与密勿之谋，曾此弗图，而借手望轻志末之小臣，进而与天子商天位之简畀，是犹足推诚委国，争存亡胜败于强敌者乎？

张德远之不及此，犹有说也。皇子旉之速毙，有物议焉，不敢称立嗣于高宗之前，有所避也。赵惟重何为者，而亦懵然弗问耶？高宗之世，将不乏人，而相为虚设久矣。其贤者，皆矜气近名，一往而无渊停岳立之弘猷者也。高宗几信几疑，而不见其可恃。故汪、黄、秦、汤术虽陋，志虽邪，而犹倾心吐意，以违众直行；敢于自任，无迟回濡待之情。是以去此取彼，而从之若崩。藉令得韩、范以为肺腑之臣，则引社稷之存亡于一身，生死以之，而密谋皆凤，夫岂奸回之能遽夺哉？济济盈廷，而不能为寅亮之言，其为上所轻而斥之窜之，不伸其志，非其自处者之自致乎？

十

自宋以来，州县之庭立《戒石铭》，蜀孟昶之词也。黄庭坚书之，高宗命刻石焉。读者金曰："励有司之廉隅，恤生民之疾苦，仁者之言也。"呜呼！儒术不明，申、韩杂进，夷人道之大经，蔑君子之风操，导臣民以丧其忠厚和平之性，使怀利以相接而交怨一方者，皆此言也。孟昶僭伪亡国之主，无择而言之，可矣。君天下者，人心风化之宗也，而可揭此以正告天下乎？

夫谓吏之虐取于民者，皆其膏脂，谓夫因公而科敛者也，峻罚其镂金者也，纳贿而鬻狱者也，市贾而无值者也。若夫俸禄之颁，惟王所诏，吏不自取也。先王所制，例非特创也。小人耕而以其有余养君子，君子治而受其食以勤民事。取之有经，班之有等，民不怨于输将，上不勤于督责。天尊地卑，而其义定；典叙礼秩，而其分明。若曰是民之膏脂也，则天子受万方之贡赋，愈不忍言矣。率此言也，必天下之无吏而后可也。抑将必天下之无君，而后无不可矣。是之谓夷人道之大经也。

君子之道，以无伤于物者自旄其志，苟非人所乐与者，一介不取，弗待于人之靳之也。如其所受之禄，斥言之曰此民之膏脂矣，恶有君子而食人之膏脂者乎？上既酬而升之，揖而进之，寄之以民社，而谓之曰："吾取民之膏脂以奉汝。"辱人贱行，至于此极，欲望其戒饬自矜，以全素履，其将能乎？是以谓毁君子之风操也。

易动而难静者，民之气也。得利为恩，失利则怨者，民之情也。故先王惧其怀私挟怨之习不可涤除，而政之所扬抑，言之所劝诫，务有以养之，而使泳游于雍和敬逊之休风，以复其忠顺之天彝。故合之于饮烝，观之于乡射，逸之于大蜡，劳之于工作，叙之以礼，裁之以义，远之于利，禁之于争，俾怨讟不生，而民志允定。今乃揭而示之曰："凡吏之受禄于国者，皆尔小民之膏脂也。"于是乍得其欢心，而疾视其长上。其情一启，其气一奔，则将视父母之食于其子者，亦其子之膏脂；趋利弃义，互相怨怒，而人道夷于禽兽矣。先王以君子长者之道期天下，而人犹自弃，则克己自责，以动之于不言之化。今置其土木、狗马、声色、宴游之靡民财者，曾不自省；而以升斗之颁，指为腹削，倡其民以嚣陵诟谇之口实，使贼其天良，是之谓导臣民以丧其忠厚和平之性也。

迪君子以仁民者，教之有术也；进贤士以绥民者，选之有方也；饰吏治以勿虐民者，驭之有法也。仁不能教，义不能择，法不能整，乃假祸福以恐喝之曰："上天难欺。"无可如何，而恃鬼神之幽鉴。惟孟昶以不道之身，御交乱之众，故不得已而姑为诅咒，为人君者而焉事此乎？

王者之道，无不敬而已。敬天，而念天之所鉴者，惟予一人而已，非群工庶尹之得分其责也。敬民，而念民有秉彝之性，不以怀利事其长上，务奖之以坦然于好义也。敬臣，而念吾之率民以养贤者，礼必其至，物必其备，辞必其顺，而与共尽天职勤民事也。天子敬臣民，臣民相胥以敬天子，而吏敬其民以不侮，民敬其吏以不嚣。无不敬者无不和，则虽有墨吏，犹耻讥非；虽有顽民，犹安井牧。畏清议也，甚于鬼神；贱货财也，甚于鞭挞。以宽大之心，出忠厚之语，平万族之情，定上下之纪，夫岂卞急刻峭之夫所得与也？君子出其言不善而千里违之，诅怨之言，何为在父母斯民者之庭哉？

十一

尽南宋之力，充岳侯之志，益之以韩、刘锜、二吴，可以复汴京、收陕右乎？曰，可也。繇是而渡河以进，得则复石晋所割之地，驱女真于塞外；不得，亦据三关，东有沧瀛，西有太原，仍北宋之故宇乎？曰，不能也。凡得失之数，度之于彼，必察其情；度之于此，必审其势；非但其力之强弱也。情有所必争，力虽弱，未可夺也，强者勿论已；势有所不便，力虽强，未可恃也，弱者勿论已。

以河南、陕右言之：女真之初起也，积怨于契丹而求泄，既胜以还，亦思夺其所有之燕、云而止。及得燕而俯视河朔，得云而下窥汾、晋，皆伸臂而可收也，遂有吞并关南之志。乃起海上，卷朔漠，南掩燕南，直数千里，斗绝而难于遥制，故乘虚袭取三河、两镇，而所欲已厌矣。汴、洛、关、陕，宋不能守，势可坐拥神皋，而去之若惊，不欲自有，以授之叛臣，则中原之土非其必争之地，明矣。朱仙一败，卷甲思奔，非但其力之不足也，情不属也。而宋自收群盗以后，诸帅愤盈，东西夹进，东清淮、泗，略梁、宋，有席卷之机；西扼秦、凤，指长安，有建瓴之势；岳侯从中而锐进，交相辅而不虑其孤，走兀术，收京阙，画河以守新复之疆，沛然无不足者，故可必也。

以河北、燕南言之：女真自败盟而后，力未能得，而胁割于众，以其为燕之外护也，以其为刍粮金帛之所取给也，以其士马之可抚有而弥强也。郭药师一启戎心，而女真垂涎以歆其利，久矣为必争之地矣。军虽屡折，而宿将未凋，余威尚振。使宋渡河而北，则悉率海上之枭，决死以相枝拒，河阻其归，敌摧其进，求军之不覆没者，十不得一也。宋之诸将，位相亚，权相埒，力相等，功亦相次。岳侯以少年崛起而不任为元戎者，以张俊之故为主将，从中而沮之也。韩、刘、二吴，抑岂折节而安受其指麾？则雁行以进，麋骇而奔，功不任受，咎亦无归。故五国合从之师衄于函关，山东讨卓之兵阻于兖、豫，九节度北伐之军溃于河南，其不如刘裕孤军直进，擒姚泓、俘慕容超者，合离定于内，而成败券于外，未有爽焉者也。乃欲合我不戢，撄彼必争，当百战之骄虏，扼其吭而勿忧其反噬乎？若此，则虽高宗无疑畏之私，秦桧无腹心之蠹，张俊、刘光世无从旁之挠，且将忧为吴明彻淮北之续，退且河南之不保；而遥指黄龙，期饮策勋之爵，亦徒有此言，而必不能几幸者也。

是故《易》言鬼方之伐，忧其难为继也；《春秋》许陉亭之次，谓其可以止也。自赵普沮曹翰之策，而燕、云不可问矣。自徽宗激郭药师之叛，而河北不可问矣。任诸帅阃外之权，斥奸人乞和之说，弃其所不争，攻其所不可御，东收徐、兖，西收关、陇，以环拱汴、洛而固存之；支之百年，以待兴王之起，不使完颜氏归死于蔡州，以导蒙古之毒流四海，犹有冀也。然抑止此而已矣。如曰因朱仙之捷，乘胜渡河，复汉、唐之区宇，不数年而九有廓清，见弹而求鸮炙，不亦诞乎！

十二

相臣而立武功，周公而后，吾未见其人也。帅臣而求令誉，吾未知吉甫之果能称焉否也？帅臣之得令誉也有三：严军令以禁掠夺，为软语以慰编氓，则民之誉归之；修谦让以谨交际，习文词以相酬和，则士之誉归之；与廷议而持公论，屏奸邪以交君子，则公卿百僚之誉归之。岳侯之死，天下后世胥为扼腕，而称道之弗绝者，良繇是也。唯然，而君子惜之，惜其处功名之际，进无以效成劳于国，而退不自保其身。遇秦桧之奸而不免，即不遇秦桧之奸而抑难乎其免矣。

《易》曰："安其身而后动，定其交而后求。"谓名之不可亟居，功之不可乍获也。况帅臣者，统大众，持大权，立大功，任君父安危存亡之大计，则求以安身而定上下之交，尤非易易矣。身不安则志不宁，交不定则权不重。志不宁，权不重，则力不足以宣，而挠之者起。挠之者起，则欲忘身以救君父之危，而不能毕遂其事；非但身试不测之渊而逢其沉溺也。君非大有为之君，则才不足以相胜；不足以相胜，则恒疑其不足以相统。当世材勇之众归其握，历数战不折之威，又为敌惮；则天下且忘临其上者之有天子，而唯震于其名，其势既如此矣。而在廷在野，又以恤民下士之大美竞相推诩。犹不审，而修儒者之容，以艺文抒其悲壮。于是浮华之士，闻声而附，诗歌咏叹，洋溢中外，流风所被，里巷亦竞起而播为歌谣，且为庸主宵人之所侧目矣。乃君之有得失也，人之有贤奸也，庙算之有进止也，廷臣无匡救之力，引己为援，己复以身任之；主忌益深，奸人之媢疾益亟，如是而能使身安以效于国者，未之有也。

故汉之功臣，发纵指示，一听之萧、张，绛、灌无文，不与随、陆争春华之美。郭子仪身任安危，知李泌、崔佑甫之贤，而不与纳交以结君子之好；知元载、鱼朝恩之恶，而不相攻讦以触奸佞之机。李光弼改纪其军政，而不竞其长；仆固怀恩固属其部曲，而甘与为伍。乃以废斥之余，一旦跃起，而卒拯吐蕃之难。以是动，而动罔不利也；以是求，而求无不得也。岳侯诚有身任天下之志，以奠赵氏之宗祏，而胡不讲于此耶？

宋氏之以猜防待武臣，其来已夙矣。高宗之见废于苗、刘而益疑，其情易见矣。张浚之褊而无定，情已见乎辞矣。张俊、刘光世之以故帅先达不能相下，其隙已成矣。秦桧之险，不可以言语争、名义折，其势已坚矣。而且明张纪律，柔声下气，以来牛酒之欢迎；而且缀采敷文，网罗文士，以与张九成等相为浃洽；而且内与谏臣迭相扬诩，以辨和议之非；而且崖岸自矜，标刚正之目，以与奸臣成不相下之势；而且讥评张俊，历诋群将，以折张浚之辨。合宰执、台谏、馆阁、守令之美，而皆引之于身，以受群言之赞颂。军归之，民归之，游士、墨客、清流、名宿莫不归之。其定交盛矣，而徒不能定天子之交；其立身卓矣，而不知其身之已危。如是而欲全其社稷之身以卫社稷也，庸可得乎？

呜呼！得失成败之枢，屈伸之间而已。屈于此者伸于彼，无两得之数，亦无不反之势也。故文武异用，而后协于一。当屈而屈者，于伸而伸，非迫求而皆得也。故进退无恒，而后善其用。岳侯受祸之时，身犹未老。使其韬光敛采，力谢众美之名；知难勇退，不争旦夕之功；秦桧之死，固可待也。完颜亮之背盟，犹可及也。高宗君臣，固将举社稷以唯吾是听，则壮志伸矣。韩、刘锜、二吴不惩风波之狱，而畜其余威以待，承女真内乱以蹑归师，大河以南，无难席卷。即不能犁庭扫穴以靖中原，亦何至日蹙月削，以迄于亡哉？故君子深惜岳侯失安身定交之道，而尤致恨于誉岳侯者之适以杀岳侯也。悠悠之歌诵，毒于谤讪，可畏矣夫！知畏之，则所以弭之者，亦必有其道矣。

十三

　　岳鹏举郾城之捷，太行义社，两河豪杰，卫、相、晋、汾，皆期日兴兵以会北讨，秦桧矫诏班师，而事不成。然则桧不中沮，率此竞起之众，可以长驱河朔乎？曰：所可望者，鹏举屡胜之兵，及刘锜、韩世忠、二吴之相为掎角耳。若所谓豪杰义社者，固无能为也。奚以明其然邪？义兵之兴，始于翟义，嗣其后者为徐敬业，其志可嘉，而其成败固可睹矣。故定大略、戡大难、摧大敌、成大功者，无所恃于此焉。

　　夫恃人者，无之而可恃也，久矣。所恃者强于己乎？则是己固弱也。己弱而恃人，眄眄然目有所望，而其志不坚。弱者为主，强者为宾，敌且攻其弱而主溃；强者失主，而骇散以失其强，莫能救己也。所恃者弱于己乎？则弱固不可恃也。己不弱而犹资弱以自辅，弱者不能胜敌，敌一当之而靡，则势且先挫，而三军之气为之馁；敌人之气，以胜而益为之增；己虽强，气不胜而必倾矣。定大略、戡大难、摧大敌、成大功者，力足以相格，智足以相乘，气足以相震，一与一相当，有死无生，有前无却，上不恃天时，下不恃地利，而后可以决胜于白刃之下，复奚恃而可哉？

　　况乎义兵者，尤其不足恃者也。义军之兴也，痛故国之沦亡，悲衣冠之灭裂，念生民之涂炭，恻怛发中而不惜九族之肝脑者，数人而已。有闻义之名，而羡之以起者焉；有希功之成，而几幸其得者焉。其次，则有好动之民，喜于有事，而蹞踵以兴者焉。其次，则有侥幸掠获，而乘之以规利者焉。又其次，则有弱不能自主，为众所迫，不能自已者焉。又其次，则佃客厮养，听命于主伯，弗能自免焉。其名曰万，而实不得半也。即其实有万，而可战者，不得千也。可战者千，而能不大胜则前、小挫则却者，不得百也。无军令以整齐之，则游奕无恒；无刍粮以馈给之，则掠夺不禁。游奕无恒，则敌来而不觉；掠夺不禁，则民怨而反戈。故以王莽、武氏之易诛，而翟、徐旋起而旋仆，况女真之鸷戾驰突而不易当者乎？梁兴渡河率之，而有垣曲、沁水之捷者，非其果足以胜也。义军之号，皆称"岳氏"，梁兴往而为之声援，女真不辨其非真，而为之震动。垣曲、沁水之守，抑河北初降之余烬，非海上鸷击之雄也，是以往而得志。浸令一试再试，情形尽见，女真且出锐师以捣之，则糜烂无余，所必然矣。一方既燔，而勃然以兴者，皆荼然以返；屡前屡挫，则吾三军之气，亦沮丧而失所凭依。当日之未至于此也，班师故也。今试设身而审女真与宋彼己之情形，其坌涌而前，翻飞而散，不炯然在心目之间乎？义社恃大军以成，故鹏举一班师，而数十万人不知何往。大军恃义社以进止，则义社一败衄，而大军不足以孤存。两相恃则两相失，女真以专一之兵，直前而无待，左披右靡，又恶足以当之？

夫用众不如用独久矣。故谢安石力却桓冲入援之兵而胜，苻坚兼帅鲜卑、氐、羌、河西之众而亡。揭竿以为帜，挥锄以为兵，野食鹑栖以为屯聚，此群羊距虎之形也，而安可恃也？宗汝霖之用群盗，犹之可也。已为盗，则不畏死者也。因为盗，则自我洗涤之，其不任为兵者可汰也。为盗而有渠帅，则固可使就吾束伍也。去家为盗，则无身家之累，不以败为忧。故诸帅收之于江南，而借其用。若义社，则既以义为名矣，汰之不忍其无归，帅之不能以行法。进退唯其意，而我不任为之主，则驭之也难矣。驭之且难，而况可恃之乎？宋之将亡也，江、湘、闽、广之间，起者众矣，而终不救崖门之祸。文信国无可恃而后恃之，不得已之极思，非有可恃者之所宜恃也。

十四

势无所藉，几无所乘，一念猝兴，图度天下，而期必于为天子者，自古迄今，未之或有。帝王之兴也，无心干禄，而天命自归，先儒之言详矣，非虚加之也。帝尧之世，岳牧盈廷，九男非皆败类，耕稼陶渔者，而谓帝将禅我乎？武王养晦，年已耄矣，使大命未就而崩，非不寿也，冲人方弱，保国不遑，而况及天下？然且俟之十三年，而后秉钺以麾，假之年而赞其精魄，天也，非武王之可必也。故圣王无取天下之心，而乘时以御，因之而已。圣人且不可必，而况下此者乎？

一介之士，策名于当时者，或为偏裨，或为文吏，目之所规，心之所成，虽拓落而不可涯量，而其大概可知也。生死屈伸，荣辱贵贱，且乘于不测之数。志所至者，望之而不能必至；志所未至者，姑试之而渐进焉，非其所期也。使方小得志之日，遽蹶踔以跃起，曰："吾将奄有方国，南面以驭四海之英尤，使俯首而称臣妾。"非狂人其孰念及此？藉其有此，必蹶然一起而疾就诛夷。故以知乱臣贼子之成乎篡夺者，亦初无此固获之情也。曹操之自言，"死而题征西将军之墓"，岂尽欺人哉？桥玄未尝期以天子，而操感其知己，则出身仕汉之初，无窥夺刘宗之志，明矣。知此，则人主之驭臣，防其所不必防，而不防其所防者，非明于豫防之道者也。

秦桧专政之暮年，大起刑狱，将尽杀张、赵、胡、洪诸公，逮及宗室。当斯时也，诸公窜处遐方，不得复进一议，论和议之非，于桧无忤也。和已成，诸将之兵已解，桧总百揆，膺世禄，其所欲者无不遂也。桧死，而高宗忽释赵汾，召还迁客，则桧之深慭诸公，非必逢君也。桧之诛逐异己，不欲慭留一人者，岂仅快一时之忿忮哉？遍置其党于要津，而不使宋有一亲臣之可倚，骨鲠已空，发蒙振落者疾起而收之，桧之厚植其势者，势无不成也。高宗之年已耄矣，普安拔自疏远，未正嫡嗣之名；一旦宫车晏驾，桧犹不死，则将拔非所立之冲幼暂立之，旋起夺之；外有女真以为援引，内有群奸以为佐命，赵氏宗祊，且在其心目之中，易于掇芥。桧之志，岂待吹求而始见哉？

乃当靖康之年，始立台端，与马伸等共请女真立赵后，未尝念及此也。及其自虏来归，受挞懒旨，力主和议，亦只求和成而居功受赏已也。即至逢高宗之欲，班北伐之师，解诸将之兵，独立百僚之上，犹未能遽取必于邪逆之成也。已而诸贤窜矣，岳侯死矣，韩世忠谢事闲居，刘锜、二吴敛手听命，张俊总领诸军之愿不遂，而亦废处矣。所欲为者，无不可为；所不可致者，无不致也。周回四顾，知天下之无能如己何，高宗亦惴惴然不知所以驭己；然后睥睨神器，而以诛逐先试其凶威。势之所激，鼠将变虎，亦奚待操心已久而后成乎大恶哉？故《易》曰："履霜，阴始凝也；驯致其道，至坚冰也。"驯致者，初非所至而渐以成乎至也。

呜呼！宋之猜防其臣也，甚矣！鉴陈桥之已事，惩五代之前车，有功者必抑，有权者必夺；即至高宗，微弱已极，犹畏其臣之强盛，横加锓削。乃桧以文墨起家，孤身远至，自可信其无他。而鏬从中决，成巨浸以滔天，成乎萧衍、杨坚之势。高宗藏刃靴中，思与争死，而莫能自振，固非前此所能逆睹。则欲辨霜冰于早，亦奚辨而可哉？

夫霜非冰也，而阴森惨冽之气，一夕流空，则怆然怵栗之情，自感人之志气，欲辨之，亦何难辨之有乎？不可辨者，志也；所可辨者，人也。志，无定者也。志于正者，势溢而志或以淫；志于邪者，力穷而志因以诎。人，有定者也。贤者之志虽已移，而必有所惮不敢为；奸人之志虽未萌，而必有所恃以操其利。故察之于始，桧非有操、懿之心，勿容苟论也。考之于其所行，不难为石敬瑭、刘豫之为者，岂有察之而不易知者乎？

其被囚而北也，与何㮚、孙傅、司马朴同系，而独不见杀；其羁于女真也，与洪皓、朱弁同留，而不与同拘；其脱身以返也，保有其妻孥，而尽室以安归；则其狎凶狠之骄虏，使帖然听己之徜徉者，可畏也。张浚、赵鼎、李纲、胡寅皆高宗患难之君臣，屡退屡进，而莫能相舍；朝野兵民众望所归，而共倚其成；桧一得志，而屏息窜逐，莫敢与争者，可畏也。岳侯所收群盗，力战中原，将士乐为之死，而削之、斥之、囚之、杀之，曾莫有敢为之鸣控者，可畏也。韩世忠抚数万之众，脱高宗于幽絷，上得君心，下孚群望；而独于桧不能一词相拒，俯首解兵，苟以自全者，可畏也。张俊位望最隆，与桧合谋，夷岳氏之族，思得其兵，而桧转盼相违，夺兵去位，曾不能以夙约责桧，而帖耳伏从，尤可畏也。挟此数可畏之才，欲为则为之，为之甫成而又进为之；力甚鸷，机甚巧，其锐往而无定情也甚狡，其执持扼要而操以必得也甚坚；则不必久怀篡夺之心，乘乎可篡而篡焉，复何所戢而中止乎？

主和议者，前有汪、黄，后有汤、史，而人敢与争者，有可争之势也。君不固信者，无可信之术也。故旋用旋黜，而终不胜公论之归。桧独尽钳天下之口，尽反数十年之为，狡夷且入其牢笼，六军皆安其解散，爪牙角距，岂一旦之能快搏噬哉？当其时，觇其面目，观其设施，闻其言说，苟有庸心于鉴微知著者，奚问其志哉？即其人而知之有余矣。坚冰者，非霜志也，势也。或驯致之，或不终致之，存乎辨之者尔。弗庸猜防也，弗庸禁制也，尤弗进而问其心也，固已辨矣。胡康侯之为桧欺也，据目前之志，忘驯致之变，宜其惑已。

十五

以势震人者，其倾必速；震之而不震者，其守必坚。其间必有非望之祸，与之相乘；非望之福，与之相就。非一幸而一不幸也，理之所必有，势之所必致也。楚虔之于乾溪，夫差之于黄池，苻坚之于淝水，完颜之于瓜步，倾之速也，有合符焉。其恃威以震人者均，故其速倾均也。是以羊祜得西陵而固守，高颎闻陈丧而班师，拓跋佛狸临江而不渡，周世宗得淮南而许和。诚知夫极盛于外者，中且枵而难必起，自固其本，而后可徐图于后也。知此，则人震己以不可御之势，而凝立以待其自毙者，固必有道矣。

德不足以绥，义不足以正，名无可执，衅无可乘，竭己之威力以加于人，是浮动之气也。气者，一浮而无乎不动者也；合数十万人而动其浮气，则一夫蹶起，而九军之情皆荡。况乎不恤其内之已空，而淫于外，授人以余地，使无惮以生其心，有不可坐而待其毙者乎？且其极乎盛以相震者，数十万人也。其士卒，则强与弱之相间也；其将领，则忠与奸之相杂也。拊循不能周，而怨起于内也；迁延以相待，而进无所决也。功成而无所专归，则欲进而情已漫也；奔北而无能尽诘，则虽退而罪可避也。部分进而不相知闻，则无望其相援也。簇进而壅于道路，则名众而实亦寡也。交相倚而恃人，则自固之谋必速也。本以相震，而非以生死相贸，则不受其震而必自沮丧也。如是，则以我孤立之军，敌彼云集之旅，制在我而不在彼，明矣。故谢安谈笑而待捷书，虞允文乍至而决进战，非幸也，实有其可以相御之理也。

然则晋、郑锐起而向楚虔，当无楚矣；赵鞅蹶兴而薄夫差，当无吴矣。然而不能者，为其所震而不知其不足震也。若夫公子比之入，勾践之兴，慕容垂之叛，完颜雍之篡，岂可几幸其必然哉？而一往之气，不恤其归；必得之情，不防其失；则不可几幸者，固可期也。是故居整以御散，用独以制众，散者必溃，众者必离。处静以待动，奋弱以抗强，动者必折，强者必摧。无他，虚与实之分，祸与福之纽也。君子观于此，而知所以自求，知所以应天下矣。见可忧者非忧也，见可惧者非惧也。所忧者无可忧之形，所惧者无可惧之迹也。姤之危也，始于嬴豕；剥之孤也，终以得庐。守其大常，以御其至变，贞胜者，胜之以贞而已。

十六

荣悴之际，难言之已。贫贱者，悴且益难胜也；崇高者，荣愈不能割也。故代谢之悲，天子与匹夫均，而加甚焉。太宗册立爱子，犹不怿，曰："人心遽属太子，置我何地？"高宗之于孝宗，未有毛里之恩也。乃年方盛，而且育之宫中；天下粗定，而亟建为冢嗣；精力未衰，而遽授以内禅。迨其退养德寿，岁时欢宴，如周密所记者，和气翔洽，溢于色笑，翛然无累，忘其固有天下之荣，得不谓高人一等乎？

人之于得失也，甚于生死。一介之士，身首可捐，而不能忘情于百金之产。苟能夷然澹定以处得失，而无怙怅之心，是必其有定力者也。则以起任天下之艰危，眷怀君父之隐痛，复何所顾惜，而不可遂志孤行以立大节？物固莫御也。然而高宗忘父兄之怨，忍宗社之羞，屈膝称臣于骄虏，而无愧怍之色；虐杀功臣，遂其猜妒，而无不忍之心；倚任奸人，尽逐患难之亲臣，而无宽假之度。屈弱以偷一隅之安，幸存以享湖山之乐。愒滞残疆，耻辱不恤，如此其甚者，求一念超出于利害而不可得。繇此言之，恬淡于名利之途者，其未足以与于道，不仅寻丈之间也。

人之欲有所为者，其志持之已盈，其气张之已甚，操必得之情，则必假乎权势而不能自释。人之欲有所止者，其志甫萌而即自疑，其气方动而遽求静，恒留余地以藏身，则必惜其精力而不能自坚。二者之患，皆本原于居心之量；而或逾其度，或阻其几，不能据中道以自成。要以远于道之所宜而堕其大业，皆志气之一张一弛者为之也。夫苟弛其志气以求安于分量之所可胜，则于立功立名之事，固将视为愿外之图，而不欲与天人争其贞胜。故严光、周党、林逋、魏野之流，使出而任天下之重，非徒其无以济天下也，吾恐其于忠孝之谊，且有所推委而不能自靖者多也。诚一弛而不欲固张，则且重抑其情而祈以自保，末流之弊，将有不可胜言者矣。

己与物往来之冲，有相为前却之几焉。己进而加乎物，则物且退缩而听其所御；御之者，有得有失，而皆不能不受其御也。己退而忘乎物，则物且环至而反以相临；临己者，有顺有逆，而要不能胜其临也。夫苟不胜其临矣,力不可以相御与?则柔巽卑屈以暂求免于害者,无所复容。力可以相御与?则畏之甚,疑之甚,忍于忮害以希自全。故庄生之沉溺于逍遥也,乃至以天下为羿之彀中,而无一名义之可恃,以逃乎锋镝。不获已而有机可乘,有威可假,则淫刑以逞,如锋芒刺于衾簟,以求一夕之安。惟高宗之如是矣。故于其力不可御者,称臣可也,受册可也,割地可也,输币可也。于其力可御者,可逐则逐之已耳,可杀则杀之已耳。迨及得孝宗而授之,如脱桎梏而游于阆风之圃,不知有天子之尊,不知有宗社之重,不知有辱人贱行之可耻,不知有不共戴天之不可忘。萧然自遂,拊髀雀跃于无何有之乡,以是为愉快而已矣。

三代以下,人君之能享寿考者,莫高宗若也。其志逸,其气柔,其嗜欲浅,而富贵之戕生者无所耽溺,此抑其恬淡知足之自贻也。然而积渐以糜天下之生气,举皇帝王霸懋留之宇宙而授之异族,自此始矣。故曰:"无欲然后可以语王道。"知其说者,非王道之仅以无欲得也。退而不多取之利欲者,进而必极其道义之力。自非圣人,则乘权处势以免天下于凶危者,尚矣。是岂徒人主为然哉?鸡鸣不起,无所孳孳,进不为舜,退不为跖,行吟坐啸,以求无所染。迨其势之已穷,则将滥入于跖之徒而不自戢,所必然矣。窜李纲,斩陈东,杀岳飞,死李光、赵鼎于瘴乡,其为跖之徒也,奚辞?君子鉴之,尚无以恬然自矜洁己哉!

《宋论》卷十终

宋论卷十一

孝宗

一

汉之于匈奴也，高帝围，吕后嫚，掠杀吏民，烽火通于甘泉，文帝顾若忘之，而姑与款之。垂及于景帝，休养数十年，人心固，士马充，武帝承之，乃始举有余之力，拔将于寒微，任其方新之气，以绝幕穷追，而匈奴破败以遁。东晋之势，弱不能支，祖逖死，桓温败，廷议不及中原者数十年。谢安端默凝立，声色不显，密任谢玄练北府之兵，而苻坚百万之师披靡以溃。刘裕承之，俘姚泓，斩慕容超，拓跋、赫连无能与竞。使孝宗而知此，亦何至苻离一败，萎敝而不复振，以迄于宋之亡哉？

孝宗初立，锐志以图兴复，怨不可旦夕忘，时不可迁延失，诚哉其不容缓已。顾当其时，宋所凭借为折冲者奚恃哉？摧折之余，凋零已尽，唯张德远之孤存耳。孝宗专寄腹心于德远，固舍此而无适与谋也。然而德远之克胜其任，未可轻许矣。其为人也，志大而量不弘，气胜而用不密。量不弘，用不密，则天下交拂其志，而气以盛而易亏。故自秦桧擅权以来，唯盛气以争得失，而不早自图惟：虏盟已败、桧奸已露之余，事权一旦归我，而何以操必胜之术？兵孰老而孰壮？将孰贤而孰奸？刍粮何取而不穷？马仗何从而给用？呼而即应者，何以得吏士之心？合而不乖者，何以成同舟之济？谋之不夙，则临事四顾而彷徨；信之不坚，则付托因人而即授。乃自其一窜再窜、颠倒于奸邪之手，君情不获，群望不归，观望者徒倚而谅其志之难成，媚嫉者侧目而幸其功之不就。当其飘摇远徙，祸切焚身，避影销声，于当世无周爱之咨访；虽曰老臣，而拔起迁谪之中，犹新进也。一旦勃兴，与天子订谋于内，遂欲奋迅以希莫大之功，率一往之情，无可继之略，岂秉麾建旆，大声疾呼、张复仇仇、驱匪类之义声，遂足以抗百战不摧之骄虏哉？一败而终不复兴，固其所必然者也。

夫孝宗而果为大有为之君，德远而果能立再造之功也，则处此固有道矣。完颜亮南犯而自毙矣，完颜雍新抚其众而不遑远图，未有寻盟索赂之使，渡淮而南。则固可急修内治，择帅简兵，缮备积储，而从容以求必胜之术也。汤思退可逐而未逐；尹穑、王之望可窜而未窜；史浩可戒之以正，而听其浮沉；虞允文、陈康伯可引与同心，而未遑信任；朱元晦、刘共父可使秉国成，而尚淹冗散。如其进贤远奸，成画一之朝章，则国是定，而无伏莽之宵人乘小挫而进其邪说。于是而庙议辑矣，人心翕矣，犹无事遽尔张皇迫于求获也。杨存中、吴璘虽老，犹可就访所托之偏裨；张、韩、刘、岳部曲虽凋，犹可求惯战之材勇。将未得人，草泽不无英尤之士；兵虽已弛，淮、襄、川、陕自多技击之材。罢湖山之游幸，以鼓舞人心；严渔侵之奸欺，以广储刍粟。缮淮、泗、襄、汉之城堡，进可战而退可凭；简西南溪峒之蛮兵，气用新而力用壮。经营密定于深宫，威信无猜于阃外，竭十年生聚教训之劳，收积渐观衅乘时之效。然后绝其信使，责以驳奔。彼且怀忿而起不戢之兵，我固坚立以待狂兴之蹶。如是以图之，燕、云即未可期，而东收汴、洛，西扫秦、川，可八九得矣。此之弗虑，猝起德远于摧抑之余，积不平之志气，视举朝如醉梦，而己独醒；却众议以愤兴，而激其妒忌。孝宗企足而望澄清，德远攘臂而争旦夕。孤遣一军，逍遥而进，横击率然之腰，姑试拼蜂之螫。李显忠万里初归，众无与亲；邵宏渊百战未经，怀私求试；则符离之溃，虏不蹑迹而相乘，犹其幸也。

萧思话一溃，而刘宋日削；吴明彻一奔，而陈氏族亡；契丹之送死于女真，女真之舆尸于蒙古，皆是也。宋之不亡，其能几乎？人言和而我言战，义足以相胜，名足以相压。而强敌窥见其无成谋，则气益振；异己者坐待其无成绩，而互相摇；天下亦共望其有成功，而终不可得。史浩曰："一失之后，恐陛下不得复望中原。"未必非深识之言也。孝宗在位二十七年，德远虽没，未尝不可有嗣以图功者，惜哉其一仆而终不能兴矣。情愈迫者，从事愈舒；志愈专者，咨谋愈广；名愈正者，愈尽其实；断愈坚者，愈周其虑。大有为之君相，务此而已矣。

二

孝宗奉养德寿宫，极爱敬之忱，俾高宗安老以终寿考，三代以下，帝王事其亲者之所未有，为人后者为之子，道无以尚矣。夷考嗣立以后，多历年所，大典数行，徒于所生父母未闻有加崇之举。奉大义，尊正统，抑私恩，矫定陶、濮邸之失，其可为后世法乎？

夫议道以垂大法、正大经者，固未可一概论也。礼曰："为人后者，为所生父母服期。"统之曰所生父母，则于所后者之族属，虽功缌以降，迄于服绝之远支而皆期也。名之曰父母，则尊之曰皇、曰帝，立庙以间所后者之祖考，固不可也。而竟没其父母之实，夷之所疏远之族人，抑不可也。光武之于南顿，无所加尊，而不失其亲亲之报，情伸而义无不正，奚不可哉？然而礼以义起，而求遂其心之所安，非一概之论可执也。则孝宗于此，未可以英宗之例例之矣。其于秀王称无追崇之典，可无遗憾也。

王圭之谏英宗曰："陛下富有四海，传之子孙，谁所贻而忍忘之？"鄙哉！其为小人之言也。仁宗以崇高富贵贻之己，而为父母；濮王无崇高富贵贻之己，而即非父母；然则利之所在，父母归之，而人理绝矣。而孝宗则异是。太祖之得天下虽幸也，而平西蜀，定两粤，下江南，距北狄，偃戈息民，布宽政，兴文治，以垂统于后，固将夷汉、唐而上之。其曰传长君以靖篡夺，法虽未善，而为计亦长。乃德昭不能保其躯命，其子以团练使降为疏属，是宋未亡；而太祖之亡久矣。幽明交恫逮于兹六世，为其子孙者，弗能兴起，而聊长其子孙，是亦不容已于仁孝之心也。然则自秀王称以上至于德昭，含不敢言之恤，以徯后之兴者，九原当无异心。高宗嗣子虽夭，徽宗八子虽绝，而自真宗以下，族属不乏贤者。乃创义以兴复之，而归神器于德昭之裔。是高宗者，非徒允为孝宗之父，实为太祖之云孙者也。秀王悦服，而愿以子孙为其子孙，情之至，即理之公矣。孝宗一尽其忱，以致孝于高宗，即以追孝于太祖，则无所推崇于秀王也，庸何伤？

知此者，然后可以通天下之变，斟酌典礼而无所遗憾于人心。不然，执一概之说，坚持一理以与天下争，则有隙以授邪说之歧，而为所屈服。故张璁、桂萼相反相激而极乎泛滥。故曰"唯忠信可以行礼"。谓尽己以精义，循物而无违其分也。研诸虑，悦诸心，准诸道，称诸时，化而裁之存乎变；而及其得也，终合于古人之尺度，而无铢絫之差。夫古人之尺度，固非执一概之说所可取合也，久矣。

今且有说于此：藩王之子，入为天子之嗣，迨及践阼，王犹未薨，若仅高官大爵，称为伯叔，则天子之制臣诸父，将使三朝拜表，北面称臣，如咸丘蒙之说，而岂人子之所忍为乎？故执一概之说，未有不穷者也。诚使有此，而当国大臣，早为之虑，所不容事至周章而群起以争得失矣。则唯有一道焉，可以少安，而讲之不容不豫也。以先皇之遗诏，册王之次子嗣爵，以守侯度，而迎王入养于宫中，谢老安居，无所与闻，以终其寿考，其薨也，葬以王，祭以天子，天子废绝期之制，而行期服于宫中，以是为恩义两全之大略，变而能通，心得而道可无违，其庶几乎！虽然，准诸大义，顺乎人子之心，犹未可以此为不易之经也。自非若孝宗之上缵太祖者，有父在，固不当贪大宝而出继天子也。

三

人才之摧抑已极，则天下无才；流及于百年之余，非逢变革，未有能兴者也。故邪臣之恶，莫大于设刑网以摧士气，国乃渐积以亡。迨其后，摧折者之骨已朽矣，毛击钳网之风亦渐不行矣，后起者出而任当世之事，宜可尽出其才，建扶危定倾之休烈；而熏灼之气挫其初志，逼侧之形囿其见闻，则志淫者情为之靡，而怀贞者德亦已孤。情靡者相沿而滥，德孤者别立一不可辱之崖宇，退处以保其贞；于是而先正光昭俊伟之遗风，终不可复。如是者，其弊有三，要以无裨于国者均也。

其下，目之所睹，耳之所闻，皆见夫世之不可抗志以相撄也，而求一深渊之区宇，以利其游泳。正与邪迭相往复，无定势矣。而正胜邪，小人之蒙谴也浅；邪胜正，君子之受祸也深。则趋彼避此，以微所行之利，虽有才可试，亦乐用之于诡随，而奚有于国事之平陂？

其次，其志亦怀贞而不欲托足于邪途矣。以为士自有安身利用之术，进不贻君子之讥，退不逢小人之怒，可以处闲散，可以试州郡，可以履台端，可以位宰执。不导淫以蛊上，不生事以疲民，不排击以害忠良，不气矜以激水火。无必进之情，而进之也不辞；无必退之心，而退之也不吝。故当世习与相安，而获吉人之誉。如是，则才有所不尽效，而抑不求助于才以自辅。其究也，浸染以成风尚而不可问矣，始以容容，终以靡靡矣。

又其上，则固允矣为秉正之君子矣。观其所志与其所为，天下之所想望，后世之所推崇，伊、傅之德业，舍此而不能与焉。故一时有志之士，乐就之以立风轨。然而终不能者，则惟德之孤也。天下无能与其德者，而德孤矣；视天下无能与其德者，因举天下置之德外，而德愈孤矣。其好善也笃，而立善之涂已隘；其恶恶也严，而摘恶于隐已苛。以义正名，名正而忘求其实；以言卫道，言长而益启其争。以视先正含弘广大之道，默以持之如渊涵，慎以断之如岳立，操扶阳抑阴之权，密用而奸邪自敛；受智名勇功之集，挹取而左右皆宜；其意似不欲然也，而考其所成，则固不能然也。欲托以伊、周耆定之元功而未逮，即以洁韩琦、李沆定国是、济危疑之大猷，而亦有所未遑及此者。使当休明之世，无奸邪之余威以激其坚忍，无诡随之积习以触其恶怒，无异端之竞起以劳其琐辩，无庸懦之波流以待其气矜，则道以相挟而盛，业以相赞而成，其所就者岂但此哉？故摧抑人才者，虽不受其摧抑，而终为摧抑，害乃弥亘百年而不息。故曰邪臣之恶，莫有大于此者也。

宋自王安石倡舜殛四凶之说以动神宗。及执大政，广设祠禄，用排异己，其党因之搏击无已。迄于蔡京秉国，勒石题名，锢及子孙，而天下之士，有可用者，无不入于罪罟。延及靖康，女真长驱以入，二帝就俘，呼号出郭。而宋齐愈、洪刍之流，非无才慧，亦有时名，或谈笑而书逆臣之名，或挟虏以乱宫嫔之列。于是时也，虽有愤耻自强之主，亦无如此痿痹不仁者之充塞何矣！高宗越在江表，士气未复，秦桧复起而重摧之，赵、张、胡、李几不保其死，群情震慑，靡所适从，奸慝相沿，取天下之士气抑之割之者且将百年矣。士生而闻其声，长而见其形，泛泛者如彼以相摇荡也，岌岌者如此以相惊叹也，则求其扩心振气以复出而规天下于方寸，庸讵能乎？

故孝宗立，奋志有为，而四顾以求人，远邪佞，隆恩礼，慎选而笃信之，乃其所得者，大概可睹矣。陈康伯、叶颙、陈俊卿、虞允文，皆不可谓非一时之选也。内不失身，上不误国，兴可兴之利而民亦不伤，辨可辨之奸而主亦不惑。会君之不迷，幸敌之不竞，而国以小康。至若周必大、王十朋、范成大、杨万里之流，亦铮铮表见，则抑文雅雍容，足以缘饰治平而止。洁之往代，其于王茂弘、谢安石、李长源、陆敬舆匡济之弘才，固莫窥其津涘。即以视郗鉴之方严，谢弘微之雅量，崔佑甫之清执，杜黄裳之通识，亦未可与相项背也。下此，则叶适、辛弃疾之以才自命，有虚愿而无定情，愈不足言矣。

推而上之，朱元晦、张敬夫、刘共父三君子者，岂非旷代不易见之大贤哉？乃惩奸邪之已淫，故崖宇必崇，而器使之途或隘；鉴风波之无定，故洁身念切，而任重之志不坚。正报仇复宇之名，持固本自强之道，亦规恢之所及，而言论之徒长，其洗心藏密之神武，若有不敢轻试者焉。呜呼！能不为乱世所荣，而独立不闷；然且终为乱世之余风所窘，而体道未弘。德之孤，宋之积渐以乱德者孤之也。不得不孤，而终不能不自孤其德，则天下更奚望焉？即使孝宗三熏三沐，进三君子于百僚之上，亦不敢必其定命之讦谟，廓清九有也。藉其摧抑之不深也，则岂但三君子之足任大猷哉？凡当日之能奉身事主而寡过者，皆已豫求尊俎折冲之大用，以薪免斯民于左衽。惟染以熏心之厉，因其愒玩之谋，日削月衰，坐待万古之中原沦于异族。追厥祸本，王安石妒才自用之恶，均于率兽食人；非但变法乱纪，虐当世之生民已也。

《诗》曰："周王寿考，遐不作人。"如鸢之戾于天也，鱼之跃于渊也，各自得也。寿考作人，延及遐远。故周之衰也，鲁、卫多君子之器，齐有天下之才，乃以维中夏，攘四夷，延文、武之泽于不坠。世胄之子，不染患失之风；崛起之英，不抱孤危之恤。沉潜而能刚克，不荏苒以忘忧；强毅而能弘通，不孤清以违众。言可昌，而不表暴于外以浅其藏；节可亢，而不过于绝物以废其用，后世可无传书，天地且从其志气。作人者之用大矣！不知出此，而持申、商之法，以解散天下之心而挫其气。嚣然曰"天下无才也"，然后天下果不能有才也。斯可为痛哭者也！

四

乾道元年，和议再成，宋与女真无兵革之争者四十年。论者谓二主皆以仁恕宅心，而天下咸被其泽。呜呼！此偷安之士，难与虑始之民，乐怀利以罢三军，而不恤无穷之祸。流俗之言一倡，而天下交和，夫孰能听之哉？宋之决于和，非孝宗之心也。孝宗嗣立以来，宴寝不忘者兴复之举，岂忍以割地终之。完颜雍雄心虽戢，然抑岂有厌足之欲，顾江左而不垂涎者。故和者皆其所不得已，而姑以息民为名。贸贸者从而信之，交起而誉之，不亦愚乎？宋与女真，相枕而亡，其几兆于此矣。

宋自秦桧持权，摧折忠勇，其仅免于死亡者，循墙而走，不敢有所激扬，以俟国家他日干城之用。诸帅老死，而充将领者，皆循文法、避指摘之庸材。其士卒，则甲断矛挠，逍遥坐食，抱子以嬉，视荷戈守垒之劳，如汤火之不可赴。其士大夫，则口虽竞而心疲，心虽愤而气苶；不肖者耽一日之娱嬉，贤者惜生平之进止；苟求无过，即自矜君子之徒，谈及封疆，且视为前生之梦。如是，则孝宗虽踸踔以兴，疾呼心呕，固无如此充耳无闻者何也！故符离小衄，本无大损于国威，而生事劳民之怨谤已喧嚣而起。及其稍正敌礼，略减岁币，下即以此献谀，上亦不容不以自安；无可奈何，而委之于命，而一仆不能再起，奄奄衰息，无复生人之气矣。

女真之初起也，以海上之孤军，跳梁而不可御，骎骎而有中夏者，恃其力之强也。以力立国者，兴衰视乎其力。至完颜亮之时，枭雄之将，敢死之兵，或老或死，而存者仅矣。逆亮又以猜忌之威，虔刘其部曲，牵率以南犯者，皆疲弱离心之下驷也。故采石问渡，虞允文以不教之兵折之而有余。完颜雍虽为众所推，实篡弑也。乘机委顺，徇众志以藏身，而幸保其富贵；夫岂能秉钺一麾，操生死以制人，使冒白刃以驰荡乎天下者？众胥曰：逆亮之毒我，而藉尔以图安也。雍亦曰：吾亦惩亮之佳兵而安尔也。遑问江左乎？且以海滨穴处之众，浮寄于中华，衣锦含甘，笙歌燕婉，荡其犊犊之心。雍方四顾彷徨，无可托以骋雄心而窥江海。则延首以待王之望之来，与宋共谋姑息，无可奈何之情，犹之宋也。讲敌国之礼，得四州之地，为幸多矣，而抑又何求！

是则宋之为宋，一女真也；女真之为女真，一宋也。相效以趋于销铄，何贤乎？而岂果有不忍斯民之情，使脱干戈以安衽席乎？君为之名曰："吾以息民也。"下之贡谀者金曰："息民者，大君之仁也。"贸贸之民，偷旦夕之安，争效其顺曰："吾君与当国者之能息我也。"汝欲息，而有不汝息者旁起而窥之。一息之余，波流日靡，大不可息之祸，亘百余年而不息，自其所必致者，奚待祸之已烈而始知哉？乃害已烈，而论者犹不知其兆先于此矣，则甚矣古今之积惑，不可瘳也。故曰："天下虽安，忘战必危。"安而忘战，其危可必；况在危而以忘战为安乎？

女真则去其故穴，尽部落以栖苴于客土，耽卤获之乐，解骄悍之气，据广斥之中原，无江、淮之米粟，其危也如彼。宋则冀、代之士马不存，河山之险阻已失，抚文弱之江东，居海陬之绝地，其危也又如此。危之不惩，亡将何恃？系之苞桑，犹恐不固，而系之春华浮艳之卉草，奚待有识而后为之寒心邪？以既衰之女真，而宋且无如之何，则强于女真者，愈可知矣。以积弱之宋，而女真无如之何，则苟非女真，固将能如之何也。女真一倾，而宋随以溃，奇渥温氏谈笑而睥睨之，俟其羽翮之成而已。羽翮成而复能以旦夕延哉？

使宋能深入以伐女真，则威伸于北方，而踵起者亦有惧心。宋不能大逞志于女真，而女真之兵不解，则女真日习于战，而不自弛其备。即使女真能窥宋而犯江、淮，宋亦知警而谋自壮之略，尚不至蒙古之师一临，而疾入于海以亡。故兀术之南侵亟，而岳、韩、刘、吴之军日增其壮。迫之者，激之成也。拓跋氏通好于齐、梁，宴坐洛阳，缘饰文雅，而六镇寇起，元氏之族以赤。骄之者，陷之溺也。乍然一息，而国既危，民且终不保其生。此有通识者之洞观，非流俗之所得与知也。

《宋论》卷十一终

宋论卷十二

光宗

一

　　孝宗急传位于其子，何为者也？春秋方盛，国步未康，廷无心膂之臣，子有愚蒙之质，而遽以天下委之，诚不知其何为者也。以谓高宗崩，哀慕切，欲执三年之丧，谢绝庶政，日奉几筵，曾是以为孝，非其饰辞，则愚甚矣。古之宅忧于谅阴者，总百官以听冢宰，六官之常职无与闻耳。至于宗社安危，生民生死，大臣进退之大政，则天子固居大位，操大权，而不敢以先君之付畀委之人，而孤致其哭踊。且所听之宰，抑必绰有余裕于负荷之亲臣。夫岂不欲专致其哀哉？尽道以尽孝，初不相为妨也。况乎高宗之恩，均于生我者，唯其以天下授己也。则所以慰高宗于冥漠者，亦唯以社稷有主，为精爽之所凭依。则孝宗之视天下也，如视高宗，亦殚心竭力以奠安天下，而以报高宗者至矣。若夫几筵之侍，必躬必亲，则但不息心以燕处，不分志于声色，罢昏祭之吉礼，停庆赏之覃恩，正自有余日余力以伸馈奠。奚必塞耳闭目，一不与物相接，而后可终丧纪哉？故以为哀之至而不能复居天位者，吾未之能信也。

　　夫身未耄倦，而遽传位于子，以自处于一人之上，于古未之前闻，始之者赵主父，继之拓跋弘而已矣。斯皆蔑礼败度，以亵大位者也。若高宗之内禅也，则又有说：己未有嗣，而孝宗以久废之宗支，七世之疏属，拔之于幼冲，膺元良之休命。高宗年垂六十，内禅时五十有七。为三代以后人君之所希有，国无可顾命之宗臣，一旦危病至而奸邪乘之，不容不早防其变。且于时女真寒盟，兵争复起，衰年益馁，抑无以支不固之封疆。知孝宗之可与有为也，用其方新之气，以振久弛之人情，则及身之存，授以神器，亦道之权而不失其中也。自非然者，天子者既至尊而无尚矣，积累而上之，又有人焉，以俯而相临；则天位不尊，而事权相错，持两端者得起而售其奸矣。亦唯孝宗之犹堪负荷也，故高宗得优游于琴书花鸟之侧，而国事一无所问。则两宫之欢，无有从中间之。非此，而理乱安危不能尽释诸怀抱，小有箴砭，遂授宵人以离间之隙。基累者必倾，栋隆者且挠，大鼎之磋，焚如之咎，必不能保其终矣。又况光宗者，愚顽之声音笑貌，千载而下，犹可想见其情形，抑非有杨广之奸，可矫饰以欺其君父，则其不可以高宗之付己者付光宗，灼然易见。而何造次之顷，遽委神器于浮沉邪？

与子之法，定于适长，诚大常之经矣。然而汉武舍燕王旦而立昭帝，光武舍东海王强而立明帝，卒以允臧。则变而能通，未为失也。晋武帝拒卫瓘之谏以立惠帝，贾氏之恶以宣；唐太宗徇长孙之请以立高宗，武氏之祸以烈。则守而不变，未为得也。夫光宗之视晋惠，差辨菽麦耳，其于唐高，犹在层累之下也。孝宗即守成宪，而不以意废置乎？则辅以正人，导以正学，惩其宵小，饬其宫闱，迨及弥留之际，简德望之大臣，受顾命而总百揆；即有雷允恭、任守忠之内蛊，无难施窜殛之刑；光宗虽暗，亦何至灭绝天彝，贻宗社以阽危之势哉？教之无方也，辅之无人也，俟之不待其时也，昏懦之习不察也，悍妻之煽无闻也。俄而使参国政矣，俄而使即大位矣。己已处于贵而无位、高而无民之地，乃恶李氏而有废之之语，嚅嗫于间宫，以激其悖逆，岂非教不肖者以冥行乎？菀结而不永其天年，亦自贻之矣。

高宗经营密勿者数十年，裁之以道，审之以宜，举以授之于己；己乃无所图维，急遽以授不肖之子，而坐视其败；孝宗之于孝也，抑末矣。汶汶无择，与其在位之用人行政，殊不相肖。繇今思之，诚不测其何心？意者嗣位之初，锐意有为，而功堕不就，故不欲居此位也已久；特以高宗在，而不容释，甫在苫次，迫欲脱屣，愤耻之余，激为鲁莽。诚然，则亦悁悁悼悼，非君子之度矣。在位二十七年，民心未失，国是未乱，自可保遗绪以俟后人之兴。功不自我成，而能得守所付畀者，即其功也。亦何用此卞躁为也！

二

朱子知潭州，请行经界法，有诏从之。其为法也，均平详审，宜可以行之天下而皆准，而卒不能行。至贾似道乃窃其说以病民，宋繇是亡，而法终沮废。然则言之善者，非行之善，固如斯乎！盖尝探其原而论之，天下之理，思而可得也；思而不得，学焉而愈可得也。而有非思与学之所能得者，则治地之政是已。

今试取一法而思之，无形而可使有形，无迹而可使有迹，张之使大，研之使密，委曲经营，即若有可绘可刊之图，了然于心目，如是者自信以为至矣。乃更端思之，又有一成型者，亦未尝不至也。则执其一以概见于施行，其不尽然者必多；而执其信诸心者坚，人固弗能辨也。故思者，利与害之交集也，故曰"殆"也。无已，其学乎！所学者，古之人屡言之矣。古人之所言者，亦既有行之者矣。然而言者非行也。古人之行，非我之行也；我之行，非天下之所行也。五味无定适，五色无定文，五音无定和。律吕在，而师旷之调，师延之靡也。规矩在，而公输之巧，拙工之挠也。古之人教我以极深研几之学，而我浅尝而躁用之，举天下万民之情，皆以名相笼而驱入其中，故曰"罔"也。

所以然者，何也？天下之思而可得、学而可知者，理也；思而不能得、学而不能知者，物也。今夫名利则有涯矣，数则有量矣。乃若其实，则皆有类焉，类之中又有类焉，博而极之，尽巧历之终身而不能悉举。大木之叶，其数亿万，求一相肖而无毫发之差者无有也，而名恶足以限之？必有变焉，变之余又有变焉，流而览之，一日夜之间，而不如其故。晴雨之候，二端而止，拟一必然而无意外之差者无有也，而数恶足以期之？夫物则各有情矣。情者，实也。故曰："先王以人情为田。"人情者，非一人之思所能皆虑，非古人之可刻画今人而使不出于其域者也。乃极其所思，守其所学，以为天下之不越乎此，求其推行而准焉，不亦难乎！

今夫经界，何为者邪？以为清口分之相侵越者乎？则民自有其经界矣，而奚待于上？先世之所遗，乡邻之所识，方耕而各有其堳，方获而各计其获，岁岁相承，而恶乎乱？若其积渐匿侵，自不能理，乡邻不能诘；则以南北殊方、乍来相莅之文吏，唯辞是听，睹此山川相缪之广甸，亦恶能以一日之聪明，折群疑于不言之块土乎？徒益其争，而狱讼日繁，智者不为也。

以为辨赋役之相诡射者乎？诡射者，人也，非地也。民即甚奸，不能没其地而使之无形。而地之有等，等之以三，等之以九，亦至粗之率耳。实则十百其等而不可殚。今且画地以责赋，豪民自可诡于界之有经，而图其逸；贫民乃以困于所经之界，而莫避其劳。如之何执一推排之法而可使均邪？故均者，有不均也。以不均均，而民更无所诉矣。

以为自此而可限民之田，使豪强之无兼并乎？此尤割肥人之肉置瘠人之身，瘠者不能受之以肥，而肥者毙矣。兼并者，非豪民之能钳束贫民而强夺之也。赋重而无等，役烦而无艺，有司之威，不可向迩，吏胥之奸，不可致诘。于是均一赋也，豪民输之而轻，弱民输之而重；均一役也，豪民应之而易，弱民应之而难。于是豪民无所畏于多有田，而利有余；弱民苦于仅有之田，而害不能去。有司之鞭笞，吏胥之挫辱，迫于焚溺，自乐输其田于豪民，而若代为之受病；虽有经界，不能域之也。夫岂必堙其沟洫，夷其隧堳，而后畸有所归哉？诚使减赋而轻之，节役而逸之，禁长吏之淫刑，惩猾胥里蠹之恫喝，则贫富代谢之不常，而无苦于有田之民。则兼并者无可乘以恣其无厌之欲，人可有田，而田自均矣。若其不然，恃一旦之峻法，夺彼与此而不恤其安，疲懦之民，且匿走空山而不愿受。无已，则假立疆畛，而兼并者自若，徒资姗笑而已。若夫后世为经界之说者，则以搜剔民之隐田而尽赋之，于是逐亩推求，而无尺寸之土不隶于县官。呜呼！是岂仁人君子所忍言乎？

三代之制，有田有莱，莱者非果莱也。有一易，有再易，易者非果易也。留其有余以劝勤者，使竭力以耕，尽地利而无忧赋税耳。今彼此相推，而情形尽见，块泥珠粟，无能脱也，夫是之谓箕敛也，奚辞哉？夫田为奸隐不入赋额者，诚有之矣。婢妾臼灶之奸，不足为富人病也，况仁君之抚四海者乎？抑有地本硗确，而勤民以有余之力，强加水耕火耨之功，幸岁之穰而薄收者；亦有溪江洲渚，乍涌为邱，危岸穿崖，将倾未圮，目前之鳞次相仍，他日之沉坍不保者；亦有昔属一家，今分异主，割留横亘于山限水曲而不可分疆场者；若此之类，难以更仆而数。必欲执一画定之沟封，使一步之土必有所归，以悉索而征及毫末，李悝之尽地力，用此术也。为君子儒，以仁义赞人君之德政，其忍之乎？是则经界之弊，必流为贾似道之殃民。仁邪？暴邪？问之天下，问之万世，必有审此者矣。

夫原本《周官》，因仍《孟子》，不可谓非学也。规画形势，备尽委曲，不可谓未思也。乃抑思商、周之天下，其于今者何如哉？侯国之境土，提封止于万井；王畿之乡遂，采邑分授公卿。长民之吏，自鄹鄙之师至于乡大夫，皆百里以内耳目相习土著之士。为利为病，周知无余，因仍故址，小有补葺而已定。今则四海一王，九州殊壤，穷山纡曲，广野浩漫。天子无巡省之行，司农总无涯之计，郡邑之长，迁徙无恒。乃欲悬一式以驱民必从，贤智者力必不任，昏暴者幸以图成。在天，则南北寒燠之异候；在地，则肥瘠高下之异质；在百谷，则疏数稚壮之异种；在疆界，则陂陀欹整之异形；在人民，则强弱勤惰之异质；在民情，则愿朴诡谲之异情。此之所谓利者，于彼为病；此之所欲革者，彼之所因。固有见为甚利，而民视之如荼棘；见为甚害，而民安之如衽席。学不可知也，思不可得也。言之娓娓，行之汲汲，执之愈坚，所伤愈大。以是为仁，其蔽也愚，而害且无穷，久矣！

故善治地者，因其地而治之。一乡之善政，不可以行之一邑；一邑之善政，不可以行之一州；一州之善政，不可以行之四海。约略其凡，无所大损于民，而天下固已大均矣。均之者，非齐之也。设政以驱之齐，民固不齐矣。则必刑以继之，而后可齐也。政有成型，而刑必滥，申、商之所以为天下贼，唯此而已矣。若夫匹夫以锱铢之利，设诈以逃唯正之供，则唯王者必世后仁之余，自输忱以献，岂元后父母所宜与争论也哉？以君子竞小人之智，以王章察聚敛之谋，以鸡鸣梦觉所虚揣之情形，以闭户读书所乍窥之经史，束四海兆民而入于图缋之中。言之诚是也，行则非所敢也。虽然，亡虑也。言此者，未有能行之者也。

三

君拒谏以宣欲，臣嫉贤而献谀，其于正谏之士，名之曰"沽名"。夫亦念名之所自生乎？名者，义之所显也，天下后世公是公非之衡也。有名可沽，则名在谏者矣。自处于不可名之慝，而以名授谏者，使可沽焉，其为无道之尤也，奚辞？故沽名者，使人君知有名而不可干者也。君非无名，而沽者无可沽矣。

虽然，人臣以此事君，而国又奚赖哉？君有巨慝，大臣任之；大臣不能言，而后谏臣任之；谏臣不能言，而后群工下至士民，皆可奋起而言之。若夫群然竞起，合大小臣民言之恐后，则首其议者，盖亦诚出于不容已。而相踵相附，未问从违，喧争不已，则其间以沽名故喋喋相仍者，十有八九矣。于是而激庸主奸臣以不相下，言者且竞以削斥为荣，空国以去，置宗社于奸邪之掌，徒自奖曰：吾忠而获罪之正人也。则沽名之咎又奚逭邪？且夫君之过，不至于戕天彝，绝人望，犹可浣濯于他日，则相激不下，失犹小也。若夫天伦之叙敩，人禽之界，存于一线，一陷于恶，而终无可逸；是岂可雷同相竞，使处于无可解免之地者哉？

子之事其亲也，仁之发也，即义之恒也。然岂以为义在当孝而始孝乎？其不孝者，固非谓宜于不孝而孝非义也。故称说孝道于孝子之前者，皆无当于孝子之心；称说孝道于不孝之前者，亦无能动不孝之心。无他，可言者，义之当然，而恻怛内动，纲缊不解之忱，固非言之所能及。其或利欲荧之，妇人宵小间之，夺其心以背其初志，皆藏于隐微，非可以言言者也。故舜之孝也至矣，蔑以尚矣。而其以人伦授契教民者，曰"敬敷五教，在宽"。上不可以法绳其下，优而游之，乘罅而导之，去其荧之间之者，以使自显其初心。则知悔者，若吾训以渐启仁爱之天怀；怙恶者，抑不相激以成人伦之大变。宽之用，大矣哉！而能以此导人主以全恩，李长源而外，难其人矣。长源始用之肃宗，继用之德宗，皆以父处子者也。涕泗长言，密移其情于坐论而不泄，独任其调停之责，而不待助于群言。其转移人主之积怨，犹掇轻羽也。乃至于肃宗事父之逆，独结舌而不言，夫岂忘其为巨慝而吝于规正哉？力不与张良娣、李辅国争，则言且不听，而激成乎不测之衅；则弗如姑与含容，犹使不孝者有所惜，而消不轨之心。

长源之志苦矣，而唐亦苟安矣。

呜呼！人君之忍绝其心，公为不孝以对天下而无怍者，唯光宗独耳。岂光宗者，旷古弥今、人貌禽心之无偶者乎？于是而留正之咎，不能逃矣。叩阍牵衣，百僚庶士之喧争，无与弭之，而委大臣之责以倒授之。乃使宁宗之立不正，韩侂胄之奸得逞，毒流士类，祸贻边疆，其害岂浅鲜哉？盖哄然群起而争者，皆有名心，非能以推己之孝成尽己之忠者也。正之所自处者，谏不从则去而已。去者，名之所归也。君益彰其不孝之名，而己得洁身之名以去。天理民彝，争存亡于一间，而心膂大臣，忍以覆载不容之名归之君父乎？若以去言，则光宗之不足相与为荃宰，灼然易见者也。知不可相，而不去之于早；其去也，又且行且止，反复于郊关，以摇众志；举动之轻，适足资奸邪之笑，久矣。

夫光宗之恶，非若刘劭之凶威不可向迩者也，悍妇宵人，噂沓而成否塞。正为大臣，上被孝宗之知遇，内有两宫太后之倚任，诚能忘生死以卫社稷，而救人伦之致绝，夫不有雷允恭、任守忠之家法乎？杨舜卿、陈源抑非有李辅国、鱼朝恩拥兵怙党之威，得两宫片纸，窜逐在须臾之间尔。而正不能。如其不能，则留身密语，涕泣以道之，从容以引之，讳其大恶于外，而俾有可自新之路，李氏虽悍，而光宗易位，不能从中以起，则固未尝不可衔勒使驯者。而正又不能。如其不能，则姑已。唐肃之逆，猜嫌之甚，南内一迁，几有主父之危，而朝廷不为惊扰，国方乱而不害其固存。当是时也，强敌无压境之危，宗室无窥觎之衅，大臣无逼篡之谋，草泽无弄兵之变，静正之朝野，自可蒙安于无事。正乃无故周章，舍大臣之职，分其责于百僚，招引新进喜言之士，下逮太学高谈之子，一鸣百和，呼天吁地，以与昏主妒后争口舌之短长。不胜，则相率而奔，如烈火之焚身，须臾不缓，此何为者哉？昏悖之主固将曰："吾不孝之名，大臣已加我矣，群臣已加我矣，海内士民莫不加我矣，无可谢于后世矣！即以身试危机，就两宫而见幽废，人且曰非吾之能事吾亲也；举国之人，以大义束我，而使修寝门之节、倚庐之文也。恶不可浣，而恶用浣为？彼分崩而去者，自少味而反，奚所恤而不任吾之高卧哉？"于斯时也，张皇失据者，若有大祸之在旦夕，而不知其固无妨也。疑愈深，人心愈震，而后易位之策突起，以诧再造之功。揆其所繇，非正使然而孰使然乎？

人而与人争名，名得而实已亏矣；大臣而与君争名，名在己而害在国矣。况君子而与至不肖之人争名，争其所不待争，而徒启其争，为愈陋乎？一谏一去，又恶足以增益留正君子之名哉？故以正为宗社计，非也；宗社尚未有危，危之者，正之倡众以去国也。以正为大伦计，尤非也；光宗之不孝，光宗自致之，正莫能救之，宁宗之不孝，背父以立，则正实使之然也。且使盈廷呼号奔散之后，光宗惧而就苫次以执丧，其于不孝之名，十不能减其一二，不孝之实，百不能救其毫末。正乃引以自居曰："此吾帅众以争之力也。"则谓之曰"沽名"，亦非求全之毁矣。

奚以知大臣之能尽其道哉？不倚谏臣以兴雷同之议，则体国之诚至矣。奚以知谏臣之能尽其职哉？不引群臣士庶以兴沸腾之口，则直道之行伸矣。若留正诸人者，任气以趋名，气盈而易竭；有权而不执，有几而不审；进退无恒，而召物之轻；生死累怀，而不任其害。宜乎其为庸主、悍后、阉人所目笑，而不恤其去留者也。

《宋论》卷十二终

宋论卷十三

宁宗

一

赵忠定不行定策之赏，致韩侂胄、赵彦逾之怨，窜死湖、湘，国乃危乱。或谓金日䃅不受拥立之封，丙吉不言护养之劳，此君子之高致，不宜以望小人，薄酬以厌二竖之欲，国庶以靖。呜呼！是岂足以知忠定之心哉？忠定之言曰："身为贵戚之卿，侂胄为椒房之戚，宣劳于国，不宜膺赏。"此其可以言言者也。乃若中心内蕴，有必不可以策功赏者，则不可以言言者也。

光宗虽云内禅，其实废也。宁宗背其生父，正其不孝之罪；而急夺其位，且以扶立者为有大勋劳而报之，天理民彝，其尚有毫发之存焉者乎？宁宗以是感侂胄而重任之，加以不赀之荣宠。人知光宗之不孝，而不知宁宗之不孝，尤倍于光宗。忠定其忍以此自待，忍以此待其君乎？宁宗之立，忠定处于不得已之势，无可曲全，而行非常之事。揆其所自，非事势之必然，留正为之耳。于斯时也，廷臣空国而逃，太学卷堂而噪，都人失志而惊。乃亦何尝至此哉？光宗绝父子之恩，诚不足以为人君，而以视唐玄武之戈，南宫之锢，犹为末减。以害言之，唐且无宗社之忧，而况于宋。方其时，外戚无吕、武之谋，支庶无七国、八王之衅；李氏虽逆，而无外援；杨舜卿、陈源虽奸，而无兵柄。徒以举国张皇，遂若有不能终日之势，迫忠定以计出于此，而忠定之心滋戚矣。

所冀者，宁宗而有人之心邪？婉顺以事父母，而消其嫌隙；抱愧以临臣民，而勤于补过；涂饰以盖君父之愆，隆恩以报孝宗之德。则宁宗可无疚于天人，忠定亦自安其夙夜。此之不务，施施然佩扳己者以为德，奖废父者以为功，若夺拱璧于盗贼之手，而勒其勋劳于旗常以告天下。则忠定之生，不如其窜死，宋室之安，不如其濒危矣。何也？无君有君，而父子之伦必不可灭也。桀无道而汤代以兴，犹曰惭德。父为桀，子为汤，为之臣者，居割正之功以徼荣利，是可无惭，则其违禽兽奚远哉！褚渊、沈约之所不敢为，而为君子者忍之邪？夫忠定不欲以禽兽自处，不敢以禽兽处君，且不忍以禽兽处同事之劳人，厚之至也。顾不能以此言告人者，一出诸口，而宁宗即无以自容也。故曰心滋戚矣。

然则忠定之为相者，何也？曰：相非赏功之官也。忠定既决策造非常之举，扶危救弊，唯其任而不可辞也。光宗无释位之心，李后有骄横之力，嗣主童昏，奸回充塞，弗获已而引大任于躬，生死之不谋而又何多让焉！舍忠定而他求，为耆旧者则留正尔。时艰则逃之江上，事定则复立廷端，其不足以规正宫闱、耆服群小也，久矣。正而可任也，亦何至倒行逆施以致有今日哉？其复起也，聊以备员而已矣。然则其朱子乎！忠定则已急引而晋之，与共图宗社矣。资序未及而进以渐，其常也，贤者之所可受也。拔之于俦伍，跻之于上位，唯英主之独断，非大臣之自我而专之，抑贤者所必不受也。升居馆阁，以俟嗣己而兴，则亦唯己既相，而后志可伸也。利有所不徼，害有所不恤，嫌有所不避，怨有所不辞，昭昭然揭日月而行之，何足以议忠定哉！

二

小人蛊君以害善类，所患无辞，而为之名曰"朋党"，则以钳网天下而有余。汉、唐以降，人亡邦瘁，皆此之繇也。而宋之季世，则尤有异焉，更名之曰"道学"。道学者，非恶声也。揭以为名，不足以为罪。乃知其不类之甚，而又为之名曰"伪学"。言伪者，非其本心也。其同类之相语以相诮者，固曰道学，不言伪也。以道学为名而杀士，刘德秀、京镗、何澹、胡纮等成之，韩侂胄尸之，而实不自此始也。高宗之世，已有请禁程氏学者。迨及孝宗，谢廓然以程氏与王安石并论，请禁以其说取士。自是而后，浸淫以及于侂胄，乃加以削夺窜殛之法。盖数十年蕴隆必泄之毒，非德秀等突起而遽能然也。

夫人各有心，不相为谋。诸君子无伤于物，而举国之狂猘如此。波流所届，乃至近世，江陵踵其戾气，阉党袭其炎威也，又如此。察其所以蛊惑天下而售其恶者，非强辨有力者莫能也。则为之倡者谁邪？揆厥所繇，而苏轼兄弟之恶，恶于向戌久矣。

君子之学，其为道也，律己虽严，不无利用安身之益；莅物虽正，自有和平温厚之休。小人之倾妒，亦但求异于国事之从违，而无与于退居之诵说。亦何至标以为名，惑君臣朝野而共相排摈哉？盖君子之以正人心、端风尚，有所必不为者。淫声冶色之必远也，苞苴贿赂之必拒也，剧饮狂歌之必绝也，诙谐调笑之必不屑也，六博投琼、流连昼夜之必不容也，缁黄游客、嬉谈面谀之必不受也。凡此者，皆不肖者所耽，而求以自恣者也。徒以一厕士流，而名义相束，君子又从而饬之，苟逾其闲，则进不能获令誉于当官，退抑不能以先生长者自居于士类。狂心思逞，不敢自遂，引领而望曰：谁能解我之桎梏，以两得于显名厚实之通轨哉？而轼兄弟乘此以兴矣。

自其父洵以小有才而游丹铅之垒，弋韩愈之章程，即曰吾韩愈也；窃孟子之枝叶，即曰吾孟子也。轼兄弟益之以泛记之博，饰之以巧慧之才，浮游于六艺，沉湎于异端，倡为之说曰："率吾性，即道也；任吾情，即性也。"引秦观、李廌无行之少年为之羽翼，杂浮屠黄冠近似之卮言为之谈助；左妖童，右游妓，猖狂于花月之下。而测《大易》之旨，掠《论语》之肤，以性命之影迹，治道之偏端，文其耽酒嗜色、佚游宴乐之私。轩然曰："此君子之直道而行者也。彼言法言、服法服、行法行者，皆伪也。"伪之名自此而生矣。于是苟简卑陋之士，以为是释我之缚而游于浩荡之宇者。欲以之遂，而理即以之得；利以之享，而名即以之成；唯人之意欲，而出可为贤臣，处可为师儒，人皆仲尼，而世皆乐利。则褰裳以从，若将不及，一呼百集，群起以敌君子如仇雠，斥道学如盗贼，无所惮而不为矣。

故谢廓然之倡之也，以程氏与安石并论，则其所推戴者可知矣。视伊川如安石者，轼也。廓然曰："士当信道自守，以六经为学，以孔、孟为师。"夫轼亦窃六经而倚孔、孟为藏身之窟。乃以进狭邪之狎客为入室之英，逞北里之淫词为传心之典；曰"此诚也，非是则伪也"。抑为钩距之深文，谮浪之飞语，摇暗君以逞其戈矛，流滥之极，数百年而不息。轼兄弟之恶，夫岂在共、欢下哉？姑不念其狐媚以诱天下后世之悦己者，乃至裁巾割肉，东坡巾，东坡肉。争庖人缝人之长，辱人贱行之至此极乎！眉山之学不熄，君子之道不伸，祸讫于人伦，败贻于家国，禁讲说，毁书院，不旋踵而中国沦亡，人胥相食。呜呼！谁与卫道而除邪慝，火其书以救仅存之人纪者？不然，亦将安所届哉！

三

孝宗升祔，赵丞相议祧僖、宣二祖，毁其庙，朱子力争以为非。繇此观之，朱子之讲祭法也，不用汉儒之说，刻画周制，禁后王之损益，多矣。

汉儒之言周制，周固未尽然也。说周制者曰："天子七庙，太祖一也，文、武二世室，三也，自称至高祖，四世而已。递祔递祧，高祖以上，则撤橑桷更新之。"抑考周公定礼之日，武王已升祔矣，上至太王，四世已讫。而云"上祀先公，自组绀以上至于公刘"。则与"坛墠无祷乃止、去墠为鬼"之说，显相背戾。故六经之文不言毁庙，周公之遗典，孔、孟之追述，未有异也。言毁庙者，汉儒始之。郑玄、王肃互相竞诤，或七或九，或云藏之祖庙，或云瘗之阶间。洵使其然，后王尚可损益；况其不然，何为安忍哉？

古之有天下而事其先者，必推其所自出，立太祖之庙，非漫然也。古之天子，自诸侯而陟。其上世以元德显功，既启土受封而有社稷之事矣。则或守侯服，或膺大位，屈伸之间，其为君一也。有天下而非骤享其荣，失天下而不终绝其食。则自太祖以后，世守其祀，绵延不绝，情以相引而升，理以相沿而格。而间其中，断其续，则四世之祖上承太祖，所亦辽阔而不相为绍。亘塞陵躐，精气不联，其所以事太祖者，亦苍茫恍忽而不信之以心矣。若曰"继世之君，虽承大位，而德不足以享无涯之位"，则子孙之事其先，唯所评骘，而生我之德，不足以当一献之恩，固非人心之所忍自信也。况乎近者非无失德，远者或有累仁，固未可芟夷先世之休光，置若行路矣。且其言曰："坛墠有祷则祭，无祷则止。"祷而能庇佑及我者，必其精爽之在希微，固有存焉者也。精爽未亡，待有祷而后诏之，山川土木之神且将厌恶，而况一本相嗣，子孙之于先祖乎？

又其说曰："诚之所至，祭乃可通。五世以上，生不相及，情不相慕，虽仁人孝子居崇高之位，度其精意不能昭格，无事以虚文为致孝。"此抑非也。情文之互相生起也，久矣。情生文者文为轻，文生情者文为重。思慕笃而祭行焉，情生文者也；思慕易忘，而因昭格之顷，感其洞洞属属之心，以思成而不忍致，文生情者也。故禘所自出之帝，祖其始封之君，思慕不逮，而洋洋如在者，百世如旦夕焉。祭之为用大矣！而恶可以情所不逮，遂弃其文邪？且夫继世之君，非必有聿追之忱矣。中材之主，知有祢而不知有祖；其在下愚，则方在殡而情已暌。其抑将并虞祔之祭，问其情之奚若而后行乎？天子之祀，靡所不通，名山大川百神之享，身未履其域，心未谙其实，遥闻以耳，因循以旧，柴、禜、沈、狸，未尝废也。奚徒其祖而以远不相知澹忘若非有也？

三代以降，与子法立，亲亲之道，尚于尊贤，上以事其先祖，下以传其子孙，仁至而义行焉，一也。自身以下，传之子，传之孙，传之曾玄以放，神器攸归，无所限止。徒于其祖，远而斥之坛墠，横于四世以上、太祖以下、为之割绝。何其爱子孙者无已，而敬祖考者易穷？度及此，能勿惨怛于中乎？呜呼！一代之兴，传至五世七世，祚运已将衰矣，百年内外，且有灭亡之忧。一旦天不佑而人不归，宗庙鞠为茂草，子孙夷乎舆皂，陌纸杯浆，无复有过陵园而洒涕者。乃此国步尚康之日，惜锱铢之牲帛，惮一日之骏奔，倡为以义裁恩之说，登屋椓削，弃主土壤，不待仁人孝子而可为寒心者矣！

汉儒之丛喙以争，言祧言毁，奉一若信若疑之周制，割人心不忍背之恩，固君子所抚心推类而恶闻其说者也。汉高之祀，止于太上皇，或其先世之弗传也；光武之亲庙，止于四世，以其承汉之大宗也；抑叔孙通、曹褒保残守陋，不即人心，而以天下俭其亲也。恶足以为万世法哉？四世以上，相承而绍统者，为祖祢之所自出，则亲无与尚矣；保世滋大，以君万邦，则尊无与尚矣。亲至而不可谖，尊至而不可诎，曾不得与井灶之神、猫虎之魁、历百世而享一朝之报乎？稽之圣训，未有明文，周道亲亲，其不然也必矣。

天子有禘，诸侯有祫，大夫士有馈食，庶人有荐，降杀因乎其分，而积累弗绝者，因乎其情。则后世无毁庙，而同堂异室，以俭而可久；顺人情，合天理，圣人复起，当无以易也。朱子之欲复斯世于三代，言之详矣。独于祧庙之说，因时而立义，诚见其不忍祧也。则后之言礼者，又胡忍以喋喋辩言，导人主以薄恩邪？

四

韩侂胄立"伪学"之禁，以空善类，其必不两立者，留、赵二相，其次则朱子也。蔡季通隐处论学，未尝持清议以讥朝政，未尝作词章以斥权奸，其于侂胄远矣。乃朱子虽罢，犹得优游林泉，为学者师。而季通独婴重罚，窜死遐方，且为之罪名，"伪"不足以尽之，而斥之曰"妖"。夫真与伪，难诬者心，而可倒者言也。真者伪其所伪，伪者伪其所真，相报以相诬，而名亦可立。今所讲者日用彝伦之事，而题之曰"妖"，虽佞人之口给，其能无据而恣其狂词哉？盖季通亦有以取之，而朱子于此，亦不能无惑矣。

侂胄之深怨朱子者，以争殡宫故也。当是时，侂胄勤劳方著，恶迹未彰，即欲防其奸而斥远之，亦无可施其宪典。唯殡宫一议，足以倾动宫府，置诸不赦之罪。王孝先以加诸丁谓而俯首以死海滨者，此而已矣。今朱子之言曰："不为宗社血食久远之计。"侂胄之夺魄寒心，与朱子不并立之势成矣。朱子既以此为侂胄罪，而抑请广询术人以求吉地。其所欲询者谁也？蔡神与以葬师为世业，季通传其家学，而参之理数以精其说，推崇邵氏，以与濂、洛相抗；是季通者，儒之淫于小道，而为术人之领袖者也。殡宫之吉否，朱子未能知之，而季通自谓知之；朱子即知，而亦以季通之术知之。然则其云术人者，盖有季通之徒，挟术思售，而季通隐主其取舍也。《礼》曰："假于时日卜筮以惑民者杀。"则挟指天画地之说，以挠仁人孝子之心者，谓之曰"妖"，亦奚不可哉？此季通所以授小人以名，而使戕士类，诚有以致之。故早自知其不免于祸，诚哉其不可免也。

呜呼！学君子之学，使小人得加以恶名而不能辞，修遁世无闷之德，而情移于吉凶，复以与凶相触而危其身。处乱世之末流，正学衰，邪说逞，流俗之好尚易以移人。苟欲立于无过之地，履坦道以守贞者，可褒其身心以殉游食者之言，而自罹于咎哉？

夫道之与术，其大辨严矣。道者，得失之衡也；术者，祸福之测也。理者，道之所守也；数者，术之所窥也。大易即数以穷理，而得失审；小术托理以起数，而祸福淫。审于得失者，喻义之君子；淫于祸福者，喻利之小人。故葬也者，藏也。仁人孝子不忍暴其亲之形体而藏之也，知慎此而已矣。而喻利之小人，舍死者之安危，就生人之利害，则彝伦斁而天理灭矣。今有人焉，役其父母之手足，饰其父母之色笑，以取富贵，则鲜不以为禽兽矣。身已死，骨已寒，乃欲持此以求当于茫茫之士而希福焉，则是利其死以徼非望之获，为君子者，何忍出于此邪？

且夫以祸福言，而其说之妄，亦易知矣。自古有天下而祚永者，莫周若也。诸侯世其国，大夫士世其禄，传家之永者，亦莫周若也。考之于礼，有墓大夫以司国君之墓，有墓人以司卿大夫之墓。正始祖之兆域于上，而后世以昭穆序葬于东西，非有择于形势也。天子七月，诸侯五月，大夫三月，士逾月。《春秋》："雨，不克葬，日昃而葬。"非有择于时日也。而血食之长，子孙之庶，后世莫能及焉。岂徒后世之士，能以福泽被其尸而施及子孙乎？祈天永命者，德也；保世滋大者，业也。内政修，外侮御，而宗社必安；君不渔色，后不妒忌，而子孙必众。推以及乎士庶，厚以传家，勤以修业，则福泽自远。舍此不务，而以所生之骨骸，求大块之荣施，仁者所不容，尤智者所不齿也。

小人之欲售其术也，必诡于道以惑君子。故为葬师之言者，亦窃理与气之迹似以藻帨之，而君子坐受其罔。乃乱道者，道之所必穷。故京房之谏邪佞，非不正也，而为幸臣所困；郭璞之折篡逆，非不义也，而为权奸所杀。妄言天者，天所不覆；妄言地者，地所不载；侮阴阳者，阴阳之灾必及之。房与璞之穷，自穷之也。充其说以浸淫于后世，于是而有委之野而不葬，以罹水火之灾者矣；于是有已葬复迁，割析之，焚烈之，以极乎惨毒者矣。导天下以枭獍之恶，而以获罪于天、卒陨其世者，接踵相继。夫君子方欲辟异端以闲先圣之道，奈之何尸琐陋之术，曾不足以望异端之后尘者，公言于朝廷，姑试之君父也！以季通之好学深思也，于以望道也近矣。而其志乱，其学淫，卒以危其身于桎梏。为君子者，不以一眚丧其大德，可弗慎哉！可弗慎哉！

五

言期于相胜而已邪？则言之非难也。是之胜非，直之胜曲，正之胜邪，操常胜之势，揆之义而义存，建以为名而名正，何患乎其不胜哉？故言之也，无所复屈。其或时不能用，复以得祸，而言传于天下，天下感之，言传于后世，后世诵之，其殆贞胜者乎？贞胜则无患其不胜矣。虽然，胜者，胜彼者也。彼非而胜之，则胜者是矣；彼曲而胜之，则胜者直矣；彼邪而胜之，则胜者正矣。是胜者仅以胜彼也，非贞胜也。且夫立两说而衡其得失，有定者也。就一事而计其初终，有恒者也。然而固无定而无恒也。特以庸主佞臣之所陷溺，而其为失也，天下交起而憎恶之；已而又有不然者，天下又起而易其所憎恶。故一事之两端，皆可执之以相胜。然则所以胜者之果为定论乎？

定论者，胜此而不倚于彼者也。定论者，随时处中而自求之道皆得也。斯则贞胜者也。故言者以此而扶天下之危而定其倾，皆确乎其有不拔之守；推而行之，皆有不匮之业；不仅以胜彼者取天下后世之感诵，而言皆物也，故曰“君子之言有物”也。物也者，实也。言吾之是，非以折彼之非；言吾之直，非以辨彼之曲；言吾之正，非以争彼之邪。故曰“诇谟定命，远犹辰告”。唯其有定，故随时以告，而犹皆以致远，斯以为谟之诇者也。

宋自南渡以后，所争者和与战耳。当秦桧之世，言战者以雪仇复宇为大义，则以胜桧之邪也有余。当韩侂胄之世，言和守者，以固本保邦为本计，则以胜侂胄之邪也有余。于是而为君子者，不遗余力而言之，以是而忤权奸，获罪罟；而其理之居胜者，煌煌奕奕，莫有能掩之者矣。乃诚如其言，绌秦桧而授之以兵柄，其遂能雪仇复宇邪？抑否也？斥侂胄而授之以国政，其果能固本保邦邪？抑否也？奚以知其未之逮也？其言也，至于胜桧与侂胄而止，而既胜之后，茫然未有胜之之实也。执桧之说，则可以胜侂胄矣，桧未尝不以固本保邦求当于君也。执侂胄之说，则可以胜桧矣，侂胄未尝不以雪仇复宇昌言于众也。反桧而得侂胄，反侂胄而又得史弥远。持之皆有故，号之皆有名，而按以其实，则皆义之所不许，名之所不称。故桧死，和议不终，苻离之师，先侂胄而沮败。侂胄诛，兵已罢，宋日以坐敝而讫于亡。无他，操议者但目击当国者之非，遽欲思反。而退求诸己，所以扶危定倾之实政、足以胜彼而大服其心、使无伺我之无成以反相嗤笑者，一无有也。不世之功，岂空言相胜之可坐致乎？侂胄倡北伐之谋，而岳飞之恤典行，秦桧之恶谥定；弥远修讲好之说，而赵汝愚之孤忠显，道学之严禁弛；是宜足以大快人心者，而人心益其危惧。徒相胜者，一泄而无余，天下亦何恃此清议哉？

呜呼！宋自仁宗以后，相胜之习愈趋而下，因以相倾，皆言者之气矜为之也。始以君子而求胜乎小人，继以小人而还倾君子，继以君子之徒自起相胜，继以小人之还自相胜而相倾。至于小人之递起相倾，则窃名义以大相反戾，而宗社生民皆其所不恤。乃其所窃之名义，固即前之君子所执以胜小人者也。

言何容易哉？言而不自省于心，为己之所有余，则是之与非，曲之与直，正之与邪，其相去也不远。何也？义在外，则皆袭取以助气之长者也。故君子知为之难而言之必切。岂悬一义以为标准，使天下后世争诵之，遂足以扶三纲、经百世、无所疚于天人乎？熟虑之于退思，进断之于密勿，舍之而固有所藏，用之而实有所行。持至是之术，充至直之用，尽至正之经。有弗言也，言之斯可行之。经之纬之，斡之旋之，道备于己，功如其志。则奸邪之异己者不能攻，相倾者不能窃，斯以为贞胜也矣。

六

唐之中叶，祸乱屡作，而武、宣之世，犹自振起，御外侮，修内政，有可兴之几焉。宋则南渡以后，孝宗欲有为而不克，嗣是日羸日苶，以抵于亡。非其主之狂惑如唐僖、懿比也，唯其当国大臣擅执魁柄者，以奸相倾而还以相嗣，秦桧、韩侂胄、史弥远、贾似道蹑迹以相剥，缬辨及肤，而未尝有一思效于国者间之也。然而抑有辨焉。《春秋》之法，原情定罪以为差等，同一恶而罪殊，同一罪而法殊。栾书、荀偃不与公子归生均服污潴之刑。齐之灭纪，晋之灭虞，不与卫毁灭邢等膺灭同姓之诛。知此，然后可以服小人之心，而元恶无所分咎。抑君子以驭小人，处置有方，足以弭其恶而或收其用。衡有定而权可移，权不可移，则衡弗能为准也。夫然，则取史弥远而等之三凶，未可也。且取韩、贾二竖而等之秦桧，抑未可也。

　　秦桧者，其机深，其力鸷，其情不可测，其愿欲日进而无所讫止。故以俘虏之余，而驾奢旧元臣之上，以一人之力，而折朝野众论之公，唯所诛艾。藉其有子可授，而天假以年，江左之提封，非宋有也。此大憝元凶，不可以是非概论者也。韩侂胄、贾似道狭邪之小人耳。托宫闱之宠，乘间以窃权，心计所营，不出于纳贿、渔色、骄蹇、嬉游之中。上不知有国之濒危，下不知有身之不保。其挑衅开边、重敛虐民者，皆非其本志，献谀之夫为之从臾，以分侥幸之荣利，彼亦愍焉罔觉，姑且以之为戏。则抑杨国忠、王黼之俦，而固不如桧之阴惨也。然以之而亡人之国有余矣。

　　夫弥远则固有不然者。其一，擅置君之柄，以私怨黜济王竑而立理宗，非宁宗意也。然宁宗亦有以致之，而竑亦自有以取之也。仁宗之立英宗也，与韩魏公密谋之，韩公且不敢诵言其名，以须仁宗之独断。高宗之立孝宗也，以秦桧之挟权罔上，而不能与闻其事。宁宗则一任之弥远，而己无所可否，虚悬储位以听弥远之游移。弥远怀变易之心，然且密属余天锡、郑清之以徐察其德性；非若王莽、梁冀贪立童昏，以为窃国地，固欲远己之害，而不忘措国之安。等为支庶，而理宗之静，固贤于竑之躁也。是可原也。其一，函侂胄之首以媚女真，损国威而弛边防也。然诛止侂胄，而不及将领，密谋预备，固未忘北顾之忧。非若秦桧之陷杀人宗族，而尽解诸帅之兵，大坏军政，粉饰治平，延及孝宗而终莫能振也。其一，进李知孝、梁成大于台省以攻真、魏。而二公之进，弥远固推毂焉。及济邸难行，二公执清议以置弥远于无可自全之地，而激以反噬，祸福生死决于转移之顷，自非内省不疚者，未有不决裂以逞，而非坚持一意与君子为难，无故而空人之国者也。故弥远者，自利之私与利国之情，交萦于衷，而利国者不如其自利，是以成乎其为小人。平情以品骘之，其犹在吕夷简、夏竦之间。以主昏而得逞，故恶甚于吕、夏；乃以视彼三凶者，不犹愈乎？

君子之道，以人治人者也。如其人以治之，则诛赏之法允；如其人治之而受治，则驾驭之道得。不然，任一往之情，见天下无不可杀之小人，反激而成鼎沸之朝廷，此汉、唐以来乱亡之阶也。而奚足尚哉？故使明主秉鉴于上，大臣持正以赞之，而酌罪以明刑，则唯秦桧者，当其履霜而早谨坚冰之戒。自虏来归，巧行反间，其膺上刑，不宜在宋齐愈之下。盖其阴鸷之才，抑之而彼自伸，远之而彼自近。严以制之，而不敌其怀蚩之毒；柔以化之，而适入其网阱之中；则非服上刑，莫之能戢。若侂胄、似道，则世固不乏其人矣。不投以权，则亦与姜特立、张说均为佞幸，弗能为天下戎首也。若弥远，则檠之使正，导之使顺，损其威福，录其勤劳，邪心不侈，而尺效可收；固弗待于进逐，而恶不及于宗社。驭之之术，存乎其人而已矣。

秦桧擅，而赵鼎、张浚不能遏；侂胄专，而赵汝愚、留正不能胜；似道横，而通国弗能诘；君子之穷也。当弥远之世，君子未穷，而自趋于穷，亦可惜也夫！亦可惜也夫！

《宋论》卷十三终

宋论卷十四

理宗

一

济王竑之死，真、魏二公力讼其冤，责史弥远之妄杀，匡理宗以全恩，以正彝伦，以扶风化，韪哉其言之也！弗得而訾之矣。虽然，言之善者，善以其时也，二公之言此也，不已晚乎？

潘壬诛，湖州平，济王之于此也危甚。弥远积恨而益之以惧，理宗隐忧而厚用其疑。夫诚欲全竑以敦厚道，固当乘其未即杀竑之时，迪天良以诏理宗，明大义以告弥远，择善地、简守令以护竑，而俾远于奸人，则竑全而理宗免残忍之愆。如其不听，引身而退，无可如何而聊以自靖，君子之道，如斯而已。竑既杀矣，复其王封，厚其祭葬，立嗣以世奉其祀，皆名也。涂饰之以掩前慝，非果能小补于彝伦也。而竑之受诬既白，则弥远擅杀宗亲之罪不可逭。弥远之罪不赦，则必追论其废立之恶，以为潘壬昭雪。追论废立之非，则理宗不可无所受命，听弥远之扳己，而遂为天下君。引其端者，必竟其绪，以此而望之庸主与不令之臣，其将能乎？

夫潘壬之起，其祸亦酷矣。使李全如壬之约，举兵内向，则与何进之召董卓也奚殊？宋之宗社，不一旦而糜烂也，几何哉？天下方岌岌焉，而我咎既往以起风波。言则善矣，抑将何以保其终也？夫以竑先之以避匿，继之以入告而讨壬，谓其无心争立而终可无他者，非也。李嗣源为乱兵劫以同反，嗣源跳出，会师以讨反者，亦未尝遽与同谋，不思自拔。而其后竟如之何也？竑之始，亦与壬有勿伤太后及官家之约矣。李全不至，哄然起者皆太湖渔人，知事不成，而后改图入告，以势为从违，非以义为逆顺。竑可弗杀，而岂必其不可杀乎？

若夫废立之故，宁宗汶汶而委之弥远，当其时亦未有昌言为竑定策者。且竑之不足以为人子，即不足以为人君，西山亦既知之矣。均之为宗支也，以族属言，则更有亲焉者；以长幼言，则更有长焉者。知其不可，而更易之于未册立之前，非夺适乱宗，道法之不可易者也。均可继，而择之也唯其人。理宗无君人之才，而犹有君人之度。竑以庶支入嗣，拒西山之谏，而以口舌笔锋睨弥远而欲致之死，其为躁人也奚辞？躁人而能不丧其匕鬯者，未之前闻。孝宗之锐志恢复，为皇子时，非无其志。秦桧乘权，而缄默以处；岳飞入见，交相信爱，抑视其死而不争。乃至李林甫之奸，迫胁肃宗，忧生不保，形容槁悴，妃孕而欲堕之；然不敢斥林甫之奸，以恤投鼠之器。为人子者，道固然也。梁昭明小有同异，而怀郁以死；戾太子致恨江充，而身膺国刑。竑曾不察，而忿戾形于声色，且以未受誓命之国储，延眎宫车之晏驾，以逞志于君父之大臣，见废固其宜也。潘壬，乱人耳。名曰义举，何义哉？匹夫不逞，挟贼兴戎，竑弗能远，则其死也，较之子纠，尤为自取。其视涪陵废铟，背约幽冥，推刃同气者，不愈迳庭乎？君子于此，姑置之可也。弥远病国之奸，欲为国而斥远之也，不患无名。乃挟此为名，伸竑以抑弥远，则弥远无所逃其死，理宗亦不可居人上。已论伸而国恶彰。将孔子为司寇，掌国刑，亦必追季氏逐君之恶，俾定公不安其位，而后变鲁以至道哉？言不可以无择，情不可以不平。奉一义以赫赫炎炎，而致人于无可容之地，岂非君子之过与？

二

自史弥远矫韩侂胄之奸，解道学之禁，褒崇儒先，而请谥、请赠、请封、请录子孙、请授山长，有请必得，迄于蒙古渡江，旦夕垂亡之日而不辍，儒者之荣也。呜呼！以此为荣，而教衰行薄，使后世以儒为膻，而儒为天下贱，胥此启之也。夫君子之道异于异端者，非徒以其言，以其行也。非徒以其行，以其心也。心异端之所欲，行异端之所尚，以表章儒者之言，而冀以动天下之利于为儒，则欲天下之弗贱之也，不可得已。

古之治教统于一，君师皆天子之事也。天子建极以为立教之本，而分授于司徒、师保、司成，皆设官以任教，非因其能教而宠之以官。人习于善，士习于学，学成而习于教，各尽其职分之所当为，无假于宠，而抑岂人爵之所能宠哉？周衰教弛，而孔子不用于天下，乃以其道与学者修明之，不得已而行天子之事，以绍帝王之统。故上不待命于宗周，下不假权于鲁、卫。其没也，哀公以下大夫之礼谏之曰尼父而无谥，子思自列于士而无世官。非七十子之不能请，而哀公缺于尊贤也。君子之道，行则以治邦国，不行则以教子弟。以治邦国，则受天位而治天职；以教子弟，则尽人道以正人伦。其尤重者，莫大于义利之分。受天位者，利之所归，而实义之所允，极乎崇高而非有所让。尽人道者，义之所慎，而必利之所远，世虽我贵，而必有所不居。崇廉耻，谨取舍，导天下以远于荣利，俾人知虽在衡茅，而分天降下民宠绥以善之重任，斯孔子所以德逾尧、舜而允配乎天也。孔子没，七十子之徒，学散而教淫，于是有异端者兴，若田骈、惠施之流，道不足以胜天下之贤智，乃假借时君之推尚，以诱人之师己。故齐王欲以万钟养弟子，而孟子斥为垄断之贱夫，退而著书以开来学。其视世主之尊礼，如尘垢之在体，而浣濯之唯恐不夙。存义利之大闲，而后不辱君子之道，严哉！舜、跖之分，其不容相涉久矣。

老子之学，流而为神仙，其说妖，其术鄙，非得势不行也。故文成、五利之于汉，寇谦之之于拓跋氏，赵归真、柳泌之于唐，王老志、林灵素之于宋，锡以师号，加以官爵，没而祀之，而后天下之趋黄冠也如骛。浮屠之学，流入中国，其说纤，其术悖，非得势不行也。故佛图澄之于石虎，鸠摩罗什之于苻坚，宝志之于梁，智颙之于隋，乃至禅学兴而五宗世继，擅名山之利者，必倚诏命，锡以金紫，宠以师号，没而赐以塔庙，加以美谥，而后天下之趋缁流也如骛。奈之何为君子儒者，一出登朝，急陈其所师者推为教主，请于衰世之庸君奸相，徼一命以为辉光，与缁黄争美利，而得不谓之辱人贱行乎？

夫君子之道，弘传奕世，非徒以迹美而名高也。使后起之君相，知之真，行之力，学其所学，以饬正其身；行其所行，以治平其天下；则旷百世以相承，而君子之志得矣。如其不能，而徒尚以名，则虽同堂而处，百拜以求，登之于公辅，而视之无异于褐夫；禄之以万钟，而视之无殊于草芥。则身没以后，片语之褒，一官之命，以莛叩钟，漠乎其不相应也。为之徒者，弗能推此志以尊其师。而营营汲汲，伏伺于辇毂，奔走于权门，迨其得之，乃以骄语于侪伍。身辱者，自取之也；辱其所师以辱道，不已甚乎！

夫为此者之志，大可见矣。志之未一也，业之未崇也，大义弗能服躬也，微言弗能得意也。委琐因仍以相授受者，非浸淫于异教，则自比于蒙师。所恃以自旌于里塾，曰吾理学之正传，推所渊源，而天子尊之矣，天下其何弗吾尚也？非是，则丰屋之下，三岁而不亲一人，其为儒也亦鲜味矣。耀枯木之余焰，续白日之光辉，故朱子没而嗣其传者无一人也，是可为长太息者也！理宗之为理也末矣。则朱门之儒为山长者，愈不足道矣。宜其借光于史弥远、贾似道之灶炀也。

三

会女真以灭契丹，会蒙古以灭女真，旋以自灭，若合符券。悬明鉴于眉睫而不能知，理宗君臣之愚不可瘳，通古今天下未有不笑之者也。虽然，设身以处之，理宗之应此也亦难矣。

会女真以灭契丹，非女真之为之也。女真无借援于宋之情，亦无遽思吞宋之志。童贯听赵良嗣间道以往约，而后启不戢之戎心。使宋闭关以固守，则女真不能测宋之短长以思凌夺。且宋之于契丹也，无君父之仇，则援而存之以为外蔽，亦一策也。不此之虑，而自挑之，其咎无可委也。会蒙古以灭女真，则宋未有往迎之心，而王楫自来，其势殊矣。蒙古之蹂女真也，闻之则震，当之则靡，左驰右突，无不逞之愿欲。其将渡河而殄绝之，岂待宋之夹攻而后可取必？然且间道命使，求之于宋者，其志可知矣。女真已归其股掌，而涎垂及宋，殆以是探其情实，使迟回于为欣为拒之两途，而自呈其善败。故曰宋之应此亦难矣。

藉不许其约而拒之与？则必有拒之之辞矣。有其辞，抑必有其践之之实矣。拒之而不以其理，则辞先诎；如其辞之不诎，而无以践之，则为挑衅之媒，而固茶然不敢尽其辞。

将应之曰："金，吾与国也，世与通好，盟不可寒。今穷而南依于我，固不忍乘其危而规以为利。"如是以为辞，而我诎矣。君父囚死于彼，宗社倾覆于彼，陵寝发掘于彼，而以迫胁要盟之约为信，抑将谁欺？明恃女真为外护，以缓须臾之祸，而阳托不忍乘危以夸志义；怯懦之情不可掩，而使其谋我之志益坚，则辞先诎，而势亦随之以诎矣。惟其不可，故史嵩之亦无可如何，宁蹈童贯败亡之轨而不容已于夹攻之约。昏庸之臣主，势所不能自免也。

诚欲拒之而善其辞，必将应之曰："金，吾世仇也，往者我有不令之臣，听其诈诱，资之兵力以灭辽，谓举燕、云以归我；辽命既剿，猝起败盟，乘我不备而倾我宗社，吾之不与共戴天久矣。徒以挫折之后，国本未固，姑许之和，以息吾民而用之。今者生聚于数十年之余，正思悉率师武臣力以洒前耻，而天假于彼，驱之渡河，使送死于汴、蔡。今河北之地，彼且渐收之以入版图，河南为吾陵寝之土，我固将起而收之，俘守绪而献之祖庙。定河北者，在彼有余力而可不须我也；河南者，固在我运筹之中，而抑可不重烦于彼。吾视吾力以进，各以所得为疆域；待之金孽尽殄，封畛相联，然后遣使修好，讲睦邻之盛事。今方各有中原之事，未遑将币，信使之来，钦挹嘉问，敬闻命矣。"如是以答之，则我义既伸，彼奸亦掷。辞不诎矣，而实不足以践之，狡焉思逞之猾虏，岂可以虚声詟服者哉？志不定，胆不充，固呐焉不能出诸口也。

虽然，宋于此时，诚欲践此言，抑岂无可恃之甚哉？童贯之夹攻契丹也，与刘延庆辈茸阘之将，率坐食之军，小入则小败，大入则大溃，残辽且竞起而笑之。祸已成，势已倾，所仰望以支危亡者，又种师道之衰老无能者也。及理宗之世而势屡变矣，岳、韩、刘、吴之威，挫于秦桧，而成闵、邵弘渊、王权、张子盖习于选懦，故韩侂胄蹶起而旋仆。乃至侂胄之乐进武人而重奖之也，于是而虓矫之才亦为之磨厉。孟宗政、赵方、孟珙、余玠、彭大雅之流起，而兵犹足为兵，将犹足为将，战犹有以战，守犹有以守，胜犹非其侥幸，败犹足以自持。左支右拒于淮、襄、楚、蜀之间，不但以半割残金，而且以抗衡蒙古。垂至于将亡之际，而西川之争，旋陷旋复，襄、樊之守，愈困愈坚。吕文焕、刘整反面倒戈，而驰突无前，率先阿术、伯颜以进。如使君非至暗，相匪甚奸，则尽东南之力，以扑灭分崩之女真而收汴、洛，固其可奏之功。以视昔之闻声而栗、望影而奔者，强弱之相差亦远矣。诚奉直词以答蒙古，奚患言之不践，徒资敌笑乎？

君国者，理宗也；秉成者，史嵩之也；继之者，贾似道也。通蒙古亦亡，拒蒙古亦亡，无往而不亡，则虽欲善为辞以应之，而固无可应。不得已而姑许之，明悬一童贯、王黼之昭鉴，为异日败亡之符券，而有所不能避，固其必然矣。通而计之，酌时势而度之，固有可不亡之道。而要非徒拒蒙古会师之约，可以空言为宋救也。空言者，气矜而不以实者也。

四

尝论之曰：浮屠氏以生死为大事。生死者，一屈一伸之数，天之化，人无得而与焉，知命者不立乎岩墙之下而可矣，恶足以当大事哉？君子之大事，在仕与隐。仕隐者，君子之生死也。方仕而隐，伸而必屈也，而唯己自屈，物不能屈焉。方隐而仕，伸其所屈也，而唯己自伸，物不能伸焉。有可以仕，有不可不仕；有可以隐，有不可不隐。持之以大贞而存其义，酌之以时宜而知其几。生以之生，死以之死，生不虚而死不妄。不轻以身试天下，不轻以天下试其身。终身守之，俄顷决之，皆存乎一心。故曰仕隐者，君子之生死也。

君子之道，仕者其义也，隐者其常也，知仕则知隐矣。故君子之仕，其道非一，而要皆以可于心者为可于道，则一也。天下待以定，民待以安，君待以正，道诚在己，时不可违，此其不可不仕者也。鲁两生之德，不足以胜之，而高自骄语，无谓也。其次，则天下已治安矣，出而无以大异于出也，而君以诚求，贤以汇升，治以赞襄而益盛，则义在必仕而时顺之，虽可以隐弗隐也。周党、严光、魏野、林逋之欲自逸者，非也。其次，则治与乱介，而国是未定；贤与奸杂，而流品未清；君子急将伯之呼，小人深侧目之妒，可弗仕也。而自牖之约可纳，同声之应不鲜，志诚贞而忧患诚不能以中辍，则出入于风波之中，而犹可不为之蒽退，固志士之自命者然也。其下，则君昏而不察，相奸而不容，怀悲愤以愍颠陟，忤权臣而争邪正，于是斥之、罢之、窜之、逐之，乃至诬以罪罟，罗以朋党，而伏尸于都市，此诚不可仕矣。而业已在位，无可避之斧钺，则逢、比之遗烈，未尝不可追，而勿为挟全躯保妻子之谋，以引身侁处。仕与死相因，死不可畏，仕亦不可为之中沮矣。

呜呼！小人之杀君子，君子弗避焉者，假以君之威灵，诬以国之刑典，既分义之不可逃；而其死也，昭昭然揭日月以正告于天下，则奚必死之愈于生哉？凡小人之贼贤以乱国者，类出于此。唯理宗之世，史嵩之当国，其杀人独异于是。忌之也愈甚，而仇之也愈隐。议论弗争也，禄位弗夺也，酬酢如相忘也，宴笑如相好也，投鸩于杯酒盂羹之中，仓猝以死，而片语不能自伸。天子莫能测其械，盈廷莫能讼其冤。若此者，犹与之共立于朝以相抵忤，是抱蝮以寝而采堇以茹也。则诚所谓岩墙者矣。焉有君子而陨其生于杯酒盂羹者乎？需迟顾眄，不勇退于崇朝，不亦惑乎？

不可死，则不可仕。不可仕而不谋隐，可不死而不贵生，死有轻于鸿毛，徐元杰、刘汉弼、杜范当之矣。乃于时环顾在廷，无有引身而去者，则当时之人才亦大可见矣，尚望其能扶人之社稷之亡而致之存哉？呜呼！不可仕而犹可隐，以视进不可仕、退不可隐者，又奚若邪？嵩之杀士之日，去宋之亡犹三十余年，则知命贵生以不自辱，固有余地以置此身。若嵩之者，不与争权而毒亦释矣。过此而愈难矣。谢皋羽、龚圣予、郑忆翁、汪水云诸子者，仕既无君，隐亦无土，欲求一曲之水，一卷之山，散发行吟，与中原遗黎较晴雨、采橡栩而不可得，然后君子之道果穷。如之何可隐不隐，而以死殉簪绂也哉！

五

不仁者不可与言，不可与言而言，失言。不仁之尤，冒不孝之恶，为清议所攻，犹多其口说以相拒，恶至斯而极矣。如是，而可执名义以与之争得失哉？尸大臣之位，徼起复之命，以招言者之攻击，自史嵩之始，而李贤、张居正、杨嗣昌仍之。徐元杰抗论以强抑之而死于毒，至不仁者为蛇蝎以螫人，无足怪也。然则罗彝正、邹尔瞻、黄幼元之昌言名义，娓娓而不穷，不已赘乎！夫子之斥宰予也，曰："女安，则为之。"弗与争也。但言安，而其天良之剿绝，不可复容于覆载。君子一字而烈于斧钺，自此以外，无足与不仁者辨矣。

先王之使人子终丧而后从政，岂以禁制之哉？以仁人孝子之道相期，深愍而慰安之，意良厚也。以为子之所致于亲者已穷矣，但此三年之内，可薄效其哭踊奠送之忱，创巨痛深，有毁瘠灭性之忧，不忍复以国事相劳而重困之也。是上之所以待之者，方举而登之君子之堂；而顾自灭裂之以陷于禽兽之阱，则恻隐之心亡，而羞恶之心亦绝矣。夫至于羞恶之心绝，则莠言自口，谁扪其舌，而立身扬名、移孝作忠之说，皆唯其口给以与人相啮蹄，复何所忌，而尚可与之正言乎？

且夫庸主之徇其邪心，而必欲逆众论以起复之也，岂果谓此一人者不可旦夕不立于廷哉？藉其触严寒、犯炎暑、五日不汗以死，而社稷遂无所托邪？盖不仁者之得此于庸主，亦非易易也。或侧媚宫闱以倾主志，或结交宦寺以窥主心，或援引邪朋以称其才，或簧鼓吏民以颂其功。当父母尚存之日，早亿其且死，而为不可去之情形，胁上以祸福，留未了之残局，待己以始终。汶汶者遂入其囮而坚信之，曰：是诚不可使旦夕去我者也。夫然，则其为此也亦劳矣。而起复在位之日，腼颜以居百僚之上，气必有所沮，事必有所掣，终不能昂首伸眉，若前此之得志而骄。

夫终丧之日短，而仕进之日长，亦何吝此三年之姑退，以需异日之复兴。然而决忍于禽兽之为，亦有繇已。持大权，居大位，与闻国之大计，而进退绰然，可因时以任己志者，唯君子能也。否则居心以坦，制行以恪，无险陂刻核之政，可寡过以免于弹射者也。且进之而夕可退矣，夕退之而旦又可进矣。任事数十年，而决去一朝，可矣；投闲已久，而复起一朝，可矣。若夫不仁者，褊妒以妨贤，其积怨者深也；饰奸以罔上，其匿情者多也；擅权以远众，其欲相代以兴者伙也。所恃以钳盈廷之口、掩不轨之情者，唯魁柄在握，日得与宫廷相接纳，而欲指摘之者不得其要领耳。非无同恶之淫朋，而两奸相昵者，必隐而相倾。则一离乎其位，大则祸亟随之，小亦不能以更进。故史嵩之一退，而徐元杰果大反其所为。不得已而以鸩毒杀正士，以自全也。不然，嵩之误国之辜，其不为丁谓、章悍之窜死也几何哉？

　　知小人之情出于此，则知其灭绝天彝之繇，实为国家之大蠹。直揭其所以求容之隐，勿但以求君子者责之于仁孝，奸无所容，而恶亦戢矣。宾宾然取仁人孝子孺慕之哀，天经地义人禽同异之理，与之相折，使得逞违心之邪说，蒙面以相诘，复恶从而禁之？斩蛇者，不责其大之吞小也，防其毒也；驱枭者，不责其子之食母也，恶其妖也。为毒为妖，足以当一死矣。是故诸君子之以仁孝攻史、李、张、杨也，褒道而失言，不如其已之也。

六

　　刑具之有木棒、竹根、箍头、拶指、绞踝、立枷、匣床诸酷具，被之者求死不得，自唐武氏后，无用此以毒民者。宋之末年，有司始复用之。流及于今，法司郡邑下至丞尉，皆以逞其暴怒，而血肉横飞，不但北寺缇帅为然也。呜呼！宋以此故，腥闻于上天，亟剿其命，不得已授赤子于异姓，而冀使息虐，亦惨矣哉！宋之先世以宽仁立国，故其得天下也不正，而保世滋大，受天之佑，不期后之酷烈至此也！揆其所繇，自光宗以后，君皆昏瘥，委国于权奸；吏以贿升，恣行其污暴。虽理宗制“疾痛犹己”之刑箴，降“延及无辜”之禁令，而不为之式遏。祖宗矜恤之至意，炳于日星，数小人殄灭之而有余。小人之害亦烈矣！

　　虽然，端本清源，以究其害之所自兴，则不但自小人始也。大臣之不法，小臣之不廉，若唐之有韦保衡、路岩，宋先世之有蔡京、秦桧，恶岂减于史、贾哉？而有司不为之加暴。故知淫刑之害，不但自小人始也。

　　异端之言治，与王者之道相背戾者，黄、老也，申、韩也。黄、老之弊，掊礼乐，击刑政，解纽决防，以与天下相委随，使其民宕佚而不得游于仁义之圃。然而师之为政者，唯汉文、景，而天下亦以小康。其尤弊者，晋人反曹魏之苛核，荡尽廉隅，以召永嘉之祸。乃王导、谢安不惩其弊而仍之以宽，卒以定江左二百余年五姓之祚，虽有苻坚、拓跋宏之强，莫之能毁。盖亦庶几有胜残去杀之风焉。

　　若申、韩，则其贼仁义也烈矣。师之者，嬴政也，曹操也，武曌也，杨坚也，其亡也忽焉。画一天下而齐之以威，民不畏死，以死威之，而民之不畏也益滋。则惟惨毒生心，乐人之痛彻心脾，而自矜其能也。以君子慎修畏咎之道责小人，小人固不能喻；以小人愚惰顽恶之禁禁君子，君子亦所不防。以闺房醉饱之愆，督人于名义，而终陷于污；以博弈嬉游之失，束人于昏夜，而重困其情。于是薄惩之而不知戒也，则怒激于心，忿然曰："此骄悍之民，恃其罪之不至于死，而必不我从；则必使之惨彻肌肤，求死不得，而后吾法可行焉。"其为说亦近似乎治人之术也。而宋之为君子者，以其律己之严，责愚贱之不若，隐中其邪。顾且曰："先王之敕法明刑，以正风俗、起教化者，必是而后不与黄、老之解散纲维者等。"于是有狡悍不输情实之奸民，屡惩不知悛改之罢民，触其愤懑，而以酷吏虐民之刑具施之；痛苦亦其所宜也，瘐死亦其自取也，乃更焕然释其悁疾之心，曰："吾有以矫恶俗而沮之矣。"

夫惟为君子者，不以刑为不得已之事而利用之，则虐风乘之以扇，而酷吏益以此市威福而导天下以乐祸之情。懦民见豪民之罹此，则快矣；愚民见黠民之罹此，则快矣；贫民见富民之罹此，则快矣；无藉之民，见自矜之民罹此，则抑快矣。民愚而相胥以快也，乃反栩栩然自慰曰："吾之所为，大快人心也。"呜呼！人与人为伦，而幸彼之裂肌肉、折筋骨以为快，导天下以趋于残忍，快之快之，而快人者行将自及，抑且有所当悲悯而快焉者，浸淫及于父子兄弟不知。为政者，期于纾一时愚贱之忿疾而使之快，其率天下以贼仁也，不已甚乎！毒具已陈，乱法不禁，则且使贪墨者用之以责苞苴，怀毒者用之以报睚眦；则且使饮食之人用之以责厨传，淫酗之夫用之以逞酒狂。避道不遑，而尸陈于市廛；鸡犬不收，而血流于妇稚。为君子者，虽欲挽之而莫能，孰知其自己先之哉？

帝王之不得已而用刑也，恶之大者，罪极于死，不使之求死而不得也。其次，流之也有地，释之也有时。其次，杖之笞之也有数，荆竹之长短大小也有度。所以养君子之怒，使有所止而不过，意甚深也。无所止，而怒虽以理，抑且以覆蔽其恻隐之心，而伤天地之和。审是，则黄、老之不尚刑者，愈于申、韩远矣。夫君子之恶恶已甚，而启淫刑之具，岂自以为申、韩哉？而一怒之不止，或且为申、韩之所不为。故甚为宋之君子惜，而尤为宋以后之愚民悲也。虔刘已亟，更投命于异类，有王者起，其尚念之哉！

七

世降道衰，有士气之说焉。谁为倡之？相率以趋而不知戒。于天下无裨也，于风俗无善也，反激以启祸于士，或死或辱，而辱且甚于死。故以士气鸣者，士之莨稗也，嘉谷以荒矣。夫士，有志、有行、有守，修此三者，而士道立焉。以志帅气，则气正；以气动志，则志骄；以行舒气，则气达；以气鼓行，则行躁；以守植气，则气刚；以气为守，则守窒。养气者，不守其约，而亟以加物，是助长也。激天下之祸，导风俗之浇，而还以自罹于死辱；斯其为气也，习气而已矣。

且夫气者，人各有之，具于当体之中，以听心之所使，而不相为贷。不相为贷者，己之气，不以人之动之而增；人之气，亦非己气之溢出以相鼓动而可伸者也。所谓士气者，合众人之气以为气。呜呼！岂有合众气以为气而得其理者哉？今使合老少、羸壮、饥饱、劳佚之数十百人，以哄然与人相搏，其不为敌所挠败者鲜矣。故气者，用独者也。使士也以天下为志，以道义为行，以轻生死、忘贫贱为守；于以忧君父之危，伤彝伦之致，恤生民之苦，愤忠贤之黜，而上犯其君、下触权奸之大臣以求直；则一与一相当，捐顶踵以争得失，虽起草茅于九阍，越其畔矣，而气固盈也。乃忧其独之不足以胜，贷于众以袭义而矜其君，是先馁也。于己不足，而资哄然之气以兴，夫岂有九死不回之义哉？以为名高，以为势盛，惟名与势，初无定在，而强有力者得乘权以居胜地。于是死与辱及其身，而益彼之恶，以为天下害，斯岂足为士气之浩然者乎？

宋之多有此也，不审者以为士气之昌也，不知其气之已枵也。当李伯纪之见废，而学宫之士哄然一起矣；逮史嵩之之复起，哄然再起矣；徐元杰、刘汉弼以毒死，而蔡德润等哄然三起矣；丁大全之逐董槐，而陈宜中等哄然四起矣。凡其所言，皆忧国疾谗、饬彝伦、正风化者也。理以御气，而气固可伸；乃以理御气，而气配理，亦从乎人之独心而已。己正而邪者屈，己直而枉者伏。乃凡此群竞而起者，揣其志，果皆忧国如家，足以胜诸奸之诬上行私者乎？稽其行，果皆孝于而亲，信于而友，足以胜诸奸之污辱风化者乎？度其守，果皆可贫可贱，可穷可死，而一介必严，足以胜诸奸之贪叨无厌者乎？倡之者，或庶几焉。而闻风而起，见影而驰，如骜如奔，逐行随队者之不可保，十且八九也。诸奸且目笑而视之，如飞鸟之集林；庸主亦厌听之，如群蛙之喧夜。则弋获国士之名，自诩清流之党，浸令任之，固不足以拯阽危之祸，国家亦何赖有此士哉？政之不纲也，君之不德也，奸之不戢而祸至之无日也，无能拯救。而徒大声以号之，怨诅下逮于编氓，秽迹彰闻于强敌，群情摇动，而堕其亲上死长之情。则国势之衰，风俗之薄，实自此贻之矣。辑辑翻翻，游谈之习胜，物极必反，灾必逮身。迨至蒙古入杭，群驱北徙，瘃足堕指，啼饥饿食于原野；曾无一人焉，捐此螳蚰之生，就孔子之堂，择干净土以为死所。则弓之浮气坌兴、山摇川决者，今安往邪？

先王之造士也，宾之于饮，序之于射，节之以礼，和之以乐。其尊之也，乞之而后言；其观之也，旅而后语。分之于党塾、州序，以静其志；升之于司马，而即试以功。其以立国体也，即以敦士行也。驯其气而使安也，即以专其气而使昌也。使之求诸己而无待于物也，即以公诸天下而允协于众也。故虽有乱世暴君、奸人逆党，而不能加以非道之刑戮。战国之士气张，而来嬴政之坑；东汉之士气竞，而致阉人之害；南宋之士气嚣，而召蒙古之辱。诚以先王之育士者待士，士亦诚以先王之育士者自育，岂至此哉？《诗》云："鸢飞戾天，鱼跃于渊。"各安于其所，而作人之化成。鱼乱于下，鸟乱于上，则网罟兴焉。气机之发，无中止之势，何轻言气哉！

八

恃险，亡道也；弃险，尤必亡之道也。恃险而亡，非险使之亡也。任非其人，行非其政，民怨而非其民，兵癕而非其兵，积金粟而糜之，非其金粟，险无与守，均于无险，恃险之亡，亦弃险亡之也。《易》曰："王公设险以守其国。"是故守国者，不可以不知险。知险者，明乎险与非险之数，非一山之岿崿，一水之波涛，足以为险也。有可据之险，而居高积厚，以下应乎广衍之神皋，如手足处末而卫其头目，夫是之谓真险。善攻者期于争此，善守者亦守此而已矣。

江东自孙氏以来，东晋、南宋因之以立国者皆百余年。长淮、大江为其障蔽，"天堑"之号，繇此而兴。而以实求之，险固不在是也。曹魏临濡须而退，石勒至寿春而返，苻坚渡淝水而奔，拓跋饮江水而止，周世宗破滁阳而罢，完颜亮窥采石而溃，则既已全有长淮而分江之险。乃至兀术直捣建康，立马金山，东陷四明，南驰豫章，终以寝不安席，遽求北走。盖一苇之可杭，无重关之足扼，江东之险，不在此悠悠之带水明矣。

险不在此，则其立国而不可拔者，固有在也。昭烈有汉中，而曹仁乃却；刘弘镇襄、汉，而琅邪乃兴；桓温缚李势，而氐、羌不敢内犯；张浚督荆、襄，二吴争秦、巩，而女真息其南窥。其亡也：秦灭巴蜀，而捍关破，鄢郢举，走楚于吴，而楚以熸；魏灭蜀汉，迫西陵，王浚因以兴师东指，而孙氏以亡；宇文氏灭萧纪，下萧詧，而隋人南渡之师长驱无忌；宋俘孟昶，下高季兴，而南唐之灭易于摧枯。以是验之，江东之险在楚，楚之险在江与汉之上流。恃大江者非所恃，弃上流者弃其所依。得失之枢，未有爽焉者也。

盖吴、越，委也；江、汉之上流，源也。以攻者言，从源而输于委，顺也；不得其源而求诸委，逆也。应援之相踵，刍粮之相济，甲仗车牛之相辅，顺以及之，而军无中匮之忧。顺而下攻，易也；逆而上退，难也。知进之易于攻，而退之难于却，则人有致死之心。此横江而渡者之无成功，而凭高以下者之得胜算也。以守者言，击其头而手足应，制其手足而头不能援。江与汉之上流，刍粮之所给也，材勇之所生也。故吴、越虽已糜烂，而巴、蜀、湘、粤，可阻险以争衡；上游已就沉沦，则吴、会、越、闽，先魂夺而坐毙。苏峻据石头，而陶侃、温峤率江、湘之义旅，掩取之如笼鸟；侯景陷台城，而王僧辩、陈霸先以脆弱之粤人，网举之如游鲦。险在千里之外，而机应于桴鼓之捷，古今辙迹，无有不同焉者。

然则宋当理宗之世，岂其必亡哉？弃险以自亡，而贾似道之罪，不可胜诛。非但其纳款拖雷而背之以召寇也。以贿赂望阃帅，以柔媚掌兵权，以伉直为仇雠，以爱憎为刑赏；于是余玠死而川蜀之危不支，刘整叛而川蜀之亡以必，吕文焕之援绝而阳逻之渡不可复遏。迨及临安已破，江南瓦解，扬州之守犹岿然而存。江、淮之堑，不足以固江东，势所不趋，非存亡之纽明矣。故知险者，知天下之大险也，非一山一水在眉睫之间，见为可恃，以使人骄玩者也。以南为守，而失汉中、巴、蜀，以孤江、湘；以北为守，而失朔方、云中，以危河朔。北倚南之资粮，而徐、泗无衔尾之运；南恃北之捍蔽，而相、魏无屯练之兵；虽英主不能以抚中夏，况中材而际运会之屯者乎？故险者，非可恃也，尤非可弃也；此千秋之永鉴也。

　　《宋论》卷十四终

宋论卷十五

度宗

一

宋迨理宗之末造，其亡必矣。然使嗣立之主，愤耻自强，固结众志，即如刘继元之乘城坚守，屡攻而不下，犹有待也。抑不能然，跳身而出，收溃散之卒，勉以忠义，如苻登之誓死以搏姚苌，身虽死，国虽亡，犹足为中原存生人之气。而偷一日之安富，怀拥立之私恩，委国以授之权奸，至于降席稽颡，恬不知怍，而后赵氏之宗祊瓦解灰飞，莫之能挽。呜呼！迹其为君，盖周赧、晋惠之流，得死牖间，犹为幸矣。

晋惠之立也，议者犹咎武帝之托非其人。以分则适，以年则长，嗣国之常经在焉，苟非通识，莫能易也。而度宗异是。理宗无子，谋立之于吴潜，潜曰："臣无弥远之才，忠王无陛下之福。"夫岂言之无择而卤莽若斯哉？度宗之不任为君而足以亡宋者，臣民具知之矣。出自庶支，名位未正，非有不可废者存也。选于太祖之裔孙，岂无愈者，而必此是与；则理宗晚多内宠，宦寺内荧，奸臣外拥，度宗以柔选无骨，貌似仁孝，宵小以此惑上，幸其得立，而居门生天子之功也。故吴潜以为不可者，正似道之所深可。一立乎位，而屈膝无惭，江万里莫能掖止，果以遂小人之愿欲，其所以得立者可知已。

河山虚掷，庙社邱墟，岂似道之所置诸怀抱者乎？则甚矣理宗之愚以召亡也。

夫选贤以建元良，谋之大臣，以致慎也。而决之于独断者，大臣不敢尸焉。故与闻定策以相翼戴，虽优以恩礼，而必不可怀之以为私恩。非是，则权柄下移，而祸必中于家国。故昭子不赏竖牛，而叔孙氏以安。汉文之于周勃，汉宣之于霍光，虽曰寡恩，亦宰制纲维之大义，不可徇矣。天子者，极乎尊而无上者也。有提之携之以致之上者，则德可市，功可居，而更临其上。故小人乐以其身任废立之大权，而贪立菲才，以唯己之志欲。乱之所繇生，莫可救药，必然之券也。

且夫拔起而登天位，遗大投艰于眇躬，亦甚难矣。况在强寇压境之日，其难尤倍。锦衣玉食处堂之嬉，亦奚足为惠而怀之？即令膺祚以及子孙，抑亦宗庙之灵，先君之义，天下臣民之所推戴，岂赞我立者之可鬻贩以为厚德哉？自宁宗委废立于弥远，而理宗感之以为恩；弥远以享厚利，奸人垂涎而思效之，无足怪者。吴潜曰"臣无弥远之才"。非无其才也，无其市天位以擅大权之奸谋也。夫弥远避祸之情，深于邀福。虽怀私以废济王，犹知密访理宗之器识以冀得人。故理宗虽暗，早岁之设施，犹有可观者。其隙既开，其流愈下，似道乃利建此行尸坐肉之童昏，匍伏以听己；于是而一丝九鼎之残疆，唯其所弃掷，而莫敢谁何。要其祸之所自生，则宁宗始之，理宗成之，非旦夕之效也。夫以韩魏公之公忠，而两朝定策，引退不遑，岂可望之史、贾之流者乎？孝宗嗣而娄寅亮、张焘之赏不行。小人怀惠，而天下随倾，亦烈矣！故王圭之言曰："陛下有富贵传子孙，皆先帝之恩。"君子甚恶其言。以有天下享崇高之奉，而感之以为恩，此乡里小生得一举而感举主者，尊之为师，戴之如父，寒乞之情也。然而不亡者，未之有也。

恭宗　端宗　祥兴帝

一

文信国之言曰："父母病，知不可起，无不下药之理。"悲哉！身履其时，为其事，同其无成，而后知其言之切也。今夫父母之病，当其未笃，则无妄之药，不敢轻试；无所补而或有所伤，宁勿药也。故《春秋传》曰："于许世子止，见孝子之至。"言孝子之情，不敢不慎也。迨及革矣，望其愈而终不可愈，冀其生而不可得生。于斯时也，苟有以疗之者，不以药之珍而患贫也，不以炮制之难而惮劳也，不以迂而阔济而忽之也，不以缓而弗及而辍之也，不以前之屡试无功而中沮也，不以后之追悔太过而怀疑也。其求之也，瞿瞿乎其若贪也；其营之也，惘惘乎其若愚也。夫岂不知有命自天之不可强哉？欲已之，而心不我许，抑竭力殚心以为其所能为而已矣。然而或为之谋者，留鸡刲豕，以媚山巢妖狐之神而乞命，则孝子弗为。其弗为也，非有所吝也，不敢以辱吾亲，不忍以辱吾亲也。

夫忠臣于君国之危亡，致命以与天争兴废，亦如是焉而已。当德佑时，蒙古兵压临安，亡在旦夕，求所以存宋者终无术矣。诚不忍国亡而无能为救，则婴城死守，君臣毕命以殉社稷，可也。奉君出走，收余烬以借一，不胜，则委骨于原隰，可也。死不我值，求先君之遗裔，联草泽之英雄，有一日之生，尽一日之瘁，则信国他日者亦屡用之矣。乃仓猝之下，听女主乞活之谋，衔称臣纳贡之命，徼封豕长蛇之恩，以为属国于江介。爱君而非所以爱，存国而固不可存，信国之忠，洵忠而过矣。

曾元请及旦以易箦，而曾子斥之曰："细人之爱人也以姑息。"姑息云者，姑贷须臾之安，以求活鲋于沽濡，妇寺之忠孝也。以堂堂十五叶中国之天子，匍伏丐尺土于他族，生不如死，存不如亡，久矣。信国自处以君子，而以细人之道爱其君乎？且夫为降附称臣之说，其愚甚矣。即令蒙古之许之与！萧岿臣于宇文，以保一州，而旋以灭亡；钱俶臣于宋，以免征伐，而终于纳土。朝菌之晦朔，奚有于国祚之短长？况乎徐铉之辨言，徒供姗笑；徽、钦之归命，只取俘囚。已入虎吻，而犹祝其勿吞，词愈哀，志愈辱，其亡愈可伤矣！信国之为此也，摇惑于妇人之柔靡，震动于通国之狂迷，欲以曲遂其成仁取义之心，而择之不精，执之不固，故曰忠而过也。

或曰：勾践之请命于吴也，自请为臣，妻请为妾，而卒以沼吴。信国之志，其在斯乎！而奚为不可？

曰：巽以行权者，惟其理也；屈而能伸者，惟其势也。吴之与越，以爵土言，皆诸侯也；以五服言，皆蛮夷也；以先世言，一为泰伯之裔，一为大禹之胄也。春秋之世，友邦相伐，力不敌而请降者多矣。受其降者，不得而臣之，已而复与于会盟，仍友邦也。上有守府之天子，其以强大相役属，同是冠带之伦，而义可以相服者也。故勾践即不沼吴，而终不为吴之臣妾。宋之于蒙古，岂其比哉？宋之亡，亡于屈而已。澶渊一屈矣，东京再屈矣，秦桧请和而三屈矣。至于此，而屈至于无可屈。以哀鸣望瓦全，弗救于亡，而徒为万世羞。时异而势异，势异而理亦异。勾践之所为，非宋所得假以掩其耻也。故杨后之命可以不受，而后信国之忠，纯白而无疵。择义以行仁，去其姑息者而得矣。

二

汉、唐之亡，皆自亡也。宋亡，则举黄帝、尧、舜以来道法相传之天下而亡之也。是岂徒徽、钦以降之多败德，蔡、秦、贾、史之挟奸私，遂至于斯哉？其所繇来者渐矣。

古之言治者，曰"觌文匿武"。匿云者，非其销之之谓也，藏之也固，用之也密，不待觌而自成其用之谓也。故《书》曰："迪惟有夏，乃有室大竞。"竞之不大，栋折榱崩，欲支之也难矣！其竞之也，非必若汉武、隋炀穷兵远塞而以自疲也。一室之栋，一二而已，槾、栌、榱、桷，相倚以安，而不任竞之力。故用之专者，物莫能胜；守之一者，寇莫能侵。率万人以相搏，而其相敌也，一与一相当，而群无所用。自辽海以西，迄于夏、朔；自贺兰以南，垂于洮、岷；其外之逐水草、工骑射、好战乐杀、以睥睨中土者，地犹是地，人犹是族，自古迄今，岂有异哉？

三代之治，千有余岁，天子不以为忧，其制之之道，无所考矣。自春秋以及战国，中国自相争战，而燕、赵独以二国之力，控制北陲。秦人外应关东，而以余力独捍西圉，东不贷力于齐，南不借援于韩、魏。江、淮以南，则尤耳不闻朔漠之有天骄也。及秦灭燕、代，并六合，率天下之力以防胡，而匈奴始大。汉竭力以御之，而终莫之能抑。至于灵、献之世，中国复分，而刘虞、公孙瓒、袁绍，不闻有北塞之忧。曹操起而抚之，鲜卑、匈奴皆内徙焉。蜀、吴不相闻也。晋兼三国，而五胡竞起。垂及于唐，突厥、奚、契丹相仍内扰。及安、史之乱，河北叛臣各据数州之土以抗天子，而蓟、云之烽燧不闻者百年。繇此言之，合天下以求竞而不竞，控数州以匡武，而竞莫加焉。则中国所以卫此觌文之区者，大略可知矣。

东汉之强，不敌西汉，而无北顾之忧者，有黎阳之屯在也。天宝以后，内乱方兴，不敌开元以前，而无山后之警者，有魏博之牙兵在也。外重渔阳、上郡、云中之守，而黎阳承其后；外建卢龙、定难、振武之节，而魏博辅其威。以其地任其人，以其人守其地。金粟自赡也，士马自简也，险隘自固也，甲仗自营也。无巡边之大使以督其簿责，无遥制之廷臣以掣其进止，虽寡而众矣，虽弱而强矣。故曰："天子有道，守在四夷。"言四裔之边臣各自守，而不待天子之守之也。牵帅海内以守非所自守之地，则漫不关情而自怠；奔走远人以战非所习战之方，则其力先竭而必颓。然而庸主具臣之谋，固必出于此者，事已迫，则不容不疲中国以争；难未形，则唯恐将帅之倚兵而侵上也。

呜呼！宋之所以裂天维、倾地纪、乱人群、贻无穷之祸者，此而已矣。其得天下也不正，而厚疑攘臂之仍；其制天下也无权，而深怀尾大之忌。前之以赵普之佞，逢其君猜妒之私；继之以毕士安之庸，徇愚氓姑息之逸。于是关南、河北数千里阒其无人。迨及勍敌介马而驰，乃驱南方不教之兵，震惊海内，而与相枝距。未战而耳目先迷于向往，一溃而奔保其乡曲。无可匿也，斯亦无能竞也。而自轩辕迄夏后以力挽天纲者，縻散于百年之内。呜呼！天不可问，谁为为之而令至此极乎？向令宋当削平僭伪之日，宿重兵于河北，择人以任之，君释其猜嫌，众宽其指摘，临三关以扼契丹；即不能席卷燕、云，而契丹已亡，女真不能内蹂。亦何至弃中州为完颜归死之穴，而召蒙古以临淮、泗哉？

人本自竞，无待吾之竞之也，不挫之而亦足以竞矣。均此同生并育于声名文物之地，以相为主辅，而视若芒刺之在背。威之弗能也，信之弗固也，宰之弗法也。弃其人，旷其土，以椓支宇，而栋之折也已久。孰令宋之失道若斯其愚邪？天地之气，五百余年而必复。周亡而天下一，宋兴而割据绝。后有起者，鉴于斯以立国，庶有待乎！平其情，公其志，立其义以奠其维。斯则继轩辕、大禹而允为天地之肖子也夫！

《宋论》卷十五终

《宋论》全书终

永历实录

永历实录卷一

大行皇帝纪

大行皇帝讳由榔，神宗显皇帝孙也。考端皇帝，讳常瀛，神宗第八子，封桂王。继嫡妃王氏无出；贵人马氏生二子，长桂恭王，次上。以天启三年癸亥岁十月十九日，生上于燕邸。天启七年秋，端皇帝出封于衡州。端皇帝垂颐丰背，日角修耳，貌似神宗，性敦厚慈易，为诸王最。崇祯间，朝廷崇礼亲藩，诸王多凭依侵有司，烦苦士民，独桂邸以安靖闻。编修马世奇、中书舍人张同敞先后奉敕戒谕诸王，俱以王贤报命。崇祯六年，诏遣编修闵仲俨册立桂恭王为安仁王，上为永明王。崇祯十年，临蓝瑶贼郭子奴、刘新宇等反，犯衡州。端皇帝发藏金馈饷，请调虔粤兵城守。明年，讨平之。崇祯十三年，奏请修衡州城，优诏许之。崇祯十四年，上纳王妃王氏。崇祯十六年，张献忠掠寇湖南。八月，长沙陷，分巡上湖南道参议金九陞托赍贺表去衡州，惊溃。端皇帝率桂恭王及上出奔，仅达永州南之石期市，贼追至，巡道中军王上庸率死士截击，端皇帝乃得舍舟逸去。上庸力尽战死，上遂与端皇帝相失。端皇帝携桂恭王走全州，得达广西。应奉内竖陈进忠奉上走道州，陷贼中，不得去，为伪吏所得，将送贼所。有吴继嗣者，故为巡检，陷贼中，伪授永州经历，力调护上，谲给伪大吏，得稍缓。已而献忠渡江走荆州，伪吏无从致送，遂免于难。继嗣迎居己署中，益虔护侍，每日初出，夫妇皆拜谒奉膳醑，如臣礼。十二月，征蛮将军杨国威帅师复永州，遂迎上入粤，达端皇帝所，遂从居梧州。弘光元年，端皇帝薨，厝梓宫于梧州南岸。桂恭王承国事。思文皇帝立于福州，以桂邸为神宗正胤，次宜承统，有疑虑心，下优诏结万元吉、何腾蛟、丁魁楚，不次皆迁九卿，赐便宜、蟒玉。魁楚遂迎桂恭王及上居肇庆，用杜推戴。已而靖江庶人反，思文皇帝益疑，密诏丁魁楚相动静处分。未几，桂恭王暴薨，上以简静为魁楚信重，得无恙。隆武二年八月丁酉，思文皇帝遇害于顺昌，全闽陷。总制两广兵部尚书丁魁楚、巡抚广西佥都御史瞿式耜议戴上监国，大学士吕大器、兵部尚书李永茂皆至肇庆，与定策。参政唐绍尧、副使林佳鼎、御史王化澄率府州县吏民迎上于寓邸，释衰服，治府署为行宫，行监国事。

十月丙戌，上即位于肇庆，诏诰天下，奖励文武兵民，同仇恢复，改明年为永历元年。遥尊隆武皇帝为思文皇帝，顺昌之讣未审，或曰潜逊故也。追尊考桂端王为端皇帝，兄安仁王为桂恭王。上嫡母桂王妃王氏为慈圣皇太后，生母马氏为慈宁皇太后，立皇后王氏。进吕大器为中极殿大学士。擢丁魁楚、李永茂、瞿式耜皆为大学士。大器、永茂入阁直机务，魁楚总理戎政，式耜以吏部左侍郎掌部事。命司礼太监王坤管文书房事。是月，清兵破赣州，总督兵部尚书万元吉、监军试中书舍人袁从谞、通判唐周慈死之。十一月，苏观生、何吾驺、顾元镜以嗣唐王聿𨮁叛，称尊号于广州，改元绍武。大学士陈子壮拜表请讨之。命兵科给事中彭耀谕唐王聿𨮁，苏观生不奉诏，耀不屈，死之。以唐绍尧为户部左侍郎，王化澄为兵部右侍郎兼佥都御史，总督两广。吕大器称病，弃官归蜀。以林佳鼎为兵部左侍郎，周光夏为都御史。兵部左侍郎林佳鼎帅师东讨苏观生，战于三水，败绩。佳鼎及水师游击将军管灿死之。内批擢王化澄为兵部尚书。十二月，以中允方以智、编修刘湘客充经筵讲官，已而不行。大学士李永茂请终制，去。命大学士瞿式耜入阁，典机务。清李成栋破广州，杀唐王聿𨮁及苏观生，周王、益王皆遇害。何吾驺、顾元镜降。上避敌幸梧州，瞿式耜谏，不听。丁魁楚走岑溪。

永历元年正月癸卯朔，上至梧州，遂自府江幸桂林。清李成栋攻肇庆、梧州，皆破之，巡抚佥都御史曹晔降。南雄、韶州、高州、雷州、廉州皆陷。二月，上至桂林。进何腾蛟太子太保武英殿大学士，督师如故。遍封楚、粤、黔、蜀诸将为侯伯。敕召詹事文安之、王锡衮为大学士，周堪赓为户部尚书，郭都贤、李陈玉皆兵部侍郎，皆未赴。已而堪赓降于清，进瞿式耜吏部尚书、文渊阁大学士。给事丁时魁奏论新政，当亲行阵，慎爵赏，揽威福。上嘉纳之。晋户部侍郎严起恒为本部尚书。清孔有德攻湘阴，王进才、王允成之兵溃，何腾蛟走衡州，遂陷长沙，副总兵满大壮死之。大学士陈子壮帅义兵复沿海州县，进攻广州，为李成栋所败，子壮死之。三月，丁魁楚败死于大藤峡。李成栋陷平乐。上幸全州，命大学士瞿式耜兼兵部尚书，留守广西。清兵攻桂林，瞿式耜帅总兵官焦琏攻却之。进堵胤锡、章旷大学士兼兵部尚书，总制督师如故。刘承胤以兵入扈，遂逐王坤。敕召给事中金堡。四月，上祀南郊。封刘承胤为安国公，马吉翔为文安伯，郭承昊泰和伯，严云从清江伯。诏杖给事中万六吉、御史毛寿登、吴德操，已而释之。封戚畹王国玺为武靖侯，马九爵宛平伯，王维恭长洲伯。清兵破衡州，杀黄朝宣，临武知县李兴玮死之。五月，上幸武冈。以傅作霖为兵部左侍郎，掌部事。召川、湖、云、贵总督李若星为吏部尚书，若星称病，去。张献忠遣孙可望攻贵州，总督杨鼎和弃城走。可望攻陷贵阳，已而弃贵去，攻犯云南。李成栋攻桂林，瞿式耜帅焦琏击却之，遂复平乐。左春坊张家玉举义兵于东莞，不胜，死之。六月，以吴炳为大学士，入阁典机务。清兵破常德，堵胤锡走永定卫。晋瞿式耜太子太师、临桂伯，辞不受。七月，刑部侍郎杨乔然解部务，请敕入川、贵督师，刘承胤逐之也。以严起恒为大学士，召诣武冈，不赴。何腾蛟入见，刘承胤谋杀之，总兵赵印选劫腾蛟去，复出督师。刘承胤捶嗣通山王蕴钎于宫门，以密报敌警故也。八月，瞿式耜奏迎驾居桂林，承胤怒，不果行。督师大学士章旷卒于东安。清孔有德攻武冈，陈友龙迎战于石羊渡。刘承胤降，上出奔靖州。武冈陷，吏部侍郎侯伟时、兵部侍郎傅作霖死之，吴炳降。上自靖州历苗峒出柳州。九月，清兵陷黎平，守将萧旷死之。进封马吉翔为文安侯，掌锦衣卫，管文书房敕旨。清兵破沅州，巡抚金都御史傅上瑞、岳阳伯王允成降。十月，分巡左江道龙文明、土司覃鸣珂作乱。上次象州。瞿式耜拜表迎驾。以王化澄为东阁大学士。十一月，上幸桂林，瞿式耜、严起恒入直。十二月，敕何腾蛟督师出楚，腾蛟帅郝永忠、卢鼎、赵印选、胡一青守全州。是岁，南土司沙定洲反，攻云南府，黔国公沐天波弃城走腾越，巡抚都御史吴文瀛降于定洲。

永历二年正月，上在桂林。二月，孔有德攻全州，郝永忠溃走，大掠桂林。上奔柳州，遂入南宁。封陈邦傅为庆国公。金声桓、王得仁举江西反正。前大学士姜曰广承制封声桓豫国公、得仁建武侯。三月，孔有德兵犯桂林，瞿式耜、何腾蛟帅师迎战，败之，追至大榕江。四月，皇长子生。瞿式耜奏进八箴，上嘉纳之。五月，何腾蛟复全州。堵胤锡帅马进忠之兵复常德。六月，李成栋举广东反正，封成栋惠国公，佟养甲汉城侯。授袁彭年左都御史，曹晔兵部侍郎，耿献忠工部尚书，宥何吾驺、李觉斯、顾元镜、毛毓祥，皆以原官起用。江西生员雷德复奉姜曰广表奏报金声桓、王得仁反正至，进曰广太子太师、武英殿大学士、吏兵二部尚书，督师，赐便宜行事。以吴宗周为佥都御史，巡抚江西，仍声桓、得仁承制封如故，王天雷、刘一鹏、盖遇时封拜有差，授德复给事中。清金固山来攻常德，马进忠迎战于麻河，大破之，歼其军。七月，以朱天麟为东阁大学士礼部尚书。瞿式耜表请上幸桂林，接应江、楚、云、贵，不听。以晏清为吏部尚书。金声桓、王得仁讨清高进库于赣州，不下。清谈泰帅八固山之兵攻江西，破九江，声桓、得仁归南昌。八月，李成栋遣杜永和迎驾。何腾蛟复东安。曹志建复道州。陈友龙以黎靖反正，遂复武冈、宝庆。左春坊刘季矿举义兵于永宁，复茶陵、酃县、安仁、常宁。曹志建复郴州。九月，上发南宁，幸肇庆，敕陈邦傅居守广西，邦傅自称世守，巡按御史吴德操劾之。上至肇庆，拜李成栋征虏大将军，敕筑坛授钺。成栋辞不受。封李元胤为南阳伯，提督禁旅，马吉翔提督戎政，司礼太监庞天寿提督勇卫。十月，清兵破饶州，遂围南昌，姜曰广驰奏请援。何腾蛟围永州。以黄奇遇为詹事礼部左侍郎，充经筵官。蔡之俊、陈世杰为左右春坊，直日讲。上日御行宫文华殿听讲。遣使航海谕鲁王。十一月，四川总兵王祥收复川南，遣使奏闻，封祥忠国公，命都御史范矿、朱容藩联络策应。佟养甲谋逆，伏诛。何腾蛟使郝永忠攻陈友龙，友龙失利，走柳州，永忠大掠武、靖。清兵救永州，胡一青迎战于文明铺，大败之，腾蛟复永州。十二月，何腾蛟复衡州。吏部侍郎吴贞毓述、李成栋迎驾往广州，上遣刑部侍郎刘远生谕之。成栋惶惧奉诏。给事中金堡陛见，奏劾郝永忠擅杀，马吉翔擅权。陈邦傅无功僭秩，上切责堡。堵胤锡以高必正、李赤心十三营之兵，自巫山来趋常德，马进忠惊溃，遂焚常德，走湖南，掠湘乡、衡阳。次于湘乡。郑鸿逵、朱成功复福建沿海州县，奉表报闻。堵胤锡以高必正十三营自宁乡攻长沙，不克，退屯湘潭，常德复陷。是岁，清兵攻破成都，张献忠殪。孙可望自东川攻云南，沙定洲溃走，可望诱沐天波及副使杨畏知至，胁降之。詹事雷跃龙、春坊闵仲俨、行人龚彝皆降于可望，可望遂据云南，四出攻下府州土司。

永历三年正月，上在肇庆。西洋人瞿纱微进新历，诏颁行之。诏所在督抚勋镇将吏，勿得纵兵掠杀焚毁淫虐，有故犯者，督抚勋镇削夺，偏裨以下按军法不贷。以刘湘客为金都御史，协理院事。朱天麟罢。进方以智为东阁大学士、礼部尚书，召入直，称疾，不赴。遣金都御史张充美赍密诏金章，谕吴三桂。郑鸿逵复泉州，入奏，优诏奖励之。二月，何腾蛟进次湘潭。堵胤锡帅高必正十三营救江西，至攸县、醴陵，不进。进封马进忠鄂国公、曹志建永国公。清兵大举攻湖南，陷湘潭，副总兵杨进喜力战，死之。马进忠走宝庆。何腾蛟被执，不屈，死之。清谈泰攻陷南昌，大学士姜曰广、豫国公金声桓、建武侯王得仁皆死之。江西尽陷。盖遇时走湖广，刘一鹏走抚州山中。何吾驺、黄士俊入见，各以大学士兼官保、尚书入直。三月，清兵陷衡州，胡一青退屯东安，堵胤锡以高必正十三营走郴州。清兵陷宝庆，马进忠、王进才退屯武冈。李成栋攻赣州，至信丰，与清兵遇，大战，不胜，死之。杜永和退守梅岭。曹志建攻堵胤锡于郴州，坑其兵三千人。羁胤锡于桃川所。胤锡间道奔富川。敕瞿式耜兼督楚师。式耜奏请兵科给事中吴其雷监胡一青，赵印选、杨国栋诸军出楚，次于全州。四月，孙可望自称平东王，遣前副使杨畏知奉书贡金马，邀封王号，会师□□。诏封可望景国公，李定国以下封拜有差。清兵陷永州及沅州、靖州。王化澄病免。高必正入梧州，诏大学士严起恒、副都御史刘湘客谕之，必正遂入浔州。刘希尧、刘芳亮叛走郴、桂，降于清。五月，遣兵科给事中赵昱、司礼太监杨起春赍诏谕孙可望。杨大甫据梧州叛。堵胤锡入见，诏入直，辞，请复出督楚师，从之。召杨大甫至行在，上御殿诘责，大甫伏诛，余兵乱，诏李元胤招抚之，皆降。以少詹事张同敞兼兵部侍郎，督兵出湖南。六月，命堵胤锡督楚师，赐龙旗十二，调用天下兵马。胤锡入浔州，调高必正十三营，遂次于浔州。清兵攻陷福建沿海州县，遂陷潮州，杀总兵曾庆。巡抚都御史刘中藻守福、宁州，城陷，死之。以揭重熙为兵部尚书兼副都御史，督抚建义军及刘一鹏之兵。何吾驺有罪，免。袁彭年请假治慈母丧，去，诏许之。封杜永和南雄伯、罗成耀宝丰伯，分守梅关。七月，清兵攻曹志建于永明，志建帅兵迎战，清兵却走，副总兵惠延年死之。李赤心死于南宁。八月，赵昱、杨起春至云南，孙可望不奉诏，昱、起春遁还。九月，遣司礼太监李国辅赍香帛密赴南京，谒孝陵。十月，下诏亲征，大学士严起恒请开御营库，节用措饷，收募亲军，以刘远生为兵部尚书，总理戎政；兵科给事中金堡监御营军。从之。十一月，以吴贞毓为户部尚书，郭之奇为礼部侍郎。督师大学士堵胤锡卒于浔州。高必正入南宁。追赠何腾蛟为中湘王，谥文忠；金声桓为榆林王，谥忠毅；李成栋为宁夏王，谥忠烈；王得仁为建国公，谥忠壮。立坛致祭，上亲临奠，举哀，百官皆大恸。追赠大学士姜曰广为进贤伯，谥文愍。杜永和入见，遂命提督岭上诸军，恢复南、赣。切责郭之奇、万翱怙党行私。朱天麟、陈邦傅遣胡执恭以伪册宝封孙可望为秦王，李定国安西王，刘文秀抚南王，艾云枝定北王，伪敕可望总理天下兵马钱粮，文武将吏，便宜诛赏，勿待诏旨。可望遂自称秦王，引兵出贵州。十二月，考选朱士鲲、吴道昌等为科道官，钱秉镫等为庶吉士。郝永忠诱远安伯陈友龙，杀之。给事中尹三聘奏：瞿纱微擅用夷历，爁乱祖宪，乞仍用大统旧历。从之。

永历四年正月，上在肇庆。清兵大举犯梅关，罗成耀弃南雄走。上弃肇庆，登舟将西奔，大学士瞿式耜驰奏，请上固守肇庆，集援兵御寇。严起恒、金堡交谏留驾，皆不听。戎政尚书刘远生、给事中金堡奉敕往广州，谕杜永和固守待援，永和集兵城守。清兵陷南雄、韶州。上奔梧州。黄士俊、陈世杰等皆逃去。敕袁彭年、曹晔、李元胤守肇庆。命大学士严起恒兼理兵部事。马吉翔自请援广东，次于肇庆。二月，清兵围广州。吴贞毓、万翱、程源、张孝起等疏攻金堡、丁时魁、刘湘客、蒙正发、袁彭年，诏贷置彭年勿问，逮堡等下锦衣卫狱，拷之。以程源为兵部尚书，督师黔、蜀，不行。杨展奏孙可望称册封秦王，专制天下，胁展纳贵州土，解兵付可望。诏谕展："可望王封专制，非奉册敕。"命展固守贵州，勿受贼诱。三月，王化澄自称疾愈，入谒。太监夏国祥赍敕，趋化澄入直。召朱天麟。张同敞帅师复东安，遂围永州，不克，退屯全州。分命于元晔、吴李芳、郑古爱、朱嗣敏皆兼佥都御史，督诸勋镇兵出楚，俱次于广西。张同敞请解任付元晔等，不报。瞿式耜奏："下言官于诏狱，拷掠追赃，戕仅存之元气，宜速宥出。"不报。张同敞奏谏诏狱，诏切责之。四月，以鲁可藻为南京兵部尚书，郭之奇为礼部尚书。雷德复奏讦大学士严起恒，起恒称疾乞骸骨，行人董云骧、王夫之疏谏，不听。敕趋朱天麟入直。焦琏、马宝入见，请释金堡等于狱。袁彭年赴行在，请同金堡等诣狱核罪。诏谕归肇庆协守。五月，清兵陷武冈、靖州，马进忠退屯西延峒。清兵犯永明，曹志建大败，遂陷镇峡关，志建走贺县。陈邦傅为高必正所逼，帅兵千余人，称言援东，次于肇庆。马进忠、胡一青、杨国栋、曹志建奏请释金堡等于狱。戍金堡、丁时魁。万翱为兵部尚书。高必正、党守素入见，请趋严起恒入直，从之。起恒拜表，去，敕追还，趋陛见，起恒称疾益亟，不允。谕高必正、党守素援广东。必正请括兵马归兵部，钱粮归户部，铨选归吏部，进止一听朝廷，诸帅不得以便宜专行，奉上亲征。廷议不能从。必正、守素归南宁。朱天麟遣胡执恭之子钦华赴行在，求封孙可望秦王，专制天下。兵部尚书万翱奏请从之，大学士严起恒执奏勿许。乃封可望荆郡王。天麟及吴贞毓、程源等密启称臣于可望，请杀严起恒、金堡。可望不受诏，称秦王如故，怒，杀胡执恭。六月，李元胤、马吉翔帅兵东援，败于三水，广州围益急。给事中李用楫使总兵李明忠杀吏部侍郎洪天擢于高州。七月，大学士文安之入见，敕入阁，典机务。安之力辞，请敕往荆、夔号召王光兴、刘体淳等，诏从之。朱天麟复入阁办事。八月，飓风大作，广州水师皆覆陷。十月，清兵破全州，胡一青退屯大榕江。杨国栋、马养麟守海阳山。马进忠败于西延，走贵州。焦琏救曹志建于贺县。十一月，清兵攻大榕江，胡一青迎战失利，赵印选弃城走桂林，溃，遂陷，留守大学士瞿式耜、总督侍郎张同敞死之，布政使关捷先、监军御史吴德操降。清兵陷平乐，总兵官都督同知朱旻如死之。上奔浔州，总兵周金汤纵兵大掠，百官溃散。清兵陷梧州，执王化澄杀之。清兵陷广州，杜永和走入海。十二月，清兵陷肇庆，南阳侯李元胤死之，陈邦傅降。上奔南宁，高必正走贵州。

永历五年正月，上在南宁。高必正为孙可望所劫，兵大溃，必正死。李来亨收余众走施州卫，遂入巫山。二月，陈邦傅以清兵攻宣国公焦琏，琏与战，败，死之。清兵围蓝山伯马养麟于永宁州，城陷，养麟死之。三月，孙可望使其伪将吴都督至南宁，劫上求册宝专制，大学士严起恒死之，并杀给事中吴霖等十余人。上出御衣葬起恒，亲临哭之。六月，清兵攻南宁，上奔太平。七月，慈圣太后崩。冬，孙可望遣兵胁上居兴隆，百官扈卫死亡溃散，从上者百余人。是岁，孙可望出贵州，马进忠、王进才、张先璧皆附可望。宣平侯杨展不屈，战败，遇害。可望遂攻王祥于遵义，杀祥，并其众。匡国公皮熊奔水西。

永历六年，上在兴隆。曹志建屯贺县，结砦固守，未几，卒。马宝屯阳山。胡一青屯思明。四月，孙可望遣李定国出湖广，刘文秀出四川。五月，李定国大破清兵于靖州，遂复靖州、武冈。李定国复宝庆，遂南攻桂林。刘文秀复成都，遂围保宁。六月，李定国大破清兵于严关，遂复桂林。孔有德自焚死。陈邦傅伏诛。八月，李定国复平乐、梧州、柳州，遂下永州，复衡州。九月，刘文秀败于保宁，退兵川南，杀张先璧。李定国遣马进忠、冯双鲤复长沙，略地岳州。十月，李定国遣兵略地江西，复吉安。十一月，李定国遣使奉表诣兴隆奏捷，候问万安。清兵大举攻李定国于衡州，大战于黄沙湾，清兵败，杀清敬谨王。冯双鲤退走宝庆，定国之师遂溃，退屯宝庆。

永历七年，上在兴隆。孙可望召李定国，将杀之，不克。定国奔永州，遂自平乐破梧州，攻肇庆。四月，孙可望与清兵战于东安岔路口，大败，走归贵州。七月，李定国围肇庆，不克，遂自平乐退屯南宁。

永历八年，上在兴隆。遣兵部侍郎萧尹赍血诏命李定国迎驾，封定国晋王。定国号泣奉诏，表请养晦待时。李定国请诏縣海道谕郑鸿逵，间道谕王光兴、刘体淳等，会师联络，共图兴复。李定国自泗城州间道入云南。

永历九年正月，上在兴隆。孙可望取给事中雷德复等十七人，杀之于贵州。李定国密迎上入云南，即孙可望所营宫殿为行宫，奉上居之。诏赐李定国上殿，行亲王礼，征讨付定国，馀以敕旨行事。刘文秀奉诏招孙可望，释怨会师，共奖王室，可望不听，文秀饮鸩死。孙可望举兵犯顺，攻云南，次高沙寺，李定国帅师御之。

永历十年，上在云南。孙可望遣其将张胜间道袭云南府，将谋不轨。李定国与战于城下，胜大败，被擒，伏诛。朱定国奉诏招白文选、马维兴，皆降之。可望众大溃，走归贵州。

永历十一年，上在云南。诏讨孙可望。十一月，李定国兵至贵州，大败孙可望之兵，可望弃贵州，走武冈州，降于清。李定国遣兵守武冈。

永历十二年，上在云南。封白文选、马维兴皆为郡王。密诏封郑鸿逵为真定王，进王光兴、李来亨、刘体淳、郝永忠爵皆上公，敕会师兴复。

永历十三年，上在云南。孙可望、洪承畴请清兵大举攻云、贵。郑鸿逵、朱成功、刘孔昭繇海道攻镇江，破之，遂围应天，已而败退，入海。清兵陷贵州。李来亨、刘体淳、郝永忠自竹山出攻襄阳，入其城，已而退去，遂屯巫山巴东之西山。

永历十四年，上在云南。李定国帅师御清兵于毕节。清兵自平越入曲靖州，南入腾越，李定国之师溃，奉上居永昌。

永历十五年，清兵逼永昌，李定国奉上奔缅甸。八月戊戌，有大星起天中，迸裂如雷，小星百余从之，陨于西南，白光烛天，良久乃没。

永历十六年，上在缅甸。李定国收兵安南，缅甸人叛，劫驾入云南。前平西伯晋封蓟国公吴三桂弑上于云南，及皇后王氏，世守云南黔国公沐天波死之。

《永历实录》卷一终

永历实录卷二

瞿严列传

瞿式耜,字在田,别号稼轩。直隶常熟人。祖景淳,嘉靖甲辰会试第一,官终礼部左侍郎,谥文懿,以理学文章名嘉、隆间。父汝说,官湖广提学副使。式耜恂恂不胜衣,泊然恬雅,临觞遣咏,不与世事相即。而风采骏发,每婴危难,神志益厉,未尝有疑懦之色。中万历丙辰进士,历官吏科给事中。

崇祯中,初诏会推阁员。礼部尚书温体仁资序最深,顾与沈一贯同乡里,为一贯死党,主张时局。式耜建议,斥不与会推列。体仁结周延儒,通宫禁,既得要领,上疏自讼,因讦礼部侍郎钱谦益浙闱暧昧事,为不当与枚卜,而部科党之。上召赴平台面诘。式耜抗言:"浙闱举钱千秋卷弊,狱已久定,事坐分考,显与谦益无涉。体仁愠不得与枚卜,罗织自荐,猾而无耻,古今无与为比。即甚乱国,未有以争而得相者,况陛下励精之始政乎!"上不怿,然未有以折也。会户科给事中郝土膏大声疾言,失奏对体。上遂震怒,械式耜、土膏及都给事中章允儒,下法司,皆削职。体仁遂入阁。式耜既罢,归里,筑室虞山下,曰东皋,莳花药,读书其中。体仁怒不解,阴遣人至苏,募无赖子张从儒,诬式耜与谦益结为死友,侵国帑,谤朝廷,危社稷。击登闻鼓,疏达上。下所司按问。江南巡抚张国维檄苏、松、镇三府会讯。镇江知府印司奇力持诬状。国维以上闻。体仁固欲重陷式耜死，调严旨切责，司奇坐镌级。从儒得志骄横，造款曹和温之说，扇惑徒党。曹者，权阉曹化淳；温者，体仁也。语腾辇下，化淳怒，体仁亦沮丧。刑部尚书郑三俊奏雪之。从儒伏辜死。事既解，而温、周相继秉权，式耜卒闲住。

弘光初，稍起应天府丞，已，擢佥都御史，巡抚广西。时楚寇初退，粤土稍安，式耜绥抚有方，人士避乱者依为乐土。已而南都陷，思文皇帝立于闽。靖江庶人者，素狂悖喜乱，使其私人孙金鼎蛊平蛮将军杨国威，争立。遣金鼎说式耜推戴。式耜怒，折之。庶人乃械式耜坐纛下，欲加害。式耜神色闲定，言论庄简，称大义，讽令解兵。贼众沮畏，犹系著小舟中，下府江。式耜密谕国威中军官焦琏，与两广总制丁魁楚阴相结约。将抵肇庆，琏从中发，击杀国威。式耜既免，遂与魁楚会，擒庶人，斩之，粤乃定。事闻，加兵部侍郎。已而思文皇帝陷于顺昌，苏观生挟唐王聿鐭入广州，称尊号。式耜飞舸下肇庆，谓魁楚言："永明王神宗皇帝孙，宜立久矣。向者，郑鸿逵拥立非次，下骄上疑，致布高爵重权，饵督抚镇将，威令不行，天下坐溃。今仅南方一隅地，犹使非分者因仍覆轨，恢复不待问，即欲稍延大明一线，谢高皇帝于山陵，亦不可得已。永明王宜立，在耜与公耳！楚、蜀文武吏士，虑无不从者。"魁楚韪之。乃会诸监司林佳鼎、唐绍尧、萧琦、曹晔等，迎王于寓邸，颁思文皇帝败问，践阼于肇庆。晋式耜吏部尚书、文渊阁大学士。

时东粤争挠，国势日促，朝列孤另。式耜请召用清望旧臣，趣赴行在，并荐用一时人望方以智、刘湘客、万六吉、刘鼒等。魁楚挟私，内结大珰王坤，挠不听。给事中唐诚席藁哭宫门，上意稍动。坤以赣州覆陷，遂欲挟上西走。式耜上言："今日之立，为祖宗雪耻，正宜奋大勇以号远近；东人况复不靖，苟自甘巽懦，外弃门户，内衅萧墙，国何以立？"上为辍驾。寻内批用王化澄为兵部尚书。式耜上言："化澄诚贤，自有廷论。斜封墨敕，何可为例？请补部疏，尚为得体。"化澄固庸劣，坤为之内主，既见弹劾，坤益怨式耜，思挟上入楚以远式耜。已而清兵破广州，唐王见杀。魁楚悸惧。王坤益蛊上西迁。式耜固请征兵固守，不听。上泛小艇自梧奔桂。式耜集诸文武扈上居桂林，班朝治兵，始有章度。王坤益欲挟上入楚。会上召刘承胤东援平、梧，承胤至，无东下心，遽欲邀上幸武冈。式耜奏言："驾不幸楚，楚师得以展布，自有出楚之期。兹乃半年之内，三四播迁，民心兵心，狐疑局促，势如飞瓦，翻手散而覆手合，诚不知皇上之何以为国也！皇上在粤而粤存，去粤而粤危。我退一步，则敌进一步；我去速一日，则敌来亦速一日。今日勿遽出楚，则出楚也易。今日若轻弃粤，则更入粤也难。海内幅员，止此一隅，以全盛视西粤，则一隅小；而就西粤图中原，则一隅甚大。若弃而去之，俾成残疆，虽他日侥幸复之，而本根已不足恃矣。"疏入，不省。式耜入见，跪曳上袖，涕泣请留。承胤结马吉翔，因王坤摇两宫。皇太后趣上行甚迫，遂诏加式耜太子少保，便宜行事，留守广西。上遂入武冈。

清兵从平乐来攻。焦琏方扈送驾，自全州旋未至，守御单脆。敌骑驰薄桂林，入文昌门，式耜督兵巷战。会琏至，驰御之，斩数骑。敌乃退走阳朔。式耜独守孤城者两月。已而楚督之师溃于长沙，郝永忠、卢鼎奔入桂林，式耜会户部尚书严起恒安辑之，令守大榕江。遣焦琏东复平乐，守之。孔有德前部入严关，永忠惊走，桂林溃。永忠欲挟式耜去，式耜怒曰："吾奉命守桂，桂，吾死土也。"独坐空城中，檄焦琏撤平乐归守。清兵虚抵桂，扣北门入。式耜奉赐剑，督琏巷战，斩数十骑。清兵惊遁，驻北关外。式耜檄迎何腾蛟于柳州，腾蛟以胡一青、赵印选之兵至，会蹑清兵于北关，三战三胜，退入全州。式耜遣琏北会腾蛟，攻复全州。腾蛟以是复下湖南，皆式耜力也。

时上播迁柳、象，陈邦傅迎居南宁。邦傅挟上骄横，式耜累檄之下梧州，不应。乃遣焦琏自平乐略地梧州。会李成栋反正，梧州平，粤西大定。成栋遣其将杜永和迎上东巡。式耜表遣给事中蒙正发、编修蔡之俊、评事朱盛凝迎上返跸桂林，言："东粤已定，出梅岭者唯成栋一军，请诏而下，无烦上自往。今日大势在楚，楚师不下三十余万，镇将四十余营，号令莫一，易成疑沮，非天子弹压，则进无寸功，而退有百患。上诚莫如幸桂林，为出楚计，北图岳、鄂，东援南昌，西收荆、澧，事犹可为。若远即海澨，而举江、楚大计一委之腾蛟，腾蛟虽忠略有余，而孤注之忧，不能不为之虑也。"疏入，上犹豫间。内阁王化澄、朱天麟贪成栋馈问，因中涓说慈圣太后，谓东粤安而西粤危，且以收新附者之心。上遂下肇庆。居半载，楚将果惊猜内讧，腾蛟死，湖南复陷。楚兵溃入桂林，式耜奉命兼督楚师，随宜安插饷馈，固守楚塞。奏用侍郎张同敞总督诸军，给事中吴其雷监理之。与清兵相持于东安、零陵之间，大小数十战，互相前却。其明年，庾关不守，上将西奔。式耜驰奏，请勿弃东粤，固守肇庆，征兵御寇。不听。上遂至梧州。

始上在肇庆时，式耜请开日讲，远佞幸，清铨政，肃军纪。王化澄、马吉翔挠沮之。金堡自沅州径桂诣行在，入对，掷在廷奸状。吉翔疑堡党式耜，益相衔怨。至是，开北镇抚狱，掠治堡急。式耜抗疏力争，不听。胡钦华挟孙可望，恫喝当宁，遂露章劾式耜，诋诽尤恶。王化澄思因排陷之，而式耜威望既重，莫能摇也。乃与万翱比，推于元晔为督师，夺式耜兵柄。复先后遣万年策、吴李芳、郑古爱、朱嗣敏分督诸军，事权瓦解。元晔至桂，以女谒蛊赵印选。诸帅狂猺，不受式耜节制。

孔有德猝犯小榕江，诸将不战而走。式耜驰皇令，召诸将城守，无应者。式耜乃沐浴易衣，坐署中。通山王蕴钎驰入告曰："先生受命督师，全军未亏，公且驰入柳，为恢复计，社稷存亡，系公去留，不可缓也。"式耜不应。蕴钎涕泣，曳其袖，固请上马。式耜从容应曰："殿下好去，幸自爱！留守，吾初命也。吾此心安者死耳，逃死而以卷土为之辞，他人能之，我固不能也。"俄而张同敞至，问曰："先生意何为？"式耜曰："死耳！"同敞曰："我知先生之必死，故不死于阵而就先生。"因呼酒与同敞饮。式耜素不能胜一蕉叶，是夕，连釂数大白，神采愈清澈，与同敞分韵唱和，悲吟彻旦。次日，被执，见孔有德，谈笑请速死。有德令王三元、彭而述劝降，式耜笑不应。而述称说繁重，式耜乃举袖掩双耳。有德知不可屈，乃加害于桂林市中。桂林二十年不见雪矣，是日，雪霰大作，雷电交击，式耜与同敞先后唱和绝命诗十余章，人间颇有传者。

吴江杨秋，医士也，客式耜所。至是，潜拾式耜、同敞骸葬之桂林城北。及李定国围桂林，城中人见式耜、同敞拥驺从，并马入有德邸，俄顷，有德自焚死。

严起恒，字秋冶，浙江山阴人。寓籍真定，举北闱，中崇祯辛未进士，就馆，试诗文中格。周延儒方秉政，人索四百金，乃得选。客或以告，起恒笑不应，不得与选。授刑部主事，宽廉精慎，为秋曹最。差提狱务，矜恤因系，纵其械具，与沐浴，时与汤粥。时有大珰陷法抵系，感起恒宽简，为毁家施药粥一年，祝曰："愿以冥报奉严公。"起恒举乡书时，游高邑赵南星之门，为南星所器重，人士翕然推之。及释褐，淡定守职，闭户谢交游，清流时局，两无所附，以是栖迟郎署，六载不得迁。稍改员外郎，都御史傅永淳独推重之。时畿南例选铨曹，永淳力主用起恒，公揭已出，遣客劝令一谒执政，起恒佯谢诺，益闭户不与外人相见，遂不得调。已乃升广州知府，南海宝货充斥，起恒食淡衣粗，以廉闻天下。王思任，其姻也，携客游罗浮，过广州，起恒报谒，公宴之外，无私相见。思任舟车之赀逮绝，就起恒求傔力数辈，起恒谢无有，思任几穷，顾知起恒清贫，益敬重焉。总制沈犹龙闻之，乃赍金币，遣舟车送思任归。犹龙笑谓客曰："都御史为知府料理游客耶？"岭外传为佳谈。已迁右参议，分巡下江防道。

蕲、黄沦陷，何腾蛟为题改分守上湖南。时张献忠初去楚，民出死伤无几，郡县皆废，吏因缘摄署，渔猎遗黎。起恒一意休息，以清刚弹压，赇吏不敢逞。何腾蛟开督府于长沙，军食不给，创征义饷，不经奏复，以意为轻重，每亩溢额派者五倍以上，犹不足，则预征至两年。赇吏承风追呼，每剧，又开告讦，籍没民财充饷，旦夕倾数十家以为常。起恒力争不胜，乃议鼓铸，以纾民困，会计精密，一钱不入私费。数月，得数百万缗，输腾蛟，请缓预征一年，民稍苏。仍以其余修衡、永城橹，立上公、熊罴二关，禁戢游兵，民恃以安。复出钱二千缗为文场费，奏请用御史杨乔然开闱试士，湖南北始复有弦诵声，皆其力也。

起恒清慎端和，不为捭阖赫奕，而骄帅悍兵，服其德望。郝永忠、卢鼎、黄朝宣、张先璧、曹志建恣行无所惮，捶击监司，如其牙校，顾敛手受起恒约束，如部将。时楚吏缘闽、广建国，皆旦夕躐拔至九卿。起恒不妄依附，守故衔两载。稍擢太仆少卿，已乃晋户部侍郎，督理钱法军饷。上初监国，或说令与劝进列。起恒泫然曰："两年而三易主，即大忍人，能无自惭恧耶！诸公任好为之，非吾义也。"上幸桂林，召见，擢户部尚书。已同瞿式耜守桂林，诸将倚之为重。上在柳、象，召入，改吏、兵二部尚书，东阁大学士。抗辞，不允，乃入直。扈从南宁，制命票拟，皆出其手。时承隆武之余，诏旨繁芜袤阔，且此夕彼，莫知适从。起恒详慎简要，中外乃一所奉。陈邦傅骄怯无状，思北降，累欲犯车驾，为降地，惟惮起恒不敢发。起恒密谕其腹心茅守宪、胡执恭渐移其意。会东粤反正，迎上东出；瞿式耜迎驾西北出楚。起恒请从式耜，王化澄、朱天麟贪东省之饶，因马吉翔达慈圣，决意东下。起恒争不胜，既从驾，至肇庆。江楚势稍振，四方观望歆动，求仕者满辇下，争持督抚札委空衔求敕印，或冀内补。起恒雅意澄别，不惬所愿。乃群走缇帅马吉翔，缘内竖夏国祥，往往得旨下部，起恒力持不可，则中旨下，化澄、天麟改票以行。南昌庶宗朱谋㙔以援江为名，躐金都。吕尔玙者，吉翔书记也，起家拜御史。袁彭年、金堡交劾之。时四方勋镇请封爵晋秩者，辇金帛香药赂行在阁部大僚，起恒峻拒，纤芥不纳。差使为之语曰："严公瞑目，不开毡袱；王、朱手缩，急收毡袱。"天麟忌其异己，绐彭年、堡，谓谋㙔、尔玙事皆出起恒。彭年疏并攻起恒。起恒谢病，求去。会上召天麟面诘之，天麟诈尽露。上乃敦趣起恒入直。天麟惭恚，以病免。化澄亦沮丧，移疾不出。中外方一意倚起恒，居中制江、楚。而何吾驺、黄士俊复试李成栋，荐请召用吾驺，以崇祯旧辅居首揆。毛毓祥、李用楫更相推戴。起恒亦中掣，不能尽行其志。

永历三年春，楚师败于湘潭，何腾蛟被害。楚兵四十余万，失主汹乱，蹂衡、永、宝、郴间，即次南奔。永州举人刘惟赞徒步诣行在，疏言："今日所恃为一线之计者，惟楚而已。东援江西，保黔、蜀，则建炎、皂口之败，不害为南宋之中兴。往者，孤倚一腾蛟，其势已危。今腾蛟且已矣。马进忠等，北兵也，胡一青、曹志建等，南兵也；高必正等，新附之兵也，情势必不相得而疑。而诸帅之所共为尊信者，自辅臣起恒而外，四顾更无其人。且近日之所在瓦解者，以民困兵毒，迎敌为向导，故敌猝至而不知。大湖南北，黄童白叟，所信为必能辑兵而安己者，自辅臣起恒而外，抑无其人。民之向背，兵之合离，国之存亡，惟在起恒之一出而已。首辅式耜，清节重望，入直纶扉，固其雅量所宜。则陛下可勿以起恒出而股肱无人为忧矣。如以臣言出草茅，不足与闻国计，陛下诚遣一使，遍察江、楚、黔、粤将帅兵民，有一不谓臣言为允者，臣请尸两观之诛。若因循不果，势必一营一督，简任非人，连鸡骇散，民怨兵疑，更无可为之势矣。"疏入，下廷议。楚诸将先见腾蛟陷，皆惊退。及闻起恒出督，咸踊跃更起，胡一青复下衡州，马进忠、王进才固守宝庆，曹志建搜军治刍粮，将自郴州入南赣。居月余，马吉翔畏何吾驺之逼，思留起恒以制吾驺，嗾部复敦留之。起恒不果出，诸将意阻，湖南复陷。已而诸军无统，万年策、于元晔、毛寿登、吴李芳各以镇将意猎部院监督其军，皆庸疲巽懦，为军中所狎媟。兵益暴，民益怨，以趋于尽，卒如惟赞言。

起恒既终留相，吾驺以降叛之余，为廷臣所轻，未几，亦谢病去。士俊守阁衔，无所见短长。起恒稍得行意，请上亲政莅讲，节国用，清封赏，以戎务任刘远生，以廷议任金堡，整励楚将，接应江西余旅，慎恩纪，立威信。凡七八月间，内外仗以粗安。愿以裁抑侥幸，为程源、郭之奇、万翱、鲁可藻所尤忌，中阉夏国祥亦深谦之。会孙可望遣杨畏知献书，求内附，邀王爵，金堡抗疏言其不可，起恒居中力持之。可望心折。

永历四年春，清兵犯南韶。慈圣太后遽欲挟上弃肇庆西避，起恒坚请车驾勿动。上召赴内廷，面谕允留。起恒叩头起，诣阁草敕，征调援兵，方吮毫间，两宫已登舟，上就辇矣。起恒懑愤，泣责内臣庞天寿。天寿曰："外廷固有主张上速行者，非但我辈也。"起恒疑，不知所谓。已行至德庆州，王化澄遽得旨入直。一两日间，源、翱、之奇结吴贞毓、张孝起、朱士鲲讦奏金堡、丁时魁、刘湘客等把持国政，裁抑恩赏，以致江、楚偾败，圣驾蒙尘。化澄入，调旨遣缇骑逮堡等四人，下锦衣狱掠治，滨死。乃知天寿所云者，群不逞结马吉翔介夏国祥，以敌警胁上西出倚陈邦傅，以谋国不令为罪杀堡等也。起恒匍伏舟次，泣奏："谏臣非今所宜谴，严刑非今所宜用，请贷堡等。"上不听。化澄等思构起恒益急，顾上意犹向倚之。高必正、焦琏诣行在，力白起恒公忠状，势固未有以摇也。化澄迫，乃请敕召朱天麟，而密订天麟，因胡执恭结孙可望为外援，胁上，为杀起恒地。执恭欲封可望真王亦迫，乃遣子钦华载金粟遍赂台省，与相约结。谋既定，给事中雷德复遂露章劾起恒二十四罪。在廷中钦华饵，无不欲逐起恒而封可望。化澄调旨，用宋雷有邻"鼎铛有耳"语嘲激之。起恒称病，请去。行人董云骧、王夫之交疏言："大臣进退有礼，请权允辅臣之去，勿使再中奸毒，重辱国而灰天下之心。"疏入，云骧不候报闻，挂冠，入南海去。翱、可藻请逮治夫之，高必正力争不可，乃已。起恒谢病，疏七上，不得报，解舟去平乐。顾上意注起恒而薄化澄，遣高必正、党守素、李元胤赍敕救留之，追挽其舟，不得发。起恒返。诸镇奏报使臣，大书揭梧州城下，言："半壁存亡，恃严辅臣一人，不索钱，不滞军机，何物雷德复，受逆贼赂，思加逐害？愿与同死！"化澄惧，乃佯下起恒，劝上益留之。然起恒日为群小所摇，志沮不行，随御舟侍朝请而已。四方镇帅闻起恒摧抑不用，皆解体，无斗志。

是冬，两粤继陷。上奔南宁，化澄率诸臣四窜，惟起恒从。始，德复疏入，化澄党日夜构，欲中以危法。客有劝起恒必去者，起恒泫然曰："吾留此，即免祸，岂复能有所效？顾今日亦安往哉！非裴公午桥、文饶平泉时也。患难君臣，所相报者唯一死尔。伏草间以求活，吾固不能；国一日未亡，吾一日不能舍上而去。死于奸，死于敌，唯天所命耳！"胡执恭已伪造册宝，封可望秦王，惧伪露，乃密告可望曰："严学士必不肯撰敕册，此我密请之上，自内发者，严学士固不知。"可望以是怨起恒甚。永历五年，遣其将吴将军者入见，挟兵拥行宫，猝入起恒舟，佯请与语。语竟，起，送之出，遽挥铜椎击中起恒脑，堕水死。是日，遂击杀礼科给事中吴霖以下二十余人。上闻，痛哭。出金募泅人，得起恒尸，裹以御衾，买棺葬于南宁江岸。

起恒相四年，随上播迁，上屡欲加恩，固辞不受。唯以上两宫徽号，进太子少傅。南郊，赐玉带，不服，以犀角带二品服色终。署中无长物，故衣敝舆，食不兼味。与人言，开诚尽辞，群心悦服；至其不可，则未尝以一字丐人恩泽，虽怨背不恤也。尤善理财用，在肇庆，请上亲征，立亲征库，不旬日得四万金，精甲名马盈数百。俄为夏国祥所忌，以中旨取库金入内用，事遂不行。出入群小间，内外交困，筹量挠沮。起恒遇害，国遂以亡。

《永历实录》卷二终

永历实录卷三

丁王朱列传

　　丁魁楚，字光三，河南永城人。中万历己未进士，历官有能声，至节钺。崇祯九年，巡抚蓟镇，虏至，以兵逃，宜抵法。魁楚善事权要，为温体仁所厚善，得不坐。已而为刘宗周所劾，乃罢官去。

　　弘光元年，起废，擢兵部右侍郎兼副都御史，总制两广。时端皇帝晏驾，桂恭王嗣立，与上同居梧州。魁楚莅粤，以寓公礼相见，恭王不怿，稍见于色。会思文皇帝繇疏远为闽帅所推戴，桂邸序次当璧，思文皇帝颇疑忌焉，密旨谕魁楚侦动静。自端皇帝以敦让传国，恭王固无他志；桂邸中涓王凝禧亦质朴，无喜事心。魁楚以宿怨欲因事中王，王不知也。一日，故举酒就恭王饮。魁楚大言："天下倾乱，殿下为高皇帝子孙，能勿忧耶？"王曰："宗国破败，孰能忘忧！倘得借先生力削平之，俾孤假手以报高皇帝，死且不朽。"问答间亦偶相酬酢耳。魁楚遽以奏闻。他日，复持酒就上饮，问如前，上唯唯而已。魁楚亦以奏闻。未浃月，桂恭王暴薨。或曰魁楚奉密旨为之也。上仅赖以安，而心恒惕惻。魁楚用是加太子太保、兵部尚书。

　　未几，靖江庶人反，魁楚守梧州，与瞿式耜合讨平之，封伯爵，赐尚方剑，便宜行事，加蟒玉。已而闽海陷，苏观生立唐王聿𨮁于广州，决策后，乃报魁楚，魁楚恚甚，欲拒之。而瞿式耜自桂下肇庆，定推戴计。魁楚乃迎上践祚，晋魁楚武英殿大学士、吏部尚书。

魁楚制粤两年矣。岭北溃乱，魁楚犹怙安不修戎备，将吏以贿为进退，唯日遣水军涸灵羊峡，取砚石于老坑。至是，武备单弱，不能自振。观生抗命来攻，乃议遣巡抚广东兵部侍郎林佳鼎率水师，游击管灿督舟师数千，攻广州。至三水，军不习战，全师皆没，佳鼎、灿死。东兵薄峡口，乃击退之。

魁楚怙拥戴功，与王坤相表里，以意黜陟，中外失望。瞿式耜力争，不听。李成栋陷广州，魁楚恇惧。上知不可恃，遂西幸桂林。魁楚独与其宠将苏聘率标兵千余人据岑溪县。清兵至，战不胜，魁楚见杀。

王化澄，字登水，江西金溪人。中崇祯丁丑进士，授知县。隆武中，擢监察御史，巡按广东。时海内陆沉，东粤独安，故以富甲天下。化澄按粤，不能以廉闻，宦赀至二十万。上即位于肇庆，化澄与拥戴功。丁魁楚解两广入阁，骤擢化澄副都御史，总制两广。俄而兵部侍郎林佳鼎东征阵没，迁化澄兵部左侍郎，管枢务。化澄既与王坤厚善，皇后兄王维恭曾随父客吉安，至是，化澄与结乡曲，稍密，乃与通族为兄弟。以是，内批擢尚书。瞿式耜论奏之，乃补部疏行。上西幸桂林，化澄不从，避居浔、南。逾年，上幸象州，化澄道谒，以维恭荐，仍兵部尚书，拜东阁大学士，入直。上赴南宁，皇后留象州，上赐皇后空头敕十道，俾皇后猝有缓急，征调防卫。化澄与维恭辄用以授庶宗朱统鉴等佥都御史等官，上不知也。内阁亦无敕稿。已而随皇后入南宁，扈跸下肇庆，而假敕事觉，为台省所纠。久之，群言交攻，化澄请养疾，听之。

四年春，上幸梧州。化澄入见，敕趣入直，因嗾给事中雷德复劾首辅严起恒。化澄调旨，以嘲语激起恒去。高必正入见，对上言："王辅臣票拟多《春秋》，朝廷何繇得安？"因回顾化澄曰："请自今少用'春秋笔法'，可也？"化澄惭恚，益与吴贞毓比，挟孙可望胁朝廷。凡化澄所票拟，皆支离俳谐，复多通馈问。又奏授其子王奎光以白衣超拜光禄寺少卿。上知而厌之。是冬，马蛟麟陷梧州，上奔南宁，化澄不从，挟厚赀避居平南山中。蛟麟所部胡千总闻而利其赀，辄往胁之出，始以礼诱之，化澄削发为僧，至中涂，捽出肩舆中，梏其手，索银一万五千两，犹不释，羁置平南空署。化澄迫，乃服脑子四两死。或为焚之，香闻数里。蛟麟故未知也。事觉，执逼化澄死者杀之，没入其金。

朱天麟，字震青，直隶昆山人。中崇祯戊辰进士，繇外吏考选为翰林院检讨。癸未，分考礼闱。已而南归，出入弘光、隆武间，累官宫坊。永历二年，擢礼部尚书、东阁大学士。自乘舆播迁，班行零落，纶扉无旧词臣，甚则阁员不备，周鼎瀚以讲读摄票拟，及上在柳、象间，马吉翔以缇帅典丝纶。至是，天麟以崇祯间馆职爰立，物情翕然想望之。

天麟性既卞躁，营私尤甚，与王化澄比，严起恒以清慎见嫉。已扈从互肇庆，给事中金堡入见，意天麟有物望，可与图治。天麟顾利堡刚激，欲用堡以逐起恒，面奏金堡有风骨，可大用。会朱谋㙔、吕尔玙附马吉翔躐宪台，堡与袁彭年交参之。天麟因语堡曰："此皆山阴所为。"彭年并攻起恒，实则谋㙔金都之敕，尔玙分道之旨，一天麟所撰拟也。上方向用起恒，怒彭年，召天麟入内，给笔墨，令面调旨。天麟惶惧，乃奏："昨彭年、堡与刘湘客至臣寓，订臣逐严辅臣，而推臣独典机务。谋㙔事，臣实与闻，顾以彭年意甚善，遂推以委严辅臣为罪名。今若拟旨责彭年，彭年必怨臣负己，臣不得久侍密勿矣。"语闻，上正色责之，左右皆掩口而笑。天麟不得已，拟严旨。上顾以嫚语消彭年。彭年已知为天麟所绐，面诘其奸，金堡从旁消责之，天麟遂怨堡甚。适堡参陈邦傅庸懦专横，宜削爵。邦傅疏言："臣扈从上于艰危，乃有今日。不知金堡从何而来，乃与臣为难。"天麟因拟旨云："金堡辛苦何来，朕亦不知。"退谓人曰："杜甫诗有云：'辛苦贼中来。'堡自辰、沅赴阙，曾与清吏戴国士通书问，吾以谓其自贼中来也。"其鄙媟类如此。堡奏："辛苦之旨，臣不知何谓。如庾词嘲笑，徒亵王言。臣在黔阳山中，戴国士贻书见招，臣正辞切责之，以死自誓，不从叛逆。辅臣即不知，奈何诬陛下以不知也？"天麟始与彭年语，谓当清铨叙，重台省，与彭年合。顾其子宿垣以布衣入仕，未半载，辄奏授监察御史，繇是人心交疾。天麟不能安，告病去，游桂林，瞿式耜迎而礼之，即遣其子沐诸将背式耜，推己为督师，为诸将所憎。乃走南宁，依陈邦傅，日夜与邦傅谋害起恒、堡。邦傅于诸将中最弱寡，又无拒战功，自顾不足以动朝廷。天麟乃说之通孙可望，为杀起恒、堡地。吴贞毓者，天麟礼闱所取士也。天麟遣结群遏，与起恒、堡相抵。上幸梧州，诏狱起，皆天麟遥主之也。

时粤东被围半载，全州再陷，东西交迫，御舟飘摇江次。贞毓率吴霖、钱泌、许玉凤累累行江干，结郭之奇、程源、万翱为驱逐计，日若不给，见者皆为寒心。天麟既属郭之奇题差其弟天凤典贵州乡试，至是，又遣宿垣入觐，胁都御史余炡题差巡按贵州，欲为孙可望通黔道，攻并黔将杨展、皮熊。展、熊知其谋，拒天凤、宿垣不得入境。王化澄既复入直，请敕趣天麟赴阙。会文安之自蜀来，道南宁，天麟要与偕行。既上谒，安之憎其为人，耻与入直，遂辞去。天麟留相未浃月，梧州陷，上奔浔、南，天麟将入滇归孙可望，道阻不通，走匿土司中，不知所终。

初，天麟与陈邦傅为伪册宝封孙可望，欲说可望贡方物入谢，因以要实封，而不敢与可望言。邦傅乃出所市滇中八宝手钏，伪为可望贡表上献。钏所直不过钱三五千。天麟即露章上言："宝钏乃希世之珍，藩臣贡此，其竭忠媚主之情可知已！宜速予王封，以答其意。"楚、粤诸将闻之，莫不欲唾其面。

《永历实录》卷三终

永历实录卷四

吴何黄列传

吴炳，字石渠，直隶宜兴人。中万历己未进士，工为词曲，与阮大铖齐名。历官江西督学参议。隆武中，江西陷，从建昌单骑入阙陛见。时福建举行乡试，即擢炳布政使，充提调官。已而闽陷，走广，谒上于武冈。时刘承胤专恣，瞿式耜、严起恒皆恶之，不得从驾，阁臣缺，票拟无所委，傅作霖以主事亟迁兵部侍郎，周鼎瀚以员外郎骤改侍读，皆与撰拟，承胤以己意授行，其非铨政军务者，则马吉翔、庞天寿自中批出，不复縁票拟，朝政无章。承胤意不自安。炳即入见，遂擢吏部尚书，不三日，即拜东阁大学士，入直。

炳素谐柔，好声色，荏苒无风骨，俯仰唯承胤意。武冈陷，炳遂与承胤降，随孔有德至衡州。有德恒召与饮食，炳既衰老，又南人，不习北味，执酥茶烧豚炙牛，不敢辞，强饱餐之，遂病痢死。

上之立也，承隆武之敝，禄位积轻，事权解散。及居武冈，刘承胤骄横，胁上，辱士大夫，群臣皆遁去，莫肯扈从。川黔总督尚书李若星拜吏部尚书，太仆寺卿杨乔然擢刑部侍郎，皆为承胤所掣制，旋解官。唯不恤廉隅者，则介承胤以进，辄俄顷拜大僚：童天阅、高光映庸闒而躐九卿；刘鲁孙目不识丁而授讲读；邹枚以小吏而登宪司；御史郎署，尤猥杂不堪，风闻四近。于是江楚间塾师、游客、卜筮、胥史皆冒举贡，自称全发起义，赴行在求仕。及上驻肇庆，金堡、丁时魁、袁彭年建议，谓爵禄太贱，小人营进，屈下镇将而威令不行，渔猎小民则人心瓦解，请核出身履历及乡望才品，以叙次录用。内阁严起恒、吏部晏清抑皆清慎，不妄甄拔。故一二年间，阃外稍知国纪，江、楚、黔、粤，所在收复，顾以是为群不逞所怨望。吴贞毓者，炳之族子，首谋挠乱之。堡下狱，起恒不用，将吏解体，两粤继陷，上蒙尘粤、滇之间，寄虚名群盗中，侍从不过百人，昔之以全发起义干乞禄位者，率持故衔投款，降级叙用，往往为民害，垂二十年尚未息也。

何吾驺，别号象冈，广东香山人。中万历己未进士。敏给通机变，颇工为诗，书法妍美，选庶吉士，改编修。当启、祯间，浮沉不为同异，守馆阁。崇祯八年，积资拜礼部尚书、文渊阁大学士，以事忤温体仁，体仁欲逐文震孟，因与震孟俱罢。隆武中，特敕以太子少师仍原官，召入直。

上幸赣州，吾驺从。至顺昌，追兵至，惊遁归里。已而苏观生立唐王聿𨮁于广州，观生人望素轻，倚吾驺为重。吾驺偕大学士黄士俊、侍郎叶廷裕、李觉斯、前布政使曾道唯及广东布政使顾元镜决策推戴，以拒上命。尽发守兵，西扼三水，东与陈子壮义兵相持，广州城门不置一卒。李成栋自惠州驰来，已入城，吾驺等尚不觉。俄而唐王、观生皆见杀，吾驺遂降，厚赂成栋，特荐之于清。及成栋反正，吾驺辄自冠带，称故相。上幸肇庆，丐成栋荐己。成栋因疏言：“吾驺、士俊纶扉旧学，宜备顾问；顾元镜、毛毓祥与谋反正，才能可用。”诏各起原官召用。

先是，吾驺降清，思以文望动人，得复大用，乃撰□□□史，称述功德，内书楚贼何腾蛟遣张先璧入寇。镂板行于岭外。至是，腾蛟闻敕召吾驺，大怒，欲疏攻之。吾驺惧，不赴召。腾蛟败没，吾驺遂偕士俊及毛毓祥赴阙，敕留入直。

袁彭年虽尝与吾驺同降，顾薄其为人。时彭年方掌西台，吾驺多龃龉之。彭年疏侵吾驺，毛毓祥为通政使，结给事中李用楫，疏攻彭年，互讦不已。吾驺引疾乞休，上亦厌之，听之去。彭年不自安，亦以请假治慈母丧，解台务。吾驺之出，亦无仕宦意，特欲一入纶扉，盖前罪耻，涂饰乡里耳目。吾驺富甲东南，销银为小山，高广丈余，凡十余所，露置宅院隙地。成栋兵初至，欲凿取之，不能动。吾驺既归，明年，广州复陷。吾驺逃入海中，死。

黄士俊，字亮垣，广东顺德人。万历丁未廷试，赐进士及第第一。历官宫詹侍郎，闲住。隆武中，起拜东阁大学士、礼部尚书，未赴。闽陷，苏观生立唐王于广州，士俊与焉。清兵陷广州，士俊就李成栋降。成栋反正，士俊丐成栋疏荐入直，上始难之，重违成栋之请，姑敕召之。

士俊偕何吾驺入见，以故相位居瞿、严上。诸殿阁唯文渊阁上有印，进呈文字则用之，居首揆者司其封掌。上在粤，瞿式耜掌之，上奔象州时遽，式耜不及缴。及幸肇庆，起恒班式耜后，而式耜方留守督师，起恒实首揆也，式耜方欲缴印付起恒，闻吾驺、士俊入，遂不果。起恒固有钦赐图书印进呈文字及发红本阁票下科，而吾驺、士俊为上所厌薄，无所赐，皆以白版行。

吾驺与袁彭年互讦解官去。士俊以柔顺为上所留，时年已七十八矣，以票拟失当，为吏科丁时魁所屡驳。士俊泣语人曰："老夫于诸公为前辈远甚。老夫叨鼎甲时，诸公尚皆未生，今乃相窘如此。老夫亦何所负于国家？所少者唯一死耳！"闻者哂而怜之。南雄陷，上幸梧州，士俊遽以病请归里，不知所终。

《永历实录》卷四终

永历实录卷五

李文方列传

李永茂，字孝源，河南南阳人。中天启乙丑进士，历宫中外，有能名。崇祯末，擢金都御史，丁艰家居。李自成陷南阳，永茂与前布政使贺自镜携家避寇，南奔襄阳。时左良玉、刘洪起兵各数万，沿汉屯聚，暴掠不戢。自镜女年将及笄，洪起强委禽，女不肯屈，投汉水死。永茂乃帅南阳避寇众数千人，团聚自固，泛舟汉江，号"南阳帮"，兵不敢犯。弘光立，永茂服阕，诣阙见，仍以金都御史巡抚南赣。汀州贼阎、王猪婆营据帘子洞，寇掠汀、赣。永茂会福建巡抚张肯堂讨平之。隆武中，万元吉受命督师江、楚，守赣。永茂以母丧解官，侨寓岭南。及丁魁楚、瞿式耜定策戴上于肇庆，迎永茂协策。永茂至，拜文渊阁大学士、吏部尚书。永茂以终丧固请。式耜奏："永茂即欲终制不与阁务者，皇上以冲龄嗣服，非耆旧之臣，孰与劝学？臣等捐躯，只办阃政。请命永茂专侍经筵，不及庶务，亦可令忠孝两全也。"永茂犹固辞，不得，乃受命。

永茂因进讲，请召用人才。退而疏荐十五人，直省各举一人，御史刘湘客与焉。湘客忤内监王坤，坤方秉笔，以朱斥之。永茂抚赣时，湘客客于赣，悉其才品，与相厚善。至是，怒曰："斥湘客者斥茂也，国势孤危如此，而犹唯内竖意，掣辱大臣，吾宁死草间，不能为此辈分任亡国之罪。"拜表乞返苦次。即日解舟溯浈江，入仁化山中，郁郁以疾卒。

文安之，别号铁庵，湖广夷陵州人。中天启壬戌进士，进庶吉士，改检讨，迁编修左庶子，以忤魏忠贤削籍。崇祯初，起侍读，历官南京国子监祭酒，清刚不合于时局，解官归里。弘光中，以清望素著，起詹事府詹事，不赴。上即位，瞿式耜奏："安之及侍读学士王锡衮，历朝人望，宜入纶扉，且道路可通，尤易征趣。"诏以礼部尚书、东阁大学士，敦趋赴阙。会湖、广沦陷，敕使不达。时忠贞营败绩于草坪，退屯夷陵，结寨自固。刘体纯、袁宗第自汉中返，亦屯荆、郧间。郧阳故将王光兴率众自竹山南来，与诸部犬牙结聚。已而堵胤锡以忠贞营下常、澧，光兴移屯荆西，迎翰林院编修黄灿监督其军。事闻，加灿侍读兼兵科给事中。灿与安之同里，因迎安之，资其威望，镇抚诸将。永历四年，安之入见。绕道至平越，乃以疏闻，上敕召赴阙。抵南宁，上命礼部主事刘兆锃敦趋之，朱天麟亦得召旨，因与偕至。天麟以安之翰林先辈，欲假其望以动人，颇推崇之。已而议论猥杂，安之深厌之，遂不合。既见敕召入直。安之之至，以节制黔、楚，修纲纪、收败局为己任。顾天麟与王化澄不足与共事，遂大懑阻，力求督忠贞营出楚、蜀，为光兴援。凡入纶扉者十日，即奉敕督师秦、蜀去。

时忠贞营久屯浔南，师疲粮乏，安之乃率之自黔入楚西，冀收蜀为迎跸计。至贵阳，孙可望已并杨展、王祥之军，驻贵。安之不得已，谒见可望。可望固欲留之，安之诡辞以对，得去。入楚，忠贞营踵其后，为可望所觉，追安之。安之已驰出黔，与诸帅合居巴、兴间。未几，薨于军中。

黄灿，字中涵，崇祯癸未进士，亦卒于军。灿既没，佥都御史毛寿登为诸营监督，与光兴同降于清。

方以智，字密之，直隶桐城人。姿抱畅达，早以文章誉望动天下。父孔炤，万历丙辰进士，巡抚湖广，为时相所忌，以失律，逮下狱。阮大铖与同郡，尤忮害之。时局翕然，欲致孔炤于死。以智方中乡举，上计偕，忌者欲因文场陷之，使绝营救伸理。以智入都，佯为不就试，已乃密入闱，中崇祯庚辰进士，选庶吉士，改编修。以智既官禁苑，在廷稍为孔炤伸理，得减死论。北都陷，以智间行归里。大铖党又欲以从逆陷杀之，几不免。南都陷，以智徒步走江、粤，顾自是无仕宦情，乃改名姓称吴秀才，游南海。参议姚奇胤与以智同举进士，一日，拥驺从出，与以智遇。以智趋避书肆中，奇胤愕眙，下肩舆，相持泣下，人始知其为以智矣。奇胤劝令强起襄时难，以智不答，留客奇胤署中。

瞿式耜闻而迎馆之。会上即位于肇庆，擢左中允，充经筵讲官。司礼太监王坤奏荐大臣数十人，给事中刘寨抗疏言："内臣不得荐人，况大臣乎！坤所荐者皆海内人望，方且以间关不得至为忧，若闻坤荐，当益裹足不前，则是名荐之而实止之，拒人于千里之外也。"坤怒，将逐寨，且疑寨疏出以智手，为寝经筵。以智既无宦情，讲官之命为式耜所强受，又不见庸，遂决挂冠去，浮客桂、柳间。粤西稍定，就平乐之平西村筑室以居。以智诗仿钱、刘，平远有局度，书法遒整，画尤工，弈棋亦入能品，尤嗜音律，喜登眺，至是放情山水，觞咏自适，与客语，不及时事。楚、粤诸将多孔焰部校，欲迎以智督其军，以智咸拒谢之。永历三年，超拜礼部尚书、东阁大学士，不拜。诏遣行人李浑敦趋入直，以智野服辞谢，不赴。平乐陷，马蛟麟促以智降，乃舍妻子，为浮屠去。

刘寨，字及叔，四川人，中崇祯丙子乡举，豪隽有才致，历官佥都御史，巡抚柳、庆。

《永历实录》卷五终

永历实录卷六

陈姜列传

　　陈子壮，字秋涛，广东南海人。父熙昌，官吏部给事，为清节名臣。子壮中万历己未进士一甲第三人，授编修。天启间，忤魏忠贤，与父同削籍归里。崇祯初，起用，历官宫坊，为思宗皇帝所简知，擢礼部侍郎，将倚相之。间诣温体仁。体仁盛称主上神圣，臣下不宜异同。子壮正色曰："世宗皇帝最英明，然祔庙之议，勋戚之狱，当日臣工犹执持不已。皇上威严类世宗，公之恩遇孰与张、桂？但以将顺而废匡救，恐非善则归君之义。"体仁故忮子壮，至是闻其言益怒，遂密以其语奏闻，上遂疏之。崇祯八年，诏以祖训，凡郡王子孙以降有文武才能堪任用者，宗人府以名闻，考验，奏授京外职官。子壮抗疏言："宗室改授，适开侥幸之门，隳藩规，涸铨政，而以不习艰苦之贵介，出傅姆之手，登之吏民之上，徒为民苦。"疏奏，上震怒。体仁复乘间深中之，逮下狱，欲以祖训离间亲亲条抵之极刑。刑部议上："祖训与律例，皆祖宗垂法，虽可并行不悖，但祖训在开国之初，以治乱国用重典之法齐一天下；律例则斟酌得中，为世守之成宪。故列圣以来，皆以律例议刑，而不敢亵用祖训。子壮罪，如律当戍。"复上。体仁犹严驳从重，部执益坚，乃得减死论戍。体仁因是遂讽上颁祖训于学宫，通令天下讽习，以锢子壮。工部右侍郎刘宗周抗疏言："子壮以过戆下狱论戍，市井杂流，阴操论说，投间抵巇，以希进用，国事尚可问哉！"疏入，不听。寻体仁死，上怒渐释，子壮乃以赦归里。

弘光中，与黄道周同以礼部尚书召，不至。隆武间，就家拜文渊阁大学士，赴阙。时阁员二十三人，皆具衔不与票拟，子壮告归。苏观生立唐王于广州，子壮恶之，举家航海，招义旅，间道贻书于瞿式耜，请西师疾下，愿举海舟会击，諴观生，靖内乱，以图外御。林佳鼎败没，子壮固拥义兵居海澨，不下。已而李成栋破广州，子壮即军中，益号召，约舟师数万复沿海诸县，清远贡士朱维四率义兵自上流应之，兵薄广州，子壮戎服督战。顾广人利水斗，不习陆战，成栋婴城不出，围数日，子壮兵尽登岸，成栋启诸门，大出铁骑，蹙之于水次，会雷雨大作，风益烈，舟飘摇不得附岸。举军覆溺，子壮死之。弟子升收余卒，依海岛，结砦自固。已而成栋归附，兵乃解。永历三年，赠子壮太子太保，谥文忠。

子升，字乔生，中崇祯己卯乡举。隆武中，授兵部主事。子壮既战没，子升收其余众，结石、马、徐、郑四姓，据花山岛。有杨光林者，拥兵万余，遥与联应。海南王兴，号"绣花针"，亦拥众数万，互为犄角。成栋归附，子升释兵，入见，改兵科给事中，迁礼科右给事中。端静无所附和，不合于时，移病告归。海上诸兵为李成栋所摧抑，皆瓦解。王兴屯雷、廉间。王化澄奏用其乡人连城璧，超授大理少卿，往连络之。城璧贪狠，为兴所厌薄，外受羁縻，拜官爵，而不为朝廷用，徒为暴于海澨。

姜曰广，字居之，一字燕及，江西南昌人。中万历己未进士，文望丰采，为东南冠。选庶吉士，改编修。天启六年，充册封正使，偕给事中王梦尹，封朝鲜国王。奉别旨，便阅海上情形，按毛文龙功次虚实。曰广询鲜人，核海师。备得要领。使还，上言："文龙以二百人入镇江，据铁山招降夷，抚归义之民至十余万，不可不谓之豪杰，不可不谓之偏锋。若堂堂正正，与虏决胜负于郊原，不独臣不敢信，文龙亦不敢自信。若养成一队精锐之兵，设伏用间，乘敝出奇，文龙自信其能，臣亦信文龙之能也。朝廷知文龙以用文龙，则不致失文龙而莫尽其能，亦不致孤倚文龙，以困而覆之矣。"疏入，报闻。然朝廷终不能以此待文龙，后卒如曰广言，以致于败。未几，曰广以忤魏忠贤，闲住。崇祯初，起擢左春坊左谕德。崇祯三年，典南京乡试，甄别典雅，得士尤盛，如杨廷枢、张溥、陈子龙、杨廷麟各以文章气节著闻。顾以清贞不附时局，为温、周所抑，不登大用。家居，与万元吉、杨廷麟、李可辅虑北都逼□□，恐不可保，思固江左为后图。史可法为南司马，吕大器为皖督，皆深相倚望，左良玉亦托重焉。崇祯十七年，以詹事掌南京翰林院事，与迎圣安皇帝，拜东阁大学士、礼部尚书，与史可法、高弘图为南中三贤相。天下翕然望之。然马士英、王铎以奸婪同秉国，曰广不能孤伸其志。当迎立时，吕大器以福邸故以谋嫡累贤士大夫，激成奇祸，后必授时局口实，掀翻党锢，而嗣王抑无令德，声不如潞王之贤，弘图、曰广胥以为疑。士英阴订阮大铖，决意福邸，以快意于东林，遂与武臣刘孔昭、汤国祚、赵之龙决策。曰广虽亦与翼戴，士英微以其事闻宫中，上下之猜疑启矣。已而刘孔昭以起用吴甡、郑三俊故，廷辱吏部尚书张慎言，曰广知党祸将起。遂乞休，不允。及马士英奏荐阮大铖以知兵，赐对。弘图请下九卿会议。士英因攻弘图、曰广护持局面，爱而登之天，忌而锢之渊，欺罔莫甚。曰广奏言："臣前见文武纷竞，既惭无术调和，近见钦案掀翻，又愧无能预寝，遂使先帝十七年之定力，顿付逝波，陛下数日前明诏，竟同覆雨。梓宫未冷，增龙驭之凄凉；制墨未干，骇四方之视听。臣所争者朝廷之典章，所畏者千秋之清议而已。"不听。

时大铖初入，士英宠威尚浅，曰广虽见沮忌，犹得稍有建明，引荐黄道周、陈子壮、华允诚、杨廷麟、黄文焕，咸得召命。左良玉驻武昌，缮兵辑民，思有以自效；皖抚袁继咸联江、楚，系上游重望，皆倚重曰广协心戮力。马士英益深忌之。会巡按湖广御史黄澍自楚入见，请召对，面纠马士英奸贪误国。士英益疑曰广与良玉、澍排己，凡用舍进退，皆以内降行己志，尽削阁权。曰广上言："祖宗会推之法，万世无弊，斜封墨敕，覆辙具在。先帝善政虽多，害政亦间出，而唯以频出中旨为乱阶。鄙夫热心仕进，一见摈于公论，遂乞哀于内廷，但见其可怜之状，听其一面之词，遽为耸动。先帝即误，陛下岂堪再误？天威在上，密勿深严，臣安得事事而争之？但愿陛下深宫有暇，取《大学衍义》《资治通鉴》视之，反复思惟，必能发明圣性，点破邪谋。陛下用臣之身，不若行臣之言，不行其言而但用其身，是犹兽畜之以供人刀俎也。"疏入，不省。顷之，大铖入秉戎政，与士英谋结刘泽清、刘良佐，以捍良玉而厄曰广，遂购换授宗室朱统铰，疏参曰广显有逆谋。袁彭年、熊汝霖抗疏言："曰广劲骨戆性，守正不阿，居乡立廷，皆有公论。统铰扬波欱血，飞章越奏，不从通政司封进，是何径窦，直达御前？奸险之尤，岂可容于圣世！请逮治统铰。"不报。高弘图揭请付统铰于理，拟严旨。上三发改票。弘图言："臣死不敢奉诏。"上召弘图，厉声责之。弘图遂乞休去。寻以推翼恩加曰广太子太傅，抗辞，未允。会御史祁彪佳疏论诏狱、廷杖、缉事三大弊政，曰广拟旨许禁革。内批发改票。曰广揭言："臣所守者，朝廷之法度，一官之职掌，而欲以严旨加直诤之臣，留败亡之政，臣死不敢奉圣意。"不从。于是士英知上恶惮曰广，益募党攻讦无忌矣。吏部例转御史黄耳鼎为副使，内批留用，尚书徐石麒争之。士英因为耳鼎言："不去姜南昌，君必无留理。"耳鼎遂疏攻曰广结刘宗周为死党，欺君把持，无人臣礼，曰广乞休，遂予告去。先是，曰广愤马、阮之奸，必将旦夕亡国，犹以己为密勿大臣，无遽去理，故攻者频仍，徘徊不忍去。而大铖欲尽援钦案逆党致要津，攻击异己，报十七年废锢之怨，忌曰广之牴牾，必欲重陷之。曰广归，士英乃与王铎尽翻钦案，引匪人，逐正士，鬻官爵，隳边防，天下闻之，无不知其不能旦夕延矣。

给事中吴适疏言："曰广忠诚正直，海内共钦，乃么麽小臣，为谁驱除？听谁主使？上章不繇通政，结纳当在何途？内外交通，神丛互借，飞章告密，端自此始。搢绅惨祸，所不必言，小民鸡犬，亦无宁日矣。"疏入，内批切责之。于是蔡弈琛、陈盟、杨维垣、张孙振相继大用，士林无赖者靡然翕附。原任推官黄端伯，妖妄人也。无故解官，自髡入庐山，挟左道惑众，为南州人士所鄙。至是，挟怨赴阙，呈身于士英，讦奏曰广谋危社稷，援引鬼神以征之。士英授统铰行人，擢端伯礼部主事，以招致攻曰广者，中外骇惧。史可法孤立淮上，左良玉师老鄂城，南北交警，势岌岌，而士英杀曰广之心益急。会思宗皇太子事起，内旨传谕法司："王之明往闽往楚，欲成何事？主使附逆，实繁有徒。著所司穷治。"敕出士英手，欲倾曰广、弘图以族诛之辟也。会左良玉兵东下，清兵南渡，南都陷，不果。未几，清兵逼南昌，巡抚旷昭走。曰广避居山中，清将吏累招请，不应。已而金声桓、王得仁屯南昌，素知曰广德望，阳招而阴纵之，曰广以是得全，阴结抚、赣义勇，思间道入闽、粤，未及行。俄而声桓反正，不知朝廷所在，无所禀重，乃迎曰广居南昌，镇抚士民。事闻，敕加曰广少师兼太子太师、建极殿大学士，赐尚方剑，便宜行事，督师恢复京、湖、闽、浙。曰广以清望旧为声桓推重，然声桓拥重兵，以反正功自大，爵上公，亦赐便宜，遂专制生杀，不听命于曰广。时抚州王盖八起义，兵满数万。赣州阎、王、宋诸贼归义效命，众亦数万。吉安刘季矿所号召，西连鄮、耒、郴、桂，所在响应，咸听命于曰广。曰广欲辑合之为声桓援，声桓不从。金都御史吴宗周劝声桓尊奖曰广，收士民心。声桓强应之，弗能听也。曰广称疾，不视事。

永历二年秋，敕召曰广陛见，声桓逊辞留之。曰广既久引疾，不能一旦去，逗留间，清兵大集，围南昌。曰广起，与声桓分埤而守。顾曰广所联络义兵，皆已解散，又素无权藉，虽旦夕乘城，不能有所指麾。冬十月，刺血拜表乞援，朝廷无以应。又驰檄何腾蛟求救，腾蛟以衡、长未下，次且不进。南昌粮尽，曰广倾资鬻仆妾以充饷，不给。城将陷，抚州门启，清兵故开一面，听城中溃散。或劝曰广出奔，曰广曰："吾今日不死，尚何待！"闭门引吭而薨。事闻，赠进贤伯，谥文忠。

《永历实录》卷六终

永历实录卷七

何堵章列传 郑古爱、杨锡亿附

何腾蛟，字云从，贵州黎平人。中天启辛酉乡举。崇祯间，授南阳知县，吏治精敏，以最闻。南阳，思文皇帝封邑也。思文皇帝英锐喜事，推官万元吉颇规裁之，腾蛟特相周旋，元吉以遏抑亲藩见逮，腾蛟得不与，擢大兴知县，精敏如治南阳，迁郎署，擢巩昌兵备副使。以善抚兵将，为秦督洪承畴所推荐。崇祯十六年，张献忠陷武昌，楚抚王聚奎、王扬基以失机论治，廷臣视楚为戒途，无敢赴者，擢腾蛟右佥都御史，巡抚湖广。张献忠入蜀，左良玉驻武昌，大为民扰。腾蛟至，以恩礼结良玉子梦庚与正纪副总兵卢鼎，得其欢心，尤与左营监军主事李犹龙相善，良玉所部颇尊信之，绥抚残黎有方。

腾蛟故黔人，与马士英同乡里。士英督豫、楚，腾蛟与受节制，颇相得，以是为巡按御史黄澍所疑。左良玉自不惬于杨嗣昌，颇与中朝气节之士相知闻，而与士英不协。澍与良玉相亲重，腾蛟以通敏和让，亦与良玉善，良玉习其无他，每与澍言推奖之，澍不以为然，良玉亦不以澍为是，然军机进止及朝政得失，澍独与良玉谋议，不令腾蛟知也。时黔人越其杰、杨文骢皆附马士英，得节钺，大为疆场蠹。腾蛟虽有才度，而不为高弘图、姜曰广所知，虑其且偾楚事。给事中袁彭年、御史徐养心请以副都御史杨鹗总督楚、豫，削腾蛟权，而士英欲沮抑之，加腾蛟兵部右侍郎，与相颉颃。未几，撤鹗，改授腾蛟为豫、楚、川、黔总督，迁副都御史。已而黄澍自楚入见，廷纠马士英奸贪误国，被旨切责，出监良玉军，深以腾蛟附士英为疑。腾蛟亦恨澍疏己。澍既削夺逮捕，而皇太子自北来，下狱掠治，良玉抗疏争之，因风皖督袁继咸及腾蛟。继咸抗疏激切，而腾蛟具疏言："太子到南，何人奉闻？何人物色取召至京？马士英何以独知其伪？既为王昺侄孙，何人举发？内官公侯多从北来，何无一人确认，而泛云自供？此事关天下万世是非，不可不慎。"疏入，诏以法司审明节略解之。良玉以腾蛟疏持两端，故为士英送难，启其辨折，遂疑腾蛟，故东下之谋，独与澍决策，而腾蛟不知。

弘光二年四月初四日，良玉拔营东下，腾蛟大骇，不知所为。俄而左梦庚遣数十骑胁腾蛟登舟，亦未与相见。腾蛟意不欲行，佯堕水，匿芦荻中，附小舟得达岸，走江西，将归武昌。而武昌民半为左兵掠夺，城空不守；李自成为吴三桂所追，数十万骑临江求渡。腾蛟乃从宁州过浏阳，走长沙，大号湖南、湖北，言良玉反，良玉部校在湖南者，率擒杀之，沉尸于湘江。间道遣疏赴南都，雪已不与。

长沙素无武备，腾蛟乃召黄朝宣于攸、衡山中，行登坛礼，拜为总统。朝宣部卒不满二千人，多羸弱，兵素不戢，稍惮李乾德，不敢逞。至是，猝遇宠任，遂益骄。会左良玉死，南都继陷，梦庚降。而李自成渡江，入无人之境，縣蒲圻走死九宫山。其部贼数十万，大掠巴陵，南至湘阴、浏阳，腾蛟不知其为自成部贼也，猝遣长沙府通判周二南率朝宣部卒千余往御之，大败，二南死之，腾蛟始骇，婴城为守死计。诸贼失主，遑遽无所依，乃遣使就腾蛟降。高、李部号三十万，刘体纯、袁宗第、张光翠、牛万才、塌天豹部各数万，不下五十万人。湖南地既迫隘，赋入亦薄，腾蛟虽受其降，亦未有以安插之，诸部大掠巴陵、蒲圻、平江、湘阴间如故。已乃渐渡江，屯荆、岳间。腾蛟复纠合张先璧、黄朝宣、刘承胤各益招募，以众相尚。而卢鼎、马进忠、王允成不与左梦庚同降，因风南泛，驻岳州，听命于腾蛟。贼偏将王进才、郝永忠拔营归腾蛟，为督标总兵。诸军猬集，号百万，腾蛟不知所裁。会思文皇帝下诏曰："万元吉，朕之旧盟；何腾蛟，朕之恩故也。"遂加腾蛟兵部尚书、副都御史，赐蟒玉尚方剑，便宜行事，总督豫、楚、秦、蜀、黔、粤军务。时朝廷既轻爵赏以縻人心，腾蛟以潜邸旧恩，尤所倾注。腾蛟以受降事上闻，上益倚重之，即敕腾蛟便宜绥抚。腾蛟以兵太重，难于控制，乃檄提学副使堵胤锡节制新降诸部，而自领进忠、允成、鼎、先璧、朝宣、承胤、进才、永忠为己属。胤锡已次第安插，晋拜佥都御史，抚楚，寻加总制侍郎，督忠贞营，屯湖北，腾蛟屯湖南。

始，腾蛟至长沙，倚朝宣过重，及是，大师麇集，而朝宣轻，刘承胤旧镇黎、靖，腾蛟子家居黎平，与承胤有隙。腾蛟虽专制一方，而威令往往挠沮。进忠、允成、鼎皆良玉部骄将，但示羁縻，索饷重叠，继以侮嫚。腾蛟既奉便宜之命，骤加派义饷，兼预征一年，民田税每亩至六倍以上；不足，则开饷官、饷生之例，郡邑长吏皆以资为进退；又不足，则开募奸人告密，讦殷富罚饷，倾其产，分诸营坐饷。朝宣、先璧、承胤皆效之，湖南民辗转蔓延，死亡过半。思文皇帝屡敕奖誉，全举楚事付之腾蛟，不问。钦差台省官至者，稍不逊让，则漂摇江干，为兵卒所瞷。部选长吏至，皆不遣就任，以意改授之。而标下将吏熊兆佐、马际昌、李先春、韩□□与长沙诸生周辛通贿窃权，腾蛟固不知禁也。

隆武元年冬，腾蛟与胤锡会议出师，调承胤至长沙，不用命，归武昌去，朝宣亦不至，张先璧自请从茶、攸出吉安，唯监军道章旷率进忠、允成为前部，下岳州，腾蛟率偏将满大壮、吴胜兵数千人继之。檄胤锡督高、李部自澧出荆，胤锡围荆州，未下。清兵适大举入侵，至岳州，进忠、允成惊退。清兵舍长沙，径渡江，蹂高、李十三家老营于草坪。腾蛟泛舟至磊石驿，惊溃，走归长沙，画新墙驿守湘阴，不复议出师矣。初，圣安皇帝诏天下：有能擒斩李自成者，世爵国公，禄万石，视徐达。至是，腾蛟奏报斩自成于九宫山，以周二南死，失首级。思文皇帝方亟勖名，镇天下望，遽下部议赏。部议以祖制，文臣不得封公侯，封腾蛟定兴世伯。敕旨已行，将予世券。都御史郭维经上言："自成传闻死于九宫山，在江西宁州界内，传以五月死，而七月所部降，腾蛟乃知，且经年而后报，遽行大赏，诚非所宜。且自成之或死或生，或死于吴三桂之追兵，或死于乡团之棒击，俱不可知，万一杀自成者他日且以首献，臣不知腾蛟之何以自解。且万一自成未死，而他日更出没于他所，臣又不知皇上之何以收反汗也。腾蛟独力镇楚，抚降御虏，忠猷自不可掩，何必借此影响不自信之功名，以贻天下后世之讥非乎！臣且不能不以爱腾蛟者全腾蛟，况陛下之以驭腾蛟者安腾蛟，又当何如郑重也！"疏入，乃辍给世券。

时郑芝龙骄悖，怀贰心，上疑之甚。万元吉自赣州表请西幸亲征，腾蛟闻之，乃遣监纪推官傅作霖奉疏迎銮。上既急欲去闽出楚，作霖陛见，盛称楚兵强盛，腾蛟精忠，渴望移跸。上大悦，加腾蛟太子太保，促遣兵入赣迎驾。顾腾蛟以便宜制楚，文武将吏皆出其门，不忍失权藉，谓章旷曰："上若幸楚，则虏当聚力攻楚，恐未易支也。"上屡敕趣迎驾兵会赣州，腾蛟乃名遣张先璧自攸县出永新，郝永忠自郴出龙泉，分左右部，号迎驾军。先璧至攸，屯师不进，永忠至郴，西屠桂阳州，过宁远，腾蛟亦不促遣之。上繇是怀疑，未即去闽，腾蛟赍奏使臣不入闽者数月。他日，奏使至，上震怒，召面诘之，使臣诡辞以对。上次且间，稍行至顺昌而陷。顾自是兵益无纪，粮益不继，诸将瓦解，黄朝宣不出其山，张先璧据攸县，郝永忠据宁远，马进忠移屯沅江，王允成寄帑于湘潭，卢鼎据衡州，刘承胤保武冈不出，各招市井无赖，转相凌虐，农氓被迫，亦释耒而为兵，更互仇杀。会岁大旱，千里无烟火。王进才居长沙，抑不受调度，傅上瑞遁走沅州，独章旷率标兵数千捍湘阴。

永历元年二月，清孔有德大举犯湖南，旷督孤军与战，不利。允成、进才掠长沙，先走。腾蛟奔衡州。时上在桂林，将图幸楚，特拜腾蛟武英殿大学士、兵部尚书，督师恢复。腾蛟至衡州，诸军益汹惧，无固志。四月，孔有德前锋至衡山。诸军大掠，分道走。腾蛟奔永州，遂自永至武冈，入见。刘承胤挟旧隙，欲夺其兵柄，矫旨召腾蛟入直，腾蛟固请出收兵，图恢复，上意亦欲遣之。承胤乃谋解散其部曲，困之令无所往，而滇帅胡一青、赵印选恶承胤，愿为腾蛟效死，遂从腾蛟自古泥至柳州，转收周金汤、熊兆佐、马养麟诸军于广西。已而桂林惊溃，腾蛟会瞿式耜于桂，誓师北出。自是得一青为股肱，军势复张。腾蛟亦以死自誓，期收楚以谢前不敏。金声桓自南昌间道遣使至，推戴腾蛟为主盟，期犄角东下。马进忠复常德，驰请会师于岳州，腾蛟率诸军三十余战，复全州，战飞鸾桥，大败清兵，遂围永州，冒矢石督战，攻下之，杀清将余世忠，擒其广西巡抚李茂祖，磔之。遂下衡州。檄曹志建集师大举，将趋长沙。会堵胤锡以疑忌激马进忠弃常德，间道自湘乡至湘潭，转掠千里，李、高诸部躡之而下，集于湘潭。进忠患李、高之逼，告急于腾蛟。腾蛟乃率标兵数百人，乘轻舸下湘潭调护之。胤锡亦至，议良久，乃誓师分汛，胤锡率李、高十三营渡湘而东，走吉、袁，援金声桓于南昌；腾蛟率马进忠、王进才、张光翠、牛万才泊滇、曹之兵攻长沙。部分乍定，方送胤锡军渡江，进忠全师尚留湘乡，檄召之，未至。余兵俱未会。清人闻湖南北全失，遣其五王子帅大众来争，猝至长沙。腾蛟正为李、高诸部所鬻，不及侦候。永历三年二月庚寅，虏骑至城下，乃觉。进忠兵少，不能战，雨雪杂下，人马困，沿江惊溃。腾蛟遽乘马欲登舟，为追兵所执，大呼曰："我何督部也！当明白死，奴辈勿得凌我！"因下马，步至城南佛庵。五王子遣人劝降，至再四，腾蛟不应，唯举手拍地，呼可惜，两掌皆碎，三日水浆不入口。五王子知其不屈，遂遇害。所部士卒降清者窃收其骨葬之。始，胤锡率大军弃湖北至湘上，腾蛟拜疏言："湖北千里一空，湖南重兵犹集，已复之土，弃为青磷白骨之场，而诸将狼戾狐疑，制臣不能辑之，臣又何以辑之？唯有孤掌鸣号，誓死报国而已！"未两月，果陷于难。腾蛟既没，衡、永、宝、郴相继皆陷，而粤不可守矣。时中外属望腾蛟甚重，方其初陷，朝廷犹冀其脱，特敕遣御史郑古爱入楚访求之。已而知其殉难，上震悼，辍朝，赠太师中湘王，谥文忠，设位于肇庆之天宁寺，上亲临祭，举哀失声，百官皆恸。

子文瑞，以荫至兵部侍郎，居桂林，广西陷，亦遇害。

堵胤锡，字仲缄，别号牧游，直隶宜兴人。崇祯癸酉，中应天乡举，以父母早世，贫不能具礼，辞计偕，追庐墓三载，墓桐方冬生华，人以为孝感。黄道周为之著《礼问》一篇，以旌其志。丁丑，乃就公车，赐进士出身，授兵部主事，晋员外郎，迁长沙知府。与推官蔡道宪以志义廉隅相奖勉。给事中史可镜归里，侵乡曲，胤锡重裁之。已而道宪殉难，可镜以从贼伏诛，郡人益服其明。崇祯十六年，张献忠陷长沙，胤锡上计未返，以课最擢分巡武汉道参议。弘光元年，改提督湖广学政。左良玉举兵下九江，胤锡方校士湖南，故不与。何腾蛟奔长沙，渐闻南都沦没，武昌亦陷，乃集胤锡及傅上瑞、章旷议，开府调兵食，制战守。

胤锡至性深挚，北都之变，号泣绝食者数日，及是，流涕慷慨，誓死以济国难，闻者咸为感跃。然负气矫迫，喜有兴作，无持重之度。因与腾蛟议，招募辟召辄行承制事，胤锡亦自下书旁征人才，版授监纪府佐，停岁贡生，以意改调除授教职，竞躁之士，因缘奔赴，旦见，夕即释褐。征杨国栋为部将，令募偏裨部曲，札授武职至副总兵，仍隶道标，其不恤名实如此。

　　胤锡既与上瑞、旷推腾蛟为总督，腾蛟即题荐胤锡巡抚湖广，拜表即以抚臣行事，辄解学政，付原任黄州知府周大启，今开饷生，征其资为军实。遂益遣王之宾、彭嵩年、向文明广招兵卒为内标，岁糜金粟将百万，皆游惰民，不堪行阵。腾蛟既奉便宜之命，一切不待敕旨，胤锡亦如腾蛟所行，自是诸将不知复有朝廷，率唯己意为札，官盈三四万，渔猎湖南北，愿民则窜匿山谷以自全，不免。高、李部降，腾蛟檄胤锡抚驭之。胤锡乃与腾蛟分汛任战守：腾蛟任湖南，守湘阴，图岳、武；胤锡任湖北，守常、澧，图荆州。胤锡为高、李部奏请立名"忠贞营"，易高得功名曰必正，李过名曰赤心，皆奏准，以钦赐行之。忠贞营屯老营于草坪，粮饷不给，恣掠于民间，胤锡无以处也。隆武元年冬，胤锡与腾蛟分道出师，胤锡率忠贞营及杨国栋、周师文之兵围荆州，虏救猝至，民素苦掠夺，遂导虏骑劫高、李老营于草坪。忠贞十三部连营亘二百里，猝受抄蹂，彼此不相知闻，已而惊遽，又不知虏众多寡，遽解围恇乱。城中兵乘之，遂大败。胤锡乘马麾兵勿退，万骑陵乘，不可禁戢，胤锡坠马折右肱，周师文救之，得免，还屯常德。忠贞营西奔巴、归，不相听命。

　　旧制，奏荐仍听部科核实题用，抚按不尸为恩，所奏荐者以职级相晋接，无称门生礼。崇祯间，破资格，开荐举，有自下僚寒贱及罪废官遽授显要者，乃以门生礼事荐主。然至京堂，亦不复用此礼。初，傅上瑞弃黄州，卖武昌城，事坐不测。腾蛟拂拭奏用之，擢监司。及是，题擢金都御史，戴腾蛟不敢贰。章旷亦以廷议龃龉，腾蛟保任秉节钺，荏苒不能自拔，皆刺署门生如故。胤锡以清望推督学，虽节钺之命自腾蛟奏荐，而朝廷委任不在腾蛟下，雅不欲与上瑞齿，乃据旧章，刺以平交相往复。腾蛟不悦，两府幕宾类无赖士，益相构煽，遂成猜离，湖南北不相协应，而瓦解之形势成矣。

　　上嗣位，加胤锡兵部待郎，总制楚师。未几，晋尚书，拜武英殿大学士，封光化伯。胤锡辞伯不受。及长沙陷，腾蛟奔衡、永，马进忠走湖北。已而清兵急犯常德，胤锡率杨国栋及己标之兵，走屯永定卫山中。进忠与牛万财亦至，连营相保。进忠故听腾蛟节制者也，胤锡姑安插绥抚之，而心不相得。合屯山中凡八月，胤锡频趣进忠出兵，进复辰、常，进忠不应。时方溽暑，进忠邀胤锡饮树下，因步林塘间，见故墟有茂荫清适，进忠曰："此可构一亭轩，坐销余暑。"遂指挥军士，垦基址，庀木石。胤锡大怒曰："终当老死此山乎？"进忠笑不应，胤锡益愤。引满取大醉，归卧帐中。翌日，日晏未起，樵苏者归报，进忠已拔城营出常德。胤锡大惊，遽呼国栋、万财继进，迟至常德，则进忠已拔城两日矣。胤锡不得已，为调兵食，抚士民，进忠又若听令者。

胤锡以腾蛟分任湖南，而长沙先陷，过在腾蛟，及是，闻腾蛟围永州未下，欲因进忠兵出复长沙，以辱腾蛟，遂日促进忠出师。进忠方与郑古爱招马蛟麟于辰州，蛟麟迟回未决，进忠固欲留待之，不即听胤锡。胤锡欲以辰州委王进才，进忠忧进才非蛟麟敌，固不从，而进忠间道遣使至腾蛟所，报功次。胤锡密闻之，疑其为待腾蛟也，乃命毛寿登监进忠军，羁縻之，而自与郑古爱率轻骑间道走巴、归，招忠贞营下长沙。高必正方苦粮尽，闻胤锡语，大喜，卷营即起，取道澧、常，进忠方大屯刍粮于常德，为安老营计。胤锡往蜀，以督忠贞营出荆州为名，进忠意高、李之未必为胤锡兴师也，亦姑置之。及是，忠贞营遽至，距常德百里，胤锡乃以书报进忠，言会师攻长沙事。进忠大惊，疑忠贞营之众，旦夕即并己，立命焚廨舍庾积，掠百姓，拔营南走，间道趋湘乡，欲破衡州，依何腾蛟安老营。而胡一青已下衡州，进忠遂自衡返湘，掠杀匝五百里，民死过半。进忠去常德，王进才、牛万财不知所出，遂约刘体淳、张光翠同走衡、宝间。忠贞营至，常德已赤土，无茎草，不能留，即尾进忠后，自宁乡趋湘潭。马蛟麟徐出，收常德。湖北复陷，诸军猬集于湘。高必正遣偏师攻长沙，以谢胤锡，不克，亦退湘、衡间，互相疑掣，转掠千里，胤锡无以制之。腾蛟泛轻舸至湘潭，乃与胤锡议，以南昌求援甚急，胤锡督忠贞营渡湘而东，走醴、攸往援江，而忠贞营徘徊茶、攸间，殊无行意。湘潭陷，腾蛟败没，忠贞营奔衡州走郴，为入粤计，胤锡不能令也。

湖南失督师，诸将汹惧。胡一青迎胤锡居衡州，与谋战守。未数日，清兵又至，一青孤军战不胜，亦退。胤锡仓猝渡湘，东走耒阳，与忠贞营会，至郴州。忠贞营冲曹志建营以去，志建发兵御之。清兵追忠贞营至郴州。忠贞营渡岭去，胤锡后几为虏所获，乃走志建营，志建怒其率忠贞营以蹂己也，坑杀其标将王一宾部卒三千，而迓胤锡不以礼，数窘辱，欲害之。富川绅士何图复，间道迎之入砦，以乡兵护之，自怀、集走梧州。忠贞营先自梧入浔、南，行在震恐，敕遣大学士严起恒、副都御史刘湘客慰劳安插之，至封川，与胤锡遇，乃并舟入觐。上赐对，优礼有加，命督忠贞营出楚。

胤锡初入朝，未谙国事。通政使毛毓祥、给事中李用楫与同邑里，相知闻，以私意蛊胤锡，屡有论荐，廷士皆不悦。会公宴，金堡被酒，厉声曰："公复湖北，而弃湖北者亦公也；督师复湖南，而蹂湖南以及于陷者亦公也；公与督师誓援江西，顾引忠贞营入粤，蹂内地；而致南昌之不救者亦公也。公忠孝闻天下，一旦所为如此！公不疾出楚，他日何面目见曹志建，况天下乎？"胤锡无以应。上赐胤锡龙旗十二，遍调天下兵马，咸受节制。胤锡至浔州，日促忠贞营复出，会李赤心死，高必正以新丧大帅器仗不给为辞，胤锡居悒悒。有顷，朱天麟、陈邦傅知胤锡与金堡不协，力与言堡沮孙可望王封之非以摇之，因言忠贞营不可恃，无如用可望之足有为也。胤锡惑其说，发龙旗一往云南，调可望出黔、楚。胡执恭因诧胤锡，言公承制封拜，能姑许可望王封，事必集矣。因填空头敕许可望。执恭遂伪作册宝以往。既行，乃告胤锡，胤锡悔为其所卖，大悲憾，成疾。永历三年十一月，卒于浔州，诏赠太傅，谥文襄。

胤锡忠直磊落，负有为之志，非腾蛟所及；而轻信自恃，专意刑赏，屡启偾败，腾蛟亦轻之。交相猜薄，以至于败亡，各有以也。胤锡文笔清超，在军中，感愤作《军谣》十首，流离悲激，其《月家乡》《马儿女》《笔先锋》《血筵席》《营十殿》诸篇，读者无不悲之。

章旷，字于野，别号峨山，直隶华亭人。与兄简晓，以文章气谊名云间。简以乡举，知广东博罗县，钦取，未赴，归里。与李待问、陈子龙起义，守松江，城陷，不屈，死之。隆武中，赠礼部郎中，谥节愍。简感北都之亡，纂《报仇录》三卷，各有论赞，巴陵李兴玮为之梓行于世。旷倜傥不矜小节，志意高迈，神智警敏，中崇祯丙子应天乡举第一。丁丑，赐进士出身，授沔阳知州，勤吏治，摧强豪，兴文教，楚人士执卷就门者，舟接于沔阳湖。崇祯十六年春，李自成陷承天，州人垒起迎贼。旷号召忠勇城守，以奇计缚首迎贼者数十人，磔之。贼掠骑至，旷乘城击却之。贼帅马世大益发兵来攻，民尽惊溃，向迎贼者党率众应贼，将缚旷降。旷乃携印出，左右请繇小路。旷曰："彼将谓我胆落，必要我于小路，吾疾驱繇官道，彼不测也。"已而贼党果伏小路要之，不得。遂走诣北抚王扬基，请兵复沔，愿以身先之，痛哭辕门下，不听。乃单舸归华亭，鬻田宅，夫人出所织布千匹助之，得数千金，走汉、沔间收兵。崇祯十七年春，接贼三战，复沔阳州，安残黎，储刍粮，募死士，为复显陵计。何腾蛟上其功，擢佥事，巡饬江北。

京山杨文荐故受业于旷，旷遇之有加，文荐上计偕，旷与泛舟酌酒，语次，稍忤触之，遂衔旷。至是，为兵部郎，因倡言江北不宜置道，徒扰民，无益恢复。廷议从之。旷繇是失职，罢遣义勇。江北兵民惊悲失据，尽陷于贼。旷将以布衣归里，腾蛟固留之，以故佥事衔监抚标军。御史黄澍按楚，嗔其为腾蛟用，檄令摄汉阳推官，以窘辱之。洪天擢、堵胤锡为解释，事乃已。旷负当世志，悒悒不得逞。腾蛟独深知之，复以监军道力请于朝，命已下。路振飞旧按江南，摧抑知名文士，旷怀才被屈挫，及是，怒旷不纳门生刺，力沮监军之命。腾蛟抗疏言："臣受土崩虫虼之残楚，孤掌独撑，举目无一人之可用，唯得一章旷者，为有生人之气，屡题而部屡厄之，是缚臣臂而欲使臣斗也。如谓旷跅弛多奇，或至生事，则臣请保任之，甘与旷同功罪。"乃得仍授佥事，监腾蛟军，檄摄分巡上湖南道。

旷至衡州，开东盐输长沙，以资军实，岁饷兵十万余金，腾蛟赖以不匮。衡州奸民通骄帅渔猎，旷密捕扑杀之，民得安堵。已而归长沙，遂请身下岳州，监马进忠、王允成军，以死护湖外。单舸下洞庭，进忠、允成迎之，愿受节制。先是，腾蛟开府长沙，堵胤锡既解学政勤王，与诸军帅相驯习，兼招募成军。傅上瑞久摄巡下湖南，承权藉募标兵数千，亦与诸帅周旋稍熟。而旷屡革削，望尤轻，诸军帅皆不知有旷，旷亦不得其要领。及是，骤受监军之命，从胥隶数十人，轻舸东下，敝巾葛衫，与诸将乍相见，流涕握手，推心尽虑，与谋兴复，诸将皆为感动。时将窳兵骄，不知节制，王进才、郝永忠尤以新附猜暴，大掠巴、湘间。旷既得诸将心，申约束斩棰如法，诸军乃敛手听命。居人行旅稍集，遂修湘阴城，陆立大荆、新墙二戍，水立磊石营，与岳房相持，大小数十战。何腾蛟既题擢堵胤锡抚楚，傅上瑞抚沅，旷独当强敌，而任监司如故，权尤轻，不能自为进止，顾诸将唯推重旷，而轻腾蛟、胤锡，于上瑞则蔑如也。

何腾蛟出师不利；画守长沙，尤藉旷为外蔽，乃列旷功推荐之。诏擢旷佥都御史，巡抚江北，然仅拥虚名，无寸土一民可凭借。旷部将王储募水军二千人，腾蛟分裨将覃裕春、满大壮、吴胜合五千余人，隶旷，守新墙，与敌垒相对半载，房不敢犯。隆武二年七月，房大举从间道窥湘阴，旷侦知之，率覃裕春以二千人御之于潼溪。房骑数千突至，裕春军伏溪市草舍中，穴墙壁为空，交发枪炮击之。房合围之数十匝，自辰至酉，击杀人马各千余。房恇惧退走，裕春军出蹑之，满大壮、陈友功为两翼夹追，杀伤滨尽，自江南用兵以来，与清兵合战仍得捷者，自旷潼溪之战始。九月，左梦庚部将杨么导清兵泛洞庭来犯沅江，旷檄马进忠又大败之，斩么。湖南北守经年不陷者，皆旷力也。今上即位，加兵部右侍郎，余如故。然旷有所陈奏，皆因腾蛟，故朝廷无繇深知旷相委任，旷亦不能大有所指踪焉。

永历元年春，长沙兵将交讧，掠夺四出，粮道阻绝。马进忠西走湖北，王进才、王允成旦夕思遁。清孔有德大举入侵，旷率满大壮孤军御战，檄进才、允成相接应，皆不应，遂溃走，焚湘阴而南。旷战不胜，退长沙，腾蛟已先奔，旷殿溃卒，南行转战三百里。及南岳市，满大壮战死。旷入衡州，执腾蛟手泣曰："长沙不溃，旷犹得婴城死战，今湖南瓦裂，何以谢百姓两年来剜髓供输也！"四月，清兵犯衡山，腾蛟走永州，旷守祁阳，檄召溃兵，图下争衡州，乃奉敕特拜旷武英殿大学士、兵部尚书，督恢复诸军，而诸军争溃，不可合矣。腾蛟走全州，旷独率亲军千余人屯白牙市，牵制敌兵南犯之路。时上在武冈，刘承胤遏援兵不出。旷知事不可为，慷慨悲愤，不粒食，唯啖瓜果，时引满取醉，因卧病不起。将终，召门生部将，出酒相饮为别，命小胥拊拍板，从枕上悲歌，令座客和之，声益哀厉。板阕，和者歇，惊视旷，已薨矣。时年三十有六。永历二年，赠太子太保、华亭伯，谥文毅。门人萧为龙葬之于石期站。

为龙，武昌人，敦笃有志义，官职方司主事。未几，亦卒。江、汉间故以文章名而避寇南奔者，旷皆留幕下，最著者李兴玮，自有传；次郑古爱、杨锡亿。

郑古爱，字子遗，湖广江夏人。本姓陈，出后于郑，既长，所嗣父有子，求归宗养母，为嗣父所讼。武昌知府洪天擢矜其辞色，问孺子尝读书乎？因试以制艺。古爱伏砌下，濡笔成文，骀宕有奇气。天擢叹曰："孺子善自爱，熊芝冈一流人也。"谕所嗣父安之。

壬午乡试，出章旷门。旷亟荐，不得中，抱其卷哭。已而旷召与见，姿抱豪迈，尤为旷所器重。旷失沔阳，古爱迎谒于江、汉，因与收兵江北，多所裨赞。武昌陷，南奔长沙。旷方受监军命，开幕辟士，古爱以贡资，版授监纪推官。古爱倜傥直鲠，干济明敏，何腾蛟、堵胤锡交倚重之。旷开粤东盐，税之充饷，檄古爱监其事，以清平著。赇吏鲁可藻挟私挠之，古爱奋拳击可藻坠地，遂自解盐政。就堵胤锡于常德。胤锡檄古爱监王、马、杨、牛四将兵。

永历元年，擢监察御史，监军如故。常德陷，走匿苗峒。清吏购求之，亟。常兼日一食，昼夕悲吟。已闻胤锡与马进忠所在，冒死宵行赴之，进忠尤钦慕焉。遂同进忠出，复常德。进忠与清兵大战于麻河，古爱执矛跃马，与选锋士首犯敌营，大破之。古爱家居时，与左良玉部将马蛟麟交善。至是，蛟麟降清，守辰州，王进才拒之于桃源，进才惴惴非蛟麟敌，进忠以是不敢离常德。胤锡强之东出长沙，不听。进忠密与古爱谋招蛟麟，遣使持蜡书至辰州，密达蛟麟所。蛟麟佯怒，收缚赍书者。夜分，密召之至卧内，问郑秀才何亦至此？使者以方为御史监湖北军告。蛟麟大喜曰："吾终当为此秀才效死力。汝归马将军及郑秀才，期以十一月下武陵合营，明春并驱取武昌。若吾至武陵，而郑秀才不在，是绐我也。当与马将军血战城下。"使者归报，进忠喜，益修城橹储刍粮以俟。

胤锡急欲出进忠兵。毛寿登忌古爱之且收蛟麟也，因激胤锡入巴、巫调忠贞营。胤锡欲强古爱俱去，古爱不欲行。寿登曰："君奉敕调忠贞营，不然，我当往。"胤锡固强之，古爱遂同胤锡入蜀，蛟麟不果降。忠贞营至，进忠惊走，古爱追及之于湘乡，相持泣下。古爱遂入见，论麻河功，擢佥都御史。毛寿登者，袁彭年之甥也，彭年因沮抑古爱佥都之命。古爱请赴辰、沅招蛟麟，不报，而命古爱往楚求何腾蛟存亡。腾蛟凶问确，古爱遂退居平乐山中，葛巾芒屩，杂屠樵间，无当世志。

永历四年夏，楚事益坏，乃起古爱以金都图辰、常，招蛟麟。古爱入对，曰："蛟麟虽于臣有香火情，然去违之间，自不能不以胜败移心。今楚兵连败，臣即刓心于蛟麟前，亦一团肉耳！请速催王、马二将出沅、靖，杨展以黔兵继之，血战以前，而后臣可以用其招致，不然，徒令蛟麟笑臣无益。"上固遣之，领敕，至平乐，又以议招不如议战，□不报。古爱忧恚成疾，卒。后数月，马蛟麟破平乐，知古爱卒，为发哀，护送其槥与其妻子归武昌。

杨锡亿，字文起，湖广德安人，以文章受知章旷。李自成据荆西，钩索人士充伪吏，悬"参夷法"以胁之，汉北响应风靡，士大夫至不知有崇祯十七年者。锡亿以贡为贼所购，从间道逸走黄、武间，贼捕其妻子群从，皆杀之。锡亿益南奔，旷留之幕府，牒补监纪推官。

锡亿言于旷曰："德安北捍楚塞，为汉新市故墟，人尚豪侠可用。应山杨主事之易忠孝世家，为三楚望，立盖天营为国死守，豪杰遥附甚众，憾不知朝廷所在耳。亿请间行号召，为汉南应援，若敌践荆、岳，亿率义旅起乘其背以掣之，此英布制楚法也，勿徒株守一湖为尺寸计。"旷深然之，然以锡亿肮脏露风骨，蒙难入敌中，虑其不免，惜锡亿不遣。

傅上瑞督诸军自平江出通山，辟锡亿从军，屡立战功，题擢兵部职方司主事。上瑞有贰心，无故走沅州，强锡亿偕西，锡亿不肯行，仍赴旷于湘阴。已而长沙溃，旷南奔，锡亿与相失，遂入南岳老龙池，痛哭，为僧去，不知所终。

《永历实录》卷七终

永历实录卷八

焦胡列传 赵印选、王永祚附

焦琏，字瑞庭，陕西人。以行伍起家，积功最，历官参将，为平蛮将军杨国威中军官。崇祯十六年，张献忠破永州，游骑掠全州，国威起师御之，琏为前锋，败贼于黄沙驿，击降贼党唐苗子，遂复永州。

隆武元年，国威挟靖江庶人反，琏见胁迫，不能自拔。庶人劫瞿式耜，式耜不屈，将遇害，琏说国威营护之，得免。因密与式耜谋，阴遣人报丁魁楚、陈邦傅，扼之于梧、肇间，两军相压，琏挟式耜从中起夹攻，斩国威，擒靖江庶人，琏功第一。邦傅善事魁楚，得首叙，代国威为平蛮将军，而琏加副总兵衔，协守桂林。

永历元年二月，粤东陷，上幸桂林，加琏总兵官都督同知。已而上自全州幸武冈，琏扈跸至全，甫归，清兵繇阳朔上，直抵桂林，入文昌门。琏未释鞍，即与巷战，搏斩冲锋者数十骑，敌乃却，屯阳朔。琏保孤城，粮濒尽，清兵复来围，琏誓死登陴守，寻启门出接战，鏖斗两日夕，敌衄退，琏纵兵蹑之，遂收阳朔。十一月，上自象州复驻桂林，录前功，加琏太子少师、左都督，封新兴伯。未几，楚师溃，皆退屯桂林。琏恶其逼，移屯阳朔，攻平乐，复之，留守平乐。

永历二年春，清兵破全州，上奔南宁，郝永忠大掠桂林，自全至桂，三百里无人迹。敌乘虚直扣桂林北门，瞿式耜急召琏自平乐返，昼夜驰至，未释鞍，与敌骑遇于北门，巷战搏斩十数人，距阖固守。会胡一青救至，琏与一青歃血誓死，出城力战，破之于北关，又破之于甘棠渡，追及于大榕江，压敌布阵。方会战，大风起，霾雾障天，琏率死士呼噪乘之，敌惊，弃营走。琏遂与一青随何腾蛟围全州，攻下之。会攻永州，十一月，拔之。楚师大集，兵冗粮匮，琏归屯桂林，论功，晋封新兴侯。

琏敢战耻走，身为士卒先，而与诸将交，谦让不竞，诸将皆安之。恶陈邦傅之奸懦也，而阴戒部曲不得与争。曹志建尤鸷戾，日寻诸将相牴牾，独敬爱琏，与相亲好。自隆武来，武帅或假便宜，因之骄横，往往廷参监司，鞭笞守令。琏遇文吏，不失中朝旧制，州县皆亲诣署报谒，有所征会，以咨移手本行事。尤敛束部兵，于民无扰。恂恂如文吏，言笑和煦，而时闻寇警，则蓐食驰赴，不畏危险，顾以粮饷不给，兵不满万，故不能成大功。

永历三年春，湖南复陷。赵印选、胡一青、杨国栋、马养麟之兵聚保桂林，粮益乏。琏曰："桂林固吾汛地，然诸帅至，有客主谊，空营舍为诸帅居，悉桂赋为诸帅食，吾礼也。"遂屯平乐。

永历四年，上幸梧州。琏入见，会诏狱起，琏抗疏言："金堡之忠邪，臣不敢知，但楚、粤、黔、蜀诸将，下至厮养贱卒编户细民，莫不以堡为直者。陛下欲收人心而亟罪堡，似不相应。"疏入，报闻。琏乃移书马进忠、赵印选、曹志建，言堡忠直，宜为代理。诸将韪之，皆争救堡，堡得减死论戍，琏先发之也。已而式耜表其历战功出诸将上，徒以不为竞求，爵列诸将下，非驭臣之道。乃晋封宣国公。

孙可望据伪敕称王，胁诸将降附。琏移书诸将，请公疏攻私王可望者，因合兵责可望削号归命，不从，则奉天子讨之。方振旅待命，会清兵攻破镇峡关，曹志建大败，收残兵保贺县，告急于琏。琏星驰至贺，与志建会。以上驻梧州，琏结志建连营犄角，扼敌攻梧道。十一月，孔有德陷桂林，马蛟麟自恭城攻平乐，陷。琏乃东南走，渡昭江，屯平、浔间。陈邦傅自肇庆旋兵，将降，伪遣使约琏合兵保浔、南，密发兵夜袭其营，琏败，遇害。邦傅以其首降于清。

胡一青，云南临安人。赵印选，其中表兄弟也。一青本名一清，隆武中□□□□□，改名一青。一青短小轻捷，尤长于马矟。腋挟二矟，飞掷三十步外，中重铠，皆洞中，追及夺矟，迭掷迭夺，每驰陷阵，辄手殪数十人以为常。所乘马号沙兔子，高不满五尺，腾蹴辄度万马前。而印选故为里魁，雄长诸土、汉。

弘光元年，御史陈苰巡按云南，事竣，复命，因言云南故有贮帑银二十万两，为不虞赀，请发此金募滇兵入卫。敕如其请，遣之。苰，大名人，以崇祯辛未进士，历官台端，性简傲，戎事非其所长。因临安推官朱寿钦辗转招募，阅岁余，乃募兵五六千人，土、汉各半，多骁勇士，马仗皆精好，以胡绍虞为总统，印选副之，而一青为偏裨，未为苰所知。苰闻南都陷，意越趄，留连黔、楚间。

隆武二年，更奉敕，促赴闽。苰乃率兵出湖南，亦踌躇无趋阙意。何腾蛟欲留之协守长沙，苰傲岸，与腾蛟意异，东去。过吉安，万元吉留之守吉。居数月，苰方遣印选率一青屯安福，刘良佐、高进库以清兵数万围吉安，元吉请苰出兵击之，绍虞登堞睨敌，惴惧坠地。一青闻吉安被围，自安福率轻骑驰归，蹂良佐老营，斩杀披靡，敌半殪，转战至城下，围城兵忽溃走，城中犹不知。俄一青跃马追击大呼，城中出兵夹击，追奔十余里，吉安围解。绍虞愧诎，让一青为总统。一青以印选齿长，声望较重，以让印选。印选肥钝，实不能战，倚一青为重。王永祚者，少于一青，剽悍亚之，一青尤与永祚相得，而营务则推印选。印选顾眕眦自尊，一青安之，以是滇营称和辑，临敌无贰心。是年冬，清兵大举攻吉安，元吉、苰先以言语相触忤，苰引兵退南安。吉、赣陷，元吉死之。苰零落失意，率诸军居郴、韶间，郁邑死。印选、一青无所听命，欲解甲归滇，楚、粤诸将欲并得之，转战至永州，顾梗阻孤危，乃请命于何腾蛟。腾蛟大喜，收恤之，为奏授印选、一青各副总兵，屯永州，待调。已而湖南陷，上居武冈，腾蛟入见，印选、一青亦率军至，刘承胤欲致为己属，诱胁备至，一青、印选治兵屯武冈郊外自保，睥睨承胤肘腋间，承胤不敢谁何焉。敕召入见，赐号御滇营，皆授总兵官都督同知，挂将军印。承胤怨腾蛟不遣出师，腾蛟奉敕，不能行。印选、一青乃拔营起，护腾蛟出，承胤发兵追之。承胤兵至，一青下马揖追兵曰："吾兄弟荷刘公宠遇，岂忍相背。特督相奉诏出图恢复，吾义当从，愿公等返报刘公，他日当有以相报。若必欲邀我者，则今日与公等并命于此尔！"遂上马挟槊，火炮齐发，军以次行，一青缓辔殿，追军莫敢前，遂縣间道达义宁。桂林溃，瞿式耜率焦琏入城婴守，请援于腾蛟。腾蛟以印选、一青至，大败清兵于北关。追及之，又败之于甘棠渡，皆一青陷阵，手馘数百人。追至大榕江，两军相接，清将线国安与一青交马，国安举刀斫一青，一青从胁下持国安。国安急，拔刀将斫。会救至，国安乃脱走。会大风，尘蔽天，清兵惊溃，一青尽夺其马仗幕帷。轻骑追躐之，清兵走楚。一青遂会印选、琏攻全州，大战于飞鸾桥。一青跃马飞槊，敌尽披靡，大败之，众几歼，遂复全州，进围永州。余世忠出兵拒战，一青屡大败之。军中获谍者，得密书，知清将魏□□自宝庆来救，一青自帅兵伏于文明铺待之。寇至，夜安营竟，猝起攻之，斩获无算。纵所俘入城告败，世忠溃围走，复永州。一青遂攻衡州，下之。腾蛟列上其功，封印选新兴侯，一青兴宁伯。

腾蛟下湘潭，留一青守衡州。腾蛟败没，一青请援于印选。印选坐桂林，不为出，分遣偏将札祁阳，为虚声应援。一青与王永祚合，薄清兵于衡山，败之。已而敌大至，战青草桥，不利，乃退入严关。一青所将滇中骁卒，转战三年，死伤过半，益招楚、粤间新兵万余人，印选所募近二万人，永祚亦五千人。蒲缨，亦滇将也，与合营，亦二三千人，然脆弱，徒为冗食，类不能战，威亦挫矣。印选以总统论功，封开国公，益骄蹇，廷议不平，式耜乃奏晋一青爵卫国公，封永祚宁远伯。

一青朴率无威仪，言多造次，而恭谨不骄。在军中，能茹荼苦，坐卧草泥，食糗饮浊水，自如也。印选开帅府于桂林，拥歌舞自奉，恒踞嫚待一青，一青亦弗较。每出师，一青辄先驱，印选乃遣部将尾之。桂林地褊赋薄，饷饣委不给，式耜措给其军，印选取赢自给，次乃及一青、永祚。一青比岁扼全、永，不获。已，野掠而食。

永历四年夏，式耜催诸军出楚，一青独与永祚及马养麟围永州，将拔之。会孔有德复南犯，兵大至，一青乃全军归垒严关，与有德前部相持不下者五月。野无所掠，兵皆馁，采薇以食。一青驰归，泣告之印选，印选弗应。会于元晔以其女许配永祚，既纳采，永祚说一青戴元晔为督师，元晔遂以滇营戴己自陈，晋枢贰，督楚师。印选知之，乃盅元晔令改妻己，元晔叛永祚盟，以适印选。永祚怒，欲刺杀印选，一青劝止之，而永祚称病，卧桂林不出。一青孤军与敌相拒，印选方盛饰迎元晔女，置疆场不问。一青恚甚，欲弃桂去，式粗强挽之。十一月，孔有德攻榕江栅垒，一青方拒战间，印选遽撤诸军，护其妻走柳州。一青惊遽，乃弃垒去。桂林陷，永祚遂降。印选既老悖狂惑，部曲解体，失众以死，而一青失永祚，又累挫衄，亦不自振，退左江土司中。孙可望僭逼猜杀，一青不欲为之下。李定国军南宁，将迎上攻云南，请一青为向导。一青为导，自泗城州进师，然不肯与定国偕。屯聚既久，众益散，为清将全节所困，乃披剃为僧，求与其徒种山而食。居数年，线国安以榕江之怨，遣兵就其山攻之，遂见杀。王永祚既降，复为僧，逸去。见擒孔有德，缢杀之。

《永历实录》卷八终

永历实录卷九

马卢二王列传 马维兴附

马进忠，字葵宇，陕西延安人。本起群盗，号"混十万"。崇祯十年，掠汝、洛间，左良玉蹙之于高坡，进忠降。隶良玉部，屡立战功。与金声桓、惠登相、王允成、李成名为外五营大校，号大马，其从子维兴为偏校，号小马。进忠历官副总兵、都督同知。

弘光元年，随良玉东下。良玉死，左梦庚降清，下令所部皆令纳款。进忠结王允成、卢鼎退屯江、楚间。已而知何腾蛟开府湖南，进忠南奔赴之。过武昌，左营苏、常、马三将既降清，受命守武昌，允成疑，不敢进。进忠与鼎以舟师直泊武昌城下，遣刺与三将相知闻。稍定，即轻骑诣三将，皆不测其意。三将诣舟报谒，因微词劝降，进忠笑颔之。留饮，笑语如居平。乃遣飞舸促允成先发。酒阑，三将又劝之降，进忠勃然曰："吾与宁南侯大小数百战，惟不忍负朝廷耳，今安能随狂竖子作降将军乎！何抚台开府长沙，拥戴新君，吾将就之。他日以一矢与公等相见，何如？"揖三将起，三将惊愕失色，遽登岸。进忠舟炮三发，万艘齐乘风挂帆，笳鼓喧沸，舳舻蔽江，三将婴城不敢追。

既抵岳州，腾蛟大喜，遣章旷迎劳之。旷与洒酒誓众，遂驻岳州。会闯部新附，掠巴、湘间，进忠粮尽，移屯洞庭之南，岳州空，遂陷。进忠与允成攻复之。

是冬，腾蛟出师不利，退保湘阴。王允成寄帑于湘潭，卢鼎随腾蛟至长沙，进忠孤立，乃移屯洞庭之西，就食沅江。故左营将杨幺降清，以舟师将犯常德，进忠伪与通好，擒幺斩之，纵兵击降其众。腾蛟上其功，升正总兵，挂将军印。

永历元年二月，长沙溃陷，进忠退屯常德。夏，上大封诸将，封进忠武昌伯。是秋，孔有德攻常德，堵胤锡弃城去，进忠亦走，屯永定卫山中。二年，复攻常德，拔之，抚民储粮，通商，治城郭，为守常计。王进才自土司出，拔桃源，进忠与合营协守。已而清金固山以援兵万余骑繇荆、澧来攻，别遣舟师自洞庭入沅江西上，进忠侦知之，遣前部迎击，小却。虏屯麻河，进忠拔营誓师急进，距麻河十里，率骁将马维兴、杨进喜、刘之良轻骑觇之。敌骑漫野，甲光炫日。进忠退与诸将计，令骑兵皆下马，断长矛之半为前锋，巨斧继之。进忠步持矛与之良先登，按虏营大呼奋击，以短矛从下理甲叶刺之，皆洞中仆死，万斧继进，虏披靡溃走，纵骑兵为两翼旁击之，虏众皆歼，收获马骡、甲仗、帟帐巨万计。既而敌舟师不知骑兵之衄，溯流抵德山。进忠禁城中烟炊，敛兵堕守。杨国栋伏抄其下流苇岸中。敌舟觇城空，亟进，既泊，进忠兵四起，夺舟奋击，众皆惊降。或有逸者，国栋截流邀击，尽俘获之。自南方兴师以来，推麻河功第一。事闻，晋爵武昌侯加太子少保、左都督。清将马蛟麟守辰州，闻麻河败，意大慑。进忠与御史郑古爱谋折简招之。将下，会堵胤锡入蜀，以忠贞营至，猝压沅江北岸，欲夺城并其军，部将请御之，进忠曰："制相在军中，有王命在，不可以争。制相既不足与同事，惟舍此去，就督师于湖南耳。"乃焚刍粮廨舍，从间道趋湘乡，欲安插其帑。湘乡故无城，遂南走衡州。会胡一青已拔衡州，城守，部将欲即屯衡州，进忠曰："吾既与堵公离，不可以再犯督师。"因遣骑报督师，期会于湘潭，而退湘乡以待。天大雨雪，粮刍扉屡尽，举军皆怨。进忠愤甚，令诸军索粮屡于民，曰："使百姓戴堵公恩！"遂大掠衡、湘间。王进才、张光翠因之，各恣焚杀，尸横五百里。

腾蛟于永州闻进忠弃湖北掠湖南，大惊。永历三年正月，遂单舸下湘潭，下令禁掠杀，军乃小戢。进忠率千余骑谒腾蛟于湘潭。忠贞营攻长沙不克，亦沿湘而上，进忠疑沮，留其军于湘乡，独与其所率千余骑随腾蛟居湘潭。久之，胤锡率忠贞营东渡湘、渌，号援江西，进忠方调其军下湘潭。清五王子帅重兵猝至，杨进喜巷战死，腾蛟被执，进忠军惊溃夜走，退屯宝庆。进忠既与胤锡有隙，腾蛟又丧，军无所统，廷议遣督师，不决。进忠进止无据，徘徊宝、武间。万年策陛见，请理进忠军，授部院衔，总督之。年策庸懦，不敢入楚。是年秋，清兵复陷武冈，进忠退屯古泥。上追纪麻河功，晋爵鄂国公加太子太傅。诏遣吴李芳、郑古爱督其军出楚，皆不赴。

永历四年夏，进忠乃自八十里山出屯兴安之西延镇，请进止。是冬，赵印选弃全州。清孔有德遣马蛟麟攻进忠于西延，大战三昼夜，斩杀相当，粮尽退走，复出靖州，取道奔贵州。桂、梧陷没，上奔南、太，进忠无所禀承，孙可望矫制称总统天下兵马，召进忠，进忠不审真膺，举军就之。李定国出黔，得进忠军，大喜，与偕下黎、靖，大破清将张国柱、许承宠之兵于靖州。进忠为左翼，功最，遂复宝庆。已，随定国攻桂林，孔有德城守不下，进忠呼王允成凭堞语，允成遂开门延定国入。定国下衡州，进忠与冯双鲤攻拔长沙、破岳州，军声大振。进忠故忠挚，不欲受可望命，与定国密谋尊天子，双鲤忌之，密以告可望。

永历六年冬，清五王子之兵大举压长沙，定国令进忠退伏白杲市，诱敌过，掩击之。进忠报如令。将至白杲，可望遽飞檄调进忠旋师宝庆。定国战衡州，待进忠不至，遂惊溃，长、衡复陷。可望至武冈，召进忠见。居数日，谓进忠曰："马将军久行间，积百战，亦劳矣，吾欲息之，姑令将吾护卫步军，而以尔所将骑兵俾双鲤、维兴代将之。"进忠愕眙，出，双鲤、维兴已分并其军矣。进忠愤恚，以病辞。可望亦无意复用之，令养疾贵阳。怏憾成疾，卒。维兴狡狯无恒，宛转可望、定国间，蹿爵至郡王，终降于清。

卢鼎，陕西西安人。杨嗣昌知长安县时，鼎父以老儒生为其塾师，愿谨为嗣昌所爱重。鼎亦粗习儒，用援辽事例，纳饷充附学生。父死，鼎稍事游侠，家益落，黜学籍，不自振。已，闻嗣昌官中枢，权势烜赫，鼎北走见之。嗣昌以故人子深相慰藉，问其所欲，鼎愿占武籍，嗣昌予以都司部札随部效用。已而嗣昌以枢辅督师出，鼎随营自效。嗣昌谓其无搏战材，加授参将，为行营正纪，整饬军政。嗣昌威望赫烜，诛赏不旋踵，鼎凭借威令，诸军咸惮之，以是得整肃名。顾鼎亦朴重无儌利心，稍自能，为诸将所重，左良玉尤雅爱之。嗣昌败没，鼎无所归，良玉征入己幕下，仍用为正纪，题授副总兵，翕然推重，良玉所部四十八营，皆心折焉。时鼎未有部曲，良玉乃以贼中降将武自强、白良辅各千余人配之。自强者于贼中号小秦王，尤鸷戾者也。鼎亦自募得千人，遂成一军。

良玉屯武昌，稍病，军政进止，委其子梦庚，而心忧其狂，使鼎副之，奏授都督佥事。鼎以是频用军事，与何腾蛟相酬酢，腾蛟亦加礼焉，鼎愿朴不习于谖谲。良玉之东下也，梦庚与黄澍谋甚秘，未深遣鼎知，鼎意亦弗善也。兵至九江，良玉死，鼎越趄不进。梦庚降清，鼎去梦庚远，梦庚不能制。鼎乘风张帆，尾马进忠后，求腾蛟于湖南。腾蛟令守湘阴。

鼎初隶杨、左，监护诸军，未尝特将，无战功。喜儒术，令其子子和寓籍襄阳，为弟子员，已而充质。鼎既巽懦，矜声誉，为自强、良辅所积轻，名为部曲，无能率也，进止惟二将意，遂自湘阴退屯长沙。腾蛟又遣守茶陵。江西寇至，不能御，复退屯衡州。二将益桀骜，虔刘士民，欺长吏，为荼虐，鼎深恶之，无如何，往往以词色相诮诘，二将皆怨恚。永历元年夏，湖南陷，鼎走桂林，郝永忠与相厚善。鼎以二将不用命语永忠，永忠曰：“吾当为兄处此。”因大会诸将校，永忠至，鼎怒责二将，叱擒斩之，永忠故从旁劝沮，各杖之五十。二将畏永忠，忍受杖。鼎乃率军出严关，冒雨衣襄笠，入敌垒间哨探，乘栅昼夜守，二将不敢却辟。瞿式耜、严起恒皆倚重之，屡敕褒美，加总兵官左都督，封宜章伯。已而永忠掠桂林，走柳州，鼎惧二将叛降，亦退屯义宁。永忠日益西，鼎孤无援，二将深怨鼎，谋欲杀鼎。子和縢职方主事屡加金都衔，自监其军，稍依瞿式耜为重，诸将柿比，二将莫能逞，然坐食柳、桂间、邑邑无生气，鼎忧愤成痿疾。亦以宿将故，晋封宜章侯。永历四年冬，桂林陷，自强、良辅挟鼎走。明年春，遂夜起围鼎及子和，戕杀之，举家无噍类。良辅降于清，自强去依忠贞营，死于西山。

王允成，字乐安，辽东人。以行伍起家，隶左良玉为副将，号“铁骑王”。左梦庚降清，允成与马进忠逸，上岳州就何腾蛟。腾蛟令守岳州。

允成虽宿将，而屡见摧败，志气沮茶，不能有所捍御。腾蛟出师不利，马进忠屯湖西，允成遂退屯湘阴，寄帑于湘潭，为趋避计。时腾蛟粮饷不给，征义饷于民，过旧税三倍，复开告讦罚饷，倾殷富产。诸将效之，札弁四出，招募奸民，旦裹抹额，夕掠邻右，湖南千里，炊烟几断，前金都御史益阳郭都贤伤之，为《咏雪诗》云："四望郊寒连岛瘦，一天白起奈萧何！"何腾蛟闻而衔之。时都贤隐居安化之石门山，莳花种秫，颇有佳致。腾蛟一日谓允成曰："吾病固不能任劳剧，旦夕思休。安得如郭天门营石门，积金粟，可赡数万人支十年，山径险绝，虏即至，不能攻入，任痛饮，拥姬妾，坐待太平耶！"允成闻之，日夕思据石门结砦。

永历元年春，上大封诸将，允成封岳阳伯。未几，清兵南犯湘阴，允成遽拔营走，掠湘乡而西，将据石门。已乃侦知都贤所居，茆庵槿篱，无足据者，遂趋溆、沅间。清兵攻湖北，允成与沅抚傅上瑞谋遣人纳款，举营不知，一夕忽下令剃发，所部皆惊恨哭骂，逃散过半。允成隶孔有德，以委顺为有德所怜。

永历六年，随有德驻桂林。李定国围桂，亟。马进忠呼允成，允成不敢应。走告有德，有德愕然良久曰："汝姑出应之，观彼何所云以报我。"允成凭堞与进忠语，进忠令劝有德降。踌躇间，城中火起，有德自焚死。允成乃启西门纳定兵。允成因言有德以九王子故，亦怨清，欲反正，其迫之死者白虾子也。允成部无一卒隶定国供使令，定国尤轻狎之。允成郁抑不得志，惟进忠时收恤焉。是冬，定国与清兵大战于衡州，允成死乱兵中。

王进才，李自成别部之偏将也。弘光元年，随自成渡江。自成殪，其营主帅亦死，部贼无所统附，以进才长大多髯，推之为长。游掠武、岳间，焚杀尤暴，尸横数百里。已而就何腾蛟乞降。时降贼数十万，长沙地褊粮少，腾蛟不能安插，诸降将皆受命。已，即渡江去。进才以故于贼中为偏裨，不为高、李诸部所齿，独留屯湘阴，奉腾蛟稍谨，腾蛟深信爱之。兵不下二三万人，多鸷悍习战。顾进才肥重昏庸，不耐骑射，所部亦不听其约束，翱翔巴、湘间。腾蛟为奏授总兵官都督同知。

清兵南犯，进才大掠长沙。与王允成合营，南走溆、沅，结允成为婚姻。允成故辽人，于虏中有因缘，其降也秘，不遣进才闻，进才惊，奔黔阳西。马进忠复常德，进才亦出屯桃源，进攻辰州，屡为马蛟麟所挫。已而进忠弃常德、趋湘乡，进才骇愕，不知所出，亦南奔宝庆，纵兵大掠。宝庆复陷，进才走黎、靖，转掠沅、黔间。

始，马进忠与王允成合营南来，号"王马"；允成叛降，复与进才合屯湖北，亦号"王马"。然允成疲于战，有异志；进才茸懦，所部多健儿而不能任使。进忠凡三大战，二王皆无一矢之助，进才累封襄阳侯。永历四年，介詹事唐诚入请，进封襄国公，与进忠等。进忠不悦，诉之张同敞，同敞为请金章铁券，以示殊异。自隆武来，朝廷无劝沮之计，封拜官爵，皆以兵力多寡通奏，疏数推荐有无为率，而不论其战功，彼此递相增高，虚名浮滥。故楚、蜀、黔、粤合兵近二百万，精锐者不下三十万，而离逖溃散以至于亡。

进才繇黎、靖入黔，为孙可望所胁，夺其军。进才仅统百余人，为可望效用官。未几，杖杀之。

《永历实录》卷九终

永历实录卷十

曹杨张列传　马养麟、黄朝宣附

曹志建，字光宇，浙江温州人。少落魄，居南京，传邸报以食。已而应募为楚抚方孔炤材官，稍以功次札授至参将。御史刘熙祚巡按湖南，用为中军，札加副总兵，遣募兵衡、桂间，得二千人，与守长沙。长沙陷，志建随熙祚走永州，贼追及之，志建舍熙祚宵遁。熙祚见执，不屈，见杀。志建走永明之镇峡关。将入粤，粤人拒之，乃据关拒守。

已而张献忠入蜀，志建收永明、道州、江华，谒沅抚李乾德，听部署。乾德不能令。志建屯衡州。何腾蛟开府长沙，志建与黄朝宣交恶。腾蛟方宠任朝宣，乃檄志建援江西。志建怨恚骄戾，攻杀远安郡王于郴州，腾蛟不能问。已至吉安，会吉安佃客奴子作乱，号铲平王，劫杀主人，江督万元吉檄志建讨平之，以功援总兵官都督同知。凡贼所掠金帛器贿，志建尽获得之，以是富甲诸将。居江、楚界，无斗志。吉、赣陷，志建退屯郴，就饷于腾蛟。湖南继陷，志建习镇峡关险僻，为不争之地，仍退据之，益募兵凡数万人。

上居桂林，倚志建扼平乐，封志建保昌伯。何腾蛟复全州，檄志建出师。志建乃攻复永明、江华、道州、宁远。会腾蛟围永州，与清将余世忠战，屡挫之。自叙其功奏上，晋封保昌侯，敕赐便宜行事。志建遂建置守令，尽收永属租税为己用，腾蛟所委郡邑有司及部选者，皆遏抑不听入境。又遣偏将欧正福收复桂阳、郴州，建官征粮如永州。腾蛟窘怒，上言："上初践阼时，敕臣为御中军，总理天下兵马钱粮。今臣蹀血行间，诸将颉颃不受节制，臣乃思王言久而弥新，请遵前敕。"志建恚，乃尽褫其衔，凡章奏皆自署"戴罪立功自愿为民臣曹志建"。每对客言："吾宿世为燃灯佛，师瞿昙。李耳、仲尼皆吾弟子行，况今之坐而自大者，曾何足比数也！"其狂嫚如此。

永州下，志建怨腾蛟，尽敛其兵退屯宁、道、郴、桂间。腾蛟没于湘潭，乃遣部将惠延年、欧正福下衡州。已而堵胤锡以忠贞营之兵败于衡州，南走郴。志建劫胤锡于路，杀胤锡部将王一宾，坑其卒三千余人于道州；胁胤锡至镇峡关，窘辱之，将加害焉。瞿式耜遣太仆少卿张尚、给事中吴其雷抵关，谕解之。会富川义侠何图复间道迎胤锡至其砦，资送诣阙。志建怒，举兵围其砦。图复固守，杀伤志建兵甚众，连兵八月不解。诏遣锦衣卫指挥吴继嗣谕志建罢兵。志建讬继嗣诱图复释兵，诣志建谢过，遂磔杀之。破其砦，杀掠无遗。

惠延年者，素忠鲠，与志建意异。胤锡之逸也，延年与知之，志建含怒思杀延年。会清小王子率众攻镇峡关，延年曰："吾死曹公手，无宁死虏手！"乃披坚陷阵，自辰至申战数十合，杀伤相当，延年死之。小王子力尽退走，而志建之精锐亦尽矣。马进忠以麻河功晋封鄂国公，志建援以请，晋封永国公。嗣是，诸帅无不公者。

镇峡关四面皆猺，志建始至，稍以恩结之，颇相倚以安。及志建兵益众，遂陵轹诸猺。永历四年秋清孔有德来攻，舍永明县，繇间道径趋关下。志建方督众力拒之，群猺导有德自砦后绝壁下，众遂惊溃，士卒死者万人，志建仅以身免。有德收其精金百万计。

志建走贺县，焦琏往赴之，资其器备。志建收余众尚二万人，据山作砦，益怏怏不逞，鞭杀中书舍人刘大朴，械监军佥都御史朱嗣敏。嗣敏邑邑死，志建亦病没。部将汪大捷、雷兆圣、欧正福拥众自保。李定国复湖南，大捷，以师附之，随入滇，不知所终。

杨国栋，四川成都人，字瑞宇。自云籍本新都，故相杨廷和之族孙。少应募，从征奢崇明，为把总。已，隶熊文灿为材官，渐积功次，以援剿参将领马步军千余人，从郧抚王永祚守襄阳。李自成破襄阳，国栋南奔，王聚奎檄召守长沙，为张献忠战败，因与参将汤有光走郴州，保吉王入广东。张献忠入蜀，国栋偕有光收郴、耒，遂北屯长沙。

国栋武勇不足，而于诸将中独自简束。好声誉，喜文雅。曾随邓玘援剿，慕玘之为人，驭兵严，不令侵苦百姓。时楚贼新退，抚驭无主，诸军星散，畏左良玉之相并，皆屯湖南。沉抚李乾德无远计，奏请尽蠲民粮税，而不虑军食之无资，故诸军皆寄食于民，不厌，则掠民以食。国栋独严禁其军，樵采不敢出郭，部卒以是大怨之，大哗而逃。国栋失军，闲居长沙，堵胤锡雅重之。及南都陷，胤锡解学政，募兵勤王，聘国栋为总统。国栋募兵湖北，有马数百匹，卒三千人，胤锡题授署总兵官都督同知。从胤锡攻荆州，不克，退守常、澧。上即位，擢总兵官，挂镇朔将军印。常德陷，国栋从胤锡与马进忠屯永定卫。国栋与牛万财据山而守，清游骑来攻，辄击却之。马进忠出师，国栋、万财尾其后，与收常德。麻河之战，清舟师来攻，国栋伏下流要击，大有斩获。胤锡承制镂印填空头敕，封国栋武陵伯，数月乃上闻，廷议从之。进忠兵溃而南，国栋亦南奔屯邵阳山中。时胤锡别用王一宾、彭嵩年、向文明为亲兵，国栋自为军，不随胤锡进止。

湖南复陷，国栋退屯桂林，瞿式耜安插之，授饷，国栋遂依式耜。式耜奏晋武陵侯。国栋和谐，喜与诸文士交，恂恂自下。部卒贫枵，菜食不给，多为诸营佣保，国栋约束之如故，所至不为民患，然以是亦不能得士心。常退脕肉，未尝与敌一相当。永历四年，清孔有德犯桂林，国栋与马养麟守海阳山。有德攻大榕江，望国栋旗垒而过之，径捣桂林。国栋乃走柳州，已，扈上入南宁。孙可望劫上入兴隆，国栋依土司结砦自固，为清兵所拔，死之。

马养麟亦自柳走南宁，为追兵所围，战不胜，死之。养麟，湖广郧阳人。从何腾蛟为副总兵，复东安、祁阳，转战衡州，有功，官都督同知，封蓝山伯。

张先壁，云南临安人。应募随总督尚书傅宗龙军前自效，稍积功次为援剿参将。随楚抚宋一鹤守显陵，加钦依副总兵。承天陷，南奔武昌。张献忠破武昌，先壁走岳州。王聚奎巡抚湖南，聚援剿兵十三营守长沙，先壁其一也。先壁所部近三千人，号"滇奇营"，颇习战，与张献忠战于罗塘河，先壁陷阵有斩获，贼稍退。蜀将孔全斌遽纵火溃逃，先壁乃走，自宝庆入武冈，依刘承胤。承胤待先壁不以礼。已而李乾德檄同承胤攻复宝庆，先壁军先登，承胤尤忌之。乾德抚偏、沅，承胤其属也，奖承胤抑先壁已甚，先壁无所容，怨乾德，率其兵东下屯茶陵。乾德无以抚辑之，先壁亦因不听命，自募兵就食民间，大为民扰。

何腾蛟开府长沙，调先壁。先壁自为乾德所不恤，饷饩绝，掠野而食者两年矣。腾蛟饷之，先壁遂依腾蛟。腾蛟议出师武汉，调诸将，先壁与承胤皆集长沙。先壁以宿隙因事与承胤竞，腾蛟右先壁，承胤怒，归武冈。先壁惧承胤之终图己，益招募兵逾五六万，多为营号，以抗承胤。然大要皆窜农叛仆，固不习战。隆武二年，思文皇帝欲出楚，腾蛟分遣先壁及郝永忠为左右部，率师迎驾。令先壁自攸县出永新，与永忠会于赣，题授总兵官都督同知。然腾蛟实不欲先壁行，遂次攸县不进。

永历元年，长沙溃陷，先壁西走宝庆，刘承胤疑其图己，遣兵御之。先壁畏清兵追，不敢与承胤较。趋新化，走溆浦，入沅，上疏自理，言："臣无仇承胤心，且不敢犯葑毂，方思与承胤洗心洒血，扈陛下于艰危，而承胤猜恨狠毒，迫臣于险，臣心无以自白，请与承胤面质。"承胤执其使磔杀之。马吉翔阿承胤意，矫旨切责先壁，先壁繇是益骄恚，屯黔、楚间，偃蹇不通奏谒。武冈陷，承胤降，上乃降敕联络先壁，封南宁侯。

湖南复，先壁望腾蛟之招致，已而腾蛟方为湖北溃兵所嬲，不及调用。腾蛟没，先壁益无所望，朝廷无以收之。先壁拥众，据镇沅，夺民田以耕，日与苗夷相仇杀，日益疲。孙可望出贵州，矫敕征先壁，先壁遂附于可望。永历六年，随刘文秀出蜀，攻保宁，结筏为桥济师，令先壁断后。先壁弟先轸患其兵之退怯，斩筏桥而不以告，清援兵至，文秀粮尽退师，将据水南结垒，桥已断，兵汹惧，清兵乘之，大败，溺死者无算。文秀械先壁归见可望，可望杖杀之。

黄朝宣，亦临安人。魁岸有膂力，与张先壁俱为傅宗龙亲兵牙校，有卒千余人。宗龙陷没，辗转诸督抚间，稍立战功，部曲惭众，为援剿参将。随宋一鹤守显陵，号"滇广营"。承天陷，奔武昌，楚王留之城守。张献忠攻武昌，朝宣与牟文绶迎战于新南门，杀伤相当。俄而城陷，遂走湖南，王聚奎与守长沙。长沙溃陷，朝宣与先壁连营，奔武冈，与复宝庆。刘承胤忌之，谮之李乾德，乾德不为恤理，驱令屯衡州，候调遣。乾德至衡州，闻京师变，恇惧，遽归沅州，置朝宣不为安插，朝宣不知所适。

先是，攸县贼刘夯保据燕子窠，下湖南兵巡道高斗枢讨平之，地为瓯脱。至是，有告朝宣形胜者，朝宣遂往居其中，益招募结砦自固，渔食湘东诸邑。何腾蛟至长沙，朝宣以军来谒，腾蛟喜，行拜将礼，命为总统。朝宣遂骄恣，札牌四出募兵，官目几数千人，菜佣尪妊仆皆收为兵，殆将十万，田野为空。长沙既重兵屯集，朝宣畏其逼；而腾蛟意移，待朝宣出诸将下，朝宣乃自请出袁、吉，为长沙东护。每月辄驱疲卒万人掠萍乡、永新、万载，遇敌则歼，又招罢民补之。上即位，王、马、卢、张、郝皆用腾蛟荐，挂帅印，充总兵官，朝宣不与荐列，上特敕授署正总兵都督佥事。朝宣怒，迁怒于民，谓民之讼己，以致腾蛟之轻也。民稍触其怒者，即磔剥之，腾蛟不能问。

永历元年二月，长沙陷，清兵直取燕子窠，朝宣弃营走衡州，遣使诣孔有德纳款，约屯衡州以待。有德至，朝宣不时迎，又尽髡其发，有德丛矢射杀之。朝宣初以勇健闻，历数十战，视诸将为最，乾德、腾蛟先后操纵失所，因遂骄窳。黄州黄惟锻本猾吏，教之募兵为虐，民受其毒者倍张先壁，故其死也，民皆快之。

《永历实录》卷十终

永历实录卷十一

金王李陈列传 李元胤、刘克安附

金声桓，字虎符，陕西榆林人。起群盗，号"一斗粟"。拥众万余，降于左良玉，良玉部四十八营，声桓为之长。弘光中，授总兵官都督。寻随良玉东下，与左梦庚俱降清。同刘良佐、高进库攻陷南昌。隆武二年，陷吉安、赣州，良佐还师，清授声桓提督江西右都督，与王得仁守南昌，别令高进库守赣州。

声桓部卒约三万人，王得仁众将五六万，马数万匹，甲械精好。声桓居恒邑邑思本朝，间与得仁言，辄欷歔不自禁。得仁故父事声桓，闻言亦泣下。永历元年夏，得仁遂举兵，杀清总督、巡按、镇守、□□，兵皆歼。声桓望西南拜表反正。先是，思文皇帝遇难于乱军中，存亡未著，民间犹传脱走入粤。得仁与姜曰广所假敕，犹称隆武三年，封声桓豫国公、拜征虏大将军。已而收吉安义军，乃知上即位于粤，遂遣幕客雷德复入奏。声桓故随良玉驻武昌，何腾蛟尝题叙之，至是，命德复便自楚报腾蛟。时上在南宁，楚、粤道梗，德复以章奏藏佛经梵夹中，自为僧装，间行达桂林，见腾蛟。腾蛟惊喜，即填空头敕，铸银印，间道遣使，仍封声桓豫国公。总督南、浙、江、闽，便宜行事。使先达，声桓拜命。已，德复至南宁，诏封声桓昌国公。声桓曰："吾以豫国举义。人但知有豫国而不知有昌国。"辞后敕，请如腾蛟敕。上许之，为加敕行。

声桓既反正，乃遣使谕高进库，以属礼下符檄。进库怒，守赣州不下。声桓复遣客至武昌，劝清总督罗锦绣降。时孔有德还师，去楚未远，锦绣以为疑，然已密遣优人具冠带袍笏矣。声桓兵势强盛，江右人士习夸大，四出呼召，闽、楚、南畿皆震动。王得仁欲出屯九江，胁降楚帅，固守江面。声桓曰："进库未顺，行且蹑我后，当收赣而后北出师，为万全。"遂南围赣州。进库已间道走蜡书请援于清，得报命，益婴城守，弥月不下。十一月，清谈泰率八固山之兵抵安庆，九江守备单弱，遂得渡江。广信、饶州复陷，遂进攻南昌。声桓大惊，遽撤赣州围，留刘一鹏守吉安，盖遇时守袁州，扼赣州兵；而已与得仁驰归南昌。

部署未定，虏已傅城下，声桓与曰广谋，赍发吴宗周诣行在、朱谋塑诣何腾蛟所求援。清筑长围，掠舟据章江下流。声桓出兵与战，互胜负。城中粮少，曰广欲出百姓保乡村就食，而尽城中积贮以赡兵。议未定，忽一僧负蒲团，趺坐得仁门外，求见得仁。召与语，曰："公等所为，上应天心，敌固不能久困我，腊月初当有内乱，敌且溃走，公尾其后，蹴之于江，敌且歼。吾已出世外，无所求于公，但闻公等且遣百姓四出，当为敌掠杀，大士遣我就公求活此大众，公无忧虏也。"得仁引见声桓，踟蹰未信。僧登堞望气曰："某日，敌当有若干骑犯某门，当以某旗出某门应之，则胜。"至期，敌果至，如其言。僧从城上举佛号幡麾之，敌即走，追及，颇有斩获。他日，又如其言，五战五捷；不如其言，以他色旗自别门出，僧亦不举幡于堞，则敌尽死斗，城中兵即败。江西人好鬼，喜言机祥，翕然尊信之。声桓、得仁皆膜拜，奉为师，遂听其言，尽发仓粟，沿门贷贫民，粮遽尽。十二月，围益坚，声桓部将王天雷疑而验之，知其为谍也，搏僧杀之，而城中已大馁，无从得食矣。乃驰檄趋袁、吉粮，一鹏、遇时各遣舟运米赴之。敌舟满江岸，粮舟屯市汊不敢进，因密约期，举布帆沿岸行，城中出铁骑护之。敌又已谍得其实，遣劲卒扼粮舟于丰城，而自以土压舟，举布帆循岸行，城中发骑兵往迎，稍泊间，舟中兵猝起，攻迎粮者，皆歼之，乃徐撤扼粮兵，放粮舟进。城中见布帆不敢出迎，尽为虏获。繇是闭门坐馁，不敢以一骑出矣。一鹏、遇时率兵进援，皆屯丰城不进。上闻江西围急，诏李成栋援之。成栋遣阎可义以骑兵五千先往，至南安，为高进库所扼，不得达；成栋自帅师继进，次于信丰；何腾蛟亦以围永州未下，兵不得发。永历三年正月，腾蛟至湘潭，乃赍发堵胤锡率忠贞营往援，至茶陵，不进。二月，城中粮尽，杀人而食，声桓恚，开东门纵百姓走，因道掠之。谈泰知之，解一面围纵走者，城中兵见走者得免，遂溃。声桓不能禁，杀妻子，焚廨舍，自刎死。南昌复陷，刘一鹏奔抚州，收余卒，依揭重熙。盖遇时奔鄱县，已而复降于清。朝廷闻声桓死，辍朝致祭，赠榆林王，谥忠武。

王得仁，陕西米脂人。头早白，号"王杂毛"。起群盗，为李自成骁将，所部兵皆精锐。自成渡江死于宁州，得仁已先驰至南、瑞间，因不得与高、李同降。金声桓降清，守南昌，得仁孤窘，遂举兵附声桓，事声桓为父。声桓为请于清，授副总兵，协守江西。得仁与声桓益收诸溃军，凡左营降兵遣发归农者，皆投声桓；自成余兵溃入江西境者，则投得仁。合兵逾十万。

声桓居邑邑，恒与得仁言本朝旧事，则歔歔泣下。得仁感动，思反正。乃密遣客求姜曰广所在，道意，并收宁藩诸宗及人士有志意者入其幕，从容喻意。吴宗周、朱谋、钱匡日怂恿之。得仁数劝声桓即起，声桓郑重，未遽应，会清遣董御史者按江西，得仁囊鞬庭参，不为起，又索其歌妓，得仁未即遣。董御史怒骂曰："不闻□□有借妻例耶？吾行索得仁妻侍寝，何况歌妓！"得仁闻之，按剑起曰："王杂毛作贼二十年，然自知有男女之别，安能一日随犬豕求活耶！"遂召诸客入议。染黄纸草敕，以蜡刻广运宝，拜声桓豫国公，得仁建武侯。使客驰马扣得仁门，称有密报。入良久，客冠进贤冠，衣袍带，捧敕印，鼓吹诣声桓署，称诏使至，令声桓迎。精兵数百人，披甲露刃随其后，环声桓辕棨间。已而举营皆披甲介马，登陴欢噪。声桓良久出，客捧诏自中道入，登堂，南面立，呼声桓受诏。声桓乃下拜登受。得仁遽褫笠帽，取冠带为声桓易服。已，率诸军拜贺，欢呼声如雷。声桓执得仁手曰："吾有此心固在公先，所以踟蹰着，欲积刍粮、治舟舰，南结高进库，西约何老师，当一鼓下金陵耳。今事未办，公遽起。虽然，吾不可以负吾夙心！"是日擒董御史磔之。下令所属监司守令，仍旧官治事，听请朝命。事闻，诏授得仁太子太保、左都督，封建武侯，如其自署。

声桓南攻进库，得仁欲北守九江，图武昌，声桓不从。清兵至，与声桓距埋而守。屡出战，皆殊死斗。粮尽援绝，城溃，声桓自杀。清兵入郭，得仁巷战，死于阵，赠建国公，谥武烈。

李成栋，字廷玉，陕西宁夏人。起群盗，就淮镇降，屡官至总兵官都督同知。

弘光中，领兵镇徐、颍，清兵渡河，归、睢陷，成栋南奔。南都陷，遂降于清，随贝勒攻福建。已，乃授广东提督，率兵攻广东。会唐王聿𨮁称尊号，居广州，与今上抗，兵皆西御，成栋乘虚入，遂破广州，尽陷东省。西侵、破梧州、平乐。清以佟养甲为广东总督，王苹为巡抚，同成栋守广州；耿献忠为广西巡抚，扼梧州。成栋部将阎可义、杜永和、张月、杨大甫、马宝、董方策，皆剽勇善战，骑兵将二万，步卒如之。悬军东南，驰骤无所诎。初，西攻肇、梧时，破丁魁楚于岑溪，得总制两广印，藏之不缴。永历二年，江西反正，成栋闻之心动。前给事中袁彭年降清，为广东学政副使，与成栋相得，稍稍以词色挑之，成栋不应，而面色甚愉。养子元胤力劝之，成栋与元胤登越王台，语三日，元胤涕泣陈大义益切，成栋乃拔刀起曰："事即不谐，自当以颈血报本朝！"归署，有姜故松江院妓也，揣知之，劝成栋尤力，成栋不语而叹。姜曰："公如能举大义者，妾请先死尊前，以成君子之志。"遽拔刀自刎。成栋益感愤，命元胤迎袁彭年入卧内决策。六月朔，成栋易衣冠，望阙拜表，捕佟养甲亲标辽兵千余人屠之，胁养甲降，养甲不得已听命。成栋出所藏总制印，凡章奏檄移皆用之。发兵守岭，招耿献忠以梧州归顺，遂具疏迎驾亲征。上封成栋惠国公，总制江、广、闽、浙；养甲汉城侯兵部尚书；擢袁彭年都御史；洪天擢、曹晔、耿献忠俱列九卿。成栋之迎驾也，遍致书于朝士，皆有赠遗。王化澄、朱天麟以下，皆欣跃为劝上驾。瞿式耜疏请西出，赍发，给事中蒙正发陛见抗争。成栋复遣杜永和来觇跸，正发与廷争之，语侵永和。永和出，怒目睨正发，曰："此曹倚未剃发相傲诮，吾将执而髡其鬓！"廷臣遂讼。给事中欧阳霖上言："成栋输忠效顺，所不忍忘者君臣大义耳。今永和恣睢阙廷，辱天子谏官，君臣之分谓何？若赏永和不问，则成栋精忠且为永和所掩，又何以号召天下之忠义哉！"上释不问。霖挂冠去。九月，上遂幸肇庆。成栋修行阙，庀官署，饬城堞，具防卫，朝廷始有章纪。上至肇庆，成栋与宾客习所以奏对，述己忠悃者备悉，及见，上温颜接之。赐坐，慰问再四。成栋俯首战栗，唯唯起，叩头趋出。客问："公今日何无一语奏对耶？"成栋曰："吾武人，容止声音，虽禁抑之，犹觉勃勃，更为之言说。动上听睹，将无非人臣礼乎！"上特敕拜成栋大将军大司马，命有司筑坛，亲临授钺。成栋拜疏恳辞，上不听。成栋遂拜表辞阙，轻舸下广州。上遣吏部侍郎吴贞毓追劳之，兼视其师。贞毓乃与何吾驺、毛毓祥比，说成栋迎上居广州。贞毓张皇之以胁廷臣。上遣兵部侍郎刘远生催成栋出师援江。远生因谓成栋曰："驻驻广州，则爵赏征调，人疑有私，无以服江、楚诸将吏心。"成栋起谢曰："非公教我，几为吴少宰所误！"内外始益知贞毓之奸。

十一月，成栋遣阎可义率骑兵六千援江。至南安，与高进库相持未下。成栋自治兵于广州，益募水师，将继进。时马吉翔交内侍夏国祥，以中旨进退九卿台省。成栋闻之，密疏上言："恩威不出陛下而出旁门，宰相不能执票拟之权，匪人滥进，货贿公行，臣恐朝廷威福穷而阃外亦无所奉，系社稷存亡之大，非细故也，臣不敢不言，而不敢昌言以涉遥制朝权之逆迹。乞陛下留此疏于宫中，清晏则取而视之，裁恩幸，定黜陟，伸威令，臣虽死沙场，固所深愿而不恤也！"疏入，吉翔惧，稍戢。乃摇动上听，谓成栋将夺上耳目。蜚语四布，在廷咸疑。十二月，成栋自帅兵出岭北，将入见，请进止。吉翔益危词达宫中，谓将尽废阁部大臣，而以广州降吏代，解散上扈跸亲兵，以己卒充禁直，且如董卓、朱温事。内外汹汹。刑部侍郎朱盛浓，故马士英私人也，信吉翔语，遂揣合成栋心，疏言："宦者典兵，古今弊政，庞天寿统勇卫兵三千，臣恐甘露之祸发于旦夕，请亟罢之。"天寿所领兵，实不过千人，为宫门搞徼，闻者盖知盛浓之妄，而益疑出成栋意，成栋固不知也。两宫摇惑，猜阻既甚，上遣鸿胪卿吴侯劳成栋，召之。敕无决召意，侯与成栋语，胸涩如有所怖。成栋疑，驰问元胤，元胤乃以故告。成栋叹曰："吾初归附，礼当以元旦诣阙贺正旦。此行也，誓死岭北，愿见上一决，因与公卿议善后计，及请催楚师出郴、赣间相应援，乃群小汹汹如此，吾不能剖心出血，且坐受无君之谤，徒以血肉付岭表耳！"除夕，泊三水，驰疏，称警报迫，不得入朝。望阙大恸，溯清远去。曰："吾不及更下此峡矣！"元胤以其事闻，在廷稍知其诬。吉翔犹游词蔽上，上弗知也。

三月，江西陷，高进库无北顾忧，尽锐击成栋军于信丰。成栋与鏖战，阎可义战死，将士多死伤。粮尽，杜永和请退师，成栋索酒痛饮，举觥投地，曰："吾举千里效忠迎主，天子且筑坛欲以大将拜我，今出师无功，且朒缩返，何面目见天子耶！"控马引弦渡水，将突敌营，不择津涘，乱流趋敌，堕渊水，溺死。杜永和敛军退守南雄。讣闻，上震悼辍朝，赠太傅宁夏王，谥忠烈。设坛于天宁寺，亲临祭之，而以其军俾永和总统之。成栋无子，养元胤为子，封南阳伯。

元胤，字元伯，河南南阳人，本姓贾，故儒家子。李成栋为盗时掠得之，养为己子。从成栋降清，破广东。元胤貌轻脱，而心计密赡，有器量。稍读书，知大义。成栋之降，元胤尤怏怏。

永历二年，金声桓反正，成栋以为忧。元胤从容进曰："大人何忧？即事不可知，不过为金将军耳。"成栋色动。他日，复进曰："万一金将军以尺书至，大人当如之何？从之，则必屈于金将军；不从，又不能悬军万里，为丑类守海峤。"成栋乃与登越王台，敷毡藉草语三日。元胤遂召袁彭年入成栋卧内，语竟夕。迟明，遂冠带拜表，举十郡七十余州县籍兵十余万归附。上既封成栋惠国公，授元胤锦衣卫指挥使，加左都督。上至肇庆，成栋辞往广州，治兵出岭表，元胤留，以本官领标兵二千为禁旅，与庞天寿、马吉翔分督扈卫。元胤缜密谦抑，终日语不及朝政，未尝奏荐一文武官吏，惟楚、黔、粤西诸将奏使至，则款结之，为国家收阃外心。以马吉翔事上久，倾心与好，吉翔固弗喜也。吉翔纳交宫禁，辄以中旨授金都御史及郎署官。袁彭年、金堡奏裁抑之，吉翔怒，欲倾彭年、堡。元胤不平，以告之成栋，且曰："请大人以密疏讽上，勿露章，令人谓我父子遥执乾纲也。"疏入，吉翔益怨元胤。然元胤自朝请外，不一问国政，吉翔不能持其长短。

佟养甲以被胁归顺，授兵部尚书，居尝怏怏，不肯任部务。退居广州，密遣人北归。自理，兼约为内应。事露，成栋欲攻杀之。元胤密白成栋曰："养甲秩九卿，而大人以意杀之，不可。"乃密奏上，召养甲理枢政。养甲至，以疾辞再三。元胤乃诣养甲曰："公初内附，无功而居八座，受侯封，殆将不可。公何不请屯梧州，部署梧镇兵，自怀集出楚，与何督师合，则与家君东西犄角，为行在张两臂，大勋可成也。"养甲大悦，冀得拥众自楚间道北归，因奏请西出师。元胤密奏，上允之，赐尚方剑，总督楚、粤。临发，元胤临江送之，殷勤尤至。养甲舟次都城驿，元胤入奏曰："养甲偃蹇称病，而闻出楚，则踊跃就道，其叛审矣。"遂请以禁旅兵追诛养甲，夜薄舟次，矢集篷窗，养甲乃窜，遂杀之，歼其□□亲丁数百人。

　　永历三年春，成栋战死，杜永和收兵归岭南。上推成栋恩，封元胤南阳伯，欲令统成栋军。元胤奏："年少望轻，不可居诸将上。"力辞。乃改命杜永和为总统。诸将不辑，马宝、董方策退屯德庆，杨大甫退屯梧州，不受永和节制。大甫尤桀骜不逊，纵兵掠居民，劫行舟，杀黔、楚奏使。上大怒，切责之，大甫遂通忠贞营叛将刘宗敏、刘希尧，欲叛降清。元胤知之，因马吉翔入奏曰："大甫在辇毂侧，辄恣杀掠，明诏责之，而遽欲叛，不亟诛之，何以令四方？请下温谕，召大甫令与永和分将。大甫幸与臣无隙，臣亲赍往召之，必至，即显戮之阙下，可无费一矢力也。"上乃授元胤敕。元胤入大甫军诱之，大甫果赴召诣阙，惝惝自以为夺永和军。元胤驰密奏，请召杜永和、张月各以军至。永和伏师灵羊峡，轻舟入见；月亦轻舟至，与大甫偕泊江干。薄夜，月乃潜军从南岸溯上流扼大甫西。黎明，大甫与永和、月陛见。元胤、吉翔侍，上泛慰劳。已，召大甫升，稍诘责之。吉翔色动；大甫觉，方拜伏次，遽欲起。元胤自后夺其佩刀，大甫走近御座，将劫上。吉翔失声而走，元胤大呼："杨大甫不得无礼！"蹴其背仆之，卫士乃缚大甫出宫门，诏至，缢杀之。大甫军乱，月军自西下，永和自东上，皆鼓噪露刃与相持。元胤朝服单骑，捧敕入其军中，大呼："有旨杀大甫一人，诸兵将不问坐。"□案宣敕，军乃戢。大甫戮，宝、方策敛手自请为御营亲兵。忠贞营在浔南，亦下令禁侵掠。

　　永历四年春，清兵犯梅岭，罗成耀弃南雄走。上将弃肇庆西奔，杜永和奏请留驾。马吉翔言："永和将劫上。"两宫震惧。元胤曰："永和所以欲留驾者，谓不当轻动隳军心耳。元胤在，永和其敢挟驾以怀贰心乎！"泣谏，上不听。敕留元胤守肇庆，督兵援广州。元胤请扈驾行，吉翔欲因上西幸，挟陈邦傅诛异己，恐元胤挠之，乃自请与元胤援东以止元胤之西。吉翔实无东援意，徘徊不进，已乃稍出，次三水。罗成耀已密纳款于清，请取肇庆自效，伪以舟师来会。元胤侦得其情，密奏请除之。上密敕元胤诛成耀。元胤佯与成耀交好，语次，稍诱之，成耀微露情实。一日，成耀过元胤饮，马吉翔在座，中酒，令泛舟中流。元胤素好谐谑，忽起，倒拽成耀绳床，僵，元胤压成耀胸，捽其脰，吉翔不知，犹曰："谑何恶也？"其左右遽拔利刃刳成耀喉，刏其首。吉翔惊仆，元胤徐掖之起，以敕示之，曰："有诏，令元胤斩成耀，而令公收其军。"移尸涤血，行酒歌吹如故。已而吉翔召成耀中军官示以敕，元胤已督舟师遏下流，成耀军不得奔，皆就吉翔降。

元胤凡三斩叛将，决机俄顷，而皆先请敕行事，不自专也。上既至梧州，诏狱起。邪党挟陈邦傅，并疏攻兀胤。元胤乃请入见，奏曰："言者谓臣党金堡等，臣父自房中归顺，堡从黔、楚来，从无交往；袁彭年与臣父子同谋归正，陛下自擢彭年都宪，臣父子不敢以一字荐彭年功。彭年、堡自行其志，于臣何涉？臣父子自以归顺功蒙不次之赏，何求于堡？堡间关从王，而登籍十年，官止七品，抑思文皇帝所授也，堡亦何藉于臣父子而为之援？今援师逗留，臣旦夕与广州俱碎。臣父死，臣且继死，而言者必欲中臣，不知何心！"因伏地痛哭，曰："诸臣从皇上，幸而成，取富贵；即不幸，固有余地。佟氏世仕房中，固山、公、侯、文武大吏将数百人，臣为陛下手刃佟养甲，岂复有余地求活耶？臣誓以死报国家，如此其决，而犹谓臣结党欺君。臣不足恤，恐天下怀忠愤之心者，将以臣为戒矣！"复大哭，不能起。上命高必正掖之起，必正亦为之堕泪。

元胤请必正与己会师东援，必正感其意，请行。吴贞毓尼之，不果。元胤归肇庆，日约马吉翔、陈邦傅出师，不听。元胤孤军进，败清兵于西南驿。已而广西陷，上奔浔州，陈邦傅大哗而西，吉翔亦托扈驾去，元胤归守肇庆。十二月杜永和、张月奔入海，广州陷。元胤走郁林，清兵追围之，迫，元胤朝服登陴，西向拜哭曰："陛下负臣，臣不负陛下！"因自刭死。广东复尽陷于清。

陈友龙，直隶上元人。与刘承胤同起行伍，为承胤标将。短小精悍，善步走，日行三百里。性严急，惯战。随承胤征黎平苗。友龙尝先登，破苗砦，执叛苗则生剥之，为群苗所畏，呼为"五阎王"。

隆武元年，承胤下长沙，议出师复武、岳。承胤葸懦而忌张先壁，假以苗乱归武冈，留友龙率偏师随何腾蛟屯湘阴。腾蛟轻赍金币归黎平，为承胤所要，挟长短以制腾蛟。腾蛟子文瑞，居家逾法，承胤辄折抑之，腾蛟以是恶承胤。会有查和尚者，假称弘光皇帝入沅州，举人高士美率众推戴之，腾蛟闻知，不能辨，亦遣使问起居。佥都御史郑逢元发其奸，已擒伏诛，腾蛟所遣使弗知也，犹驰传，行过武冈，为承胤所得，以诮腾蛟。腾蛟积不平，遂裁抑友龙军食，没其功次。承胤乃召友龙还师归武冈。承胤军号十万，率调卫、所额军占籍自雄，其习战者唯友龙一军而已。

永历元年，承胤迎上居武冈，大推恩诸将，友龙拜官保都督同知。八月，清孔有德犯武冈，承胤撤紫阳戍兵守石羊渡，友龙扼险要，背山而阵，有德攻之，三战，皆为友龙所大挫。方驰级奏捷，承胤遽至，周览壁垒，颦蹙良久，令闭垒勿战，驰密奏，劝上出奔，而遣人诣有德约降。有德方惮友龙，疑不肯遽受，而承胤已下令剃发，自诣有德营门献印剑矣。友龙举军大恸，乃投戈剃发。有德以是迟两日乃入武冈，故上得逸去。有德宴诸降将，自持酒饮友龙曰："使诸将皆能如陈将军，吾安能至此！"有德既深重友龙，令举兵攻靖州、黎平，皆陷之；并抚谕诸苗，皆降。遂令镇守黎、靖。友龙固无降志，承胤知之，密告有德曰："王欲用友龙，当有以绝其归明之路。何腾蛟母妻子姓居黎平，诚令友龙捕送王所，以招腾蛟，腾蛟可致则致之，不可致，则友龙必永绝于腾蛟。"有德喜，从之。立檄友龙捕送何氏，无少长不得有逸。友龙见胁，捕腾蛟庶母妻妾数辈送有德军中。腾蛟闻之，为发哀制服，称其妻已殉难。诏赐祭加赠谥。有德既北归，友龙屯黎平，收土、汉，军益张。伪令人告清靖州守将曰："友龙将反，诸军皆不欲从，今已密疏通粤西，若许我辈自新，当以某日缚友龙诣城下献功。"靖守将喜，悬赏待之。及期，缚一人前行，诸军拥之至靖，清将开门受之，友龙杂小校中，拔刀捽清将。曰："身是陈阎王，为索汝头来耳。"斩之，麾兵击，城中辽、汉兵千余人，皆歼。遂收黎靖、沅州、黔阳、平溪、清浪、镇远、箄子。东攻武冈，拔其城，取守将头祭傅作霖，遂围宝庆，破之。不逾月，复城二十余，斩首□数千，清将魏□□帅兵来争宝庆，与战，大破之，遂复湘乡。驰檄治兵，将下长沙，选练苗、汉兵，众殆数万。辑残黎，储刍粟，郡邑安堵。事闻，敕授总兵官左都督，封远安伯。

何腾蛟素恶友龙，以庶母妻妾故，尤怨之。且闻其复湘乡，恐其先得长沙，而腾蛟方围永州未能下，念无以制友龙者。郝永忠方屯柳州，腾蛟使谓永忠曰："诸将出楚，皆立大功，将军独深壁柳州，将为诣将笑。今予自率滇、曹兵下永、衡，王、马诸部出辰、常，为将军计，唯有靖、武一路可出耳。陈友龙收二十余城，富甲诸将，金粟可坐食十年。战友龙之与战虏，难易亦易知，且彼自以得上封拜，怙天子为安，不虞人之见袭，可一鼓破也。吾妻妾皆死于友龙之手，将军于我，师生谊最厚，独不能为我一报乎？尽友谊，取大功，收厚利，据乐土，在此行也。幸勿以友龙新受褒赏为疑。将军诚据宝庆，待我而下长沙，虽杀友龙，朝廷其不能致诘于将军审矣。"永忠军方困于食，得腾蛟报，大喜。即卷甲趋古泥，即贻书友龙，言假道自黎平西出黔境，往复辰州。友龙不为备，永忠倍道驰袭友龙于武冈。乃称"奉督师令讨友龙"。友龙兵不得集，遂溃败。永忠尽并其军。友龙挟一矛冲重围走，三日夜不得食，乃达柳州。驰疏讼冤，朝廷果以腾蛟故，置不问。永忠遂大掠黎、靖、武、宝，杀百姓以巨万计。武、宝绅士起义应友龙者皆捕掠之。给事中金堡自黔阳人，奏："永忠击杀忠义，戕贼内地，破坏恢复。"朝廷为腾蛟故，复切责堡。腾蛟每对客揶揄曰："吾荐拔将帅至五等多矣，能为我效一臂者，郝南安一人而已！"诸将以是怨望解体。腾蛟之下湘潭也，无一人从者，以及于难。

腾蛟既没，友龙乃赴阙自讼，上召见，恻然悯之，慰问殷勤，为之泣下。仍给敕印，令收复楚西。友龙至新宁，诸部曲及土、汉义兵闻友龙复至，皆响应，数月间，收兵得万余人。将出宝庆，永忠惧，乃遣使谢友龙曰："吾前得罪于公者非己意，为督师所迫尔。今督师没，实自悔艾，愿自新，与公通好。"因赍遣友龙仆姜马仗归友龙以饵之。友龙自念受上眷注最笃，思恢复自效，不欲与永忠久相仇杀，致沮大计，遂欢然许和。永忠乃率轻骑诣友龙营，奉金币，交拜酬酒，约为兄弟，尽欢数日而别。友龙报谒，永忠盛张设筵，入居，次日张乐饮，永忠忽自坐捽之，起，磔杀之。急攻其军，众仓遽奔窜，追及，纵兵击杀，众皆殲。永忠遂引军走施州入峡。友龙死，湖南北尽裂，遗民至今追思之，谈者无不欷歔。起义应友龙者。刘克安最著。

刘克安，武冈人，字绥邦。世为武冈巨族，团聚乡里，捍苗贼。袁有志作乱，起义兵应刘承胤，诛有志，承胤结为兄弟。张献忠陷宝庆，克安兄弟捍紫阳固守。

克安故为诸生，稍工制艺，中隆武丙戌乡举。上在武冈，授克安职方司主事。武冈陷，承胤招克安降，不听。已乃与友龙应，复武冈，擢太仆寺少卿。郝永忠欲捕杀之，克安故结诸苗，得匿免。李定国下湖南，从定国为幕屑，未几，病卒。

《永历实录》卷十一终

永历实录卷十二

王杨皮列传

王祥者，故大学士王应熊之苍头也。弘光元年，诏应熊出督蜀师，开藩遵义，以御张献忠。祥干敏有机智，应熊宠任之，假以威福，札授至副总兵。

永历元年，应熊病没，祥素得其军要领，遂统有部曲，益收诸溃军，至数万。已而献忠遣孙可望、李定国、刘文秀略地滇、黔，祥不能御，退壁土司中。俄而献忠败死于成都，可望率众入云南不返顾，祥乃复出。收遵义，擒斩伪吏，定泸、叙以西。以功奏上，遂擢总兵官右都督，骤封忠国公。

献忠之在蜀也，杀掠尤惨，城邑村野，至数百里无人迹。民逃入深山，不得食而死者委填岸谷；或采草木叶食之，得生者久乃化为野人，裸处林栖，体生白毛，遇人则搏杀之而咂其血。祥收川西南，延袤千里，然无安辑略，骄倨纵意。李乾德、范矿以兵部尚书、杨乔然以侍郎、朱容藩以副都御史为督抚，祥睨傲其间，不受约束。兵部侍郎程源奉敕联络，与祥忤，祥怒，系其势于马尾，驱马以驰，源踯躅仆地，曳踏几死。故蜀人怨之。清兵自破杀张献忠，即旋师，未能收蜀；吴三桂居陕西，遥为控制，而栈道横绝，竟空蜀境。乃朝廷一以蜀事委祥及杨展，祥、展卒不能保险抚民；而范矿昏耄，乾德巽懦，乔然轻率，容藩有小智而不知大体，荏苒三年，郡县皆为茂草。行在阁部诸大臣嚅嗫粤、楚间，置蜀若遗。迨刘文秀败于保宁，而全蜀始陷，良可憾也！

祥始受封爵，颇感激，思自效。屡遣使自平越、庆远进马进金，中道辄为陈邦傅所劫夺，复轻赍诣阙兼馈问诸大吏。王化澄、朱天麟利赖之，拟旨褒奖逾量。祥素从应熊，知朝廷旧典，骤见诏敕猥亵，已知国家无人，愈偃蹇，奏报罕至，设施皆无意绪，偷安川南而已。永历五年，为孙可望所并，执祥杀之，其军皆涅刺面间作"王"字。

杨展，四川人，故为重庆副总兵曾英部曲。崇祯十七年，张献忠入蜀，英整兵御之于重庆，展以战功札授副将，为英中军官。献忠尽锐来攻，援绝，英战死。重庆陷，城野屠杀殆尽。展收英余军，退保山谷。已而献忠败死，孙可望入滇，展复出，收重庆，郡邑皆赤土，无一民斗粟可据。退屯川南。以收蜀闻，授总兵官都督同知，封宣平侯。

时寇退土荒，横尸腐骼载路，金帛委野，而无从得粟，斗米至白金十两。展部曲皆拥厚资而馁，辗转向番中易荍稗，往还千里，半不得达，展以是势益不振。时出兵向川北，又绝食而返，退屯川、黔间，与王祥相颉颃。屡遣使请命行在，十不一达，朝廷亦无以收之，委全蜀为瓯脱地者逾三载。展时赍送蜀中士大夫赴阙求绥理，而蜀人猥陋，至则自为骤迁计，无能为蜀事画者。赵昱、程源、辜延泰、刘尧佐皆躐九卿台省，留粤不归。尧佐疏言："张献忠辇金银至峨眉山，瘗之普贤峰顶，宜敕展发窖赍送赴阙，以供国用。"王化澄以为奇策，票旨行之。其俚蝶狂诞率此类也。

永历四年春，胡执恭假敕封孙可望秦王，统理天下文武将吏兵马钱粮。可望得伪敕，即飞檄召展，以兵属己。展得檄驰奏："臣茹荼辟草，为陛下收蜀固黔，方日望朝廷发遣大臣，指授方略，进收川北。乃可望忽以檄至，举陛下所有土地甲兵尽授之可望。臣誓不与贼俱生久矣，无难焚其檄，杀其使，出兵东川、乌蒙，与可望争一旦之命，顾以可望抄誊敕稿若果出上命者然，是以不敢鲁莽为先发后闻之事，今特驰奏请命，将无可望之伪乎？抑岂皇上果举六御以授贼乎？如皇上果有此敕，则臣等从此皆可望之臣而非皇上之臣。在廷孰为此谋，以断送皇上大宝于片纸者乎？若命不出自朝廷而为可望所伪传，则臣愿首戎行，与诸勋镇执大义以讨可望。乞赐速为传谕，以安文武兵民之心。"时执恭与朱天麟、陈邦傅谋甚秘，行在无一知者，卒得展奏，不知所从。上但敕展朝廷初无此命，令展固守封疆，勿为摇惑而已。已而在廷藉藉，稍知执恭奸状，吴贞毓、万翱多方为掩护之，莫能诘也。展得旨，遂发兵守滇、黔，御可望，相持久之。永历五年，可望自将尽锐出攻展，展屡战皆败，兵尽溃降，展被执不屈，遂遇害。

皮熊，字玉山，四川人。幼育于罗氏，冒姓罗，名联芳。既显，乃复本姓。以行伍起家，历授援剿副总兵。弘光元年，擢都督佥事充总兵官，提督贵州军务。时天下扰乱，贵土粗安，熊通文墨，知名义，能以节制治军，不为民扰，土、汉安之。

永历元年，熊恶刘承胤之奸，欲迎驾，未果。张先壁入贵，开屯镇远，熊据贵阳自守。上縓武冈奔柳，道苗峒走靖州、古泥中，远近不知上所在，贵土恇扰。韩王□□者以失国迁流侨居贵阳，熊厚奉之。王纳熊女为妃。王故出入患难间，稍习戎伍，恒挟关、陇健儿自随。至贵，颇招募成军，及是，遂有监国心。熊亦以乘舆蒙尘为疑，谋之杨鼎和、范矿、冯洸，踌躇未果。已而上出怀远，间道遣诏谕熊，事遂寝。然已藉藉传闻。廷臣以是为熊罪，熊勿知也。熊援覃恩求封诰，中书舍人吴其雷当直草制，有"丸泥封谷，夜郎自大"语，熊乃奏白："流言无根，污辱臣节，乞赐改正。"上从之，而心犹弗善也。

张献忠掠地至黔，黔中初受兵，军民汹惧。都御史杨鼎和、御史冯洸恇掉先走，遂至惊溃。熊素与水西安氏交好，得其欢心，退屯陆广，与安氏犄角。贼至，不能留，熊复入贵阳。贼自毕节入滇，黔土少靖，用是积功，封匡国公。

熊以韩王事，重为上所疑厌。熊故坦易，王亦轻率，往往因王入奏，叙将士劳勤，求升赏，朝廷类多不行，以是视诸将权藉尤轻。熊亦以身为守土帅，无恢剿任，遂拥兵晏居，不与粤、楚战争事。黔之东北陬，与楚塞犬牙者，马进忠、张先壁、郝永忠、王进才往来屯合。平越、都匀间，则有张登贵、莫宗文各拥部众屯聚，皆躐封伯爵。其西接蜀、泸，则杨展、王祥时往来掠食。熊藉居中以自安，而地逼粮少，亦莫能自振，惟联络土、汉，保境自固而已。

孙可望自滇出，张先壁、王进才皆为所并，熊亦不能与争，而不欲下之，遂偕韩王退屯水西，安氏纳之，可望莫能致。居数年，韩王薨，吴三桂既陷云、贵，遣使招水西，水西姑阳下之，而与熊誓约，欲相机收黔以待时。丙午岁，吴三桂大发兵攻水西，灭安氏，熊被执至云南，伉直不屈，粒米滴水不入口，诸降将往省之，熊慷慨论辨，称引古今忠义，追叙国家败亡之故，凡八日夜，语不绝声。忽反手据床，舌蹇，大叫一声而绝。

《永历实录》卷十二终

永历实录卷十三

高李列传　牛万财附

　　高必正，初名一功，陕西米脂人，李赤心之母舅也。赤心者，初名过，眇一目，号"一只虎"，李自成之族子。早从自成起群盗。自成僭号，以过为权将军，一功为制将军。弘光元年春，自成再败于秦，繇商洛走襄樊，追兵复至，自成仓皇渡江，过、一功与田化龙、贺锦、党守素、刘芳亮、刘希尧、李来亨、刘体淳、袁宗第、牛万财、张光翠、塌天豹等皆从，自白螺山至城陵矶百余里间截江求渡。左良玉已弃武昌下芜湖，何腾蛟走江西，武汉为墟，长沙守备单弱，侦探者不敢逾洞庭，皆不知贼所在。而贼自起兵以来，蹂躏尽西北，南阻淮、汉，未尝一骑窥江。江南奸民为贼导者率附革里燕。张献忠亦与闯部漠不相知闻。自成既东渡，南望大江沧溏，山川缪错，卒不知所向。惟见虏骑西来，则益东走，遂繇巴陵北境奔入江、楚界，南渐浏阳，北迄通山，东抵宁州。鸟惊兽逸，掠食千里。武、岳间居民惊贼猝至，亦不知所自来。五月，自成至九宫山，食绝，自率轻骑野掠，为土人所杀。过等追及，良久乃知之，益惟惧不知所为。

　　天启间，河南河滨沙碛中涌出玉玺，抚臣以献，廷议知其为宋哲宗时获得者，非秦玺，亦姑藏之内府。白成陷北京，获而宝之。自成死，一小竖负以走，田化龙夺而藏之。

诸部从贼久，颇厌剽徙；为虏所大挫，心魂俱褫。闻南京立天子，欲归附，不知所介绍。擒田野民间之，乃知何腾蛟为楚抚，遂欲因腾蛟降，顾因缘无繇得达。方腾蛟之弃左军而逸也，从九江斜走瑞州，繇万载入湖南，亦不知贼渡江事。猝闻平江、浏阳间有贼野掠，意为土寇，遣长沙知府周二南帅黄朝宣部兵二千人往击之。过、一功既欲降，无格斗志，按兵徐退。二南误以为怯，麾兵进薄其营，刃数贼，贼乃合战，俄顷披靡，二南坠马，死之。贼追溃卒，呼欲与通语，皆益丧精魄，骛走归长沙。腾蛟知为大贼，惴惴惟婴城守。过等敛兵不欲迫长沙，执土人纵之诣腾蛟所道意，土人得释即走，亦不为通。久之，稍传闻至腾蛟所，腾蛟乃募人持白牌赍手书往，过等大喜，遂举军降。腾蛟以便宜各授总兵官。李过之属，推一功为总统。凡八部为一营。刘体淳、塌天豹、袁宗第、宗第之弟宗道合为一营；张光翠、牛万财合为一营；王进才、郝永忠于贼中为偏裨，其主帅死，因得其军，为过等所不齿，又各别为一军。湖南民瘠赋薄，黄朝宣、张先壁、曹志建分处长、衡，刘承胤据武、靖，日益招募，至数万人；马进忠、王允成、卢鼎自江、汉来归，亦数万人。腾蛟既受诸降，益无以支。诸军散处岳、长间，野掠而食。会过、一功闻贼余众不及渡江者，星散湖西北，乃自请渡湖，出荆州，收其军。腾蛟大喜。思文皇帝已立于闽，遂飞疏入奏，请为加恩，诏赐一功名必正，过名赤心，各授都督同金有差，名其营曰忠贞，拜堵胤锡为楚抚监督之。胤锡为制进贤冠、袍笏、舆伞仪仗以宠之。诸将皆轻倨畠鄙，始受命服冠带，皆如负芒刺，唯必正与党守素、李来亨稍治威仪。

八月，必正、赤心率诸部渡湖，屯公安、江陵间，连营百里。刘体淳、袁宗第亦渡江趋江陵之西，略夷陵，过荆门、郧西，渡汉北掠兴安，侵汉中，为清兵所败。南归，自夷陵入巴东，依蜀东塞，据险而居。唯王进才、郝永忠依腾蛟，留长沙。堵胤锡分治湖北，稍用辰、常赋及鬻将吏及纳弟子员所得饷金，输忠贞营充馈劳，然无能饱也，率掠公安、松滋、澧州、安乡民以食。民皆怨苦之。至隆武元年冬，腾蛟与胤锡分道出师，会清兵大举攻忠贞营，腾蛟前部遇之于岳州，不战而退，清兵遂渡江。胤锡方帅必正诸军围荆州，诸老营留屯公安之草坪，荆民苦掠者，导清兵径袭草坪，轻骑潜抄，越两日夕，拔三营，而余营尚不知也。已而惊扰，自相践蹂，鹜散而西。必正、赤心大惊，撤围走，荆州守兵开门蹑之，全营大败，弓仗马骡夺弃殆尽。自是，忠贞营之精锐耗矣。遂敛余兵走夷陵，与体淳、宗第合屯蜀东徼，惟牛万财随胤锡退屯常德。牛万财者，眇一目，鹜暴猥鄙，多掠人以为兵，众至数万，自号"牛十万"。以与高必正有隙，故为屈下依胤锡，而胤锡信爱之。

永历二年夏，马进忠复常德，胤锡率万财自永定卫山中出，会进忠守常德。俄而胤锡恶进忠之待腾蛟也，遂携郑古爱、毛寿登间道走巴东，要必正下楚。必正等方苦粮尽，遂拔营随胤锡薄常德。进忠惊恧，尽焚刍粮庐舍走湘乡。必正诸部至，无所栖食，胤锡遮帅之攻长沙，围数日不克，退次湘潭。张光翠、牛万财、刘体淳、袁宗第分掠衡、宝。湖南千里，尸横蔽野，原野无烟火。何腾蛟方下衡州，大惊，轻舸至湘潭安插之。

永历三年春，南昌围急，金声桓驰乞援师。上敕朱谋堲趋腾蛟援江，腾蛟乃与胤锡议，分胤锡统必正诸军自袁、吉入江西。因为奏封必正郧国公、赤心邓国公，刘体淳以下皆封侯伯有差。体淳者，故于贼中与赤心号刘李二将军，拷杀降臣陈演、魏藻德以下数十人者也。必正等既渡湘，涉茶陵、衡山境，徘徊不进。已而闻湘潭陷，腾蛟没，遂卷营南走。至衡州东岸，清兵遮蹑及之，益骇奔，繇郴、桂取山道入贺县，趋梧州。行在惊遽，上命大学士严起恒、佥都御史刘湘客驰谕之。兵部主事郭如泰先至其军，宣上旨，必正赧惧谢罪，敛兵求屯浔州。自言："自草坪之败，盔甲弓刀皆丧，仅存者亦已窳敝，乞权住岭外一年，就铁冶胶角，稍治器仗，方可为国家效死力。"上亦从容慰劳而已。

陈邦傅忮李元胤而仇金堡，厚奉必正，舅事之，劝令举兵入肇庆劫驾，并元胤军，杀堡及刘湘客、丁时魁。必正佯诺，退谓其客曰："吾虽尝为大贼，亦自磊落行志，安能作此狗彘行乎！"以是恶邦傅而狎之，稍稍夺其兵粮马仗，殆尽，邦傅及窘。刘希尧、刘芳亮与赤心不协，率其军自梧州而北，转掠贺县、广宁、四会至宜章。所至剽杀，粤、楚间人尤苦之，呼为"白毛毡贼"。通粤将杨大甫，欲叛降清。朝廷执大甫诛之，希尧、芳亮恒慑失据。而彭嵩年、向文明屯郴南，阻其北降路，日渐溃散，清兵遽至，不及纳款，遂皆败死。是年冬，堵胤锡奉龙旗至浔州，调必正诸军出楚。赤心病，未有行意。未几，赤心死，必正兼统其军。田化龙亦死于南宁。所藏玺或窃去，不知所终。既连丧大帅，兵士合离不一。十二月胤锡又卒，益无趋令北出者，遂逗留左江。

永历四年夏，上在梧州，必正偕党守素入见，请身为诸将倡："以兵归兵部，赋归户部，简汰疲弱，分泛战守，较勘功罪，则事尚可为；如因仍离析，兵虽众，将虽尊，皇上求一卒之用亦不可得，有主臣皆陷而已。"朝廷翕然歆动。而户部尚书吴贞毓、兵部侍郎万翱庸猥喏嚅不敢任，必正太息而已。时金堡等诏狱未解，贞毓、翱、程源、郭之奇、鲁可藻闻必正入觐，密遣使迎之于藤县，丐必正入，杀堡，逐严起恒、瞿式耜。必正皆佯诺之。贞毓等踊跃以俟。必正、守素方陛见，趋班候驾，贞毓、可藻越班就揖之，喜溢眉宇。必正、守素奏对，出，即拿小舟诣金堡，握手歔歔，言："中外想望者惟公一人，今公杖创若此，其如社稷何！"贞毓乃大沮。御史吴象玄疏言："之奇、可藻越班私揖，蔑礼慢上，宜加勘问。"必正闻之曰："吾入行在，惟闻吴道长一言而已，此外皆不知何等语也。"已而贞毓等集必正舟，方行酒间，必正出贞毓等手书一一示客，曰："此诸老先生命必正入朝杀人者，不知文天祥、陆秀夫曾如此否耶？"贞毓等皆俯首汗出，不能语。必正间谓郭如泰曰："朝廷不诛夏国祥及吴、万、程、鲁四尚书，必不能待明春而亡。"如泰以意告朝士，欲奏上行之，朝士有识者以为不可因将帅杀内臣。如泰以语必正。必正曰："吾误矣，存亡在天，朝廷事固非我所当与也。"必正知事不可为，意大沮丧。廷议欲遣之援广东，马吉翔、陈邦傅在肇庆，不欲其来，阴令夏国祥持两端止之，无诏促必正行。必正乃请归南宁。

必正虽起群盗，为李自成爪牙，而雅有志义。赤心之降，皆必正怂恿之。赤心狡犷，必正恒加抑沮。及赤心没，必正愈折节戢其军，思自效纾国难，而群小噂沓，为必正所轻，莫能用也。自必正之入粤也，与袁、刘、牛、张相失。体淳、宗第与宗道、天豹自宝庆西北走，过常、澧，仍归荆西。张光翠自衡州西走，壁沅、黔间，后李定国下湖南，光翠亦出宁乡。定国兵退，光翠溃败死。牛万财自湘乡西走，大掠新化、溆浦，攻下苗寨据之，为清兵所困，降于清。清夺其兵，万财与部曲贩鱼盐以自食。时忠贞营诸部存者，唯必正、守素及贺锦、李来亨四将，屯浔南，日益弱。是年冬，两粤陷，清兵犯浔南，必正自庆远走黔，孙可望薄险要击之，转战旬日，所部多为可望劫降。必正、守素、锦皆殁。余军推李来亨为帅，繇黔走施州卫，遂至巴东之西山屯焉。刘体淳、郝永忠皆先在，连寨相结，凡十四年而后亡。

《永历实录》卷十三终

永历实录卷十四

李定国列传

李定国，字宁宇，陕西榆林人。本农家子，十岁为张献忠所掠，喜其貌度不恒，养以为己子。献忠养子四：孙可望为长，定国次之，刘文秀、艾云枝次之。可望狡谲鸷忍，常为献忠掌老营，号"一堵墙"。献忠之降也，左良玉固欲杀之，可望为通赂于熊文灿，馈文灿碧玉长尺余者二，径寸珠二。可望陈说诡媚，得文灿欢心，保献忠逸去。繇是尤为献忠所信倚，威亚于献忠，定国等皆为之下。定国长八尺，眉目修阔，躯干洪伟，举动有仪度，于群盗中独以宽慈著。喜接文士，通兵法、纬象，读《通鉴纲目》，略通大义，不乐为盗。以幼鞠于献忠，莫能自拔。所部将二万人，随献忠驰突豫、楚。崇祯十七年，破四川，献忠惑其客汪公子言，日务屠毒，猜忍暴噬，可望、定国皆重足立。

永历元年，献忠僭大号，建伪都于成都，分遣可望、定国、文秀、云枝攻贵州，遂窥云南。献忠猜杀益剧，可望等不敢北归，掠东川、乌蒙间。会黔国公沐天波以年少轻倨，侵虐土、汉，巡抚吴文瀛媕阿不能裁正，土司沙定洲举兵反，攻云南府，天波弃城走，定洲据云南。时上方播越，威令不能及，天波势蹙。澜沧道副使杨畏知，迎天波居腾越，檄土、汉郡县讨定洲。兵未集，可望探知滇乱状，乃倍道趋攻云南。定洲迎战，大败走，被擒见杀。可望既定滇，驰报献忠，献忠益媚之。可望乃与定国、文秀、云枝相结约，屯滇自保。献忠孤立成都，清兵乘虚来攻，献忠兵溃，自刎死。沐天波闻沙定洲败死，意稍安。可望因遣使诱天波令附己，与合兵定诸土司，而还天波邸第庄田。天波既童骏，为所惑，畏知亦力弱不能抗，遂与偕诣可望。可望羁縻之，使居民舍，月给粟以赡之，门置兵锏其往还，而胁畏知为己用。已乃自称平东王，而定国为安西将军，文秀为抚南将军，云枝为定北将军，犹仍献忠所伪署号。詹事雷跃龙出降，以为伪相，绅士皆伪署司、道、府、州、县吏。以甲子纪年。既灭沙氏，益攻诸罗罗部，收其军，有众二十余万，厚敛民田租以赡之。定国所部汉、猡兵，亦逾五万。献忠之死也，可望欲臣属诸部，而与定国辈素相颉颃，不能讽令尊己。定国倦于为盗，思自洗濯归正，可望知其情，念所以笼制之，乃与定国等谋归附朝廷，定国欣跃从其议。可望之欲归附也，意假王命自尊，雄长三部。定国揣知其奸，亦姑因之以自达。

永历三年夏，可望修书，称"平东王孙可望、安西将军李定国、抚南将军刘文秀、定北将军艾云枝献书大明皇帝阙下"，求封王爵，献金百两、马十匹，请出兵击清。词多桀骜，名而不臣。遣杨畏知与前行人龚彝赍诣肇庆。畏知、彝入见，上稍奖慰之。下廷臣议。大学士严起恒、给事中丁时魁、金堡交以为不可听，乃封可望景国公，定国以下皆侯爵。遣给事中赵昱、司礼太监杨起春赍敕印冠带袍笏往。可望念不得王，无以慑服三部，遂止昱、起春于驿舍，不与相见，而令部将来相恫喝，探昱、起春意。昱、起春相抱而泣。可望知状，乃遣令归要易王爵。昱、起春狼狈而返。昱留南宁不入朝，起春归，奏可望言："不得王封，当出广南趋行在，劫车驾。"严起恒曰："可望若欲犯顺者，何所忌惮而不前？彼方畏清，资我为外御以徐养其羽翼，岂敢效李自成速毙乎！朝廷但当讲自强之术，姑置可望，迟之，且摇尾复来矣。"

可望果不敢动，但寄怨于杨畏知而杀之。

陈邦傅患高、李，媚李元胤而怨金堡，与朱天麟谋挟可望并忠贞营及元胤军，劫天子以杀堡。乃诱堵胤锡龙旗往调可望，而令胡执恭偕往，阴纳降款。会胤锡卒，执恭遂报邦傅，使诈作敕册，铸藩王宝，制龙袍、翼善冠、琢龙玉带，封可望为秦王，总录天下文武将吏兵马钱粮，专征四方，行大元帅事，公侯阁部以下皆称臣，启旨行事，不必关奏朝廷。时艾云枝已死，封定国为安西王、刘文秀为抚南王，各授册宝。可望大喜受命，而朝廷初未知也。可望遣使诣阙谢，执恭为他词缓之。密报邦傅，遣执恭子钦华赍金航粟赂王化澄、夏国祥、程源、万翱，请封可望如亲王以实其诈。朱天麟嘱吴贞毓为之主，言可望必欲得秦王，则旦夕可复南都；不然，即引兵出南、太犯车驾矣。化澄、翱力为之请，严起恒固执不可，夏国祥居中两解之。奏上，以朱敕付内阁，封可望荆郡王，定国、文秀各国公。化澄、翱但以谢钦华之赂，亦不知其必得秦王之何意也。唯贞毓知之，密约给事中朱士鲲等具称臣启，因钦华赴可望所纳款，诉起恒亢执状。荆郡封使至广南与可望使遇，执恭奸尽露。可望怒，杀执恭，而据伪敕宝称秦王，专征如故。驰金龙牌，抄敕册文，遍调土、汉宫军皆为之下，众益强盛，遂出黔、蜀，收杨展、王祥、马进忠、王进才、张先璧、张登贵、莫宗文之军为己属。祥、展不屈，皆遇害。自是天子自扈从外，无一卒一民为朝廷有矣。

永历五年，上在南宁，可望使其将吴都督率兵二千人至行在，击杀大学士严起恒及给事中吴霖等三十人，胁上，求加敕实封秦王，令百官皆称臣。上不得已，皆从之。未几，清兵攻南、太急，上走泗城州，适可望逻骑至，侦知上所在，遂拥上入其营，驰报可望。可望令居上于兴隆卫（安隆府），月进膳金二十两，米十石，宫眷内臣皆啜薄粥，内臣负薪汲水，宫婢自炊之。可望自构宫殿于云南，黄屋双阙，出入皆建葆羽、日月旗、孔雀扇、曲柄幢盖，乘金龙步辇，名其亲军曰扈卫，铸印仍献忠式，作七叠篆，帝制自大。岁遣军戍兴隆，讥禁从官出入。定国大恶之。其幕客金维新，忠谅有志略，从容称大义，说定国尽忠本朝，特以方见挟持，故犹佯奉可望。

永历六年春，可望乃分遣刘文秀自成都攻川北，白文选、张先璧副之；定国自贵州出黎、靖，马进忠、冯双鲤副之。定国以进忠为朝廷宿将，加意结纳，合军十万，战象五十。四月，驰攻黎平，克之。五月，至靖州，清将张国柱合许、魏二将之兵迎战，急击，大破之，斩馘五千余级，国柱弃马走。两日夕，驰下武冈。清续顺公弃宝庆走。定国收宝庆，遂自东安南攻孔有德于桂林。有德遣其将孙龙、李虾头拒守严关，定国大败之，斩孙龙，虾头中箭死。有德大惊，自将迎战于大榕江，复大破之，弃甲断骼遍于溪谷。有德走，闭城守，遂围之。肉薄登城，王允成开门纳兵入。有德自焚死。执陈邦傅，数其矫诏怀奸、叛主迎降之罪，并其子磔杀之。七月，收平乐、梧州。马雄、线国安走广东，遂复柳州、南宁。时刘文秀出川北，亦复潼川，进攻保宁。吴三桂驰救之，迎战大败，退师川南。定国既平西粤，整饬军政，于民一无所犯。招兵部尚书刘远生、中书舍人管嗣裘、兵部主事朱昌时于山中，与议兴复，共奖王室。尝置酒七星岩，酒酣，谓远生曰："君读史，以曹操、司马懿为何如人，奸耶？愚耶？"远生踯躅未对，定国曰："操、懿有戡乱之才，蹀血百战，摧大敌，扶弱主，以垂令名于后世，如探囊取物，而顾以此博万世笑骂，犹持黄金换死铁，农夫樵竖之所不为，而操、懿为之，非至愚而何！"八月，举兵出楚，复永州，遂下衡州。出马宝军于连、阳，收曹志建故部于贺县，遣马进忠、冯双鲤北取长沙，召张光翠出宁乡，进复常德。十月，进忠略地岳州，所至披靡。别遣军攻永新、安福，下之，遂围吉安。兵出，凡七月，复郡十六、州二，辟地将三千里，军声大振。

定国至衡州，下令所司粪除端皇帝潜邸宫殿，为望幸地。今上以十月十九诞辰，定国率绅吏将佐耆民诣邸宫，班朝拜贺。届冬至，复趋宫行礼。郡吏设可望位于学宫，将导群官往拜，定国大言曰："文武官非秦王选授者，既拜圣上，不当复拜秦王。"时可望遣其腹心杨中书者来觇定国，即尽以驰报可望。可望怒且惧，遂自贵阳帅兵出。将至湖南，欲夺定国兵柄。凡可望发兵胜败进止，一切皆不遣上知闻。定国收复粤、楚，乃草奏遣赴兴隆报捷，并令马进忠、马宝及故从官寓行营者，通奏起居。杨中书者归遇可望于沅州，尽以告。会清敬谨王率三贝勒、八固山大举兵向湖南，时定国屯衡州，马进忠、冯双鲤屯长沙，前军下岳州。定国知虏至，与进忠、双鲤谋：令弃长沙，诱敌渡湘江，进忠、双鲤退伏白杲市，须敌过衡山，乃绕出敌后反蹑之，定国夹蒸水拒之，须蹑兵至，夹击，当尽歼之。议定，进忠、双鲤退。可望至武冈，知状，不欲定国之成功，而思陷之败死，密令双鲤径退宝庆。双鲤至湘潭之花石，得可望令，即走湘乡向宝庆；马进忠不知所为，随之而西。秘不遣一人报定国，以误之。十一月己丑，有彗星出天街间。清兵薄衡州，定国夹蒸水而军，接战，自日晡达庚寅旦，数十合，斩首□千余级，定国军亦颇有杀伤。敬谨王者，素以骁勇闻，冠七宝金兜牟，揭金顶，交龙绣纛，率铁骑二十余，登蒸水旁小山，觇定国军，山下僧进茗饮，方啜，伏兵从山后竹条中出，挥刃击之，自顶达项分为二，从骑皆歼。清兵不知敬谨王死，犹殊死斗。马宝骑出掠阵，流矢中颊伤，宝军遂却。定国方待进忠、双鲤，不至，颇疑忒。俄而侦骑返自白杲市，言二将已走湘乡，定国大惊，遂收兵走邵阳，敌亦不敢追。湖南复陷。定国既屯宝庆，侦知清兵放牧湘东岸，将间道往夺其马，将发，可望驰召定国返武冈会议。三昼夜书七至，定国不得已西行。将见可望，至紫阳渡，刘文秀之子密遣人走报定国，言可望俟其至，即收杀之。定国大惊，遽引兵东走，缚筏为桥，渡湘水，渡已桥绝。可望追兵趋永州。遂自永明走平乐，下梧州，进围肇庆。计欲取东粤，与郑鸿逵、朱成功合，迎驾，自闽、浙图南京。肇庆城小而坚，清将许尔显死守不下，围三月不克，师渐老。援兵大至。定国乃退，自平乐屯永安州。

定国之自紫阳东走也，可望良久乃知之，遣骑追之不及。清兵亦方自衡州西南进，可望遂举兵下宝庆，拒之。可望耻定国有杀两王之功而己不逮，抑见定国之杀两王而谓敌易与也，遂欲独战以求多。清兵自祁阳舍宝庆，将斜趋武冈，出可望后。可望乃自宝庆旋师迎战，遇于岔路口。可望骄媚，自倚必胜，令白文选、冯双鲤、马进忠各将其军，因山为垒，戒不得动，动者斩。而自率其所谓扈卫军者仿戚继光法，用藤牌间长矛前搏战。战浃时，雁行不进，敌铁骑四合，横蹂可望军。阵乱，可望遽单骑走，遂大败，积尸塞野。双鲤、文选、进忠坚壁候令，令不至不敢发。可望走浃日，三将乃引退。是役也，精锐挫衄滨尽，退守武冈。可望归贵阳，不敢议北出矣。清兵遂陷武、靖、辰、沅、黎平，大掠千里，民死者将百万人。可望以是愧憾，益忌定国，然知其不定国若也。稍思羁縻之，复遣使持刘文秀书，劝定国令修好如初。定国亦姑应之。

永历八年，定国复攻桂林，穴隧道，瘗火药，碎其城。骁将王国仁入隧视，火遽发，死隧中，定国惊惋大恸。兵遂乱，引归南宁。遂从土司假道，密遣使具方物诣兴隆，候上起居。上遣兵部侍郎萧尹赍血字诏诣定国，述可望僭逼状。定国奉诏，伏地恸哭不能起，遣使贡上服御物，并奏："臣誓死先为陛下除逆臣，后议恢复。"已而可望微知其状，遣人至兴隆，以不逊语胁上，取从官萧尹、雷德复等杀之。可望据贵阳，前军守镇远，扼险自固。清调其贝勒等北归，以洪承畴经略湖南。承畴议守永、宝以困可望，可望因复下靖、武，相持于紫阳。贵州粗安，可望遂治宫殿于贵阳，开科取士，涂饰以欺黔人。永历九年，定国遂举兵自泗城州入滇，袭云南府，据之。治城郭，缮甲兵，迎上于兴隆，奉居可望所筑宫。具卤簿，立朝仪，建置侍从，文武官吏，军行进止，一以诏敕从事。驰敕召可望入朝。可望大惊，自率其军，与冯双鲤、白文选、马维兴攻云南，而别遣骁将张胜率骑二千，鼷间道直抵昆明城下。李定国起兵御之于高山寺。胜先至，纵火大噪，定国自军中率铁骑潜还击胜，大破之，擒胜献于上，诏磔之于市。定国持胜首示可望，可望怔惧。定国大呼告诸军曰："天子在是，可望欲行弑逆，汝等何所利，而为逆贼受恶名，反天道耶？"文选等皆越趄不进，可望军遂溃。反走，归贵阳。上欲息兵合谋下黔、楚，以命定国。定国听命，诏刘文秀和解之。文秀刺血书告可望，可望复书狂嫚，文秀泣曰："自作不靖，以召外寇之侮，吾死无日矣！"遂仰药死。可望频岁侵云南不已。

永历十一年，定国乃奉诏数可望罪，举兵出毕节讨可望，可望帅双鲤、文选、维兴拒战，定国奉诏谕三将，令归顺，各封郡王。文选、维兴皆举军降，可望与双鲤军皆惊溃，定国兵蹑之。兵士家口皆居云南，定国入滇，悉予存恤，至是皆反走赴定国。双鲤不得已，亦降。可望入贵阳，不敢留，携妻子宝玉及亲信二百余人北走。十一月，至武冈，遂降于清。定国定贵州，归云南安插诸军。

萧尹之至南宁也，上封定国晋王，定国辞不受命；及是，白文选等皆爵郡王，上乃固命定国，定国始受晋王之命。间道遣使赍黄绫小诏及定国书，下海约郑鸿逵，以明年夏会南都，驰檄荆西，约王光兴、李来亨等会荆州。号召四出，期大举出楚，而诸将吏兵民见可望北降，知虚实险易尽输于敌，皆摇摇无固志。可望之降也，因洪承畴请兵取云、贵，尽图山川迂曲及诸将情形、兵食多寡献之，清封可望为义王，如其策，大发满、汉兵二十余万，一鼷川南、东川入，直冲大理；一鼷建昌入，攻腾越；一鼷广西庆远入，捣平越；一鼷泗城州袭广南。而洪承畴率大军从黎、靖先入，诱定国出黔应敌，乃使奇兵绕出反攻之。

永历十三年，承畴兵薄贵阳，定国保毕节，扼关索岭，沿菁涧设伏，连战二十余日，杀清兵万计。而泗城兵已达临安，川南兵侵腾越、大理，定国三面受敌。可望又遣人赍手书，招诸将帅，言已受王封，视亲王，恩宠无比，诸将降者皆得予厚爵，非他降将比，惟定国一人不赦。刘文秀之子及马维兴、马宝等皆为所讠夹，先后举兵降。定国军大溃，乃退师，奉上奔永昌。追兵益至，定国奉上奔缅甸。上至缅甸，定国自出收兵。缅甸人叛，逼上，送诣吴三桂所。三桂犯顺，上崩于云南府。是日，烈风黑雾大集，飘屋瓦翔空如鸟，满、汉兵十余万皆震悼悲号。三桂杀数百人乃定。定国闻变，还兵至缅甸，已无及，因缟素发哀。定国披发徒跣，号踊抢地，吐血数升。遂杀妻子，焚辎重，举兵攻缅甸，屠之。率其军居徼外，两年，愤恚呕血卒。

《永历实录》卷十四终

永历实录卷十五

李来亨列传 王光昌、王光兴、郝永忠附

　　李来亨，始以降附功授总兵官都督同知，既而封□□侯。永历五年，高必正率党守素、贺锦及来亨，自黔走蜀，为孙可望所遮杀，独来亨力战得脱。必正诸军受并于可望，良久或逸去，皆依来亨。来亨所部尚数万人，自黔东北走入巴、归间。

　　王光兴者，与其兄光昌皆起群盗。崇祯十二年降于熊文灿。已，随郧抚王梦尹守襄阳，屡战有功。襄阳陷，光昌兄弟与荆西道徐启元死守郧阳。李自成攻围浃岁，坚守不下，往往挫自成军。弘光元年，吴三桂以清兵追自成，繇汉中东出荆西，三桂驰檄召起元、光昌会师剿贼，光昌困贼围中，匝两载，不知南北情形，猝得三桂檄，犹意为大明兴复，欣然举兵赴之。既见三桂，乃知已移明祚，顾弗能前却，不得已，恸哭剪发，附于清。光兴方城守，见光昌陷，遂率其军走屯房县，依山自固，与清所遣守郧者相持十余年，大小百战，不下。上即位于粤，遣间使赍表诣行在，特敕授光兴总兵官都督同知，封南漳伯。光兴孤军悬汉北，拒战益苦，粮盐布缕无所取给，时往来郧、襄、荆、夔间，攻下州县就食之。南至夷陵，迎大学士文安之、侍读黄灿督理其军。已而刘体淳、郝永忠先后自湖南来，永历六年，来亨间关亦至，遂与光兴连砦相犄角。巴、巫之间，万岭

插天，中有僻壤曰九莲坪，来亨据之，大起营舍，建帅府其上，稍招居民与士卒杂处。光兴屯江南，永忠、体淳屯其西。安之既薨，灿亦卒，群帅推佥都御史毛寿登监督联络，遥禀正朔。

孙可望既叛降，上居云南，李定国遣使间道四出联络诸故将，来亨亦遣使诣定国相结纳，定国报馈殷勤，承制晋来亨、光兴、体淳、永忠爵，皆上公。来亨等势稍振。屯耕山田，岁收麦粟草绵，供粮食衣履。亦私遣人市盐铁。荆西居民，或与往来市贩，来亨等亦不夺掠，惟截长江邀抄清官吏归帑及远商。间四出，剽杀南漳、房、竹及夔东鄙。清楚、蜀守将不能御。居数年，定国败，清人宣上凶问，以招来亨等，来亨不应。方会诸帅，议求宗室辅立之，而光兴意移，密遣人诣清乞降。光兴久据荆西，来亨等皆以残余远附，居久之，势出光兴上，主客不相浃；而安之、灿先后物故，寿登庸诞无忠义志，不能辑和诸将，顾潜有乞活心，故怂恿光兴叛众纳款，而来亨之势孤矣。光兴自崇祯十六年来，未尝一籍朝廷鼓励，转战寇虏间垂二十年，天下想望其气义，晚节不终，以速李来亨之败，故闻者莫不惋惜之！

光兴既降，清遂大举兵攻西山。癸酉春，清楚督张长庚自夷陵进，蜀将李国英自夔门夹攻之。楚兵入九莲坪，来亨退据山砦，清兵不能进，来亨尽诱其兵入，乃使其兵剃发杂负贩中，入清兵营，良久，尽得其虚实，来亨自砦发兵下攻。清兵方迎战，顷，清营中忽揭大旗，号呼起，火发，系营舍。清兵乱，来亨纵兵乘之，清兵大溃，杀伤万计。长庚走保夷陵，蜀兵亦为郝永忠所败，楚、蜀震动。清乃遣□兵数万，分从楚、蜀逼诸砦，立垒围困之，尽起楚、蜀丁夫，挽粮赴军为持久计。来亨屡下砦索战，皆坚壁不应，来亨乃窘。甲辰春，蜀兵攻体淳、永忠，皆陷之下。体淳、永忠死，来亨粮亦濒绝。而清兵督挽运，丁夫死者积崖谷，益峻法驱里民，三千里外诣军负挽，披蓑笠，缘绝巘峭壁，蚁行延绵，弥望不绝。来亨知不能久存，会诸将饮，大哭，分遣逃散。来亨母老矣，其中表舅有为清将者，曾招来亨降，不应。至是，乃遗书以其母托之，遂举火焚砦，与妻子亲信投火中死。

来亨部凡三万余人，来亨死，或死或逸去，就俘执者百五十人而已。余众散入秦、蜀山中，不知所终。来亨败没，中原无寸土一民为明者，惟诸郑屯海外。

郝永忠者，李自成别部之偏校也。初为贼大旗手，号郝摇旗，未有名。既降于何腾蛟，易其字曰遥期。已而思文皇帝赐名永忠。永忠当李自成之殂也，杀其主将而夺其室，故李、高诸部恶之。永忠无所容，倾心附腾蛟以自安，腾蛟深委信之。有众万人，马三千匹，腾蛟厚给其糈。李、高诸部渡江而北，永忠留长沙，腾蛟为题授总兵官都督同知，为援剿右部，张先璧为左部。

隆武二年，思文皇帝恶郑芝龙，欲出楚甚，日促腾蛟迎跸。腾蛟固无迎意，姑遣永忠名扈跸，发衡州，称取道郴州趋赣，腾蛟密喻意，令勿必往。永忠至衡州，趑趄不进，为暴于衡、郴间，凡三阅月而始达郴。思文皇帝凶问已至，永忠遂返兵。闻桂阳州之险，趋据之。州人畏其暴掠，城守不纳，永忠攻破之，屠其城，礫杀前罗平知州夏九庚，流血染衢，婴儿妇女无免者。腾蛟不问，复为榜数桂阳士民之罪，为永忠饰恶。永忠益无所戢。

永历元年，湖南陷，永忠蹿入桂林。上在桂林，腾蛟为请封，遂封南安侯。金州陷，卢鼎、焦琏东西支守，永忠遽返兵大掠杀，走柳州去。明年，陈友龙复黎、靖、武、宝，将出长沙，腾蛟以私憾嗾永忠攻之，楚西南千里间，掠杀几空。永忠从无一矢功，惟残毁内地，屠士民，尤为诸将所恶。给事中金堡请因人心之公愤，下诏讨之，朝廷既不能用，而惮腾蛟之护爱之也，为下诏切责堡。已而腾蛟陷没，永忠遂自为军，奏报皆绝。

永历四年，掠武冈西走，自沅镇益北，达楚、蜀界，会刘体淳于荆西。体淳虽雅恶永忠，而以孤悬，故相倚。已而北出房、竹，至南漳，野掠而食，转徙无恒。永历十一年，驰入襄阳，城中□守者惊走，留一日。清援兵至，复退入南漳山中。清盛兵扼郧、襄，永忠、体淳不能出，食且绝，复南会李来亨、王光兴，结砦于巴、巫之西山。壬寅，王光兴降清，清大发兵楚、蜀，夹攻之，永忠败死。

《永历实录》卷十五终

永历实录卷十六

诸郑列传 （阙）

《永历实录》卷十六终

永历实录卷十七

晏黄二刘列传 晏霖明、钱秉镫等，黄公辅、陈世杰、
蔡之俊、管嗣裘、朱昌时附

晏清，字玄洲，湖广黄冈人，中万历己未进士。宽和朴易，不立皦皦之名，而独操不乱。释褐，授吴江知县，以廉能上最，擢吏部验封司主事。天启间，忤魏忠贤，削籍归里。崇祯初，用原官起用。时诸以忤珰去者，皆竞起骤登清显，而清高卧不赴召，徘徊十余年。征旨屡下，乃起。历验封司郎中，资望最深，应主铨政。

吴昌时者，当清令吴江时，以诸生为清所拔赏。及是，因周延儒结太监王化民，蹻入吏部，遂掌铨政，居清上。忌清雅望，畏物论之不容也，辄用年例，奏迁清为广东盐法道佥事。清在吏部十八年矣，即外迁，亦当得副使。昌时欲重抑之，才改五品，清顾夷然安之。昌时诛，廷论欲召清，清居岭外两载，未尝通一函于燕邸，遂不得召。弘光元年，量擢尚宝司卿，隆武二年，再迁太仆寺卿，皆不赴。时江、黄沦陷，清解官侨寓海北，翱翔无宦情。

上即位，擢吏部左侍郎，辞不至。已而李成栋破广东，清避地浔南，上在南宁，擢吏部尚书，敦趣入陛见，以足疾不能朝请，力辞。上益向用

之，特旨免朝参，专理铨务。不获辞，乃受事。清恬淡简易，以病不见客，门无私谒，行在翕然推重。吴贞毓以主事躐吏部侍郎，趋权利，深忌清，而无能与竞，乃自请视师岭上，去。时江、楚避难出者，争称起义求进，屦履相接，牍满公车，朝廷无能辨。清知其诞，为分别用舍，群不逞者皆怏怏造蜚语，谓吏部悬榜，有"'破家起义、全发效节'八字，见之令人欲哕"语。贞毓倡言："如此则流传江、楚，解散人心，为祸不小！"以摇动清。然清实无此语，而公清为端士所推重，贞毓无能如何也。铨郎施兆征颇通苞苴，扞格清所为，清以持重沮抑之。兆征敛而改节。

永历四年，吴贞毓为户部尚书，与王化澄相表里以逼清。清屡乞骸骨疏上，犹未许。会诏狱起，清谏不听，遂移病不起，拜表即行。居浔州，未几，卒。年七十有三。子霶明。

霶明，字云章。少以文名于楚，思致韶令，与麻城曹胤昌相颉颃。尤工为诗，清茂有远致。两赴乡举，未第，补贡，随父宦岭外。永历二年，授太常寺博士。四年，进仪制司郎中。安雅远权势，僦庵居，闭户读书，非朝参不出。扈跸至梧州，病卒。

上之立也，朝廷草创，文物简略，诏令鲜所缘饰，间关楚、粤，侍从零落。及幸肇庆，四方收复频仍，人士稍集。瞿式耜留守桂林，尤加意延恤，一当品藻，即予奏荐。操觚胜流，日以宾集。安庆钱秉镫诗体整健，宜兴李来年少善组饰，皆授庶吉士。苏州汪郊，吴中宿学也，官吏部主事。三原温溥知强识有才思，官礼部员外。而楚士之以文名者，则霶明与孝感彭焱称焉。焱思致明敏，工行草书，官兵部郎中。其制诰撰文，则编修安福王华玉、中书舍人吴县吴其雷、礼部主事休宁冯霖、待诏仁和姚端，亦皆彬彬焉。华玉晚归隐，注《易》。其雷擢兵科给事中，监桂林军，桂林陷，不知所终，或曰殁于阵。霖改给事中，为孙可望所杀。

黄奇遇，字□□，广东东莞人。中崇祯戊辰进士，选庶吉士，改编修，历官少詹事。上即位于肇庆，召用未赴。时广东诸荐绅何吾驺、黄士俊、李觉斯、叶承裕、郭之奇、曾道唯与苏观生比，立唐王聿鐭，诩拥戴功，尽力西犯。及清兵猝至，城门不守，唐王见杀，观生殪，诸拥戴者皆惊靡，就李成栋乞降。所不与观生比者，庬至，亦遁海澨不屈。然广州仕宦林立，能自立节概者惟奇遇与大学士陈子壮、春坊张家玉、检讨陈世杰、副使黄公辅、推官陈子升、举人黄维璟而已。成栋驻广两载，子壮、家玉皆殉难，购捕奇遇颇急。郭之奇与同井里，乡会试皆齐年，忌奇遇异己，欲思陷之，奇遇因匿海岛，得免。

永历三年，成栋反正，上幸肇庆，乃召奇遇，擢詹事府詹事，礼部左侍郎，掌部事，充经筵讲官。奇遇端和凝重，进止有度，为上所优礼。时江、楚渐次收复，所在以捷告。有张充美者自吴来，伪作吴三桂奏，言举三秦反正迎驾。姜瓖起兵大同，已败没矣。一妄男子自言从大同来，伪作瓖血疏求援。又或投疏，易名姓，称常州蒋拱宸举义复东吴者。朝廷遂诧，谓旦夕奏廓清。马吉翔首为导谀，修卤簿，备法驾。戚畹王维恭、债帅侯性、严云从，辄矜豪侈。李元胤以将家子宫环卫，军中故有乐部。吉翔与诸戚弁日酣歌纵饮，卿贰台省稍相师师，中夜炬烛相望，识者为之寒心。奇遇进讲《孟子》"禹恶旨酒"义，极言酒之为害，能令人忘大忧而致大患。禹为司空之日，值时雍之世，及为天子，文教敷于四海，犹凛凛于杯酌之间，不忍释其"三过"之劳。后世得此意者，惟晋陶侃，是以能再造晋室，底定江东，而怀、愍之仇尚未能复，洛、秦之都尚未能返，若欲以狂歌痛饮，而坐收匡乱救亡之功，亦必不可得之数矣。上知奇遇意，屡为称善。明年，晋礼部尚书，经筵如故。郭之奇亦以杜永和荐，且入矣，而畏奇遇。永和出师守岭，之奇乃随之赴阙。时诏选庶吉士，令三品以上，各荐主事，以下暨科贡出身有文行未从贼虏者一人就试。奇遇以黄维璟素节无亏，文名凤著，应诏荐上。之奇因与兵部侍郎万翱谋，蛊杜永和，言奇遇得维璟贿，翱与永和交章参奇遇。奇遇抗疏辩，事得直。永和愧，引罪去，而之奇弗自惩也，日思夺奇遇席，暨此大拜。王化澄亦畏奇遇之入直而轧己，与之奇、翱比，求以逐奇遇益亟。奇遇耻与争，三疏乞骸骨归。未逾年，广东再陷，奇遇走海上，不知所终。

黄公辅，新会人，中天启壬戌进士，历仕至分守下湖南道参政兼副使。廉介慈慎，长、宝人感其德政，至今不衰。以不合于巡按御史，谢病归。永历三年，以清节不染召，擢刑部左侍郎，掌部事。公辅已老，无仕宦情，特欲一陛见抒怀抱而已。居数月，乞骸骨归，未几，病卒。

陈世杰，字忝生，南海人。中崇祯庚辰进士，授中书舍人，请假归里。永历三年，以抗节召见，改翰林院编修。已，擢左春坊左庶子，与蔡之俊同充日讲官。世杰朴直，不以才著。稍迁国子监司业，行祭酒事。见时事日诎，遂谢病归隐海上，不知所终。

之俊，湖广江夏人，字彦伯。中崇祯己卯乡举。以中书舍人历参何腾蛟、瞿式耜军事，与守桂林有功。式耜赍遣至南宁迎驾，奏对称旨，改翰林院编修，充日讲官，擢右春坊右庶子。与丁时魁同里，相厚善。时魁下诏狱，给事中朱士鲲奏之俊为时魁党，不报。之俊因谢病去，隐西宁山中。未几，病卒。

刘远生，初名广胤，以字行，陕西富平人，别号同庵。少与弟湘客以文章气谊名三秦间。已乃出游燕都，倾动京邑。而远生以端重诚悫，尤为人士所推重，应乡贡，入太学，授赣州通判。

崇祯十七年，张献忠南寇，东陷吉安，西陷郴，游骑涉赣境。赣抚林一柱檄远生监军御之。远生故便骑射，习行伍，调措得宜，将士用命，赣境以宁。已而进军，收复吉、郴诸属县，远生功最，以绩闻。会北都陷，未叙。弘光元年，以前功擢兵部职方司主事，赞画南赣军务。李永茂抚虔，尤相器重。既而万元吉督师吉、赣，永茂迁兵部侍郎去，远生繇监军道副使擢巡抚南赣佥都御史，与元吉守赣。大小数十战，城守三月。远生出没矢石间，身先士卒，援绝粮尽，城陷，督亲兵巷战，遂见执。清巡抚李秉元诱之降，远生不与交一语。秉元囚之于狱，狱吏见远生长者，尤钦重之。释械系，恣其客吏往来候问。远生故多养死士，得其心，至是，密为布置关津，从狱中引远生逸出。间行达广东，发犹未剃。会上即位于肇庆，陛见，将拟用，上遽西幸，遂从驾至桂林。

上至武冈，远生恶刘承胤，不入，与瞿式耜协守桂林。上在南宁，远生陛见，授刑部左侍郎，随上幸肇庆。远生熟谙典章，朝廷草创，一切未驯雅者，远生皆议正之。器宇开亮，与人无回护。所至辄为诸武帅所慕重。吴贞毓诱李成栋迎驾居广州，中外疑洶，远生奉命犒师，与成栋语，成栋惭惧，乃止。永历三年，迁兵部尚书，提督京营戎政，与大学士严起恒、给事中金堡议，为上开武备库，节用储饷，招练禁旅，奉上亲征出楚，督诸将为死战计。是年十月朔，上为下诏亲征，远生日夜规措，稍有绪，马吉翔忌之，通内竖夏国祥，频以太后旨取库金他用，起恒力争之不得，事遂渐寝。

永历四年正月，南雄陷，马吉翔怵上西奔，杜永和请留驾。上疑惧，遣远生及堡驰谕永和。远生冒风涛，冲乱军，以轻舸至广州致命；归而奏言："永和奉诏，固不敢阻留陛下行止，但涕泣为臣言：'上西去，则竟弃广东，付之还虏，诸忠义士随成栋反正者，亦付之还虏，令其杀戮，为皇上画此谋者，亦何其惨也？'臣闻其言，恻然无以对。今或请两宫暂移梧州，而车驾暂留，号召援兵，永和他日之必不敢阻驾，臣请以首领任之。"上闻其奏，欲勿行，而夏国祥遽奉慈圣步辇，待于行宫门外，传懿旨，促上登舟矣。

上至梧州，诏狱起，湘客逮问，群不逞嫉远生甚，而远生素行敦重，勿能伺其短隙者，故免于难。然浮沉怨忌间，无能复自效见。乃自请出，催桂林诸将兵出楚，得救遣之。远生至桂林，居两月，桂林陷。远生走匿灵川山中，茅屩布衣，与弟湘客洎中书舍人管嗣裘、兵部主事朱昌时，悲吟唱和。孔有德闻其名，欲招致之，远生益匿瑶中，得脱。永历六年，李定国攻复桂林，远生就见之。定国以专征自大，倨见文武旧臣，远生至，肃然起迎，远生与抗礼，无所诎。从容劝定国尽忠戴上，定国尤钦信焉。定国下湖南，留远生守桂林，激厉士兵，控扼平柳，捍清全、线、马三将之兵，屡击却之。定国战于衡州，不利，线国安乘胜复拔桂林，远生退入溪峒。忧恚成疾，卒。

湘客，字客生，别号端星。少为名诸生，博涉治古文词，尤工为诗，楷草书皆入能品。壮游燕、吴，交四方缙绅人士，谙习朝廷典故。陕西陷贼，湘客避乱出。兄远生，官于赣，遂依以居。慷慨有当世志，为赣抚李永茂所器赏。隆武中，荐于朝，授汀州府推官，考选，擢山西道御史。闽陷，走广东。上践祚，湘客与拥戴，李永茂疏荐湘客为三秦人望，可大用。王坤恶其不谒己，假御笔抹斥之。永茂怒，致仕去。瞿式耜尤重湘客才，奏改翰林院编修，充日讲官。坤复阻之，为辍日讲。

上自桂林出全州，刘承胤以兵入见。马吉翔与相比党。承胤奏请封吉翔及郭承昊、严云从伯爵，御史毛寿登疏论之。侍讲周鼎瀚，故与王坤交善，与湘客有隙，乃谓承胤曰："寿登疏，湘客所草也。湘客与诸台省在外谓公为董卓。"承胤怒，奏："给事中万六吉、御史吴德操及湘客、寿登号四虎，把持国政，裁损功臣。"矫旨缚之阙下，将杖之，廷臣跪救，不释。承胤佯跪伏求免，乃释之，湘客落职。时承胤欲邀上幸武冈，湘客与瞿式耜言："上宜返跸桂林，中制粤、楚。"式耜驰疏，谏上西行。承胤怒，湘客系罢，而上遂决入武冈，在廷无敢止者。

湘客既斥，避兵居柳州。承胤降，上奔柳，乃复湘客职。敕往桂协赞留守军务。上幸桂，进中允。郝永忠溃掠桂林，上幸南宁，敕湘客返桂，安抚乱亡，募义饷，赞战守。湘客殚力与式耜为死守计，桂、平、全皆底定。及广东反正，上出肇庆，湘客入见，擢侍读学士。朱天麟、王化澄以湘客非科目，不当入内制，忌摘之。湘客不自安，请外除，遂用前御史积资，改都察院佥都御史，协理院事，与都御史袁彭年秉宪纲，裁正冒滥，奏汰钱匡、吕尔玙出台。匡、尔玙皆因马吉翔进，吉翔故怨湘客，至是益甚，遂日为蜚语，称湘客与彭年结科臣丁时魁、金堡、蒙正发，结党把持。流传宫中，慈圣太后信而恶之。

永历四年，上奔梧州，吴贞毓等奉吉翔意，率群不逞交参湘客、堡、时魁、正发，遂逮，下锦衣狱掠治之，革职胥靡论。湘客出狱，无所归，客桂林。远生奉敕至，因依以处。数月，桂林陷，丁时魁降，邀湘客出，湘客不应，匿缁流中，因剃须发，得免。李定国复桂林，远生赴之，湘客以曾与金堡议，不与孙可望王封，疑，不见定国。定国顾往往就远生问湘客、堡甚挚。其后桂林再陷，远生卒于猺中，湘客崎岖葬远生，匿贺县山中。未几，亦卒。

管嗣裘，字冶仲，湖广衡阳人。少英爽有文名，谙壬遁象纬。中崇祯壬午乡举。张献忠陷衡州，购索人士充伪吏，嗣裘走匿深山，献忠促令捕杀之，其兄嗣箕为应捕代死。会献忠去，得免。已而游广东，故与苏观生善。及是，遇观生于广州。观生立唐王聿𨮁，授嗣裘给事中。嗣裘窜匿优人舍中，得不拜伪命，遂遁归南岳，与行人王夫之举义兵于衡山。战败军溃，走行在，授中书舍人，奉敕至平乐。广西陷，匿灵川山中。冬月，负败絮，采苦菜以食。与刘远生、刘湘客、朱昌时行吟溪峒中，以死自誓。李定国复桂林，招远生泊嗣裘、昌时出，尤优礼之。嗣裘见定国赤心不随孙可望为僭逆，曲说定国决策迎驾，定国亦委意焉。居军中，与议机务。定国之东攻肇庆也，孙可望遣使羁縻之，定国亦以孤军外悬，所向未利，难即与可望亢，遂姑通好。可望故用张献忠七叠篆印，定国承制铸印给将吏。嗣袭谏，令皆反九叠。至是仍销九叠印，复七叠。嗣袭日怂恿定国，遣使兴隆安隆候驾，定国犹豫未遣。嗣袭大恚曰："吾立身十余年，滨死者数四，岂更从人作贼耶！"弃定国军去，将祝发为浮屠。至修仁，不知所终。

朱昌时，字若木，直隶广平人。父□□，为沅州判官。清兵至，城守，被擒不屈，遂遇害。昌时早为诸生，稍通吟咏。隆武中，大学士路振飞与昌时同里荐相知闻，荐授推官。

永历元年，擢兵部主事。丁艰，居桂林。筑草舍于灵川山中，读书自适。桂林陷，御史吴德操、给事中丁时魁、待诏姚端皆降，为孔有德所赡礼。昌时深匿不出，并日而食，以死自誓。李定国复桂林，昌时同刘远生守桂林。桂林复陷，益走猺中，愤恚，饥病以卒。

《永历实录》卷十七终

永历实录卷十八

二张列传 朱嗣敏、万年策、揭重熙、刘季矿等，周鼎翰、田辟附

张家玉，字子元，广东东莞人。年甫十九，中崇祯癸未进士。改庶吉士，卓荦不随时俯仰。北都陷，家玉衣斩衰，哭思宗皇帝于东华门，扣额抢地，血出被面，宛转号啼不能起。贼守者义之，纵之逸，遂南奔归里。思文皇帝立于闽，以荐召见。上素重其节概，奏对尤称旨，授翰林院编修，兼吏、户、兵三科给事中，为御营赞画。俄奉使至广东，未复命，闽陷，家居。苏观生立唐王聿𨮁，要家玉同事，不听。

上自肇庆以左中允召，家玉乃拜命。道阻未赴。李成栋陷广州，家玉毁家招义兵，据东莞，与陈子壮相应。清巡抚王芊，当崇祯末，历官金都御史，与家玉旧相知闻，至是，遣书敦劝家玉剃发出降。略云：“杨子为我，拔一毛而利天下不为，轲也讥之。先生何爱一毛而不以利宗族乡党耶？”家玉得书大骂曰：“老贼不死，乃敢侮孟子！”因答书责之曰：“两都继陷，三君蒙恤，玉谓公为国大臣，必久已死，而尚存乎？公岂不闻哭先帝于贼廷者为谁？而今欲以淫词污君子之耳哉！”芊大怒，遣兵攻之，家玉扼险拒战，相持数□，芊益兵大至，家玉骑马督阵，过水次，马惊，坠水死。义军惊溃。芊进兵屠之，余众走入海。

永历二年，广东反正，家玉弟以事闻，诏赠家玉詹事府少詹事、兵部

侍郎，谥文烈。家玉诗材亢爽，于军中作《悲愤诗》百余首，其弟梓行之，有云："真同丧狗生无赖，纵比流萤死有光！"其志操可睹矣！

张同敞，别号别山，湖广江陵人，故大学士居正之曾孙也。少超隽，尚忠义。为诸生，有文名。工诗歌，悲壮开朗，不为近今之调。善行草及八分书。崇祯三年，上方崇综核，追录居正功，复其荫。同敞意在科举，迟回未就。久之，乃应诏出补中书舍人。崇祯十五年，奉敕戒谕楚、蜀宗藩，未复命，而北都陷。同敞奉哀诏，哭踊绝食者数日。自以世受国恩，而蒙先皇帝被濯家世，恩纪尤重，遂冠白网巾，衣布素，撤音乐，以终其身。所领朝参牙牌，佩之出使，未及缴，至是，中朝典物沦没，惟同敞牙牌独存，乃为庋阁悬奉之，每旦必鞠躬修敬焉。

弘光中，自以视居丧礼，不入朝。荆土陷贼，漂泊江湖间。思文皇帝立，乃就闽陛见，复追录居正边功，改锦衣卫指挥使，非其好也，以不欲没祖功姑就之。奉敕使湖南。闽陷，谒上于全州，随驾入武冈，恶马吉翔、郭承昊，耻与同列，复就中书班改编修，充诰敕撰文官，擢侍讲。不合于刘承胤，奉敕出寓靖、黔间。永历三年春，崎岖达桂林。会何腾蛟败没于湘潭，楚师惊溃，入广西，依何文瑞，文瑞不能礼。上命瞿式耜兼督楚师，式耜奏荐同敞忠勇，负宿望，当任以楚事。乃以少詹事兼兵部右侍郎，督师复楚。同敞至性过人，局度恢廓，每鼓厉诸将，辄流涕被面，诸将翕然钦感之。楚西诸帅马进忠等，皆奉节制。同敞尽瘁行间，身无余衣，厨无兼肉，尤为诸武人所重。

永历四年春，督诸军下全州，复东安，围永州，粮不继而退。朝廷自失腾蛟，经理错乱，散遣监督，事权不一。何文瑞以故督子仍督滇旅。朱嗣敏以御史擢金都，监曹志建军。万年策以金事自请缨，擢兵部侍郎，督王、马营。马进忠又自以意请毛寿登为其军督。唐诚、吴李芳皆居丧墨绖，用翰林兼部院衔，分督马进忠、王进才军。猥沓倚附，诸将尤轻狎之。同敞亦为所摇捥，莫能自行其志。每午夜，秉烛起，欷歔悲吟以寄意。永历四年春，大学士严起恒奏："何文瑞忠勋之裔，年少文弱，当令读书史馆，为皇上亲臣，不宜遣亲戎行，当举楚事一委之张同敞，则于国家大计与笃念世臣之恩，并行不悖。"上乃解文瑞兵柄，一付同敞。然所督者滇杨及马养麟而已。

同敞行视严关，与胡一青议守桂之策。阻要害，树栅立垒，以待马进忠之东。方图进取，会梧州诏狱起，同敞疏言："朝廷方在危迫，不宜用北寺狱拷掠言官。"王化澄怒，拟旨答云："诏狱廷杖，祖宗旧制。尔独不念尔祖居正之杖邹元标乎？"同敞大患，以辱诋其祖，抗疏伸理，尤为化澄所恨。会于元晔自楚西来，诣阙求督楚师，化澄遽擢元晔兵部尚书兼副都御史，尽督王、马、滇、杨之兵，以夺同敞权。元晔者，故大学士慎行之孙，昏耄猥墨，尤为物论所不齿。既至桂林，饰女以嫁赵印选，印选遂拥之为军主，与同敞抗，减胡一青军食，严关守军皆馁。一青退屯大榕江。清孔有德来攻，印选不援，一青孤军溃，印选遽携帑走。有德进兵，薄桂林，同敞单骑麾兵，兵皆骛散不听。同敞驰入城，见瞿式耜曰："同敞不死于阵者，为不欲暧昧自毙耳。愿与先生同死城中。"式耜起，执其手曰："吾固死此，正待君尔。"乃秉烛行酒，各赋绝命诗。是夕有德屯兵城西北，火光烛城中，城门无守者。同敞据枕酣卧，鼾声如雷。黎明起，与式耜沐栉整冠服，坐署中。从者皆散。清兵入，被执，见有德。同敞瞋目戟手向有德曰："麾下从毛将军起海上，受朝廷恩命，官三品。今国且垂亡，吾以麾下为久死矣，而尚存耶？或者吾殆见鬼乎！"有德大怒，命壮士曳之仆地，捶之，折一臂，一目突出。同敞大呼曰："叛国贼，速杀我！国士不可辱也！"有德知不可屈，命曳之出，与式耜同系。有德遣降吏彭而述、王三元来劝降，式耜言："四世受国恩，为朝廷大臣，但祈一死，必无降义！"同敞曰："先生奈何以此与戴犬豕头人语，迅雷岂为蛰虫设耶！"系间，与式耜唱和诗各十余首，流传人间，金堡集而行之。

　　居旬日，有德复召之。入，置酒与饮，肴肉置地，铺毡命坐。同敞植立不揖，以足蹴肉倾之，曰："此犬豕食，何污吾目！"有德令置绳床食案，同敞不肯就坐，曰："囚首短衣，岂饮食时耶！"有德命取巾衫与之，同敞正冠整襟，向有德揖称谢。有德曰："汝固不揖我，而今何揖也？"同敞曰："麾下惠我以冠服，我将服之以死，上见先皇帝于在天，下见先人于九原。麾下真善我死者，吾知己也，故揖谢。"乃就坐，举酒属式耜曰："先生且强饮，座中孰为□□，□□皆我中国文武衣冠吏士，特一念之差，遂成□□。使孔参戎一转念，庸讵不可同为社稷死乎！"有德目摄之。明日，遂遇害。桂林不见雪者十五年矣，同敞临刑之日，雪霰杂下，林岫皆白，雷电交作。同敝顾谓式耜曰："此岂非先生及敝乎！"式耜笑而领之。同敝姿干清伟，目灼灼光出睫外，言笑轩爽，文笔遒劲。给事中陈泰来殉难于闽，家人避难楚西猺峒，游兵或扰之，同敝大书其门曰："忠臣孝子之家，烈风雷雨且将听命，而况人乎！"掷笔顾坐客曰："此志气之必然，无足疑者！吾辈死，当有以验之。"其刑也，果如其言，致雷雪之异焉。同敝晚生一子，方在襁，桂林陷，不知所之。

朱嗣敏，字兼五，直隶怀宁人。颇工诗，善行书，以诸生参江督吕大器军谋，用功贡，授衡阳教谕。中湖广丙戌乡举。严起恒奏授中书舍人，历粤、楚军中，改御史，监焦琏、曹志建军，擢金都御史。方受命，桂平陷。上奔南宁，嗣敏崎岖走贺县，入志建军中，鼓厉志建固守不降。未几，以疾卒。

嗣敏文辩有余，非军旅才，其为监督也，坐啸而已。顾守正不婉阿于强帅，张同敝重之。

万年策，字献之，贵州平溪人。以乡举任郧阳府同知，守郧有功，擢监军金事。丁忧归里。年策历官疆场，与马进忠相知闻。及进忠湘潭衄，退屯武、靖间，年策赴之。进忠自失何腾蛟，无所推承，意年策习行伍，可与共事，年策亦歆然自任。入见行在，自请督楚师。朝廷意其能得王、马诸军要领，遽擢兵部侍郎兼副都御史，赐尚方剑，出。

年策既无殊才，抑老矣，不能驰驱。奉命，至靖州，进忠屯新宁，与相左。清兵猝至，惊遁归里。凡自何腾蛟没后，楚兵星散，请缨监督者凡十余人，皆无一兵可将，求附于诸将，寓食而已。其自以起义招募成军者，惟刘季矿、揭重熙。

揭重熙，字祝万，江西临川人。早岁文思敏赡，与同邑陈际泰齐名。以五经应乡会举，中崇祯丁丑进士，官主事。弘光中，抚、建、汀、赣之阎、王、宋三姓，据帘子洞，倚山为寇，张肯堂、李永茂剿抚之，未定。隆武元年，江西陷，重熙乃诱令归正，为义军以抗清兵。以事上闻，授重熙金都御史，督江、福义旅。重熙以便宜授诸渠帅劄官，遂据抚州。

金声桓反正，檄重熙解兵。重熙姑令退屯山中。声桓之自赣归守南昌也，留刘一鹏守抚、建相接应。既而清兵围合，一鹏不能赴援。南昌陷，一鹏弃抚州走，就重熙于山寨。重熙收辑之，与义军合。出攻临川、永丰、兴国。迭有收复，未能守也。重熙间道入奏，诏加兵部侍郎，便宜行事。军既孤悬，莫与策应，兵冗粮绝，众渐离散。清兵四面来攻，大败，兵溃衄，重熙遂遇害。

刘季矿，字安世，江西吉水人。大学士刘同升之子也。隆武中，以贡授翰林院待诏。归里。吉安陷，季矿走湖南，谒上于武冈，改检讨，寻擢中允，与周鼎瀚不合，触刘承胤、马吉翔怒，有旨谪外，季矿遂请终制。已乃奉敕复原衔，兼佥都御史，联络江、楚义旅，墨缞行事。季矿志节清峻，高自标举。故娶李元鼎女，元鼎降清，季矿遂出其妻。顾年少喜功名，无持重意。轻何腾蛟，与不相下。衔敕，间道走衡、永，所至慕义者津送之。至酃县，遂纠众起，号召响应，复酃、茶陵、兴宁、永兴、常宁诸县，以便宜铸小印如拇大，辄授副总兵、职方主事以下文武吏及郡邑守令。颇不择人而授，渐失物望。何腾蛟厌而裁抑之。

永历三年春，腾蛟败没，江西再陷，季矿所统义兵多骇散。堵胤锡标将彭嵩年、向文明及金声桓部将盖遇时，屯聚郴、韶间，季矿收抚之，尚未能得其要领。南至韶州，将入见，朝廷以其陈请繁叠，薄之不召，以兵部侍郎仍兼原衔，出图江、楚。帅标兵数百人，至黄埠司，民变起，围季矿，兵溃败，遂遇害。

季矿兄伯钦、仲镈，皆清节士也。伯钦字安期，尤敦长者行，仕至太仆少卿。以不剃发，为清吏所执，系南昌狱，不屈。久之释归，卒。仲镈字安礼，举于乡，亢节不仕清，隐于梅川。

吉安人士慕文山遗烈，不肯屈节者比肩相屑。诸刘而外，有庐陵甘永，安福周珝、欧阳霖、陈觐、周鼎瀚之弟鼎泗，皆乡举也。甘永字方不，从万元吉军中，题授兵科给事中，兵败走死。周珝字以连，文笔清放，气致超隽。庐陵举人黄震象、鼎象兄弟，固捭阖士，南昌陷，遽遣信纳款，珝知其实，请于万元吉、杨廷麟诛之，廷麟不听，珝拂衣去。震象兄弟果献城内应。吉安陷，震象必欲杀珝，珝走行在，授行人，不就官，退隐乐昌山中，卒。觐字二止，甘贫砥节，自吉安陷，与妻子诀，寓食攸县山寺，粗粝不给，或饮水以终日。鼎泗字畴五，授中书舍人，亦未就官，退隐梅川。欧阳霖初名介，字方然，以泸溪教谕升北流知县，擢户科给事中，车驾幸肇庆，请西出桂林，与杜永和廷争，弃官归里，闭户食贫，不通人事。

周鼎瀚，字浩若，江西安福人。都御史□□之孙也。以荫官南京刑部主事。家藏书数万卷，多诸秘本。南曹简暇，鼎瀚开水阁于秦淮，荟藏书其中，四方人士借读者皆得就读，仍为资给之。以是得交游誉闻。北都陷，思宗皇帝讣至，鼎瀚恸哭投淮水，人吏掖救之，不死。南都陷，走归里。

今上立，鼎瀚间关陛见，改翰林院侍讲。顾不能自坚，与刘湘客不协，遂附王坤倾湘客。已，为刘承胤所诮揶。复因马吉翔与承胤比，遽授侍读学士，进少詹事。时内阁缺员，马吉翔以意答章奏，不复票拟，直朱批行，时召鼎瀚缘饰文句。鼎瀚即自称直文渊阁。以是尽失素望，为中外所轻。鼎瀚不自安，请敕联络江、楚，带兵部侍郎衔出。复自署"视师阁部"，为何腾蛟所厌薄。翱翔郴、桂间，号召义兵，瞿式耜疏纠之。鼎瀚不得志，就盖遇时监督其军。遇时瞋其亢傲，遂见杀。

鼎瀚夙以志节风操见重时辈，驱驰思报国，滨死无降清志。然不谙大体，欲因缘就功名，见嫉，失所而死，闻者莫不惜之。

时有田辟者，字茅公，河南人。中崇祯甲戌进士，官广东监司。广东陷，匿韶、郴间，纠义旅，自署"督师阁部"。引兵至桂阳县境，兵不戢，民稍患苦之。民变，起兵围辟，遂见杀。

《永历实录》卷十八终

永历实录卷十九

袁洪曹列传 戴国士、萧琦附

袁彭年，字介眉，别号特邱，湖广公安人。父中道，万历丙辰进士，礼部仪制司郎中，工诗，与兄宏道齐名。彭年亦与兄祈年早立文誉，以制义名家，诗宗北地、信阳，辟为公安诗学者，排诋备至。时武陵杨鹤，子嗣昌，父子好恶相迳庭，议者谓楚人父子喜于相反，亦习气然也。

彭年中崇祯甲戌进士，授淮安推官，以法钩致陈启新，褫衣杖之，启新恚死。繇是名动朝列，以卓异征赴考选。薛国观恶台省异己，间奏上暂罢考选，征至者皆授部郎，或补沿边知县。明年，上召对廷试进士，授以科道官，考选遂停。彭年授礼部主事，请告归里。荆土沦陷，彭年避地江、淮。弘光初，诣阙见，乃改礼科给事中。时楚事方棘，彭年与御史江陵徐养心奏："恢复大计，根本在楚，乞以前顺天巡抚杨鹗督楚、豫军。"诏从之。而马士英方向用何腾蛟，中格不行。彭年故以亢直名，既居省中，与陈子龙、吴适、章正宸齐名。时马士英、阮大铖尤忌姜曰广，建安王府中尉朱统𬭁应募上疏，攻曰广有逆谋，词连史可法、吕大器、张慎言。彭年上言："祖制，中尉有奏请，先令长史司具启，亲王参详可否，然后给批赍奏。若以换授、候考吏部，则与外吏等，应从通政司封进。今何径何窦，直达御前，微刺显攻，捕风捉影，陛下宜加禁戢。臣，礼垣也，事涉宗藩，皆得执奏。"不听。马士英欲以从逆为驱陷东林名，疏莆诛逆。言从逆诸臣，强半是正人君子之流。彭年抄驳，言："从逆姓名，传播不一，金人乘间，阳为正人口实，阴为逆党解嘲，借今日讨逆之微词，为异日翻逆之转语，不至涸国是而倾善类不已。夫从来善类所归，闲杂匪德，东京盛名，岂无逃死之张俭；元佑锢籍，亦有幸免之元章。二士作朋，管、华分席；七贤寄傲，山、王同列。岂因邺宫一姓之恶，遂毁铜台全部之音。唯是温公一信蔡京，而绍述之祸旋起；唐室一进逢吉，而兴复之业不终。孔子曰：'君子而不仁者有矣，夫未有小人而仁者也！'今日何独疑之？"繇是为马、阮所深忌。已而诏锦衣都督冯可宗遣役缉事。彭年上言："高皇帝时不闻有厂，相传永乐十八年始立东厂，命内臣主之，此不见正史。后唯万安行之，一盛于成化，然西厂汪直，逾年辄罢，东厂尚铭，有罪辄斥，当时不得称纯治矣。再盛于正德，则邱聚、谷大用等倚附逆瑾煽虐，酿十六年之祸，天下骚然。三盛于天启，逆魏之祸，几危社稷。是厂卫之兴废，而世运之治乱因之。先帝亦尝任厂卫访缉矣，乃当时无不营而得之官，有不胫而走之赂，故逃网之方，即从密网之地，作奸之禁，适以资发奸之人。始犹帕仪交际，为人情所有之常，后乃赃贿万千，成极重难返之势，岂非以奥援之涂愈秘而专，传送之津愈曲而费乎？徒使刁风所煽，官长不能行法于胥吏，徒隶可以迫胁其长上，不可不革。"疏入，严旨切责，谪浙江按察司照磨。

彭年既废，翱翔浙、福间，思文皇帝召补原官。闽陷，遂降于清。彭年以伉直骛击，负时重望，然挟谋数，工揣持，不能淡于权势，故死生大节无足取者。李成栋荐之，为清广东提学副使。阅两岁，江西反正，举兵围赣州，岭海大震。彭年故楚人，闻何腾蛟、堵胤锡渐次复湖南北，彭年与李元胤交善，知成栋有反正意，因怂恿之。成栋召彭年入密室定计，遂决策以广东归顺。上至肇庆，录彭年功，擢都察院左都御史，掌院事。彭年娴典制，喜操切，金堡、丁时魁亦以其素望稍引重之。遂奏请厘纲纪，慎黜陟，重名器，为激厉忠义之用。首疏参朱谋塱繇宗室径授金都，钱匡以金声桓书办，无出身履历，又无尺寸功，吕尔玙假称举人，鬻身缇帅，混迹台端，皆非法，宜速黜之。谋塱主马吉翔，匡因缘吉翔，得敕旨，尔玙，吉翔狎客也，彭年故力攻之，以裁吉翔权。疏入，诸躐级用者皆惴恐，匡、尔玙遁去，谋塑以出楚催援江军，得不夺职。彭年既以主持台纲、裁抑恩幸自任，而以意授李成栋，令具密疏攻击，故上亦薄而忌之。群失职者怨彭年，彭年抑善为推却，移怨于金堡，故堡敛怨尤深。何吾驺干李成栋，荐入政府，堡、时魁恶之。吾驺结通政使毛毓祥、给事中李用楫，与堡、时魁相龃龉。彭年与吾驺皆因缘反正功大用，行止略同，冀彭年之援己。彭年耻与吾驺伍，亟思自异，乃疏攻吾驺奏引私人，紊乱国政；吾驺亦讦其把持。李元胤为平之，皆不听。吾驺称疾，谢政去。彭年亦不自安，乃以慈母死乞假治丧请。旧制，大臣请治丧者，皆如丁忧例，三年不得销假。得旨，准假。彭年遂解官，居广州。彭年母与死者皆中道姬妾，偶有拊摩恩，未尝受父命令慈养己，于礼当服小功。彭年以忿争失望，缘饰为引退计，遂为制服如生母，其矫诬类如此。

永历四年春，南雄陷，上将西奔，彭年入见，惧上西去必有攻己者，乃请敕督元胤军，援广州。上既至梧州，吴贞毓等交攻彭年及堡、时魁、刘湘客、蒙正发，疏十余上。有诏，彭年有反正功，置勿问，而逮堡等下北镇抚司狱。狱既成，李元胤入见，彭年附元胤至行在，疏言："臣与四人同罪，不当独从宽宥，请自诣廷尉服罪。"上优诏答之。彭年返肇庆，是冬，广东再陷，彭年匿民间，已复出投款，言李成栋胁己反。夤缘得免，归里，挟策游潜、沔，以诗自鸣。未几，死。梧州之狱，彭年首见攻而独见原贷，议者谓五人同案，而堡等素节未亏，重罹刑戮，彭年独以曾为降清，畏之不敢谁何。当国者颠倒至是，欲救危亡，宜不得已。彭年早树声望，弘光中，尤以伉直为天下想慕风采，既而隳节贪荣，遂为士大夫所厌憎。瞿式耜、严起恒、堵胤锡皆重恶之。彭年知物望不厌，益为乔岸，文过自矜。金堡始以其习知国宪，不畏权幸，独与交好。既而随元胤赴阙，要君请罪，既得优旨，施施自得，堡亦自悔其失交。

时有戴国士者，字初士，江西南昌人。中天启辛酉乡试第一。颇有文誉，善结纳为声望。解学龙巡抚江西时，降礼与交。学龙以荐黄道周被逮，国士经营其间，因以清流自标榜，驰书四方，迎送宾客，日不暇给，时称其家为东林茶馆。相传其缄书糯日用面五升。南昌陷，国士降于清，为辰沅道兵备副使。已见江西反正，湖南恢复，陈友龙兵且压沅，遂举沅州归顺。上疏行在，自署衔云比例部院举人臣戴国士，奏称袁彭年为总宪，曹晔为枢部，臣始末视彭年、晔，宜得如二人官。知者莫不笑之，并为彭年愧。内批以朱斥其衔。彭年顾不恤物议，为之护饰，授巡抚偏沅金都御史。湖北再陷，国土复据沅州，入于清。自言通权变以缓明兵，为清保全土地人民。事觉，为清所杀，没其家。

洪天擢，号西崖，直隶歙县人。中崇祯丁丑进士，繇部郎升武昌知府，以清刚子惠宜其士民。崇祯末，兴国土寇吕瘦子作乱，袁继咸乎之。余党犹蠕动不息，天擢抚慰安插，乃大定。崇祯十七年，擢副使，分巡下江防道。武昌兵寇频仍，天擢自以恬素，非御乱才，欲致仕去。已而南都陷，归路绝，不果。移海南道，驻琼州。天擢以琼海阻大洋，谓可粗安，便之。莅任两载，楫抚黎、汉，得安堵。隆武中，求崇祓者旦暮九卿，天擢处海外，为安身计，不通请谒，故不迁。

隆武二年，上即位于肇庆，安南请封，给事中李用楫受命往，归至廉州。清李成栋攻陷海北，用楫走渡琼州。成栋驰檄招琼崖降。天擢会用楫，议阻海抗之。用楫对琼士民大言曰："今天下已尽去，更为谁守？唯宜早遣纳款以全百姓。"用楫方服所赐一品服，天擢怒，揽其玉带曰："公此带出谁所赐，而作此语也？"拉碎之，奋臂批用楫颊。部民嗓起，逐用楫。顾用楫以此渡海，走钦州，清兵不至，遂得至南宁，达行在。而天擢阻海守，成栋盛兵来攻，城垂陷。天擢投缳，坠地不死。成栋雅重天擢，调护备至。天擢不能自坚，乃请以降顺归农。成栋留之军中，未遣归。既反正，天擢以与谋归顺功，特诏起用，擢吏部左侍郎。天擢素无宦情，又以名节不全，用反正功居卿贰，悒悒不自理。恒称疾不视事，绝荤酒，闭户诵佛书。李用楫怀见逐之怨，又畏其扬己海外大言也，每朝会，必以气凌轹之。天擢积不能忍，顾用楫叹曰："天擢不幸，求死不得耳！公言天下已尽去，更为谁守，今日已得主公，勉力尽忠，玉带尚可补也。"用楫报退，繇是恨天擢刺骨。

永历三年，天擢九乞骸骨，得请，去寓高州。高州守将李明忠骄愤无度，以贿结用楫为兄弟。用楫为之地，遂以无尺寸功加宫保，封恩平伯，因与用楫为腹心交。用楫谓明忠曰："天擢旧官海外，有异宝，为少宰，复受多金，可袭杀之，我保其无他。"明忠夜发卒攻天擢，杀之，歼其家，童稚无免者；掠其赀，不满百金。明忠叹曰："给事第欲报私怨，而使我杀此穷老措大耶！"事露，用楫方与王化澄、吴贞毓比，遂无致诘者。天擢门人武昌郑古爱欲击杀用楫于廷，用楫匿免。

曹晔，河南□□人，中崇祯辛未进士，历官分守苍梧道按察副使。隆武二年冬，上即位于肇庆，晔与府江道唐绍尧同与拥戴，绍尧擢户部侍郎，晔佥都御史，巡抚广西。已而广东陷，上西幸，留晔守梧州。

永历元年正月，李成栋遣副将杨大甫、张月自高州进兵来攻。师甫至郊，晔出迎降，檄所属守令归附。郁林知州王华玉、北流知县欧阳霖抗节不屈，晔遣兵捕之。华玉、霖走南宁，得免。成栋仍留晔署巡抚。已而清遣巡抚耿献忠至，晔乃客寓广州，依成栋以居。会成栋反正，晔、献忠皆不次擢用。献忠拜工部尚书，晔兵部左侍郎，掌部事。华玉、霖交疏攻之。诏不问。时江、楚、闽、蜀大镇数十，拥兵殆百万，四方绅士义民起义者接踵。闻上出肇庆，将度岭亲征，皆踊跃请命，奏报填委。晔才既猥下，又以降吏依成栋，得掌枢政，益澳阿苟容，凡疆场战守机宜，驾驭爵赏，部署兵马，皆惝惚弗能理；奉行诏旨，给与劄印，日匆匆不暇给；下慑科参，持两端。职方郎中南海唐元楫与晔同年进士，又尝与晔同降清，相为比昵。元楫尤贪猥不知耻，堂司互相盖覆，四方奏使，排阊叫号，凌轹无纪，晔愧受而已。

自隆武来，诸帅进退，不复咨中枢取决，率以意为行止，积成瓦解。上即位，始用林佳鼎以左侍郎掌枢务，稍务振摄。未几，佳鼎亲帅兵与苏观生战，败没。王化澄继之，茸阘无度，部权复替。化澄入直，萧琦继之。萧琦者，字韩若，江西庐陵人。素有文望，颇自矜名节。及骤迁九卿，遽以贿为命，鬻武弁札，至十余金而得副总兵衔。积金帛巨万，以数舰载至象州。舟覆，尽没于潭。琦亦病没。至是，晔愈窳坏，日奉诸将鼻息。彼嫌此碍，怨恶丛之，晔亦窘。繇是四方益轻朝廷，分崩销蚀，以迄于亡。

永历四年春，南雄陷，上西奔梧州。晔遂不从，请敕督东粤诸军，留守肇庆。是年冬，肇庆再陷，晔走死。

《永历实录》卷十九终

童郭吴万程鲁列传

童天阅，湖广施州卫人。中崇祯庚午乡举。弘光中，以推官请缨，因马士英得陛见，擢兵部职方司主事。归施州，调募楚、黔土、汉兵入卫，未赴，南都陷，遂入闽。上疏自陈，思文皇帝召见之。天阅躯干魁伟，言论夸诞。思文皇帝悦之，擢金都御史，监御营军。闽陷，走归施州。

上至武冈，天阅入见。与刘承胤比，遽擢户部尚书。武冈陷，复走归施州。永历四年，复入见于梧州。吴贞毓欲逐晏清，天阅与贞毓相结纳，拟贞毓旦夕迁吏部，则己复户部。时天阅方居母忧，适二十五月，遂亟欲除丧。自著《禫论》一篇。谓"禫者淡也。孝子之心至此而可以淡，则除丧受王事正其时矣"。见者莫不憎笑之，俄延间，清兵逼梧州，上奔浔、南。天阅走，将归施州，中道死。

郭之奇，字菽子，广东东莞人。中崇祯戊辰进士，授河南□□知县。崇祯八年，特诏推、知行取者考授词林，之奇得改翰林院检讨，渐升侍讲。之奇既以贿得史职，迫不能偿其所贿，乃缘例乞外迁典文，得改副使提督学政。被劾，褫职家居。

弘光初，下诏起废。之奇以不谨削夺，不得与。久之，乃因马士英赴阙，遽自削革中用内批擢詹事府少詹事、礼部侍郎。南都陷，走归里。隆武中起用，未赴。已同苏观生拥立唐王聿𨮁。清兵至，遂就李成栋乞降。

永历二年，广东反正，上在肇庆，之奇屡求入，朝廷以其忮竞贿谒，不之召。明年，内降敕以原官召用。之奇恐入而不见容也，遂结杜永和为外援。永和出守梅关，赴阙陛辞，之奇随之入。忌黄奇遇之清望轧己，而欲夺之，与万翱谋，思所以陷。奇遇应诏，奏荐举人黄维璟品行文学应阁试，得谕旨。之奇乃与翱宴永和，酒酣，具言维璟以美妾一，金千两，贿奇遇荐己。永和遽恚曰：“吾辈出死力为朝廷守一隅土，坐令人雍容受贿耶！”顾谓之奇：“公胡不言之？”之奇曰：“吾与奇遇同官，言则嫌于相轧，公为朝廷虎臣，当击去之，即扑杀于廷，亦无不可。”永和曰：“文臣不言，则人将谓我越俎。”之奇顾翱曰：“万司马愿为公先驱，然非公露章，奇遇党援甚固，莫能动也。”翱亦知事无根甚，顾之奇对永和属己，王化澄力怂恿之，且恃永和威力，谓必济，遂疏攻奇遇，如之奇言。永和疏继入。上素知奇遇端介，得疏骇怒，姑令奇遇回奏。奇遇疏称：“维璟之文行贫富，与臣荐维璟之为公为私，天地鬼神鉴之，臣不屑辩。惟是之奇、翱结勋帅，要朝廷，诬斥经筵近侍，不知何心？”上并令之奇回话。已而永和知其诬也，自悔为之奇所绐，面奏寝其疏勿行。上切责之奇，姑置勿问。奇遇事得白，遂请告去。之奇乃与吴贞毓、程源、万翱比，兴大狱于梧州，驱逐异己。之奇遂拜礼部尚书。

之奇之将入也，朝士皆知其险陂冒竞，将益坏国事，故沮折经年。顾之奇营交内外，终难抑止。而朝廷建立三四年来，仆绅衰落，吕大器、李若星、李永茂既以志不行，无意再起。北方久陷，寂不知有岭海立国事；吴、浙阻远，旧臣或潜避山谷，略闻音息，终莫能起，唯南望忾叹，或赋诗寄意而已。当上初立，旧臣如万元吉、杨廷麟、刘同升、郭维经皆旋死事，诏征用者文安之、王锡衮、郭都贤、李陈玉、印司奇、尹民兴、刘若金，俱中道阻，不得达；熊开元、倪嘉庆辈，又皆披缁放浪江湖，无兴复志；闽、蜀仆绅稍有至者，率庸猥无足采，或复寒士起草茅大用之，类皆斗筲劣琐，自媒躁进，故任使空匮，列位多虚。严起恒、金堡皆以清品汇求实材为务，而猝不得应者。故之奇、贞毓、源、翱等自以甲科资阶求入，当亡一亦莫能废也。之奇居礼部数月，飘摇苍梧，日唯毁击贞介、拔引匪类为事。已与化澄比，受胡执恭赂，力请封孙可望真王。方嚣讼间，两粤皆陷。之奇循，复降于清。死。

吴贞毓，字元声，直隶宜兴人。中崇祯癸未进士。避乱江西，依族叔炳。

永历元年，随炳诣行在。炳骤登政府，贞毓亦擢吏部文选司主事。随上武冈，骤迁郎中，掌诠政，唯刘承胤意，不能为短长。上南奔柳州，贞毓达行在，遽自太常寺少卿擢吏部右侍郎，以冢宰自期。会召晏清至，清以二十载旧铨曹，清望久著，上意倾委。贞毓不能猎夺，遂怏怏求出视师。上发南宁，出肇庆，使贞毓先。贞毓见李成栋，曲意结纳，诱成栋使治行宫于广州，要上东幸。成栋惑之。瞿式耜疏言："楚、黔诸师，翘首威灵，如望云霓。驾既东幸，将谓朝廷乐新复之土，成栋亦有邀驾之嫌。非特失兴复之望，而偏处海澨，将有进退维谷之忧矣。"上意亦不欲行。会遣刘远生劳成栋军，远生开陈利害为成栋言。成栋感悟，乃罢奉迎之议。贞毓益失意，难于返阙，遂请督视岭上，翱翔韶州。居数月，成栋益知贞毓奸状，礼意浸衰。贞毓进退失据，怨朝廷之不召也，谓金堡等阻己，恨之日甚。久之，自请入朝，擢户部尚书，日思逐晏清而代之。清屡乞骸骨，上不听。贞毓益怏怏。时朝廷方清流品，抑躁竞，袁彭年、丁时魁、金堡力持行之。郭之奇、万翱、程源、李用楫、张孝起、朱统镏皆不得志。泪以军事自陈，请求敕印，糊口行伍者，藉藉怨望，贞毓率与结纳，约以己得秉铨政，当咸惬如意。贞毓之成进士也，出朱天麟门，思援天麟复入直，为己主盟。王化澄利天麟之入，相为首尾，乃因天麟外结陈邦傅为援，而内以夏国祥、马吉翔为主，故群不逞者奉贞毓戴之，日嚅呲思逞意，江、楚沦陷，岭上东西交棘，勿恤也。

永历四年春，上在梧州，贞毓因国祥请敕召化澄入直，贞毓遂露章劾堡等。群所与党者踵之，疏十余上，堡等下诏狱。贞毓繇是益骄，与化澄内外应，攻击异己者，将逐严起恒、晏清，而以天麟及己代之。高必正入见，贞毓遣客迎候于道，通殷勤，请必正杀堡等，逐起恒、清及都御史余炌。必正既薄贞毓，露其言，贞毓乃沮。胡钦华辇金粟入行在，赂化澄及诸部科为孙可望请封秦王，总理天下。贞毓为之主，严起恒执不从。贞毓乃密具启称臣于可望，疏沮王封者姓名为一册，起恒为首，其尽心倾戴者为一册，己为首。其后，可望遂怒杀起恒二十余人。胡钦华劾瞿式耜老奸误国，王化澄调严旨切责张同敞，授兵柄于于元晔以坏桂林，皆贞毓嗾之也。贞毓外默中险，与夏国祥称乡里，尤委曲，故为群不逞者所宗主。得志不半载，行在遂瓦解。

明年，上入滇，如寓公，以迄于亡。梧州乱，上奔浔、南，贞毓走，死于乱军。

万翱，字九皋，江西南昌人。万元吉之族子也。短小轻冶，喜游狭斜间。中崇祯癸未进士，授杭州推官。城陷，循归里，从元吉义军中。隆武元年，擢兵部主事，已改兵科给事中。元吉守赣州，翱浮寓吉、赣间。赣州陷，元吉殉难，然江、楚间往往有绅士义民团聚不下，翱得依之以居。密奏为诸义旅间道求联络，升太仆寺卿，监江西义军，已擢兵部右侍郎。江西再陷，翱走赴行在，即以右侍郎留部。翱意犹怏怏。王化澄罢相，怨望，因结翱为朋党。遂与郭之奇比，因杜永和诬讦黄奇遇，有旨，令翱回奏。翱惊惧，自陈出于传闻。朝廷方务姑息，置勿问。

永历四年春，上西幸，兵部左侍郎掌部事曹晔留守肇庆，翱自以为当得中枢。时枢政陵替，阃外无所禀受，顾以冒功请敕印黄札者皆有馈遗，勋帅陈请非分，亦有私贿，故翱与程源、鲁可藻俱垂腴焉。上素薄翱，不欲授，乃以枢篆付严起恒摄理。翱以是怨起恒而疑金堡等之持之也，遂与王化澄、吴贞毓谋兴大狱，杀堡以摇起恒。因与可藻约，令可藻因夏国祥求授兵部尚书。期一月后，可藻出督西师，夺瞿式耜兵柄，而翱代掌中枢，遂嗾给事中雷德复诬奏起恒二十四罪。会可藻谋泄，廷臣大哗，可藻不能得，而起恒称疾，力谢枢政。王化澄入直，力为翱主，内批升翱兵部尚书。胡钦华挟贿为孙可望请王封，翱力主之。起恒坚不从，翱再三执奏，恫喝上封可望荆郡王。然可望已据伪册称秦王，弗受也。

居两月，两粤陷，上奔浔、南。翱弗从，携两妾匿梧州山中。已乃就马蛟麟乞降。蛟麟狎而留之，为幕宾。李定国复桂林，下湖南，翱乃走衡州见定国。定国以其曾屈节，待之甚倨。翱因入达定国，自陈主可望王封为己功，尤为定国所厌恶，乃言于庭曰："万尚书朝廷大臣，宜加优礼，然曾违误，未奉明旨复职，故不便与抗礼。"闻者咋舌，翱故施施无愧色。定国兵退，翱又降于清，洪承畴为请，得授参政。未几，以罪废。

程源，字金一，四川□□人。初举于乡，以制义交吴士顾梦麟，为之延誉。源惝惝自喜，遂以天下士自居。中崇祯癸未进士。方观政，孙傅庭败于陕州，都下藉藉，知其必偾。源上书言："奸大寇必因大举，合数十万之众，八面而齐攻之，使之疲于奔命，然后可一举成擒。乞敕傅庭凭关固守，勿事浪战。"书奏，不省。居数日，傅庭败问至，三秦陷没。源以是得知兵名，然实疏暗气矜，无能为也。弘光中，授中书舍人。隆武元年，擢兵科给事中，使四川，联络御寇。源至遵义依王祥，遣使奏收川南功，擢金都御史。与祥浸有隙，祥困辱之。已而释之，又佯谢过，与饮。源辗转得脱，遂走诣行在，家留祥所。源尽匿祥跋扈状，亟称祥忠勇，知者哂之。

源既诣阙，自谓宜拜中枢。一时游士以起义自炫者，皆倚源为重。既陛见，升兵部右侍郎，留部，部权不属，诸附源者稍谢去，源乃恚。曹晔解部务，源谓己必得之。上特令严起恒摄理，源以是忌起恒而怨丁时魁、金堡。源故与吴贞毓、万翱比，贞毓、翱以源气魄粗戾，乐排击，尤推奉之。遂与贞毓等连章攻击，下金堡等于诏狱。源揣不得中枢，遂自请出督蜀师，加兵部尚书，赐尚方剑，便宜行事以行。然源故与王祥交恶，不能复入蜀，次且梧州，日鬻将吏劄，招无赖客以自张。既陛辞，逗留两月余，日与贞毓、翱疏攻朝士。敕趣遣就道，不得已乃行，至浔南，粤西陷，不知所终。

鲁可藻，直隶和州人。初为诸生，附吴下诸士，标榜立名誉。顾暗劣不通制义，徒以征刻社文，居劳自炫，出入金都御史全椒金光辰之门，因缘附弘光拥戴，以功贡谒选，授湖广新宁知县。何腾蛟不遣之官，辄以便宜劄改推官，管东盐税，开署于湘潭。干没狼藉，为同官郑古爱所恶，奋拳击之，坠齿，遂走粤西。

会上践阼，与拥戴，附马吉翔，擢监察御史，巡按广西。出入乱军中，颇有劳勚。未逾年，擢金都御史，巡抚广西。广东反正，瞿式耜檄可藻驻梧州，严守以防不虞。可藻遽自称总督两广，式耜劾其帝制自命，贻新附者笑。可藻不自安。其母死，已逾小祥矣，乃请服丧终制。未逾年，即称服阕。诣阙，补兵部右侍郎。与夏国祥结乡曲好，欲得本兵。与万翱比，嗾雷德复讦严起恒。奸露，不得逞。万翱既拜中枢，不欲负可藻，姑为虚名以谢之。特敕授南京兵部尚书，通国笑之。粤陷，不知所终。

　　《永历实录》卷二十终

永历实录卷二十一

金堡列传　姚湘、印司奇、丁时魁、张孝起附

金堡，字卫公，别字道隐，浙江仁和人。为诸生时，孤介旷远，不屑为时名。弱冠，博通群书，熟知天下利病。文笔清坚，度越溪径。应崇祯丙子乡试，五策谈时政，娓娓数万言，危词切论，直攻乘舆无讳。主者奇之，举于乡。闱牍出，天下拟之罗伦廷对。已中崇祯庚辰进士，授临清知州。揤发奸猾，安抚流离，士民欣戴之。山东盗起，临清豪族，故习为响马贼，应盗起者，众至数万。堡肩舆，从数胥吏扣其垒，慷慨为陈大义。盗魁感泣，叩头请死。堡慰安之，皆解散归农。堡耻以抚盗功自见，遂不叙。崇祯十五年，刘泽清以兵入卫，驻临清，骄悍蔑文吏，渔猎百姓，堡抗言责之。泽清赧恨，乃假新制，以属吏礼折堡。堡与遇于道，鸣驺过之，不为下。泽清擒其驺卒，扑之。堡亦擒泽清前驱，杖之，如其扑。泽清怒，鼓噪起，将攻堡。堡尽散胥隶，启廨门，公服据印，坐以待之。泽清不敢动。堡所招降盗魁闻堡受胁，率健儿数千，关弓怒马，里民持白梃踵之，殆十万人，至城下，围泽清军三匝。泽清恐，因巡臬使以求和，请与堡相见。堡单骑往，会泽清于僧院。因共歃血，约泽清不得犯临清一草，泽清许诺。堡乃麾健儿及里民散，皆大欢呼，声震数十里。上吏终惴惴畏泽清，谓堡曰："君自不畏祸，勿贻我辈忧。君姑以疾请假归，需大

用，可乎？"堡知上官相掣，志不得行，遂移疾归里。临清民哀号送之，数百里不绝。堡里居，亦以伉直折势要。仁和令刘尧佐与在籍主事姚奇胤因缘为奸利，堡对巡按御史廷摘之，尧佐罢去。里人皆钦爱之。弘光元年，南都陷，张国维戴鲁王监国于浙东，堡弃家奔依之。已而知鲁王无远志，而思文皇帝立于闽，声望远闻，乃间道走闽。陛见，授礼科给事中。堡抗疏言："郑芝龙拥兵自大，无效死兴复之志，而骄蹇无人臣礼，陛下不可恃之，以致不测之虞。"思文皇帝心善之，弗能用也。顾惜堡，虑为芝龙所害，寝其奏不发。已而以母忧解官。全浙已陷，不能归，遂浪游湖南，依举主学使周大启避地沅州。知天下将亡，恒自祈死。

永历元年，辰、沅陷，堡匿黔阳山中。清辰沅道戴国士素慕堡名，驰书请堡相见。堡抗书答之，婉切峭厉，自称无路之人金堡。国士知不可屈，乃止。永历二年，楚、粤稍定，上在肇庆。堡在沅服阕，值郝永忠之乱，遂出山，达桂林。瞿式耜奏请召堡入朝，有旨召见。堡诣阙上疏言："今日天下败尽，陛下据一隅而望中兴，非有夏少康、汉光武之忧勤刚断，终无济理。如欲为晋元、宋高，因人成事，即不可必得之数，而亦何者为可因之人也！今日之大患，莫甚于阃外不知有朝廷，而朝廷复以匪人持政柄，贻阃外轻。郝永忠残贼已复之土，杀掠空武、靖，宜削爵暴罪，檄楚督擒之，正法以张国威，而为残黎救一线之命。陈邦傅无尺寸之功，爵上公，假敕自称世守，隶视抚按，宜褫其爵，勿使与效死疆场之臣齿。马吉翔扈从之劳，在所当念，然爵列侯，官锦衣，酬之足矣，宜勿使与国政，挠乱是非，为附膻之数。从此收拾威灵，一归之陛下，庶几人心可一，天命可延，不然，臣不知所终也。"疏入，吉翔大怒，为危词激两宫，思以陷堡。上召阁臣朱天麟赴暖阁，厉声问曰："金堡何等人也？"天麟对曰："堡在隆武中为给事，直谏，以参郑芝龙为思文皇帝所倚用者。"上变色曰："卿谓郑芝龙为可参耶？当参耶？"天麟知上意，遽震掉不敢言，遂票严旨切责堡，令安静供职。自上之立，群臣率苟容无敢昌言者，堡疏入，举朝惊愕，诋堡狂躁，唯袁彭年、丁时魁知推重之。堡孤立，遂与彭年、时魁相得，相与严抄参核宪纲以裁恩幸，仰冒滥冀重主权。故忌者亦众。严起恒以厚重详慎居政府，瞿式耜疑其委随，意稍不相得。而朱天麟繇旧词臣入直，颇有物望，式耜意其可与言也，称之于堡。堡遂意天麟可倚，共图整饬，因刘湘客道意。至是，天麟慑马吉翔之威，又知上意不喜堡，乃对上言："堡使刘湘客至臣所，请与臣同心去马吉翔，臣几为堡所误。"上顾笑之，而起恒于上前力称堡言虽过当，然皇上起多难，欲收人心，万不可谴斥直臣。上意稍解。故堡、彭年、时魁诸劾功罪裁侥幸诸大计，亦稍稍得行。而天麟以反复消沮自惭，谢病免。

陈邦傅尤怨堡甚，两疏攻堡，请堡为监军，辞尤不逊。堡奏："邦傅何人？尪羸伏处之兵，亦何所监？而敢请天子从官为其监军，妄意臣且惧之，得复其矫诏称世守之罪。乞追原敕，视有无'世守'字样，令罪有所归。"得旨，取邦傅原敕复勘，果无"世守"字样，邦傅乃詟服。自邦傅承刘承胤之后恣睢跋扈，诸将皆挟意凌蔑，及邦傅屈抑，楚、粤诸将皆渐敛戢听命。曹志建于诸将中尤狂诞，顾语人曰："使朝廷唯严阁老、金掌科之言是行，吾敢不以死自效乎！"吴贞毓、程源、万翱以新进躐九卿，犹不自满。江、楚、川、黔起家监纪，率皆落魄书生，依诸将自售，遽欲得部院衔，陈乞敕印，糊口行间。又闻清有投诚官视原衔、降级授职之例，益思躐尊贵，为他日自鬻计，千请不遂，则号哭阙下，横诋部科，谓己毁家出万死，为国家图兴复，而屈被挫抑。堡成进士十年，历中外、入谏垣且五载，稍改工科左给事中，官不逾七品，诸忌者益以是恶其异己，谤讪腾沸。堡闻而叹曰："今吾辈七尺，将不知齿谁利刃，而犹以虚名竞耶！"堡居省中，谢绝馈问，乃至不能豢胥吏，科抄皆手自录行，朝参唯一青纻衣，寒暑不易。

永历三年，孙可望使杨畏知奉书内附，求王封，书词倨慢，朝议疑之。堡上言："今谓不当吝王封鼓厉可望者，其议不一，臣请分别为陛下陈之。谓不以王封可望，则可望且逆颜行，而重上南顾之忧，其说似也。然可望之顺逆，以时以势，当内谋之心久矣。使其思顺也，虽不王，犹景附也。如其尚存两可之疑，以观望事势，则虽王之，徒益其骄。他日且进王而有求，其亦将从之乎？说者又谓不以王予可望，难禁可望之自王。夫自王，则谁能禁之耶？虽李自成、张献忠之自帝，亦无有禁之者。顾可望业已乞灵于宠命，则授我以禁之之权，而何弗不可禁之乎？说者又谓可望举全滇土地、十万甲兵以归我，功在可王。乃江、粤之土，我已失之土也，滇，未失之土也。金声桓、李成栋举已失之土而效顺，且不敢邀王封，而廷议亦唯祖制是守。今乃举而授之可望，则何以谢声桓、成栋于地下，而激厉其部曲乎？说者又谓汉高帝尝以齐封韩信矣，汉文帝尝以王假尉佗矣，而卒得二人之用。此尤谬也。汉高之于信，臣主未定之日也。尉佗与汉并起争秦鹿，而可望所争者，谁之鹿耶？且汉文席天下一家全盛之势，行阳与阴取之术，以消战争而使其自服。今陛下自度能如盛汉，姑予之，而可望将自戢焉否也？至或谓唐之郭子仪、李光弼，宋之岳飞、韩世忠，皆尝王矣。则唐、宋无异姓不王之制而王轻，祖训昭垂，一旦而王之，则真王矣。且郭、李之王，犹待两京收复之后，岳、韩之王，亦在百战折兀术之余，而可望之在今日，固未尝有一矢之功也。或曰昭代之制，异姓不王，而徐、常、汤、李皆王矣。乃彼以赠死而非以宠生，无亦姑留以待诸将之有大功者于异日。而今胡以死者之荣加生者哉！抑或曰金忠尝王矣。夫忠者□□也，因其王而王之，则亦左贤、谷蠡之称耳！今可望据滇，顺则归本朝，逆则折入于虏，处两可之势而决意效顺，无亦耻为□□乎？而我以金忠之例待之，则是可望欲迁乔木，而我固纳之幽谷也！大抵今日之以怀可望而使为我用者，不在可望，而在陛下控御诸将以图恢复。如恢复之势已定，虽不与之以王，可望焉往？如其日迈月征，进寸退尺，国事日非，则陛下徒隳祖制，以解诸将之体，而可望既王之后，更有不忍言者，稍有识者，固能逆睹之矣。"疏入，中外以为允，乃罢王封之议。

时两粤画岭而守，兵老粮匮，诸将迁延苟安。严起恒与堡谋，谓国势垂垂日蹙，诸将益懈，唯有上亲征鼓励之一策耳。顾所患者扈卫空虚，请开事例，以两殿中书、鸿胪、上林诸冗官，许衿士纳赀，立御营库，得十万金，可募丁壮五六千人从驾，安奉两宫于内地，而上历诸营，相机策厉，事犹可为。堡力赞之。乃改刑部侍郎刘远生为兵部，督理戎政，移堡兵科。将渐次行之，马吉翔阳喜从之，而阴使夏国祥挠乱之。不一月，御营库将贮五万金，国祥皆以两宫旨取宫中别用，事不得就。

朱天麟居南宁，日与陈邦傅谋所以倾堡者，欲因孙可望以胁上杀堡，乃遣胡执恭作伪敕册，铸宝封可望秦王。事既成，会梅关告急，夏国祥以敌兵旦夕至怵上，且曰李元胤、杜永和将挟上为复降资。两宫震惧，遂西奔。诸不逞者之欲攻堡也，谓必以袁彭年反复无恒节，倚李成栋父子挟制朝廷为名，而惧东将不敢发，故欲上去肇庆而西，则可挟陈邦傅以钳上。

且以东粤不保，为堡等谋国无状之罪。吴贞毓与马吉翔、夏国祥内外合谋已定，故上踉跄弃肇庆。瞿式耜、严起恒交谏不听。既至梧州，吴贞毓、张孝起率其党数十人连疏攻堡及袁彭年、刘湘客、丁时魁、蒙正发把持国政，裁抑恩纪，谋危社稷。遂褫职，逮下锦衣卫拷讯。严起恒率群臣跪伏求贳，不听。马吉翔嗾其党以生棒扑之。诸刑皆备，而堡刑尤独酷，黥血冲胁脊，几死者数四。瞿式耜亢疏申理，不听。曹志建、焦琏、胡一青、杨国栋、马进忠、王进才、马宝交疏申救，乃下法司定罪。进忠复上言："臣等于堡，从无阃外之交，但缘皇上今日具官济济，而中外舆论，谓可心膂寄者唯一金堡。乃忽举此崇祯、弘光取败之敝政，而加诸直臣，军民之心无不惊骇。乞速宥堡，置之言路，以回天意、收人心。"上意亦动。高必正入见，吴贞毓等迎谒，请为杀堡。必正既陛见，出，即就堡舟次，抱堡恸哭，贞毓等始戢。遂得减死论，谪戍清浪卫。堡赴戍，不得达，留客桂林，瞿式耜馆之。堡左足创挛，须杖而行，遂绝意世事。故喜读《庄子》，及是稍习浮屠书，衣衲衣。桂林陷，遂与通政使印司奇祝发为僧去，世所称澹归大师者是也。

堡文笔宕远深诣，诗铦刻高举，独立古今间，成一家言。行书入逸品。名位利禄妻子皆不系其心，唯微有酒过。其友人姚湘，字梦峡，余杭人。清兵陷杭，不肯剃发，随堡出，飘泊楚、粤。丁时魁欲官之，湘骂曰："吾死为大明一秀才足矣，何用此腐鼠为！"诗文亦亢爽有气，然亦颇有酒过。

印司奇，字雪浪，湖广桃源人。峭直廉介，使气，不为物下。中崇祯辛未进士，授南京兵部车驾司主事，迁员外郎。南京吏部尚书谢升奉召掌北铨，司奇以新例裁其驲卒。升僦夫以行，微辞责之。南都僚属送升祖道，司奇独不往，升顾重之。已除镇江知府。温体仁欲陷钱谦益、瞿式耜，募无赖子，击登闻鼓，讼之下抚按，檄司奇会鞫。司奇掷无赖子奸状，体仁怒，镌司奇级。已而与推官雷起剑交恶，巡抚张国维右起剑，交讼于庭。谢升已拜大学士，当拟旨。知司奇抗直，黜起剑而司奇降论，送归里。顾其自镇江归也，囊五十金，清名甲于江表。隆武中起用，赴闽。思文皇帝曾寓东吴，知司奇清节，擢佥都御史，协理院事。闽陷，走归里。清兵破辰、常，司奇弃家南走，崎岖苗、猺间，马进忠津送之。

永历四年秋，至桂林，瞿式耜奏司奇清节旧臣，间关依主，宜即召用。乃擢通政使，特敕召见。未赴，客寓草庵中，与金堡同居。桂林陷，司奇遂与堡除须发为僧。司奇不喜习浮屠法，遂返湖北隐焉。

丁时魁，字斗生，湖广江夏人。中崇祯庚辰进士，授礼部主事。丁忧归里。两都陷，江、汉大乱。时魁间道避寇，陛见思文皇帝于福州。改礼科给事中，奉敕出，劳军湖南。湖南陷，走沅、靖。

上在桂林，敕召入见，改吏科左给事中。上疏陈新政八策，以重爵赏、揽威福为要。当时谓为硕画。上奔南宁，瞿式耜留时魁协守桂林。两粤定，上出肇庆，时魁赴行在，擢吏科都给事中。裁抑恩幸，剔除冒滥，深为不逞者所忌。时魁力持行之。居两载，升太常寺少卿，仍理科事。已为吴贞毓等所攻，王化澄、马吉翔尤衔之，下锦衣狱，掠治毒楚。时魁愤，叹曰："吾以间关从主故，虏执吾弟系于狱，榜掠无完肤；吾在此亦系于狱，榜掠无完肤，朝廷亦何忍耶！"已而论戍镇远。至桂林，张同敞馆之。桂林陷，见执，孔有德召为幕客。居数月，病死。黄冈何履仕为治丧，割其辫掷棺外，曰："斗生不戴此辫以死，可不负梧州一顿棒，而今不免也，惜哉！"

张孝起，字将子，直隶吴县人。中崇祯壬午乡举。被□，走闽，授□□知县。李成栋陷广东，分兵略地，孝起婴城守。民溃，敌兵且至，孝起与其妻引缳自溢。其小胥奔救之，其妻已卒。小胥舁孝起走，得达行在，擢吏科给事中，颇以清直著。已而忌丁时魁之先己也，遂与王化澄比，陷时魁、堡，因升都给事中。以意行刑赏，国事燴乱，两粤垂危不恤，师师为狂嚚，以迄于亡。孝起逃去，不知所终。议者谓小胥之救，差之俄倾，孝起与城俱亡，虽与日月争光可也。晚节不终，徒乱人国，人之不得终为君子，岂亦有命耶！

《永历实录》卷二十一终

永历实录卷二十二

死节列传上

侯伟时，字异度，别号令邱，湖广公安人。中崇祯辛未进士，授□□知县。以清望征，擢吏部稽勋司主事，历验封司郎中。会北都陷，伟时变服南走，得免。贼之破北都也，官要职者，皆责其胥役钩致之，无脱者。伟时当崇祯末，士风竞躁，独恬淡退处，胥役皆感其德度，故独得逸去。

既归楚，荆土沦陷，浮沉湖湘间，不复有当世志，买田南岳，将安置妻子，自披缁去。而湖南兵乱，不能容，遂走粤。会上自粤往武冈，伟时陛见，超拜吏部石侍郎。李若星为尚书，恶刘承胤，解官去，伟时遂秉铨政。未匝月，孔有德犯武冈，刘承胤降。上奔靖州，伟时追从驾，不及，遂见执。吴炳、傅上瑞皆降附，独伟时不屈。见有德，巍立直视，不交一语。遣剃发，不从，遂遇害。永历三年，给事中尹三聘奏："伟时清望奇忠，宜得恤典。"诏赠礼部尚书，谥忠靖。

傅作霖，字润生，湖广武陵人。亢爽有志略，喜功名。中崇祯壬午乡举。张献忠陷湖南北，钩索士绅，作霖走桃源，结乡兵抗贼。弘光元年，南都陷，堵胤锡征湖南人士纠义旅勤王。作霖应辟召，题授监纪推官，奉檄联络常、澧乡团。已而忠贞营降，作霖言于何腾蛟曰："东南兵势之重，无如楚者。上远处闽海，威令不能远及，恐此诸军益骄，不能唯公所用，诚迎上驻跸长沙，鼓厉诸军，东下武昌以图陪京，西取荆州以出襄、邓，诚千载一时也。"腾蛟初无迎上意；闻作霖言，颇动，遂遣诣阙迎驾。思文皇帝召作霖陛见，敷奏详切，请上必出楚。上大悦，擢作霖职方司主事，监楚兵赴赣扈迎，加恩腾蛟、胤锡及诸将有差。作霖归楚，亟以迎驾促腾蛟。腾蛟意移，漫遣郝永忠、张先壁移兵茶、衡，称扈迎，皆次且不行，亦不遣作霖往。作霖再三为腾蛟言："天子望公如渴，公当使霖勿负天子。"腾蛟怒其相切责也，檄遣作霖监王允成军于湘乡，风令湘乡知县刘宗陶激士民噪之。作霖窘，遂走宝庆。刘承胤迎监其军。作霖性伉直忠果，而竞于自见，卞急不能为物下。起书生，游军旅间，不谙大体，暗于知人。自闽归，为腾蛟所忌，重见挫，颇衔腾蛟。堵胤锡以门生畜之。作霖自以亲受思文皇帝知遇，亦弗善也。至武冈，承胤倾心结纳之，作霖遂与交好。承胤举军听作霖节制，作霖遂欲怂恿承胤成大勋。上即位，遣敕使劳承胤军。使归，以作霖能得承胤军心闻，改监军御史，俄晋太仆寺卿。

永历元年，上在桂林，征承胤入卫。作霖陛见，超擢兵部右侍郎。已而上幸武冈，改左侍郎，行尚书事。承胤骄恣日甚，阁部大臣皆恶承胤，不入。李若星、杨乔然与承胤忤，皆挂冠去。作霖总理诸务，时与票拟，然动为承胤所掣，往往唯承胤意。四方奏报，或寝不行；人士进用者，皆不择人而授；马吉翔、郭承昊、侯性，皆与奏封五等；何腾蛟入见，承胤重挫窘之，作霖亦以故隙，稍见颜色；繇是诽责交起，而作霖未之知也。及清孔有德犯武冈，承胤以重取怨于诸将，退无所往，潜作降计。作霖方竭意尽力劝承胤死战，承胤佯诺之，而自赴石羊渡军中，密遣使通款，遂举军降。上遽夺门出奔，作霖大惊，轻骑从上行，不十里，扈从诸吏士稍有诟作霖者。作霖愕眙，走山中，自以为承胤所绐误，大愧恨，欲自裁。已乃叹曰："吾既不惜一死，何忍耻死草中，不与逆贼面折也。"居数日，承胤遣使邀作霖出。作霖至，见承胤骂曰："吾为汝受不令名，岂附汝求富贵者，将不惜身名，买汝一死战耳！今若此，吾且与狗彘交，见汝面目，正令我惭恨，汝况敢衣□□至我前耶！"因嚼舌出血，喷承胤面，挥拳击之，不中，以头触承胤胸。承胤走。有德再三使承胤劝作霖降。承胤见，即哭骂不绝声，承胤嗫不敢言而退。有德闻而壮之，召之见，问：

"傅尚书欲何为？"作霖直视曰："欲死尔！"羁之月余，作霖终不肯剃发。有德知不可屈，乃遇害。尚可喜尤慕其义，为买棺衾葬之，立庙武冈。永历三年，赠兵部尚书。

熊兴麟，字石儿，四川□□人。中崇祯癸未进士。隆武中，为试御史。

永历元年，实授监察御史，巡按贵州。值张献忠遣孙可望寇贵阳，黔土扰乱，迟回未赴，留黔阳县。清兵至，走山中。已与兵部主事李芳先同被执。清黔阳令劝之剃发，大骂，不从，遂系解常德。舟行至中途，守者钦其志义，宽械系。夜静，守者酣寝。芳先将逸，蹴兴麟起，与谋去。兴麟曰："死，吾分也，逸而追，追而后见杀，是幸免而不免也。君勉去，吾精爽已驰赴武陵刀下矣！"芳先强之，遂酣睡，不听。芳先执手垂涕而去。兴麟至常德，孔有德令剃发纳款，不屈。自言："吾与李职方同执，中途可去而不去，欲死于青天白日下尔！岂从汝犬豕求活耶？"遂遇害。

李兴玮，字天玉，湖广巴陵人。弱冠以文藻清拔，推重流辈。应湖广己卯乡举，为章旷所赏拔，用副榜生贡，入太学。假归，值张献忠陷岳州，索举贡充伪吏。兴玮以渔艇走江北，请兵恢复，遇左良玉前部李成名，因邀与同复岳州。已而献忠来争，成名兵退。兴玮走，仅以身免。贼擒兴玮父母兄弟宗族凡二十余人，皆杀之。

弘光元年，李自成渡江，群贼大掠巴陵，兴玮走湖南依章旷，留参幕府。旷以兴玮年少儒弱，不习驰驱，请于何腾蛟，檄补临武教谕。临武令贪婪无状，榜掠庠士。兴玮愤之，言于腾蛟，罢令去。临武士民戴兴玮，请即摄令事。兴玮不从，应乡试于衡州，中丙戌乡举。腾蛟悬临武印固待兴玮者四月，遂题授临武知县，以简淡为邑民爱戴。永历元年四月，衡州陷，章旷退屯永州，使人召兴玮，弃城从己军中。兴玮辞曰："兴玮不欲受民社，而先生强我；既已膺百里之命，则早盟之五内，期以颈血溅城头土耳！不能应先生教也。"督士民婴城守。时湖南北六十余州县，望风靡走，无一守者，唯临武不下。清兵来攻，乘埋距战，凡五昼夜。清兵佯退，兴玮督民兵开门蹑之，伏起，民兵溃败，兴玮被执。送孔有德，令下吏索降。清巡使李茂祖劝诱之。兴玮大骂曰："李兴玮□□男子，读圣贤书，岂汝辈从□□求食者所能诱耶！"茂祖怒，系之狱。兴玮未有妻子，唯一髯苍头相随，亦不肯剃发，自请同系。兴玮于狱与闻大成唱和，作诗数十篇，佚不传。茂祖知不可屈，报有德，杀之。兴玮将赴刑，南向叩首，已，顾大成曰："吾与君今日乃得毕此一大事！"遂遇害。其髯苍头自请同死。刑者以无杀苍头令，不听。苍头夺刀斫杀兴玮者，遂亦见杀。

闻大成，字子上，湖广罗田人。江北陷，人士多受贼伪命。大成弃家走湖南，以贡受监纪推官。湖南陷于清，大成于鄜县山中招义旅。将起，清兵至。被执，与李兴玮同系衡州狱。大成因狱卒沽酒与兴玮饮，醉则悲歌慷慨相唱和。无纸，皆裂襟裳袜布书之，多佚不传。唯《题狱壁》一篇，好事者为诵传之。云："读书怀古道，服官素所期。论文惭太傅，舞剑学要离。忠孝千古事，生死旦夕之。不共戴天日，从容就义时。"亢志不剃发，与兴玮同日遇害。临刑，从容引颈就刃。见者皆为垂涕。大成顾挥手谢曰："无劳诸君以泪送我。诸君悲我死，抑知我之悲诸君生乎！"

朱学熙，字维四，广东清远人。工诗文，为岭海知名士，所著有《禺峡志》行于世。补弘光恩选贡生，素结海上豪族。广东陷，与清远卫谭指挥纠众起义。陈子壮帅义兵围广州，学熙举众自上流应之，断飞来寺峡口，拒北兵援路，南攻三水县，下之。子壮檄授兵部主事。子壮败没，义旅骇散。李成栋来攻，拒守清远县，城破被执，不屈，死之。

周师文，字期岐，湖广大冶人。以制义名家，兼工诗，豪隽不屑羁绁。武昌陷，匿兴国山中，潜招义旅。江西反正，师文起兵应之。军败，走九江，文德翼资送之。至吉安，刘季矿为题授职方司主事。时耒阳义民谢煜、龙尚可等纠众起抗清，师文入其军，尝以身先士卒掠阵。何腾蛟顾不喜之，师文乃返鄜县。盖遇时自江西奔鄜、郴间，师文与遇时遇。说令收溃卒，联义旅，图复吉、袁。遇时奉师文监其军。已而遇时意变，欲降清，师文涕泣，称说大义以止之。遇时怒，遂见杀。遇时降。

鄢见，字无识，江西丰城人。中崇祯己卯乡举。隆武元年，南昌陷，见走抚州，与金都御史傅鼎铨同起义兵。鼎铨以见老成刚介，恒所谘行。事闻，授职方司主事。已而鼎铨败没，见走吉安东界，与刘季矿同图复楚。湖南再陷，见遂隐湘、醴间。经十余载，衣冠不改，训村塾以给食，壬寅岁，为茶陵人所讦，清吏捕系之。至则自请一刃以死。清吏诮之，遂大骂不绝口。清吏怒，捶之，系狱中。不食死。

是岁，有陈有功者，亦江西人，不知其所自起，曾授监军职方司主事。时天下已尽沦陷，有功怀敕印流寓郴、耒间，衣冠不改，卖药以食，为清吏所执。自言："国亡愿一死久矣！今日且得明白领取白刃，所志得就，更复何辞！"系送武昌，遂遇害。

《永历实录》卷二十二终

永历实录卷二十三

死节列传下

萧旷，字逸然，湖广汉阳人。以武举授黎、靖中军都司。刘承胤为黎、靖参将，旷属焉。从承胤征峒苗有功，历升至副总兵。上在武冈，承胤为总镇楚、黔，挂大将军印，解黎、靖事，旷遂以总兵官都督同知，行黎、靖参将事，守靖州。

永历元年秋，武冈陷，承胤降。上南奔至靖州，旷迎跸，具备勤敏。上大悦，召旷陛见，谕令解黎、靖，扈从入粤。旷奏言："臣职在守土，自当以死谢国恩，扈跸非臣职也。臣以死捍靖。追兵至，当杀臣而后能进，则大驾达柳州矣。"上既行，旷督其标兵，乘埤修守具。召部民至庭，涕泣劝慰，勉以死守。已而承胤驰书召旷降。旷大骂，焚其书。俄而清兵大至，兵民惊溃，旷独率内丁十余人登城射之。敌冲郭门入，旷短兵接，巷战。力尽，遂遇害。

旷虽武士，而志慕文雅。颇读书，知大义。为承胤属，能不附承胤意。见承胤骄悍，意欲自远，故请守黎、靖以避其熏灼。尝曰："我受朝廷命为刘公属，固难与刘公所置私人比。"其雅志如此。故承胤全部皆随承胤降，而旷独不屈。

朱旻如，字宗臣，广西临桂人。中武举，部除把总。候选归里，随焦璏起兵定靖江庶人之乱，璏用为左部营将，题授游击将军。粤、楚乱，璏益招募。旻如散家财万金，号召丁壮成一军，马仗精好，为璏一军最，璏甚倚之。旻如短小精僄，两目奕奕有光。性戆直慕义，折节下文吏，尤恭谨，循法度。

永历二年，从璏复阳朔、平乐，战甘棠渡、大榕江，皆有斩获，以功历副总兵官都督佥事。璏下攻全州，留旻如守平乐，辑兵政，民得安堵。时何腾蛟率赵印选、胡一青及马养麟、周金汤、熊兆佐之兵下全、永，留老营于桂林，骄纵为暴于城野。给事中万六吉奉敕至桂林，催师出，榜饬责之，语侵腾蛟。腾蛟闻之大怒。六吉旧以劾马吉翔、忤刘承胤，有旨降处，部拟谪经历。未几，仍复职用。腾蛟驰檄召经历万六吉赴军前效用，令材官健儿数十人往召，密令捶械之，即死勿论。时六吉已去桂，居平乐，未知也。旻如侦得其详，大怒曰："督师乃欲捕系天子近臣，无人臣礼至此极乎！欲作曹操杀孔融、朱温，诛清流耶？此义士致命之秋也。"请六吉至其署，置酒饮以待，部署甲士于门。腾蛟所遣捕六吉者索六吉，知在旻如署，扣门求入。旻如佯为不知，延之入，同酬饮。持檄者见四壁甲士皆露剑立，旻如亦目眦欲裂，时时援佩刀，不敢动。旻如顾问曰："君奉何令？欲何为？当以相告。"持檄者色动，起立曰："督师令请万公。"旻如索请启，持檄者奉檄示。旻如读未半，碎檄，拍食案起，大叫曰："万公天子言官，以军政戒饬士卒之暴民者，惜未执杀之尔！督师庇骄卒虐民，惜未参劾尔！区区一榜文，而督师遽欲遣狗鼠辈持牒辱之，置天子于何地！督师反耶？旻如破家捐身为朝廷效死，督师蔑天子，即旻如敌仇。狗辈敢衔人衣，当齿我刀。"拔刀斫持檄者，六吉掣其袖。持檄者脱走，甲士噪起，旻如介马弯弓追之，至郊外，擒一卒，捶而告之曰："狗子！速归告督师，朱旻如不畏死，为一隅君臣存分义，督师若欲杀我者，我自来。万黄门已赴行在，不可得也。"遂送六吉诣南宁，而自署其门曰："旻如得罪督师，为朝廷存一线君臣之义，故不敢拥兵以自求活，重挠军政，今解兵待谴。诸军愿归农者听，愿充伍者赴焦公听调度。"遂尽籍其粮储、甲仗、马匹、旗帜以归焦璏，而自葛巾布衣诣平乐知府听羁。持檄者归报，腾蛟大怒。方食，堕杯箸。然腾蛟能以威钳士大夫，而慑于诸将。畏璏，不敢逮治旻如，而以书诉之璏，求杀旻如为己刷耻。璏遣摄旻如。旻如囚服就琏。琏诘之，对曰："旻如以一时之义激，不自量，为朝廷存纲纪。今已使督师无擅执言官之愆，旻如之志已伸，唯求一死以正军法，为神将尫督师者之戒尔。"琏心重怜之。瞿式耜亦重旻如之义，语琏宽贳之。琏收其军赀而别责二千金为腾蛟寿。腾蛟喜，遂移书琏，令释旻如，而谓旻如能，劝琏仍令将兵。旻如繇是以义侠知名。顾畏腾蛟衔己，谢事闲居者久之。腾蛟败没，琏强之起。奏复旻如职，使统旧部守平乐。时诸将卒虐民侮吏，而旻如独以谦谨有节制闻。加总兵官，挂镇西将军印。

永历四年冬，清孔有德犯广西，遣马蛟麟间道攻平乐。琏方援曹志建于贺县，敌猝至，旻如独率麾下健卒城守。兵民皆惊溃，敌兵大至，战不胜，敌乘城入。旻如乃入署中，杀妻子，南向拜，焚敕毁印，易进贤冠、大绛袍，手剑端坐署中。清兵入署，望见旻如如塑神像，愕眙不敢进。旻如大呼曰："身是镇西将军朱旻如，□□何怯，不前杀我也。"清兵自堂下射之，中颊。旻如复呼曰："□□不济事！"遂援剑自刿而死。

满大壮，湖广辰州人，故太常寺卿满朝荐之族子也。满氏世以武传家。朝荐以刚直居谏垣，益用名节劝奖其子弟，故大壮慷慨慕义。何腾蛟开府长沙，招募将材，大壮奉檄招练辰、麻峒兵二千人为腾蛟亲军，随章旷守湘阴两载，拒清兵于新墙，大小数十战，清兵不能南犯。复与覃裕春大破清兵于潼溪，斩获数千计，积功擢副总兵官都督佥事。

永历元年二月，孔、耿、尚之兵大举南犯，攻湘阴。大壮方拒战，王进才之兵先溃，烧湘阴城，大掠而南。大壮遂不能支，战且走，至长沙，腾蛟已走衡州，大壮奉旷屯湘潭，求救于腾蛟，腾蛟已不能令其军。清兵尽力攻大壮，遂大败，蹑追二百里至衡山。大壮收余兵转战，麾下士死殆尽。大壮谓旷曰："公且先走，为卷土重来计，大壮为公力拒后，终不再见公矣！"旷去，大壮北驰迎敌，敌纵骑乘之，马尾相衔，走二十里，短兵接，格杀十数人。马中矢踣，乃遇害。

杨进喜，陕西延安人。与马进忠俱起，为进忠前营副将。进忠之擒杨幺与麻河之战，皆进喜先陷阵，骁勇为三军最。永历三年春，随进忠会何腾蛟于湘潭。清兵猝至，进忠军惊溃。进喜方理发，闻兵溃，大叫起曰："朝廷不惜高爵养我辈何为？况吾营迎何公至而忍弃之乎！"约发，不及戴兜牟，挥刀驰马出，求腾蛟，与清兵巷遇，相格斗，手刃数人。露额中流矢，贯颅，死。腾蛟遂陷。

惠延年，陕西西安人。少客湖南，有拳勇，习骑射，应募为曹志建裨将。志建驻镇峡关，倨怠不亲军旅。延年恒率兵出，复道州、宁远、江华、郴、桂，围永州，下之，皆延年功最。屡擢总兵官都督同知。

堵胤锡之南奔也，与忠贞营相失，西走桂、蓝，将入志建军。延年时屯永州西，知志建阴贼，必害胤锡。以书投胤锡曰："延年谓相公不追及忠贞营，则当入行在。乃闻尚留此间，延年甚惑之。祈留意图维，勿忽。"比书达胤锡所，胤锡已至道州。志建尽坑杀其部卒三千人，劫胤锡入关矣。延年密遣人导胤锡达何图复砦。胤锡遂诣肇庆。志建怒何图复，令延年旋军攻之。延年缓兵，攻不力，经六月不下。志建劫敕使诱图复杀之，破其砦。微得延年纵胤锡、图复状，含忿欲杀之。延年叹曰："吾逸堵公，正以全曹公，而顾欲杀我，匹夫终不足与共成事，吾行吾志耳。"会清小王子大举攻镇峡关，延年死战，自辰达未，斩首□数千。小王子已退走，延年曰："吾不及今日死，为忠鬼以报国，而死于匹夫手乎？"单骑迫敌，深入，遂遇害。始，志建欲杀延年，或说延年当降清以免祸。延年曰："吾以名义故，开衅曹公，而以叛终之，顾令彼骂我为反虏乎？有死而已。"延年死，志建遂不能成军，以至于亡。

何图复者，广西富川人。父廷相，万历丁未进士，官御史。图复入赀为太学生。粤、楚乱，结砦自保。闻志建之劫胤锡也，密遣人迎胤锡入其砦，赍送赴行在。志建举兵围之，不克。敕授图复监军佥事，令志建释兵。志建佯奉诏，与图复和，诱与相见，执而磔杀之。

吴学，湖广湖乡人。以材勇雄于闾里。起里胥，从副将罗安邦剿天王寺土寇，有功，授把总。张南忠之乱，学收土兵保乡曲。已而奉李乾德檄复湘乡县，以功加游击将军。何腾蛟开府长沙，使学招募千余人为亲军，守湘阴，转战平江、袁、宁间，擢副总兵。

永历元年，长沙陷，学收部卒屯湘、邵间，反攻湘乡，格斗四五月，兵溃败。被执，械至武昌系狱。令剃发，不听。清总督罗绣锦会文武吏群鞫之。学至庭，植立呼曰："大明驱胡虏，爱养天下垂三百年。尔等皆中土人，骨血从谁豢养？父母埋谁土宇？乃改头换面，倨坐堂上，而械忠义士于阶下耶！天地能容尔身，必不能容尔子孙。岂不闻洪武初，尽谪叛降官吏妻女充掖庭乎！"因大叫呼天，目眦尽裂，引颈触柱，血流被面。遂驱赴黄鹄矶，遇害。武昌居民罢市往观，皆呜咽流涕，禁之不能止。

《永历实录》卷二十三终

佞幸列传

马吉翔，顺天大兴人。通文墨，工将迎挟持。以武进士出身，历官至广东都指挥使。弘光元年，罢官。闻郑鸿逵拥思文皇帝至福建，吉翔往依，附推戴，擢锦衣卫都督金事。与锦衣郭承昊比。奉敕至湖南劳军，福建陷，吉翔走广东。至肇庆，会上践阼，复与定策。事王坤、庞天寿，皆得其欢心，遂升左都督，掌卫事。从驾至全州，结刘承胤。承胤为请封伯爵，御史毛寿登驳参之。吉翔与周鼎瀚构蜚语，激承胤怒。奏上，系寿登及刘湘客、吴德操、万六吉，削其职，繇是深为瞿式耜所恶。已而与承胤比，胁上幸武冈，吉翔遂封文安伯。武冈陷，上自靖州走苗峒，出柳州，两宫泊车驾蒙尘草莽。上不能骑，吉翔奉篮笋，步行扶掖，行羊肠，夜则通夕巡警，勤敏有加。慈圣太后与上益眷倚之。加少保，晋封文安侯。上在柳、象，敕旨皆出吉翔手。其幕客吕尔玙，狭邪子也，稍知文义，与吉翔共操大政。瞿式耜疏："请上揽大权，明赏罚，严好恶，亲正人，闻正言，以服远近。"上嘉纳之。吉翔因夏国祥诉之太后，谓式耜间己，不容皇上有患难亲臣，言遂不用。桂林溃，上在南宁。吉翔虽委票拟于内阁，不合其意，辄以朱批改票。结陈邦傅为外援，王化澄倚之为重。广东反正，李成栋迎上幸肇庆。瞿式耜请出桂林，节制江、楚、黔、蜀，迎使络绎。吉翔惮式耜，遂结王化澄、朱天麟，力劝上东幸。楚师解纽，何腾蛟莫能弹压，以至偾败，皆吉翔酿之也。

上在肇庆，吉翔犹执朝权，金堡入奏，谓吉翔有扈卫之功，酬以侯封足矣，不当使与国政。吉翔复因左右诉，上切责堡。吕尔玛市权招贿，縣中书舍人内批擢监察御史。堡两疏力攻之，尔玛落职。吉翔愈怒，挑陈邦傅与堡相讦奏。廷论不平，邦傅辞诎。严起恒从中裁制，吉翔稍戢。以是怨堡入骨，并衔起恒。时上立三扈卫：李元胤督禁旅，庞天寿督勇卫，吉翔督戎政。吉翔所部步兵二千人，皆市井乌合，不堪见敌。起恒乃请上开事例，节冗费，立御营库，招练亲军，从上亲征。以刘远生协理戎政，金堡改兵科，监纪之。吉翔恶其分己权也，嗾夏国祥以慈圣宫旨取库金糜之，事遂寝沮。吉翔屡于太后及上前，言堡结袁彭年、刘湘客、丁时魁、蒙正发把持国政，目无君上。太后及上惑之，诸不逞者皆依附之。吉翔为言除去堡等，则皆如其愿。吉翔又乘间言式耜、起恒皆主张党人以挟持上，使不得有为，且沮抑忠义为国家，离人心，不如化澄能爱君忧国。上素贱化澄，至是遂向用之，而薄式耜、起恒，言皆疑沮。

永历四年春，清兵陷南雄，吉翔乘之为蜚语达内廷。言杜永和、李元胤心不测，且要驾为降资，两宫震恐。吉翔欲杀堡，逐起恒，夺式耜兵柄，而以陈邦傅为外援，藉之胁上。欲上至梧，密迩浔南，使邦傅得逼朝廷处分，遂嗾夏国祥以太后驾先登舟，胁上必行。严起恒、瞿式耜交谏上，不宜弃广东。不听。吉翔念诏狱且兴，而己欲避其名，乃自请留肇庆督援东军，以锦衣卫印授其党康□□，使得逞。上至梧州，吴贞毓等遂群攻堡等，下锦衣卫掠治。王化澄复入直，召朱天麟、雷得复讦奏起恒，起恒称疾求去。胡钦华奏式耜老奸误国，以于元晔督楚、粤师，夺式耜权，以至于亡，皆吉翔主之也。吉翔外罴内惨，以曲谨奉慈圣，凡所欲为，皆令夏国祥达太后，令必行。上虽知其不可，而慈圣命严，上不敢违。物论起，则慈圣于帘中引群臣涕泣，言："予唯一死以殉社稷，不似尔等可去可降，以国家为戏。"群臣莫能对，上亦不能以意行也。吉翔以援东为名，翱翔肇庆，所将兵既寡弱，不敢出峡，而畏忌诸勋帅，不欲朝廷调发东下，虑致轧己。唯陈邦傅率舟师数千至，亦羸疲，畏见敌。吉翔日与邦傅征乐纵酒，遥执朝政，置广州不恤，杜永和困久不能支。清兵复西破平、梧，上奔浔南，吉翔之师遂溃，南走浔州。上奔南宁，吉翔知大势倾覆，遂不复从。匿浔州山中，久之，出降，挟重赏北归，不知所终。

郭承昊，江西泰和人。故都御史郭子章之孙也。以子章军功，荫授锦衣卫千户。崇祯间，谄事内竖，屡官至都督同知、太子少保。驰驿归里，以货殖豪纵为乡里患。

隆武元年，赴闽陛见，以积资掌锦衣卫事。闽陷，走粤，依附拥戴，加左都督。与王坤、马吉翔比。从上至全州，结刘承胤。承胤为请封伯爵，御史毛寿登参劾之，被削。承昊遂得封泰和伯。承昊挟宝玉金币巨万金，女乐十余人，从上至武冈。以女乐分馈承胤、吉翔，相比为奸。江、楚无赖求仕进者皆附之。已而随承胤降清，见杀。

严云从，江西分宜人。严世蕃之曾孙也。以武进士历官参将。上即位，云从依附拥戴，擢锦衣卫指挥使，加都督同知。与马吉翔、郭承昊比，事刘承胤为外援。承胤为奏封清江伯。毛寿登疏言："云从等无一矢之功，而援边镇例晋封五等，何以鼓人心而匡国难？"奏上，寿登夺职。

武冈陷，云从随上走粤西，加太子太保、左都督，掌后军都督府事。自以一品覃恩，乞封其高祖嵩、曾祖世蕃。部议："严嵩父子为昭代奸臣称首，百年公论不容，世蕃身伏诛谴，国法昭垂；云从即功侔李、郭，亦不能翻七朝之国宪，而以恩纶被戎首，况其羁绁之劳，承恩受爵者乎？"乃但封其父祖，而不及世蕃。

云从视吉翔差谨，不敢执朝权，碌碌充位而已。上自梧州奔浔南，云从北走，匿怀集山中。将取道归江西，李定国收粤、楚，云从致书馈求见。定国知其茸陋，不之答。云从辗转岭南北，不知所终。

侯性，河南归德人。兄恂、恪，崇祯中皆官至九卿，与周延儒为死党。性家世豪贵，骄纵不法。补弟子员，粗通制义举业，习骑射，好纳响马贼，为无赖行，邑令梁以樟以法钤束之，性拳击以樟仆地，不数日死。性亡命走，从十余骑，劫商旅于河北，得资数万，用赂内臣王化民，恂、恪复为之地，窜军功籍，以白衣径授镇守广东西宁参将。

上即位于肇庆，性依附拥戴，丁魁楚庇之，擢御营都督同知。从上入武冈，谄事傅作霖，援马吉翔例，封商邱伯。上自武冈奔靖州，性与车驾相失。先縶新宁至柳，于右江劫行旅，得金帛数万。上至柳，服御皆匮，性以其所劫献慈圣、慈宁两宫，上及中宫充服御，三宫大喜，加性太子太师、左都督，掌中军都督府事，从上自南宁至肇庆。

性素畜无赖健儿，将百人，沿两江东至三水，劫掠仕宦商贾，多得金赀。以豪侈与戚畹王维恭及马吉翔、李元胤日夕征歌纵酒，颇干预国政，引荐文吏。给事中金堡论劾之。书奏，不省。性黠慧，通文墨，堡所上章奏，性皆译解示吉翔，文稍深僻者则曲释之，指为诽讪两官。以是慈圣恨堡，必欲杀之。性往往以珍异进奉内庭，尤为宫禁所喜。其母奉佛，自剃为尼，敕赐号静慧大师。紫袈裟，金钵盂，出入以朱棒前驱，入宫禁，称说外事。慈圣信之，往往辄强上行。国事之坏，性实阴持之也。梧州陷，性降于清。

《永历实录》卷二十四终

永历实录卷二十五

宦者列传

李国辅，顺天人，为司礼太监韩赞周养子。崇祯九年，授御马太监，奉命守沿北关口，已而撤回，随赞周守备南京。圣安皇帝立，国辅附拥戴功，改司礼监，提督勇卫。赞周于弘光中以伉直为群小所嫉，引疾乞休沐。国辅居宫中，常侍左右。马士英进秘戏，导上为淫乐，国辅每从容泣谏。士英忌之，而欲夺勇卫以授其幼子锡，乃奏上，徽、池、严、信之间有云雾山，乔木蔽山，宜采为大工用。遂请敕国辅往。国辅不知其绐，因欲行。给事中吴适奏云雾山必不可开采，国辅亦自悟，请勿行。乃遣人驰视，果如适言。然士英已夺勇卫，授锡以锦衣都督提督矣。南京溃，国辅随太后走浙，遂自闽入粤。

上践阼，国辅入见，请剃发变服往南京，潜视孝陵。诏遣往。永历三年夏，国辅自岭北重跰微服赴阙。上召见，问孝陵状。国辅伏地恸哭，言："奴以去年夏至南京，私市香帛，于星月下登钟山望陵，焚香帛泣奏：'高皇帝十一世孙嗣皇帝某，遣奴国辅候皇陵万安。'以次履行周视，殿垣陵甃毁坏无余。茅茨塞望，狐啸蜇吟，如荒山穷涧。所幸陵土巩固，梓宫燕安。其四山林木，问之都人，云：'南都陷后，虽虏骑充斥，樵苏四出，犹无敢损一枝者。'后洪承畴来，经略江南，见陵树菁葱，怫然遽怒，遂榜示居民，令樵采为薪。悬榜三月，民无应者。承畴益恚，骂曰：'大兵入北都，未尝令居民伐陵树，不三日间，诸山皆芟刈无余。江南蛮子，已出榜令伐，而三月不伤一木，何愚呆至此！'因复榜令诸门，非伐钟山树者，不许通樵苏。城中几至绝炊烟，都民不得已，乃往伐，呜咽震山谷。今一片童山，无尺株矣。"因引额触地，号哭失声。上为泣下沾袍袖。国辅因奏："奴今归，为皇上通一信，仍请以残骸再往。若上旦夕恢复，奴当至江干迎驾。如天讨有稽，奴愿以老骨头付老祖爷陵前，与狐狸餐，不复再见陛下！"复顿首大哭，起。上乃素服辍朝，就太庙哭，遂敕国辅赍香帛，再往省视。

永历三年十月，国辅至梅岭，剃发，携苍头三人北发。明年，两粤陷，更无有知国辅后事者。

王坤，顺天大兴人。为御马太监。稍习文字，阴鸷便巧。崇祯五年，敕遣阅视宣府，陷道臣胡良机。御史魏呈润劾其诬罔。呈润坐降职。坤益恣戾无忌惮，奏参大学士周延儒。左副都御史王志道疏言内臣不宜侵辅臣。上为御平台，召诘志道。志道曰："王坤直劾辅臣，举朝皇皇为纪纲法度忧，臣为法度惜，非为诸臣惜也。"上震怒，切责志道。志道罢去。繇是骄悍凌轹，与张彝宪、曹化淳齿，群臣莫敢言者。已而奉敕至淮、扬，暴害商民。未返命而北都陷。弘光元年，因缘柄用，迁司礼秉笔太监。要敕往浙、闽督催金花银两供御用。大学士高弘图具揭谏止，弗听。坤因得留闽事思文皇帝。不得大用，邀敕出粤催调援兵。

闽陷，上即位于肇庆。坤因缘奉慈圣太后，遂掌司礼监事，秉笔执国政。坤以旧阉老猾，工揣合钳制，知内廷畏清，践阼无几，即劝上弃肇庆，移跸梧州。上顾以为忠，遂倚任之。瞿式耜上言："今日之立，为祖宗复仇雪耻，宜奋大勇以号召远近，苟自弃门户，国何以立？"坤居中持之，上虽暂止，而日作西奔计，无固志。户部郎中周鼎瀚与坤交善，内批改给事中。式耜力争之，不听。未几，复改鼎瀚翰林院侍读。王化澄附之，内批授兵部尚书，已拜大学士，入直。大学士李永茂奏荐十五直省人士，坤以其不附己，假朱敕，斥御史刘湘客，激永茂去，而坤自疏列海内大臣远莫致者，杂坤私人于中，共荐之。给事中刘鼒疏言，坤内臣不当荐人。坤激上怒，将逐鼒，式耜力救之，乃已。坤疑鼒疏出中允方以智手，复以停经筵，激以智去。俄而清兵乘虚入广州，唐王死，坤遽邀驾西奔。式耜力请留跸，死守峡口，飞调援兵。奏甫上，坤已挟上驾小艇西上梧州，遂繇桂林幸全州。刘承胤入见，首论坤弄权误国。上意动，乃罢其秉笔，以监事授庞天寿。坤被谴，出居柳州。

武冈陷，上幸柳州。坤复入，与天寿分掌监事。然权稍落矣。天寿以曲谨为上所信，坤遂疏。乃请敕监军恢复粤、楚，从何腾蛟军中。腾蛟颇与狎好。湖南复，坤以功赐一品服，从胡一青下衡州。坤故以斥刘湘客与外廷争，至是，乃上疏荐湘客词学擅世，宜大用。冀蔑湘客，使失望，湘客自疏论列之。大学士严起恒面奏坤反复倾诈，上乃绝意恶之。湖南再陷，坤走粤，顾不得入内，留居桂林，为瞿式耜所不礼。乃屏居苏桥驿，悒悒死。

庞天寿，顺天人。崇祯间为御马太监，颇见任使，然未尝与秉笔事。奉敕至南京。弘光中，备员，不见用。已走闽，事思文皇帝，改司礼监。敕遣至湖南，遂留粤、楚间。

上践阼，与拥戴。天寿在北都，权藉故出王坤下，至是，坤秉内政，天寿弗能颉颃。坤骄悖日著，中外既侧目，慈圣泊上亦稍厌之。而天寿于诸阉中为淳谨，上意向用，及刘承胤逐坤，天寿掌文书房事。随上自武冈走柳州，蒙尘苗峒中，天寿与马吉翔皆有劳勤，繇是益为上所亲信。赐一品服，提督勇卫。天寿粗识字，不习典故，其幕客徐湛以武英殿中书舍人晋秩至大理少卿，为代理红本。湛亦薏愿，不敢通外廷。顾天寿以朴率恒为夏国祥所给，颇推让国祥，故政渐归国祥，天寿以虚名为诸阉长。所部勇卫士仅千余人，亦尪疲市民，无能为有无。刑部侍郎朱盛浓疏言内臣不宜典兵，欲夺勇卫归李元胤。元胤初无夺天寿兵意。上切责盛浓，诘其何心，盛浓乃沮。天寿事上四载，为少过失，而内臣悻懦畏死，不知远计。上弃肇庆，走梧州，失东粤，遂蒙尘不返，亦天寿致之也。

天寿事天主教，拜西洋人瞿纱微为师。勇卫军旗帜皆用西番书为符识，类儿戏。又荐纱微掌钦天监事，改用西历。给事中尹三聘劾罢之。天寿随上走南、太，入滇，不知所终。或曰为孙可望所杀。

夏国祥，直隶宁国人。美姿容，以娈童游狭邪，然稍读书，习制义，应童子试，不得补诸生。闻圣安皇帝喜外嬖，乃焚书自宫，求入内廷，未及宠用。南都陷，走闽，事思文皇帝，为少监。已走粤，因庞天寿入内，得补司礼太监。天寿质朴，不习文墨，凡阅发红本，委之国祥。国祥工狐媚，有宠于慈圣，遂骎骎夺大权。外奉天寿，以虚名尊之，实自执政柄，天寿弗能为重轻。马吉翔诇事两宫，专制国事，结国祥为内援，凡吉翔所欲行，皆因国祥达慈圣，取必于上，以行之。

永历二、三年间，外廷稍持法纪，国祥不能尽如其意，日泣奏慈圣，谓金堡等把持裁抑，诋毁两宫，挟李成栋父子为势，心不可测。太后习听之，遂切齿堡等。吴贞毓、李用楫、张孝起、鲁可藻皆依附乡曲，与国祥交善。王化澄因戚畹王维恭结纳之，国祥日称化澄忠谨于太后及上所，维恭亦因皇后亟称之。上弃肇庆奔梧，逮治堡等，起用化澄，卒至倾亡，皆国祥为之也。江国泰者，亦宁国人也。自宫入南都求用，与国祥为死友。衔受意旨，通贿赂，阃外陈请，非因国泰达国祥，不得旨，以是四方镇将益轻朝廷，瓦解以亡。

国祥故无赖子，滨亡不悟，贪权势，行谗毁，津津自喜。庞天寿已乃恶之，无能制也。国祥随上奔浔南，后不知所终。上之居肇庆也，广西粮税尽给楚军，唯梧州府属听上征用。广东则以辽饷、练饷给李成栋军。而上征京仓及金花银为国用，顾皆内臣操其出纳，户部无所关与，日就虚靡，乃至欲募从驾军而不可得。每闻敌警，哨探无人，唯听马吉翔及内臣之意而已，皆国祥主之也。

《永历实录》卷二十五终

永历实录卷二十六

叛臣列传

刘承胤，字定一，应天人。以膂力闻，能举一铁棓，号"刘铁棍"，为相扑师。应募为材官，从楚抚唐晖、余应桂援剿，守显陵。承胤多心计，善结纳，遂得实授参将，镇守黎、靖。崇祯十六年，武冈民袁有志作乱，攻陷武冈，岷王遇害。巡抚王聚奎檄承胤讨平之，出岷世子于难。是秋，张献忠破长沙，张先璧、黄朝宣焚宝庆，走武冈，承胤按兵迎之，二将敛兵入保。已而献忠破宝庆，游骑犯武冈，承胤击却之。献忠欲西入蜀，遂置武、靖，故全楚皆陷，唯西南一隅独全。沅抚李乾德依之以安，甚德承胤。献忠既渡江而西，乾德遣承胤合张、黄二营复宝庆。乾德茸愞，承胤倾心事之。乾德假借备至，承胤遂骄蹇自大，凌轹先璧、朝宜。乾德唯承胤意抑二将。二将怼憾，屯茶、攸间，与承胤交恶。

弘光初，乾德以承胤先后功次入奏，遂擢总兵官都督同知。黎、靖旧统土汉诸军卫、所、寨额军万余，承胤部兵仅千余人，调诸屯军以自雄，募岸谓诸将莫己若。所部绅士、编民皆慑其威。何腾蛟家黎平，子文瑞少不习事，承胤屡挫抑之。腾蛟抚楚，承胤深以为畏忌。及腾蛟弃武昌，开府长沙，调诸将守湖，先璧、朝宣先至，腾蛟礼之有加。承胤闻之滋怒，持文瑞阴事，与腾蛟相抗。久之，乃集兵万人赴长沙，饰旗帜器仗为烜赫容，实无意北出。居旬日，与先壁举兵相攻，腾蛟亲诣其军解之。遂托以苗叛驰归，留部将陈友功，率兵数千守湘阴。承胤归，益横，要取宝庆租税为己饷。隆武元年，傅作霖入，奏称承胤功，遂得挂将军印，擢右都督，加宫保。稍益招募，有众三万人，据武冈，专制黔、楚间。

上即位，遂封伯爵。已而上自肇、梧西幸，征承胤入援。瞿式耜闻其虚名，亦雅望之。承胤道兵至桂林，至，则凌轹焦璉，与相攻，大噪索饷而去。马吉翔前使楚，承胤与相结纳，至是，因内臣盛称承胤足倚，上遂敕召之。承胤意何腾蛟力扼长沙，己可借以自保，遂欲迎驾居武冈，可挟上以制中外。傅作霖怂恿之，遂应召赴桂林，以上出全州。司礼太监王坤执权恣睢，周鼎瀚附之。承胤入，奏逐坤，而对御叱责鼎瀚。廷士翕然称承胤公忠，不知其以胁主立威也。锦衣郭承昊以女乐一部贿承胤，马吉翔、严云从皆谄附之，承胤遂请封三人伯。御史毛寿登参驳之，承胤大怒。周鼎瀚惮承胤，曲意事之，遂相好如夙昔，乃与马吉翔谓承胤曰："寿登疏，刘湘客所作也。湘客与瞿阁老议，要驾勿从公出楚，今若不遣此二人，上必不得入武冈。"承胤遂面奏寿登、湘客把持误国，请逮问。万六吉、吴德操疏救之。承胤激上缚四人，将杖之，承胤伪为跪救，皆削职。以是势倾内外，遂拥上幸武冈。式耜力谏，不听。廷臣恶畏承胤，多四逸，不从驾行。承胤挟上，威福自恣，文武将吏予夺唯承胤意。憾太仆少卿赵廷璧，系而毙之。廷辱刑部侍郎杨乔然，乔然去，遣兵掠之于道。李若星为吏部尚书三日，承胤掣之，不得有所云为。若星大骂去。未几，清兵陷长、衡，张先壁自宝庆走沅州，承胤恐其至，夺己权，守险隘遏之。先壁奋击夺路去。先壁奏使至，承胤磔杀之。楚、蜀、黔、粤奏报者皆不得通。何腾蛟入见，承胤羁縻诮辱之。上命腾蛟督师出全、永，承胤伏兵于道，将害腾蛟。腾蛟不敢行。胡一青怒，拔营挟腾蛟去，乃不敢追。利吴柄脂韦，请以为相。票拟皆先呈承胤而后进。江、楚诸无赖子及武冈无行儒生，且投承胤，夕授台省郎署。承胤部将皆封伯，幕客邹枚官至一品，赐金图书。清兵逼永、宝，承胤畏张先壁，不敢西走，忌瞿式耜、何腾蛟，复绝南奔之路，画武、靖、黎平，苟安俄倾。顾日渔猎货财，饰歌舞，识者知其必降矣。

承胤既挟上，敕使非承胤令不能出。马吉翔复为上称其兵强志决，且夕复湖南。宫中遂恃以安。清兵已破永州,遂两道并举,攻武冈及紫阳江。守兵返走,保石羊渡。嗣通山王蕴钤急请对,言:"虏至三十里外,上犹不知,猝至,当如车驾何?"上惧,召承胤问之。承胤对曰:"虏犯紫阳,臣已大破之,北奔,且夕收复宝庆。谁以此恐喝陛下者?"因叩头请诘其人,语不逊。上不得已,良久曰:"宗臣蕴钤。"承胤起,大言曰:"请陛下遣蕴钤出御敌,臣愿解甲归农去。"遂汹汹出,遇蕴钤于宫门,奋拳击之,堕齿。蕴钤遁去,中外无敢言敌将至者。八月,清兵扣石羊渡,承胤别将陈友龙死战不下,请承胤出援。承胤至,登高望敌兵。退坐营门,召诸将议,皆请死战,承胤不语。入幕中修降书,遣使诣孔有德降。使返,与承胤耳语良久,乃遣骑持片纸奏上,言:"敌势大,陛下宜自为计,臣不敢保。"上乃仓遽出奔。城门不开,庞天寿、马吉翔麾壮士以利斧断扃锁。上单骑走,太后泊中宫皆乘篮笋出,宫嫔徒步从,皇子幼在褓,乳母负之出,不知所往。承胤遂开关延敌。有德从容宴承胤于军中。又明日,乃整兵入武冈。上驰至靖州,縓苗峒达柳州。承胤请导有德军入沅、黔,追击张先壁。有德不听,挟承胤下长沙。明年春,遂与俱北。承胤故怨何腾蛟,乃请有德勒陈友龙俘其妻妾。友龙不能违。既北行,有德军泊汉口,承胤日从有德饮博。承胤平岷邸之乱,多得奇宝器玩,又擅西南财赋,金币充积,每以宝器为博进。有德忌而羡之。会陈友龙反正报至,遂杀承胤,没其资。或曰承胤之降也,密白有德,请执车驾以献,冀得重赏。有德不听,密令承胤报上,俾逸去。故有德留石羊渡两日而后入,亦不遣兵追蹑。见承胤之狡也,惧至北而泄之,故杀之以灭口。同承胤杀者傅上瑞。

傅上端,山东武定州人。中崇祯庚辰进士,授黄州府推官。善事上官,为湖北巡抚王扬基所昵。李自成陷承天,黄州震恐,扬基调上瑞署武昌府事以避寇。张献忠自黄州渡江,将犯武昌,扬基又调上瑞往江北监军。武昌陷,随扬基避匿汉川。献忠入蜀,扬基被逮。上瑞返武昌迎何腾蛟。腾蛟复喜之,题擢分巡下湖南道参议,进太仆寺少卿,已升金都御史,巡抚偏、沅,督兵守平江、浏阳。上瑞家人自山东来,盛称山东缙绅降虏者皆得朊仕。上瑞意动,遂弃平江,从醴陵南走宝庆,驻沅州,言偏、沅为己汛地,并携浏、醴守兵西去,腾蛟叹愧而已。永历元年,清兵犯沅州，上瑞遂举军降。孔有德挟之北去，至汉口杀之。

陈邦傅，字霖寰，浙江绍兴人。故富家子，有口辨，善逢合，以贿中武科。父事职方司吏胡执恭，居中为援引，历官分守柳、庆参将。隆武元年，杨国威挟靖江庶人反，招邦傅，未赴间，丁魁楚檄邦傅讨贼。邦傅揣国威无成，守柳州，不为下。国威攻梧州，魁楚召邦傅应援，邦傅举兵掩其后，会焦琏自中起，与邦傅合，遂斩国威，戮靖江庶人。琏功最，而邦傅以结纳魁楚得录首功，即代国威挂平蛮将军印，擢都督同知。

上即位，以推戴，加太子太师，封思恩侯。邦傅膏粱狭邪，上马必两人交掖，儒冠大褶，侈拜揖以为容。胡执恭自北走投邦傅，邦傅以为腹心。执恭故猾吏，漫不知兵。部将茅守宪，其姜父也，陈安国其弄童也，贪庸委闒，以便佞挟持相尚。邦傅以鄙墨为土司所积轻，不听调遣。所部皆诸卫戍军，半老弱，折竹为矛，稍招募市井为亲兵，不满五千人。平蛮将军旧驻桂林，邦傅畏楚兵之逼，立帅府于南宁。上再幸桂林，调邦傅援楚。邦傅无以应，益交缇帅马吉翔，欲有请求，辄得谕旨。上幸象州，邦傅陛见，迎上居南宁，封庆国公，加少师，赐云鹤服，充班首官。执恭、守宪、安国皆冒伯爵。龙韬与覃鸣珂争战于象州，邦傅不能制，唯保南、太自固而已。邦傅生未尝见敌，徒以奉上为居停，位百僚上，遂执朝权，擅进退，与王化澄、马吉翔相为表里，士大夫无行者争依附焉。

清李成栋攻陷梧州，进逼浔、横，邦傅惧，遣书就成栋降。会成栋有反正心，不报。邦傅益迫，秘遣其幕客沈原渭赍土地甲兵籍诣成栋，请献乘舆以为降贽。原渭至梧州，成栋已下令反正，守将郡邑吏皆冠带，奉正朔。原渭遂焚降籍，驾小舟昼夜倍道归。揭旗于樯，署曰"招安粤东"。及至南宁，遂上书言已奉邦傅令，说成栋反正，事成归报。成栋所遣使入奏者乘大舰逆流上，会右江涨，不得卒达。上骤闻东粤平，大喜。邦傅益猎为己功，而荐原渭功侔隋、陆，遽擢金都御史，联络两广。已而成栋奏使至，知原渭事，归报成栋。成栋深恶之，欲发邦傅曾约降状。马吉翔为弥缝之，乃止。上弗知也。成栋迎驾东出，邦傅欲要留，恣擅威福。杜永和入见，语露邦傅降状。邦傅惧，不敢留，乃因吉翔求世守广西，视沐氏守云南。王化澄当敕，已诺允之，中书舍人张文光执不肯草敕，乃易称居守广西，以与瞿式耜留守相抗，便宜专铨，除粮税。执恭辄奏用其子钦华为佥都御史，巡抚湖广。钦华佻达恶少，举止妖冶，楚师大哗。何腾蛟、瞿式耜交劾，免之。上既东出，邦傅遂自称世守，檄下巡按御史吴德操，朱判如属吏。德操怒，笞持檄者，驰疏奉闻。上释不问。瞿式耜上言："今日躐五等者相望，初未裂土而封，海宇剥削，止粤西一隅为天子之土，桂、滇数万之师日需食，邦傅辄称世守，将置车驾于何地？"廷议移罪文光。文光奏取敕视之，果无世守字及视沐氏擅财赋语。邦傅乃沮。邦傅专南、太、柳、庆、浔、思、田七府土、汉之地，每州县辄以部校率疲兵百余人据之，专置有司征贡赋。滇、焦、杨、马之兵麇集桂平，捍御湖南，粮糒不给。瞿式耜征粮于柳、浔，邦傅攘为己故物。有司怙邦傅，抗式耜，不应。给事中金堡入见，首劾邦傅，请削其爵职，俾阃外知有国法。马吉翔力持之，诏切责堡。李成栋亦疏纠之。邦傅见廷论不容，乃稍割浔、柳赋听朝廷饷军用。顾縠是怨式耜、堡切骨，而忌成栋，思所以贼害之。忠贞营兵屯梧州，邦傅欲倚之蹂两广，并式耜、成栋军，逼胁朝廷。乃迎忠贞营屯浔南，拜李赤心母为母，以舅事高必正，日夕怂恿赤心夺桂、平、肇、广，挟驾以号令诸将。赤心初佯许之，久之乃曰："陈兄劝我劫驾，是将终谓我为贼也。"邦傅惧，乃不敢复言，赤心死，必正尤恶邦傅而狎之，尽夺其马仗，曰："甥高枕居峒塞，何用此为！"邦傅恐而恚，乃迎朱天麟居其军中，与胡执恭共谋通孙可望，则逐高必正、兼李成栋诸部、逼瞿式耜、杀金堡一举皆可行。遂命执恭造伪敕册，铸秦王宝，诈称上命，封可望秦王，令专制蜀、黔、楚、粤，文武将吏兵马钱粮生杀不待奏闻，以令旨行，百官皆称臣听令。可望大喜逾望。执恭恐可望使人谢，事发觉，乃驰报邦傅，令结吴贞毓等为内应，要求敕旨，以实其言。会贞毓等力攻金堡，欲逐严起恒，倚邦傅胁廷臣，互相资助。堡等下狱，起恒被劾。邦傅欲去南、太，以需可望之入，而已避其名，免必正之挟持，乃自请援东，率疲卒数千，次于肇庆。

可望以朝命不继至，而执恭阻己遣使赴阙，乃拘执恭。执恭迫，驰报邦傅，令其子钦华遍赂王化澄、吴贞毓等，为可望请王封如其伪敕。严起恒执不从，化澄及万翱为调停之，封荆郡王。朱天麟与邦傅窜。天麟乃告贞毓，令具称臣启，疏百官从违姓名报可望。可望知其诈，大怒，杀执恭。顾已称奏王如伪敕，出黔，收王祥等军，不能下，然亦不肯为发兵南、太攻高必正。邦傅方忧惧，不知所出。会清兵破平、梧，广州亦陷，李元胤之兵溃于肇庆，邦傅乃西还，欲犯驾以降。畏必正，不敢入南宁，而焦琏自贺县旋师，次永安州，邦傅遣书约与连兵固守。琏不设备，遂夜攻琏营，执琏杀之，献其首以降于孔有德。请有德兵速攻南宁，己为前导，犯车驾，可必得。有德姑诺之，不遣邦傅行，以平蛮将军印在邦傅所，土司必视此为从违，故待邦傅较优渥。邦傅献印已，有德狎而畜之，从居桂林，无所任使。永历六年，李定国复桂林，执邦傅，磔之于市。传首黔、楚，见者莫不快之。

《永历实录》卷二十六终

《永历实录》全书终

莲峰志

总序

王子曰：岳为峰七十二，莲居其一。为岳西偏，为郡东北，为邑西为上湘东侧，又南为中湘南址。地从岳而去者，渐上三十里级嵩。从函口发者，以次上八十里。萦一宿河源上者，直登二十里。二道稍夷，顾游者从峻级者，多略二道。至其千壑万嶂，两脉坟聚，奔乎莲之一峰。自予观之，形胜表里，可谓奇绝之尤者矣。不显于宋以上，显于乾道中，又湮隔至正嘉间者，君子乃益至，增吟咏，集翰墨，讲艺兴教，以迄于今百二十年所。然而搜微洗邈，追已往之令徽，嗣来者于未洎，则兹山之明灭升降系于一日，未可不慎以当之也。

夫峰裔于岳，其有志也，与岳存亡。乃旧长兹山者，吏率俗。又正嘉间佟尚排比，不得记叙遗法，如海南邓公修全志，属者非人，以故不驯雅。而安成、宛陵别编翰墨，亦殉时流，又简略不及林泉之胜、烈庙初，峰志毁。壬午十二月，郡谯楼火，全志又毁。议者乃归之序志之咎，不以流散溓漫为惜。则后起者之不可仍袭苟简以增陋，而不知所休戒，其亦明矣。癸未十月，予自郡西八十里，逢寇钩索，草屦莽枝，奔命于峰之下。趾泥头雾，啮菜烧叶，而心翕然喜之。甲申春，出自峰下，心不能忘，无岁弗至，碣石流濑，得尽拾其古茜幽翠之迹。自期兹山与往贤之流揽者，几有遇焉，而不我去。乃穷山址，溯名寓，省裸炳，简物类，采遗音，推袖宿，上断南宋，下止于今，且嘉山僧之不以离乱而废好事，编栉次序，作志十二卷，为言二万二千七百六十有奇，庶俾将来增美有级，区分简撰，渺意缮之，不敢有属。唯先贤残节未即过删。序记诗歌以人存者，或未娴雅。若徇同游，媚名贵，取泽一时，则余痛焉艾之，其不遑已。而昔之游者，自蔑而明，自明而益著，如山斯坤，功或寻尺，千岁悠悠，我不敢知来者之何辞也。

神祖烝孝，寿母锡经。匪梵斯呗，春晓雷霆。我钦王言，火不敢坏。配禹九鼎，辑南荒怪。恭述敕谕第一。

不有先者，我则畴知。安成宛陵，叹咏隆口。名山千古，大文不作。予保断编，其忍荒落。述原志序第二。

眺奇多感，谁守幽茜。彼游斯名，此抱其静。天监以前，莫有知者。我拜惠海，是大喜舍。作沿革第三。

山之悦目，唯人自遇，靓歆岩石，聊寄晨暮。至其蜿蜒，有归有奔。寻支测奇，游者之门。作形胜第四。

尊者坐石，其下临池。洲雪鸿踪，师自不知。寄慨后来，谁可欣对。松皴镂紫，映此葱菱。志古迹第五。

奇人孤坐，有万夫想。奇山僻居，百峰精往。我观此峰，雅称为莲。南北东西，茎叶田田。作附丽第六。

在宋中叶，天步已艰。敦俾哲人，于此投闲。扪萝对歌，不改其度。后来余子，谁实能悟！作名游第七。

灵虫修供，不爱雷雨。永新感之，涓其豆脯，彼涓者人，而况废刿。敬告司箓，勿羞豺獭。作祀典第八。

岩花无言，岭云自横。为动为静，讵可意迎？注昔诸师，以此得度。嗣者无人，荆榛塞路。作禅宿第九。

虎吟必暮，猿势在枝。丹鸥素鹃，飓猾力狞。冬花雪紫，春果涧落。无云晴莽，带泉香乐。作物产第十。

一石或传，千峰不宝。自非寒河，白云腐草。前自二贤，后有湛张。大雅千古，不废嗜菖。纂序记第十一。

或存其人，或惜其群。宁我抱罪，不俾坠闻。苦吟高唱，雅道今昔。青山劳劳，阅人无极。删诗第十二。

与岳患难，唯岳知余。残梦不忘，我报灵墟。始以宸章，迄于韵藻。天地闭塞，文之归老。作总序第十三。

莲峰志卷一

敕谕

神宗皇帝谕敕一道

　　皇帝敕谕方广寺住持及僧众人等：朕惟佛氏之教，具在经典，用以化导善类，觉悟群迷，于护国佑民不为无助。兹者圣母慈圣宣文明肃皇太后命工刊印续入藏经十一函，并旧刻藏经六百三十七函，通行颁布于本寺。尔等务须庄严持诵，尊奉珍藏。不许诸色人等故行亵玩，致有遗失损坏。特赐护持，以垂永久。钦哉！故谕。

　　之　宝
　　万历二十二年月

原志序

莲峰翰墨志序

　　南山之留，余与师泉刘君、讷溪周君时对床。方广住僧真定持所藏晦庵、南轩二先生暨当时诸贤先后所遗题咏欲为山志，以传山中。曰：

"无俾兹山，遭名贤多而守之者，顾落寞也，亦蕲子有续焉。且将持此为高客款也。"余曰："可也。"岳之胜也，高则祝融，深则莲华。或曰，高不可以久居，深可探焉。高览而深探，岳之胜也。斯志也，盖具见乎深林窈壑为深栖之胜者矣。然在今距宋乾道，盖三百余年，何倏如昨日也！宇宙寥廓，俯仰今昔，不有感于游人者乎？二翁遗响，至今日诸贤可以指计焉，何踪迹希阔也？岂曰花源路迷，石梁云隔者类邪！言之可诵不一也。而固有厌尘鞅者，抒幽愤者，适恬旷者，肆遐览而寄闳谈者，深探邃论，皇皇焉，身若营乎千古者。知言者之于斯也，察性情矣，区人伦矣，其道污隆，其时升降，可以观，可以兴然者矣。然则君子之至于斯也，可以资德矣。登高而作赋，独云乎哉！兹山僧款客，奚止于茗具蔬盘，亦奚止清泉白石，烟树云萝，毕供其所有者哉！亦奚止乎其岩栖堪寄，为不落寞也哉！因书其简，且为正其次第，题咏之后，志二贤祀典祠田，并其寺业修复之迹云。嘉靖壬子冬十一月长至前七日，三峰山人前监察御史安城刘阳序。

壬子之夏，余求师友于安城，与师泉、三峰二君子聚讲数月。秋，复同入南山。至是过莲峰下，谒晦庵、南轩两先生祠。祠在方广寺，云两先生尝宿此，故祠之。感仰兴怀，旬余不能去。寺僧真定辈衰集今昔诸吟咏，刻梓以永兹山胜事。三峰刘君为次第而序之，详矣。余于兹抑有感焉，恒言曰"地灵人杰"，是以人之贤不肖责之地也。人亦有言"人杰地灵"，是亦地之暗系于人也。观兹集焉，辨矣。南岳之莲花峰，在崇岗绝洞中，深入而幽潜，八峰矫好，若青莲出水，蜕埃垲立，净明奇丽，岳之一胜也。禅修寂学者，往往择而栖焉，宜其人之高洁远俗，世缘不能染也。然惟传梁之时有高僧惠海，迹似影响。嘉靖初有洁空者，坚志苦行，复兴法门，是兴废繇夫人也。名贤贵客，选胜搜奇，游观必至，然惟宋之两先生及近代诸君子数篇，其胜已晔然增辉，视和璞白珩有光焉，是章暗繇夫人也。观兹集焉，辨矣。兹集诚兹山之墨宝乎！寺僧能世修其师之志行不替，兹山之兴而章也，其有既乎？两先生不远千里，会友问学，风雨冰雪，淬志弥励，笑谈咏歌，箴规斯存，其一游一息一话一字，人皆爱慕敬仰之不置也，固宜。后来君子，遐心苦志，时发泄于吟咏间，非徒寄兴于山水者。兹集也，可以尚友，可以考德，可以稽往，可以知来，览者将有取焉。余过时荒学，仰止前修，负良朋而愧山灵也。谨题末简，用记永怀云。

嘉靖三十一年壬子冬腊月八日，宛陵周怡书。

《莲峰志》卷一终

莲峰志卷二

沿革

古莲花峰，其地潭也。数峰相逼，自山西北溷水于是曲流三百余里，至一宿河口入于湘潭。逼水初派，瀑为纡流。传萧梁时惠海尊者勇法于此，磬烟际举，五丈夫集焉。尊者已心亿之，分别同异，不起于心。法已，五丈夫辞去，尊者讯之，具以龙告，且云："闻师威仪，以何为供？"尊者曰："以地大供。"良久，没去。有顷，雷电振簸，左绕潭，右林樾，籁响夜不停音，迟明视之，迤峰斥潭，平沙如夙洽洽者。居人、山衲俱诧异之。时梁武帝方隆佛教，天下翕然称之，故其说不中隐，以闻于朝，则惠海尊者鼻祖之自来也。或曰：惠海尊者为方广开山，盖海印双僧之流也。

寺以尊者故建，今寺后拜经台乃其址，始于天监二年岁癸未，历陈、隋、唐、宋、元，或革或沿。然此山以龙立，以法沿，繇梁以前未显，实为潭始基之故出梁始。既历陈、隋、唐、宋、元，明兴，寺盖未绝。年湮久渐圮。嘉靖二年癸未，僧洁空德蕴、义天德仁修之，板屋铁瓦。洁空者，即偈所谓七十三年老洁空之禅悦也。

又历九十六年所，万历四十七年己未，火。僧少庵如峰、安然性柱再建。

又历甫九年，崇祯元年戊辰，火。己卯，督学使迁治郎中丞昆山王公永祚、澄川属僧凝然、性翰。壬午，学使梁溪高公世泰汇斾益命之。性翰出其衣钵、资粮，以隆武元年乙酉十一月十二日再造。与其役者，楚抚义兴、堵公胤锡、仲缄。衡阳王介之石子、管嗣裘冶伸、夏汝弼叔直、王夫之而农襄之也。

呜呼！山岂不以人哉？则朱张二夫子最矣。匪徒峰也，自唐元和韩子登南岳，望蓝岭挥涕焉，嗣宋三百年矣，非二夫子谁可与登岳者？况峰之岩峣一隅，多荒岁月者哉！又非尹子、湛子、刘子诸人之兴起于二百年后，则两夫子不传。二贤祠者，祠两夫子者也。湛子若水、尹子台、刘子阳初建，亡岁月。田与祠，尹子所捐也。

嘉会堂，湛子所命也，以命祠。

祠与寺废未兴，高公世泰问其址，乃立五楹，骈立，窈然幽邃。弘光元年夏，堵公胤锡莅之，作前宇，王介之、夏汝弼、王夫之实经营之。

始火，仪部曾凤仪舜卿迁祠主于集贤，礼也。《记》曰："庙火，三日哭。"寄主于别宫，古之道也，不旷食。

祠成，奉主于故宫者，衡山知县董公我前受于、衡李朱公子觐、永李吴公晋锡。董以癸未殉节死。名祀煌煌，援贤益彰，非其人弗翔，董令劦也。

形胜

凡峰胜不系于峰者，弗缀；不倚于峰者，弗缀；小苗裔于峰者，弗缀。故云峰形之胜，自天台来，南迤径妙高，折入寺。寺径菁幽，泉鸣履下，汄出林间，耳不绝潺湲，日穷于苍翠，到恋响台下，乃复见妙高以北坟起蜿蜒，其一支也。

自观音峰来，西援径数小峰，入寺，有三巘壁立，若倚傍屏护之。错落□垂，蠹为万叠，而山得不俭，此又其一支也。

自国清东来，径朝阳，上为潭，水绝潭而东，水气白，隔山不能壁立，湃腾未息。径数邱或林麓，或颓冈，峰之水又注焉。又绝，水桥争接之。入寺，则西峰援大坳以迄乎北，周匝若罗，画溪绣谷，咸在其中，此又其一支也。

自大小坳来，通天一栝，北下鸟道危崖，乃得泉石，青葱幽咽，宜游者之乐憩乎！此峰径之胜，莫妙于两坳。然自寺望之，仅见出道，不见胜处，其一支也。

凡入莲峰，观其簇立，叠瓣堆根，知名之自立也。凡入莲峰，四山向拱之，天台揖之，两坳奔之，观音翼之，前旷后窈，知形之自来也。凡入莲峰，亭午见日狂，飚见风，或屏或障，或控或扶，坦焉中开，知寺之自基也。凡入莲峰，山见幽，水见咽，林见未得之树，驯不畏人见猿鹿。人静道生，知两夫子之有乐于此也。山胜盖备矣。

谭子曰："方广宜自为记。"夫自岳来者，目淫于能仁，心醉于福昌，渡北斗岭，登亲生坡，固知岳之不穷也。得方广而后餍焉，而且得不系之岳。岳之有方广，天地之有蜀也。蚕丛道尽，是有锦城。今割蜀而委之，是昔者小宜有五丁之辟也。然奇险幽异，观于蜀者浅天下。谭子曰：方广宜自为记，大辞也。

雨光初霁，林樾洗洁，若碧若萦，蜿其北崎者，湘乡之荆紫也。山不尽荆紫，荆紫最映。下为平田，中间数十里若一畦，此又一大支也。

古谚曰："湘随峰转，望衡九面。"繇衡阳下者，西见白石、峋嵝，南见荆紫。繇衡山下者，昭潭之间，高或见祝融，或见天柱，未有见莲花者。湘为岳镜，峰匿其英，殆山之隐逸者与？

峰雪最绝，晓云时囗，弥望森白，人立其中，天与四映。春晴之夜，月檐闻响，萧瑟噌吰，困泉初细。虽非赏者，凄感肌魂，果不复信有人间世矣！

《衡岳志》曰："莲花峰。方广导居其下，四水萦绕，山如莲瓣。"

名迹

嘉会堂　两夫子同三山林用中唱和迹也。<small>后毁，今建。</small>

天下名山　宋徽宗御书，降于方广，立坊。<small>后毁。</small>

古镬　寺有千僧镬。<small>今毁。</small>

娑罗泉　寺后，传有娑罗树覆其上。

洗衲石　石平向，泉水逸其上，薄流清驶，如可洗濯，即惠海尊者洗濯处也。太守海南李泰斗野镌其上。

补衲台　寺右，惠海尊者补衲处，一石鼎立，林樾幽集。一曰啸台。

啸台　补衲之别。粤人张博读书其上，岳和声镌之。

恋响台　谭友夏元春以易啸台也。

车辙亭　寺右，相传百八阿罗议运粮于此，憩力分餐，以为灵迹。

岳游碑记　竞陵谭友夏元春撰，朱菊水司马时分帅郧子，命衡倅陈允问镌之。树阴泉上，乃谭子所自择处。记见后卷。貌云响水，诚一时之绝构也。

古马迹桥　平田流水，上此即岳矣。张南轩记云登马迹桥即此。

飞来钟　相传飞来。凡寺多托之。此钟鸣异常钟，知非人间金火物，信寺宝也。

卓锡泉　高禅飞锡地，或双僧之流卓杖于此。

灵源阁　誉禅师所居，以馆洪觉范。宋以上名刹也。

甘露灭斋　灵源阁之别，觉范有铭，见《禅宿志》。其去甘露灭者，万法未起，本无甘露，而何有灭？万法既起，乃知甘露，于是费灭。传谓范少罹忧患，隐衡岳，乃立此斋，则其早年未离文字而得魔，固非禅觉之夙达也。

潭字　黑沙潭三字，大径三尺。苍藓剥白，游者或见之。

峰字　妙高峰。寺右。镌县岸上。

涌几　王夫之镌。诗叙曰："大坳而下，平桥丛石间觉有异。已忽两石临水，下石承上石，旁壁顶覆，可度可登。予命人为级，穿折于肩肘之间，揆度裂处，顾其逼郁，尚以翔移为苦。造形以来，悠悠者谁望而目之？则经此者，又可知矣。举酒酹石，貌以涌几。今往后来，游览相积，风雨苔藓之所不忌，则此石其传也已。时崇祯甲申阳月望后。"

"旷古登应少，问之石不知。此山初得主，于岳觉增奇。叶动鸣泉处，桥寒亭午时。有来增胜概，切莫突西施。"

附丽

南石廪峰　在岳西南，其上方阔十丈，形如仓廪，有二户，一开一阖。《湘中记》云："开则岁丰，阖则岁俭。"上有承天寺、玉清宫故址、风穴、雷泓、鬼栽石、诵经坛、陈真人炼丹台。传有胡浮先生者，盖得道士，尝乘白鹿游之。峰下白羊坪。寺之址也。

西白云峰　在石水源上，有石灰庵，出五松树下，闻水田声，即衡阳矣。

东北天堂峰　火岭头、炼泥填，皆其地也。又为潜圣峰。

潜圣峰　在岳右。昔高僧希迁游南岳，寻方广惠海尊者，了无踪迹，一日见精舍号方广，遇尊者，诘之，留一宿去。

妙高峰　寺后。左潜圣，右妙高，其中平坦，即五龙拥沙成地之迹。

天台峰　寺西，天台智者拜楞严处也。有拜经台遗迹。

西北狮子峰　下山矣，峙若蹲猊，鼻目巉刻，然柿蒂峰亦名狮子，王子游此下，易其名曰旋帽。自峰下视之，若累发，光髹宛然，小头岭、石梯子、段宿岭，皆寺地也。

南桐油岭　有西明寺，林泉旷异，下可安步。

明月峰　有承天、楚日二寺遗址，与寺对。逾之，即小嵩山。

排子岭　明月峰后，莲峰之支裔，垂结于此。

黄沙潭、黑沙潭、白沙潭　从莲花峰下注水右绕，三潭系之。旧传梁海尊者送五龙王各居其所。沙以色分，黄沙最上，黑沙最胜。林窅瀑，寒风射人，森森不可久。即虎迹黄叶，四时皆有、两潭倾注，惊湍泛日，诚绝观也。至白沙稍夷下，即马迹桥。

溪波岩　寺西朝阳寺下，山穴郭开，中容一亩，有僧结室于此。相传虎猿经，岩留啸而去，不敢久睨。出寺西北去，即望见之。

黑山　寺西，渡两涧，过双江口，绝壁如立，山菁幽特甚。自马迹桥来者，二十里外，四望苍黄，郁蓝悬浸，如在顶际。向背数四，乃见山植枫粟桃梓，大者合抱。世庙时，郡建雍王府第曾命官采，下至一宿河口，至不继，乃辍。今两傍微径，夹三潭而下，传即本道也。近稍凋谢矣。而夏风瑟响，冬雪琼峙，犹为巨胜。中有小静室数十，或立或圮不常。

铁牛庵　黑山上古刹也。迩年有慈严师卓锡于此，曾翻藏方广。会火，将及师处。安坐不动，曰："吾将脱此火。"竟风回，师以无恙。乙酉，乃寂去。庵存。

大小坳　万木千章，幽泉曲涧，下有老营，竹树菁蒙，以抵能仁。

亲生坡 "亲生"语出佛典。下坡渡桥，两林荫山，非亭午不见日。有野庵，火毁矣。址存。

《莲峰志》卷二终

莲峰志卷三

名游

朱文公

公讳熹，字元晦。新安人。宋宁宗时，累拜焕章阁待制。乾道丁亥十一月，访张南轩于潭州。时洪觉范在峰，公有怀同异，邀张南轩及林择之，繇潭抵岳，后自马迹桥登峰，迟久，有唱和集，公道步天降，至游屐遣兴，吟章调玩，不以方板为限。今寺中人犹能道之。晚归武夷，遂以终老，卒谥文。明赠先贤，从祀孔子庙廷。而嘉靖乙巳，尹洞山台合南轩立桐峰下，凌今不废。

张南轩

公讳栻，字敬夫，别号南轩。先世绵竹人，父浚，以中兴功第一。公虽将家子，尤以道学为己任，与朱文公交良善。乾道中，出知潭州，同游方广唱和，有《唱酬序》并诗十八首，见后卷。今合祀祠中。公累拜秘阁修撰、湖南提刑，明赠先贤，从祀孔子庙廷。

林择之

林择之，讳用中，闽之三山人。同朱张二先生上峰，始终与游，偕唱和。官爵亡考。

王夫之曰："方广之游，唐以上阙。宋得三子，而一几绝。两公屹然。峻削其列，后之视今，谁曙谁灭？万星其荧，以敌晨月。"

顾东桥

顾磷，字华玉，别号东桥。吴县人。官抚楚中丞；奉祀南岳。喜咏讽流览，信宿方广，作二诗去。

邹东廓　子善、孙德溥附

东廓先生，讳守益，字谦之。安福人，试礼部第一，累官国子祭酒。与余姚、温陵诸君子同以雅志新学自任，所游从者日至。登岳，憩方广，有作，见后卷。子迹泉讳善，孙四山讳德溥，俱以文章儒术著隆万间，先后游方广，有诗记，三世于岳唱叹相躅，明兴一氏而已。

尹洞山

尹洞山，讳台。永新人。与甘泉、东廓诸子登岳雅集，问二夫子迹，怆然久之，为立祠。尽刻诗板，买山垂祀。当其时，天下无事，讲帷森立，诸君子雅有人望，修素期于清泉茂林间，询吊往迹，理弦竹笾豆，忾然如见古人。自今言之，诚綦盛已。先生累官大宗伯，祀于岳。

湛甘泉

甘泉先生，讳若水。广南人。时新会陈徵君者，唱正学，英绝皆瓣香向之。先生闻道良久，宦游过岳，陟方广，问二夫子祠，追和其诗，与洞山、东廊诸子扳萝吟啸，旬日乃去。先生累官大司马，受知世庙，卒谥文简。

罗念庵

余闻之长老：罗殿撰念庵者，郡给谏祝公咏之年友也。一旦，祝公门启，阍者帚治庑舍，有方袍布巾操吴音者，呼"祝咏何在？"阖室尽讶，奔以告。给谏曰："此吾念庵也。"摄衣追之，已去。追三十里及焉。襫舄踏芒屩，入衡山，啸咏良久乃归。衡之人士至今以为美谈。殿撰讳洪先，字达夫。江西吉水人。正德间，廷对第一。忤大珰，出官，终赞善。闲恣江湖，所至揽山川，论道而去。至岳，知二夫子憩莲峰久，欣然游之，作唱和序。方广名游，当世庙中诸先生溃集，而后阳和张太史、杨武陵、谭寒河之流，乃继以接迹，以暨于今。先武后格来者不穷。王子曰："余俟之已。"

刘安成　周宛陵

二公游不详，皆以嘉靖壬子有和念庵诗，盖其后也。安成讳阳，号三峰，官侍御。宛陵讳怡，号讷溪，官给谏。

赵文敏　张江陵

文敏公讳贞吉，字恒之。内江人。江陵相公居正，字叔大。两公以才略相业冠嘉、万间，诽歌间作，顾没后，人益思之。俱游方广，有诗。后二公六十年，有名臣游者，武陵杨中丞自有传。

曾文简公 <small>曾祠部、伍学参附</small>

王夫之曰："为楚人，趾名山下，望岳如衣袂，而或不得游。至岳矣，或不取径方广。径方广矣，或诗与文莫助之。又或吟且记，而人不足以将之，若严分宜之流。下迨周圣楷，又不可胜数。而趾岳之下，几为虚挟。旷古以来，登林岫者永叹隆邱，非此物邪？"衡山先代无人士，宋初有朱昂者，以诗著乾德间，今于岳无考，况方广乎！而湘潭彪居正德美侍两夫子游，亦怯寒不果，殊为叹诧。明兴，衡人游者虽不一足，以予所闻，峋嵝祝子习于岳者，而阙然此峰无可忆拾。近则伍定相学父见于诗序。盖至方广，吟咏讫寂陈。太常宗契，诗流也，而无登于旧志，俱不得采，采者三人。

曾文简公讳朝节，字直卿。官大宗伯。以文望清节著神庙时，与阳和张太史之流游方广，有诗，见后卷。时同游者，伍让益斋，工隶楷，善诗，以大参历贵州学使；曾凤仪舜卿，世江西，侨耒修，白业，早岁弃官，归卧峰下。三君子以有托传，非他湮没比，千祀之下会有知者，揣予所记，或籍之以永世。奇尤相逼，孤骞不消，我以答三君子也。

张太史

阳和张太史，游以万历中，赋以四诗，韵以二夫子，和以直卿、益斋、舜卿三先生，而传其稿于旧志。太史讳元忭，浙人。善诗，敦交谊，曾出徐渭于狱。

张无名 邓观察、岳祠部附

张无名讳博。读书啸台，扫落叶锄野橡，积石累土，袖卷而往，欣然忘日夕。岳祠部和声过之，揖无名，起置酒，酣呼达旦，大书台字，留赠诗去。邓观察，其同邑人也，时饷酒佐吟。无名后归粤，观察亦徙官去衡。啸台悬萝十余年，寒河谭子乃易之。观察讳云霄，字虚舟。东莞人。治兵衡郴间，修岳志。无名屡上公车，不第，仕次亡考。

杨中丞

中丞讳鹤，字修龄。楚武陵人。好客下士，坐间常数百人。诗文清粹闲远，琴篆行草，下至名花觞弈，无不旁晓，造于精眇。以大中丞理晋兵。才既雅备，挥制不滞，竟以此中忌者，谪戍粤。过衡山，芒屦竹杖上方广。公修博多髯，扳崖如飞，山僧惊为神人。彻夕留寺，大书满纸，盈几十幅，欢呼数日乃去。后归武陵，卒。

谭寒河

明兴二百五十年，有寒河谭子，以诗著。其交最深者，闽蔡清宪公复一，今少司马蜀朱公之臣，同里钟退谷惺。游情交道，冠于一时。寻吴虎邱，泛秦淮，迟回西湖。归而自念其为楚人辞菊水，一舸泳潭，以丁巳春上岳至方广焉，其题游诗也，曰："余将以此为游首。"遂号《游首集》。而于方广则又谓其宜自为记，写云吹泉，拾之如渴，坐树阴，观流响，易啸台之名，想尊者之迹，若不忍去。出岳，盖逐步而望之。作书报朱蔡二公，夸钟伯子，归而名其堂曰"岳归"。今记碑立洗衲石上，苔藓蚀剥，予将求好石易之，未果。谭子讳元春，字友夏。郢之竟陵人。早以文章犯时忌，闻于朝，遂弃衫服。后学使周铉吉强之出，乃反服。丁卯，楚解试第一，上公车，书不报。崇祯甲戌，卒于长店。所著诸集行于世。

彭大令

嘉靖中，有彭大令簪，长宰南岳，至峰，祀二贤，作记。今勒石寺侧，自寺火后，诸名迹毁败，存者此石，彭令以不湮其幸也已。

王夫之曰："自谭寒河后，近之游者有吾师高汇旃先生世泰，今楚抚堵公胤锡。"高游以崇祯壬午腊月，寻访彻暮，举野烧数十里，烛若白日，骇鹿冲笋舆，公快叫以为奇绝。堵游以弘光乙酉暮春，踏新雨，问余兄弟匿迹处，讨续梦庵，欣然将登之，下岳，举诗相示，索和。二公为近代伟人，谘古迹，蹑绝峤，逸溪抚萝，山中人谓野癯寒衲不能过之。后有来者，求文字于鼎彝歌功之外，余此言其实录已。

祀典

凡莲峰名刹一，小刹殆十，名刹山广寺中大雄殿供三世如来，铃铎之音，随林叶鸣坠。食法喜而居寺下者百有余众。有精舍灵源，分廊集侣，岁时早薯，钵衣粲备，亦南岳之一道场也。

三潭，旧传海尊者扰龙之地。岁旱，郡邑长宰辄召巫，旌旆鼓吹，杂以傩唱，使泅者偕巫诣水次，视奔流乳穴，急入夺水，出瓶，盎之。负才数十里，油云立至，风雨相继。传者以水之重轻为验，潭次无祠，凡祷事修于龙潭寺，而后及潭寺，去方广十里，距潭隔岫，拥出如圆。壶祷诚必应，则亦修祀事者之巨典也，万历二十有二年，神宗皇帝既承颐养，乃奉慈懿，施僧田，建藏经阁，以藏法宝，僧真表实尸之。阁今废矣。想神庙孝事两之法典，若恫乎见之。阁有田以饲护藏者。呜呼！前惟慈氏，爰有楼。阁大圣绍降，以继孝则，坤之汉仪。辑瑞为越。施千万年，岳与无极，以俟我文孙之耿烈者也。

二贤祠，岁中春秋上丁，衡山邑博肩舆而至，躬祀乎祠下，礼也。中迁之集贤，原火也。既而反之，大报始也。牲，豕一，羊二，笾豆烱火备于邑。绍自嘉靖中毛大令，中兴于董令。而过者宜祭，或不备牲，涓揖于主下，称名拜赞，自高堵二公昉也。不牲而涓，非旧也，以意起为礼也。卒然遇师，不备贽，可不见乎？古之为礼也，幽以准，义以推。过而涓揖，礼意焉耳。然则有司何隆？曰："丁必恪，爵必躬，以延无穷。"

祭文

维明嘉靖二十七年，岁次戊申，八月朔，越祭日，衡山知县毛绍龄等致祭于晦庵朱先生、南轩张先生。于惟二公，学本身心，功多训诂，继续往圣，启迪后人，偕游祝融，驻节方广，吟弄风云，陶适性情。仰止当年，宛然如昨。过化之地，明荐攸宜。束帛用将，微牲是肆。外匪尽物，内则告虔。以择之林先生配。尚飨。

祭田

寺有常住，不随僧迁，以寺定，方广，大林也，而田少，游衲至者，饭于僧钵，居峰下。立峰望者，可不耻诸！然而有豪者起，犹争微末于僧饭之余，良可愤悼！王子曰："余揭其田以正告之，凡寺凡祠两祀，寸壤无不与者，以愧之无穷。"

本寺曰童子庵，曰文家冲凡二石九斗八升今存寺。

万历乙卯，僧性澄募田，曰下马迹桥者，曰楼房者，一百一十亩八分；曰双江口者，四斗，今存寺。

藏经殿，奉明肃皇太后钦施，曰上马迹桥者，五百零八升七合，今存殿。

右寺住持者，凡正节夏腊饭，集众游僧及荐绅大夫游屐过者给之，而殿之灯香尚赢取于僧，以俟后之好事者。

二贤祠祭田，曰天柱寺者，六石四斗八升。曾迁祭集贤，奇田二石。今祭反矣，兵备海南陈公、永李姑苏吴公，归田于祠，著令不移。

右祠祭田，凡二祭。邑博至，游费、胥役之饲取给焉。祠间毁，则理其薨檐，刘其甃所。僧之侍香火获其余，无几矣。

禅宿

方广海尊者

南岳方广海尊者，每诵经，有五白衣长者列坐听之。尊者异焉，乃询其姓，又询其居。白衣者自称非人，乃此山龙王也，愿献寺基。尊者诺之。一夕拥沙为平地，遂建刹焉。

方广深禅师

南岳方广深禅师者，上堂，僧问："一法若有，毗卢，堕在凡夫；万法若无，普贤失其境界。未审意旨若何？"师曰："富嫌千口少，贫恨一身多。"

方广有达禅师

南岳方广有达禅师，僧问："学人上来，便请相见。"师曰："袖里金椎，脑后看。"云："破二作三，又作么生？"师曰："惜取眉毛。"僧便喝，师曰："放过即不可。"僧云："瞎。"师便打。

智京和尚

方广智京和尚嗣知道平。

怀纪和尚

方广怀纪和尚嗣渤潭洪英。

隆禅师

方广隆禅师嗣大易玄。

誉禅师

方广誉禅师失嗣。

继通禅师

方广继通禅师嗣上蓝顺。

觉范洪禅师

觉范洪禅师，新昌彭氏子，谒宝峰克文和尚，令看玄沙，未彻语。一日忽有省，呈偈云："灵云一见不再见，红白枝枝不著花。叵耐钓鱼船上客，却来平地搦鱼虾。"峰可之。师博敏，兼善诗文，每为世所忌，而尝罹忧患。后归自海外，隐于衡岳之方广，名其斋曰甘露灭，自制其铭，叙曰："政和四年春，予还自海外，过衡岳，谒方广誉禅师。馆于灵源阁之下，因名其居曰甘露灭。道人法泰，请晓其说。予曰：三祖，北齐天平二年得法于少林，隐于皖公，终身不言姓氏。老安，隋文帝皇开七年，括天下私度僧尼验勘，安曰：本无名，遂遁于嵩山。二老厌名迹之累而精一其道盖如此，予实慕之，乃为之铭曰：吾闻甘露，食之长生。而寂灭法，谷神不死。唯佛老君，其意谓此。我本超放，忧患缠之。今知脱矣，须发伽梨。空遁嵩少，粲逃潜霍。是故觉范，隐于衡岳。山失孤峻，玉忘无瑕。当令舌本，吐青莲花。"师后归筠溪而终，度腊凡五十八，谥寂音尊者。

洁空和尚

洁空和尚，弘治中自南阳隐南岳方广，七十三腊，端坐而逝。遗偈曰："七十三年老洁空，提起西来又弄东，于今撒手归何处，一轮明月照秋空。"

物产

香稻　九月始熟，圆长丰香，种种之佳者也。

罗汉芋　芋根以夜半采之，磨浆飞定，熟煮如炊五斗粟，久乃可食。煮者屏言语，事若秘密，闻人声则辛沸不可尝。亦云鬼芋，取此。

茶　沿山皆茶。冬雪初霁，吐白花，满川谷，弥望新粲，异香拂人。寒蝶冻余，迎距宛转如春日。雨前采笋芽，明焙，以峰泉试之，浮乳甘香，不在徽歙下矣。

笋　山笋遭野烧，当春怒起，则笋甚盛。烧食尤脆美。僧曝制者，扳崖敲火，煮于林间，及干转饷山下人，以为厚遗。

方竹　绕节皆刺，密布如乳纹，然不甚廉峭。李卫公所宝，或不仅此。

百合　根窠大如丛木，高至盈丈，花开鲜烂可喜。下采百合食之。

苦菜　圆芽旋抽，叶类车前草，采其心，如卷书旋帽者，曝干。山僧冰路绝粮，得勺米同煮食，以御寒月，或醋油炸之，可餐。入春始香美，冬中采者，略不可食。

龙须草　生峻石崖下。昔有人于车辙亭下采之，坠下江岸，经危坡绝壁里许，人略无损，亦一奇也。

落叶松　繁叶如刺柏，霜后尽脱，盖桧栝之别种。

莺桃　树大如常桃，中春花间红紫，闻结子可餐。今黑山遍地多有之。

香蕈　绝香者生峰下，有乳菇杂真，而香味顿殊。

巨材　枫杉桧楠之流，千章插霄，一望苍郁。近颇伤于樵采，山中人始知爱之。二十年后可复初观矣。

千层石　雨后或久晴垒起，满地晶耀，薄才一纸。析之，逾数十重，轻脆如白玻璃，隔石视之，可辨云树。

虎　山中虎，传不噬人。予闻其啸，郁洞穹窿然，深林黑月，簌簌栗人。

鹿　牡者角茸高骏，牝者无角差小，以百为群，山脊树杪所向而有，取麕者乘初生捕之，哺以羊乳，即驯鹿矣。

山牛　一角类牛，其鸣枪然，如扣铜器，大者数百斤，或猎得之。

野彘　力尤伟绝，能超屋绝涧，拔木裂地。山中不常有，颇为稼害。

豪猪　其行飕然，挟箭而游，猬之属也。

猿　山果熟时，自毗卢各洞来者，动以千计，山中人颇厌其扰，然黜不能致。杪枝危壁，其腾益速。拂面不畏人，食果尽，乃去之。

兔　藏茆根下，小者才如拳，可掬弄。又山鼠类兔，峰亦多有，俱深褐色，以缺唇为别。

《莲峰志》卷三终

莲峰志卷四

序记

游南岳唱酬序 张栻

栻往来湖湘逾二纪，梦寐衡岳之胜，亦尝寄迹其间，独未登绝顶为歉也。乾道丁亥秋，新安朱熹元晦来访予，于湘水之上留再阅月，将道南山以归，乃始偕为此游。而三山林用中择之亦与焉。

粤十有一月庚午，自潭渡湘水。甲戌，过石滩，始望岳顶。忽云四合，大雪纷集、须臾深尺许。予三人者，饮道傍草舍，人酌一巨杯。上马行三十余里，投宿草衣岩。一时山川林壑之观，已觉绝胜。乙亥，抵后岳。丙子，小憩。甚雨暮未已，从者皆有倦色。湘潭彪居正德美来会，亦意予之不能登也。而夜半予独与元晦决策，明当冒风雪亟登。而夜半雨止，起视明星烂然。比晓，日升旸谷矣。德美以怯寒辞归。

予三人联骑渡兴乐江。宿雾尽卷，诸峰玉立，心目顿快，遂饭黄心，易竹舆，繇马迹桥登山。始皆荒岭弥望，已乃入大林壑。崖边时有积雪，甚快。溪流触石曲折，有声琅琅。日暮抵方广，气象深窈，八峰环立，所谓莲花峰也。登阁四望，雪月皎皎。寺皆板屋，问老宿，云："用瓦辄为冰雪冻裂，自此如南台、上封，皆然也。"

戊寅，明发，穿小径入天台寺。门外万竹森然，间为风雪所折，清爽可爱。住山了信有诗声，云："夜月明窗牖，间有猿啸，清甚。"出寺，即行古木寒藤中，阴崖积雪，厚几数尺。望石廪如素锦屏。日下照林间，冰堕铿然有声，云阴聚起，飞霰交集，顷之乃止。出西岭，过天柱，下福岩，望南台，历马祖庵，缘寺背以登，路亦不至甚狭，遇险辄有磴可步。陟逾数十里，过大明寺，有飞雪数点自东来，望见上封寺，犹紫纡数里许，乃至。山高，草木坚瘦，门外寒松皆拳曲拥肿，樛枝下垂，冰雪凝缀，如苍龙白凤然。寺宇悉以板障蔽，否则云气嘘吸其间，时不辨人物。有穿林阁侍郎胡公题榜，盖取韩子"云壁潭潭，穿林攸攉"之语。予语二友，始息肩，望祝融绝顶，褰裳径往，顶上有石，可坐数十人。时烟霭未尽澄彻，然群峰错立，远近异态。其外四望，渺然不知所极，如大瀛海环之，真奇观也。湘水环带山下，五折乃北去。寺僧指苍莽中云："洞庭在焉。"晚居阁上，观暗霞横带千里；夜宿方丈，月照雪屋，寒光射人，泉声隔窗，冷然通夕，恍不知此身踞千峰之上也。

己卯，武陵胡实广仲、范彦德伯崇来会，同游仙人桥。路岈石，侧足以入，前崖挺出，下临万仞之壑，凛凛不敢久驻。再上绝顶，风劲甚，望见远岫，次第呈露，比昨观殊快。寒威薄人，呼酒举数杯，犹不胜，拥毡坐乃可支。须臾，云气出岩腹，腾涌如馈馏。过南岭，为风所飘，空濛杳霭，顷刻不复见。是夜风大作。

庚辰，未晓雪击窗有声，惊觉。将下山，寺僧亦谓石磴冰结，即不可步。遂呕缘前岭以下，路已滑甚，有跌者。下视白云，滃渤弥漫，吞吐林谷，真有荡胸之势。欲访李邺侯书堂，则林深路绝，不可往矣。行二十里许，抵岳市，宿胜业寺劲节堂。

盖自甲戌至庚辰，凡七日，经行上下数百里，景物之美，不可殚叙。间已发于吟咏，更迭唱酬，倒囊得百四十有九篇。虽一时之作，不能尽工，然亦可以见耳目所历，兴寄所托，异日或有考焉。乃裒而录之。方己卯之夕，中夜凛然，拨残火相对，念吾三人，是数日间亦荒于诗矣。大抵事无大小美恶，流而为不反，皆足以丧志，于是始定要束，翌日当止。盖是后事虽有可歌者，亦不复见于诗矣。嗟夫！览是篇者，其亦以吾三人者自儆乎哉！

南岳游山后记　朱熹

　　南狱唱酬，讫于庚辰，敬夫既序其所以然者而藏之矣。癸未，发胜业，伯崇亦别其群从昆弟而来。始闻水帘之胜，将往一睹，以雨不果。而赵醇叟、胡广仲、伯逢、李邱、甘可大来，饯云峰寺。酒五行，剧论所疑而别。丙戌，至楮州，熹、伯崇择之取道东归，而敬夫自此西还长沙矣。

　　自癸未至丙戌，凡四日。自岳宫至楮州，凡百有八十里，其间山川林野，风烟景物，视向所见，无非诗者，而前日既有约矣。然亦念夫别日之迫，而前日所讲，盖有既开其端而未竟者，方且相与思绎讲论以毕其说，则其诗固有所不暇者焉。丙戌之暮，熹谂于众曰："诗之作，本非有不善也，而吾人之所以深惩而痛绝之者，惧其流而生患耳。初亦岂有咎于诗哉！然今远别之期近在朝夕，非言则无以写难喻之怀。然则前日一时矫枉过甚之约，念亦可以罢矣。"皆应曰："诺。"

　　既而敬夫以诗赠，吾三人亦各答赋以见意。熹则又进而言曰："前日之约已过矣，然其戒惧警省之意，则不可忘也。何则？诗本言志，则宜其宣畅湮郁，优游平中，而其流乃几至于丧志。群居有辅仁之益，则宜其义精理得，动中伦虑，而犹或不免于流。况乎离群索居之后，事物之变无穷，几微之间，毫忽之际，其可以营惑耳目，感移心意者，又将何以御之哉！故前日戒惧警省之意，虽曰小过，然亦所当遏也。繇是扩充之，庶几其寡过矣。"敬夫曰："子之言善，其遂书之，以诏毋怠。"于是尽录赠处诸诗于篇，而记其说如此。自今暇日，时出而观焉，其亦足以当盘盂几杖之戒也夫！

题二贤祠壁　罗洪先

　　宋乾道丁亥十有一月，晦翁先生携三山林择之，赴南轩先生南岳之游。始甲戌渡湘，丁丑宿方广，明日如南台，出西岭，以次至祝融诸峰，庚辰游绝顶，抵岳市，盖往来七日。所为诸诗，各具五十余篇，而在方广者三之一强，即其诗可以知属意所在矣。虽然，泉石之胜，竹树之奇，雪月烟霜之态，今未易也。甍宇之壮丽，藻绘之缤纷，视昔版屋，其侈俭何如也！类聚而朋从，选车而易徒，宿粮而戒夕，是足资游衍者，又宜所必同也。不知歌而来，咏而归，果皆二先生之不动情于夷险寒燠，而必期于自适矣乎！其来也，果皆恍然冥契，而不逐于外境；其归也，果皆充然各得而不牵于俗累矣乎！自舜禹之后，兹山之登者何限，何至谈二先生必敛襟肃容，愧慕之不置，此果何自邪！夫人之生，倏而来倏而归，犹夫登兹山也，其亦足令人慕而无以泯泯矣乎！

嘉靖乙巳冬，洪先率门人尹轲、王托、刘天健，趋周君子恭之约，留方广者七日，缅仰祠下，慨然于心，于是择取二先生在方广诸诗，书之壁间，庶几来者有兴焉。固不徒以诗已也。祠始谋于尹君台，纳主则甘君公亮、邹君守益，而湛翁若水署其堂，是皆先得我心同然者。是岁十月十一日，后学吉水罗洪先顿首谨识。

游衡岳后记 顾璘

夫登山者，贵知其情不在势也。衡岳之游，不至祝融不足以知其高，不至方广不足以知其邃。余初至岳下，道上指天柱、石廪、紫盖、芙蓉四峰，导予望之，仰面板视，排汉碍日，若云可望而不可登，危乎高哉！既历香炉道间，则四峰之椒皆与身等，方诧步履在空外。及坐半山亭，乃指诸顶，疑前旧见非是也。至登祝融之巅，俯视四极，苍然一色，山川杂陈，琐细莫辨，风自远来，其力甚劲，候与地下殊绝。比晓观日出海，体象洞见，近若疆中，东余游氛，浩漫无际，限以扶桑，其外尚远。乃叹寰宇所周，仅当天地之中耳。再寻天柱诸峰，皆嵝邱垤，颓乎其在地矣。记曰：祝融去地二万丈。岂其然乎！

然灵岩怪石，僧寮佛宇，深者仅托涧阿林坳之间，可一睹而穷，未足言邃。明日，乃下西岭，历南台，出诸峰，至平地，回望苍郁，始若不可量。复陟其岭，入山，寻方广之道，峰回涧折，径尽复通，高下连嶂，阴晴异壑，有溪迢迢，夹崖而出，触石澎湃，声自远至，中多菖蒲水草，青被石上。两崖乔木挺生，阴若洞房，日照弗入。积雪缟地，间有山茶杂生，含萼未吐。自午达昏，上下坡陂，几二十里许，其状如一。入寺，复极幽奥，高山壁立，类城郭状。有宋徽宗金书榜曰"天下名山"，悬正殿额。假榻闲房，夜静，泉溜益喧聒。寺僧云："自此入西南，山益深，水益清，几不可穷矣。"夫然后知衡山之邃乃若此也。

游南岳记节略　湛若水

厥明，游方广，以路险远，鸡鸣秉炬而行。良久，旭日东升，渐入险路，崎岖万状，屈曲真如羊肠然。至方广寺，则见寺坐莲花峰如莲心，旁围八峰，如莲瓣然。入莲庵，遂谒朱张之堂而坐焉。天书其扁曰："嘉会。"是日遂下，宿于岳庙。

游南岳记节略　张居正

西行四十坐，得方广寺。方广在莲花峰下，四山重裹如瓣，而寺居其中，是多响泉，声彻数里，大如轰雷，细如鸣弦，幽草珍卉，夹径窈窕，锦石班驳，照烂丹青。盖衡山之胜，高称祝融，奇言方广。然涧道险绝，岩壑幽邃，人罕至焉。暮谒晦庵、南轩二贤祠，宿嘉会堂。夜雨。晓起，云霭窈冥，前峰咫尺莫辨，径道亦绝，了不知下方消息。自谓不复世中人矣。止三日，李子拉余冲云而下，行数里所，倏见青霄霁日，豁然中开。问山下人，乃云比日殊晴，乃悟向者吾辈正坐云间耳。

衡岳二贤祠记　尹台

往己亥之夏，台奉使册诸藩，其秋反自荆襄，道长沙，竣事武冈，止舍衡山之馆税息焉。旦日谒岳庙，遂陟上封，遍览祝融、紫盖诸名胜，乃并天往，下南台，憩休方广之寺。慨想晦庵、南轩二先生高风，低徊留之不欲去。于是循寺后麓，振衣莲花八峰之间，降观深窈，仿佛当时登游所载述，怃然若从之徜徉其后先也。旁瞩寺右空址一方，指问僧曰："能丐我以祠二先生矣乎？"僧忻然愿相厥美。越日，还抵衡山，搜箧得资金半铤，以授邑令内江章君宣曰："其为我计创二先生祠。"令曰："是固吾有司事也。"爰属僧伐木陶埴，鸠工庀役，不讫岁，落成。明年，僧遣其徒入京索记。会台请告归，弗果就。比历今二十年矣。前僧之尝诣者复来白下申促，台始得追为之记。

嗟乎！古之君子与其不可传者往矣，乃其遗迹在穹壤间，往往去之百千世之久，人犹思之不能忘，何也？夫心之精神通乎天地万物之表，不可以古今间者也。众人有之而弗存，宜其生死漋然，名声随躯形陨化，泯泯无以复诏于后矣。贤肯养而存之，以至盛大充塞，故能参天地，灵万物，烺烺垂耀古今，亘久远而莫之敝也。夫其遗迹之可考见者，皆其心之精神之所寓托。士欲尚友古之人，抑乌得不即是求之？繇二先生登游兹山所载述，推其咏歌称引戒惧箴儆之所及，兢兢焉惟恐一义理之有失，伦虑之或不悉中也。此其心之勤然不懈乎道！固将通天地万物为一身，施之百千世而无朝夕，岂与世之癖耽奇隐，迷溺光景，假恢伟壮丽之观，以取快畅于一时者所可同日语哉！是故其立之屹然不撼者，山之所以常镇也；其行之沛然不竭者，川之所以常流也。动而为寒燠之迁易，出而为云霞之蒸散，则其变化与相周旋矣。感而为虫鸟之飞鸣，形而为草木之华实，则其性情与相昭察矣。盖二先生平居间辨相益，专力乎千圣相授之远业，故凡其足迹之交，耳目之营，无一非敬义精微之施用，放之出于游衍，则无人而不自得，廓之极乎位育参赞之功化，则可使上下同流而不息。其心之精神所寓托者，岂能一二为众人告说哉！读其文，诵其诗，绎其师友议论切磋之指归，不知反思默契，上求二先生之深造，以自淑勉其身心，不足与言善学矣。斯台所以祠二先生之志也。嗟乎！吾党之士有升斯堂者，亦可惕然自兴起夫。祠成之二年，安城邹翁守益，吾邑甘翁公亮，始纳二先生主释奠。明年，增城湛翁若水来，署其堂曰"嘉会"，其秋，吉水罗君洪先复至，则取二先生方广诸诗大书壁间，而自题其后以示志。祠自章令属僧肇工，首其规度者，主寺洁空；迄柑乃成，其徒圆琳、圆玉也。有助于祠，皆不可无载，故并记之。时嘉靖己未孟春谷日。

游南岳记节略　张元忭

还至岳庙，时尚未午，遂决策为方广之游。繇庙后折而右，绕山麓，路殊平坦，然澄溪叠障，渐入渐佳。十里许，复陟坡岭，又数里，为须弥废寺，一老僧方营构之。须弥而上，岭益峻，泉益驶，石益槎枒，诡怪万状，水蒲石竹，<u>丛生涯际</u>，青翠逼人。时天气尚寒，山桃半吐，间以白梅，恍异人境。几数十里，跻危蹑险，殊不自觉。至一木桥，多涧交泻其下，两山互抱，中为清江庵址，方广道中，此为最胜。予伫立桥上，良久乃去。逾分水坳，复就平坦，遥望诸峰，簇簇如莲华瓣，方广寺居其中，如拥莲座。屡渡溪桥，乃入寺。宋徽宗书"天下名山"，悬大殿，其右为嘉会堂，入谒朱张二先生，次韵寓怀。已宿于东舍，夜雪扑窗棂有声。晓起辄霁，然万山皆白矣。予又自念，以山水之癖而烦仆夫赤足踏冰雪，得非罪过？则屡酤酒炊黍，遍犒之。旋出寺，观惠海尊者补衲、洗衣二石。盖方广之胜，与道中所见，又倍蓰矣。

方广记略　彭簪

余素有山水之癖，澹于进取，得宰衡山，据南岳之胜，心窃自喜，以为是遇也。既三年，遂自号七十二峰主者。又三年，七十二峰游且遍，始以祷雨，徒步过莲花峰，方广寺正在莲花心也。旋踵得雨，喜甚，留寺中半日，寺僧指寺前石壁题刻，皆唐宋时人姓名。石壁之下泉声泪泪，环绕而出，傍泉有补衣石甚奇，在寺之右。寺后有婆罗树，悬生岩上，不可攀，相传为数百年物，然大不盈把。寺中有千僧锅，已不可炊，寺僧弗毁，欲以存古迹也。寺始建自梁天监二年，中间废兴不可考。宋晦庵朱子与南轩张子游南岳，至莲花峰，甚称赏之，方广之名益著矣。寺僧某，于今坚苦数十年，能以其说普化十方，圆成因果。寺宇一新，金碧焜耀，其自谓佛氏之徒，固当如此。余方在寺中，屏去驺从，焚香独坐，因举佛书色空之说，延引僧话。余谓："吾儒之道，非有非无，非色非空，自有方广，境界如何？盖佛氏之学，至于方广已入最上乘矣，犹吾儒之所谓高明广大也。"寺僧合掌，默然不言，似超悟方广之义者。遂记之。

游南岳记节略　谭元春

与周子订方广游，周子许焉。于是遂以明日往。初行，平壤十余里，溪山效韵，望昨所为诸峰皆不见，无论祝融。陟岭，得疏林，云有西明寺，意不欲往，遂不往。西明而上，向背高低不一，沙边有石，石隙有泉，泉旁有壑，壑下复有奔响。响上有树，树间有花草青红光，光中又有飞流杂波，流急处有桥，桥上下皆有阴，阴内外有幽鸟啼。水可见则水响，不见水则汩汩草树响。万松茂一山，则山暗，一山或未能丛，则两山映之使暗。崖石森沉，多如幽斋结构。至于水蒲溪毛，宛如盆秀，步步怀新。度三十余里，声影光三绝。惟至半道，缓行蔽翳间，左右条叶，随目俱深，表里洞密，有心斯肃。谭子视周子良久，卒不能发一言。此山中太阳易夕。壁无返照。小憩岭端，望之莲形若浸。暝投方广寺，林火鸿濛，泉鸟惊心。僧引至殿旁，折入禅栖廊下，忽度桥，泉声又自桥出。所宿处聒聒然，与来路莫辨。

晓起即出寺西。縠林泉夹道中，过洗衲池，梁惠海尊者洗衲处，一石卧水面，旁守以大石，乱流汇泻，声上林间。石去地数寸耳，不能帘，而亦依稀作帘光。稍进，为尊者补衲石。近人因其势上置台，题曰啸。予易以"恋响"。恋响者，恋洗衲以下水石樾薄之响也。然亦任人各领之。又西，高径山开，可入天台寺。意不欲往，遂不往，惟坐起林边水边，自西历东，低回澄疏而已。如是者三往返，俗人知好，童仆共清，乃出方广路，天乃雨，影响无一增减，但初至重经，略有异同。当此之时，虎奔迹，鹿争途，猿啼一声即止，蝶飞无算，似知春尽者，谭子怅然。明日不雨，乃出岳。善辞岳者，亦逐步回首而望之。

南岳记余四之一　　谭元春

方广之妙，在路径如海潮，篮笋如舟楫，而又皆覆于空青曲阴之下。行二十余里如一步，不独在寺也。然在寺中，亦如海潮，如舟楫。又与二十余里如一步，是则奇绝。予初欲撰一方广记，后乃乘笔墨之便，遂合为一记，诗亦刻石寺中。"以我倚松意，知师洗衲心"，是改作，与石刻异四字。

游南岳后记 茅瑞徵

往游岳者相诩，高推祝融，邃推方广。余既登祝融，掇云日之胜，私怪衡为名岳，曾无珍木奇树，干霄拂云，而衲子室并如斗大，亦无琳宫绀宇以称庄严。因问走方广路，循岳麓，入集贤书院。穿径访静室，颇幽雅，而修竹成行，自森挺可爱。舆人谓方广路绝险，攀跻不易。乃前行十余里，旷野坦迤，时逢佳石，佐以流泉，磕砑作响。又前行数里，始披蒙茸逾岭。从者正骑引舆，经荒棘中，推挽欲疲，而泉石每迎舆竞爽。薄暮，抵西弥寺，为中道。山僧秉炬前导，或断不属，而皓月已在天，不啻光明烛，与爝火相代。舆中惟觉树影参差，高高下下，而鸣泉渐奔泻，声如震霆。前指招提，即所称方广寺也。绕寺四围皆山，群峰环。列如莲花形，而寺适枕其中，为莲之中瓣，是名莲花峰，最称奇秀。殿基弘丽，而僧寮亦棋置，缁流可二百余，甲于南岳。是夕，庭月当空，举杯引满，起步前楹，徙倚听泉，泠有会。诘朝，登阁，纵观经藏，谒朱张两先生祠，因遍诸梵宫精舍，引流艺竹，所至幽胜。而环寺多古树参空，琪花散馥。峰头晴旭映发，苍翠如点，奇石清泉，激荡成韵。僧引示补衲石、洗钵泉，皆尘外独绝。长水岳中丞和声刻有啸台字，踞石枕漱相赏，别有真想。或语余衡岳诸峰并随地涌泉，大有灵气，而泉石两擅，茂林珍植，镇以招提，则莲花实为诸峰冠。往游者以方广匹祝融，岂不或信！余今而后可称尽岳游之变矣。

《莲峰志》卷四终

莲峰志卷五

诗

朱熹 元晦

后洞山口晚赋

日落千林外，烟飞紫翠深。寒泉添壑底，积雪尚崖阴。景要吾人共，诗留永夜吟。从教广长舌，莫尽此时心。

自方广过南台次敬夫韵

素石留青壁，苍霞对赤城。我来林壑晚，人说夜灯明。贝叶无心得，蒲人有旧盟。咄哉宁负汝，安敢负吾生！

方广版屋

秀木千章倒，层甍万瓦差。悄无人似玉，空咏小戎诗。

方广道中半岭小憩次敬夫韵

不用洪崖远拍肩，相将一笑俯寒烟。向来活计蓬蒿底，浪说江湖极目天。

道中景物甚胜吟赏不暇敬夫有诗因次其韵

穿林踏雪觅钟声，景物逢迎步步新。随处留情随处乐，未妨聊作苦吟人。

崖边积雪取食清甚次敬夫韵

落叶疏林射日光，谁分残雪许同尝。平生愿学程夫子，恍忆当年洗俗肠。

后洞雪压竹枝横道

石滩联骑雪垂垂，已把南山入小诗。后洞今朝逢折竹，却思联骑石滩时。

方广奉怀定叟

偶来石禀峰头寺，忽忆画船斋里人。城市山林虽一致，不知何处是真身。

方广圣灯次敬夫韵

神灯照夜惟闻说，皓月当空不用寻。个里忘言真所得，便应从此正人心。

罗汉果次敬夫韵

目劳足倦登乔岳，吻燥肠枯到上方。从遣山僧煮罗汉，未妨分我一杯汤。

壁间古画精绝未闻有赏音者

老木樛枝入太阴，苍崖寒水断追寻。千年粉壁尘埃底，谁识良工独苦心？

泉声次林择之韵

空岩寒水自悲吟，遥夜何人为赏音？此日团栾都听得，他年离索试追寻。

霜月次择之韵

莲花峰顶雪晴天，虚阁霜清绝缕烟。明发定知花簌簌，如今且看竹娟娟。

枯木次择之韵

百年蟠术老聱牙，偃蹇春风不肯花。人道心情顽似汝，不须持向我侬夸。

夜宿方广闻长老守荣化去敬夫感而赋诗因次其韵

拈椎竖拂事非真，用力端须日日新。只磨虚空打筋斗，思君辜负百年身。

莲花峰次敬夫韵

月晓风清堕白莲，世间无物敢争妍。何如今夜风头雪，撩得新诗续旧篇。

方广睡着次敬夫韵

风檐雪屋澹无情，巧作寒窗静夜声。倦枕觉来听不断，相看浑欲不胜清。

感向子平事

翩然远岳恣游行，慨想当年向子平。我亦近来知损益，只将愨窒度余生。

残雪未消次择之韵

脚底悲风舞冻鸦，此行真是蹑苍霞，仰头若木敷琼叶，不是人间玉树花。

张栻 敬夫

宿方广寺

俗尘元迥隔，景物自天成。山近四围碧，泉鸡永夜清。月华侵户冷，秋气与云横。晓起寻归路，题诗寄此情。

和元晦后洞山口晚赋

石裂长藤瘦，山围野路深。寒溪千古思，乔木四时阴。更得寻幽侣，何妨拥鼻吟。笑看云出岫，谁似此无心！

自方广过南台

两寺清闻磬，群峰石作城。风生云影乱，猿啸月华明。香火远公社，江湖鸥鸟盟。是中俱不著，俯仰见平生。

和元晦版屋

茸盖非陶埴，年深自碧差。如何乱心曲，不忍诵秦诗。

方广道中半岭少憩

半岭篮舆少驻肩，眼中已觉渺云烟。上头更尽无穷境，非是人间别有天。

道中景物甚胜吟赏不暇因复作此

支筇石壁听溪声，却看云山万叠新。总是诗情吟不彻，一时分付与吾人。

崖边积雪取食清甚赋此

阴崖积雪射寒光，入齿清甘得味尝。应是山神知客意，故将琼液沃诗肠。

和元晦雪压竹韵

山行景物总清奇，知费山翁几许诗？雪急风号联骑日，月明霜净倚阑时。

和元晦怀定叟戏作

路入青山小作程，每逢佳处忆吾人。山林朝市休关念，认取临深履薄身。

方广圣灯

阴壑传闻炯夜灯，几人高阁费追寻。山间光景抵常事，堪笑尘寰万种心。

赋罗汉果

黄实累累本自芳，西湖名字著诸方。里称胜母吾尝避，珍重山僧自煮汤。

和元晦咏画壁

松杉夹路自清阴，溪水有源谁复寻？忽见画图开四壁，悠然端亦慰予心。

和择之赋泉声

试问今宵涧底声，何如三叹有余音。堂中衲子还知否，月白风清底处寻？

和择之赋霜月

月华明洁好霜天，遥指层城几暮烟。妙意此时谁与寄？美人湘水隔娟娟。

和择之赋枯木

阴崖虎豹露须牙，元是枯槎著藓花。不向明堂支万祀，玄冬苦节未须夸。

闻方广长老化去有作

夜入精蓝意自真。上方一笑正清新。山僧忽复随流水，可惜平生未了身。

赋莲花峰

玉井峰头十丈莲，天寒日暮更清妍。不须重咏洛神赋，便可同赓云锦篇。

和元晦咏雪

兀坐竹舆穿涧壑，仰看石径接烟霞。时闲故有春消息，散作千林琼玉花。

释洪觉范

海上初还至南岳寄方广首座

天风吹笑落人间，白发新从死地还。往事暗惊如昨梦，此生重复见名山。倦禅想见崔嵬坐，知法应抛放纵间。初嚼芳鲜动诗思，一篇先寄倩君删。

顾璘 东桥

游方广

古木阴阴一径微，寒溪十里带残晖。僧饭汲泉和雪煮，客堂明烛见云飞。田开白石分叠千，山拥青屏匝四维。行尽衡峰多佛宇，无如此地好归依。

又出方广

一宿霞门便出山，泉声雪色送余还。金书向荷君王宠，石髓难医俗士颜。洞府逍遥尘土外，冠裳惭愧去留间。武皇亦说捐妻子，何事吾人大作悭！

邹守益 东廓

方广寺次晦庵南轩二先生韵

石梁击壤对青莲，月映疏林色更妍。惊起洞龙五日雨，山僧解诵白驹篇。
飞泉日夜作龙吟，梦里疑闻广乐音。欲谱观澜翻古调，宫商历乱眇难寻。
小醉山杯同此夜，更深洞口白云还。开门月上云舒卷，阖辟乾坤一笑间。
洞口归云隐薜萝，坐临飞瀑起高歌。莲花峰下春如许，合与莲坪寄一窝。
四合烟云接太清，泉声更挟迅雷声。山前晴雨皆奇景，憎爱何劳更恼情。

罗洪先 念庵

住方广九日悠悠苦不能舍遗以是诗

坐石忽忘去，买山无后期。不怜生是寄，翻以爱为悲。门忆曾题处，
松看初长时。千山风与月，来者自栖迟。

访方广寺大方静室住一日

一径远微微，深林自掩扉。结茅邻虎穴，积叶卧牛衣。苦药朝存食，
寒藤夜独归，无心答问语，谁辨万缘非！

出方广作

斋心逾一七，经义破三千。黄叶石间路，青松山下泉。客游朝复暮，
禅定日如年。回首钟鸣处，深林隔四天。

次尹洞山韵追忆朱张二先生雪中宿此怆怀遂志诗末

青莲结宇白云隈，大士何年说法台。瀑水峰头堪独往，石房松下定

谁开。深潭咒雨龙能听，别院分斋鸟自来。立雪有怀人不见，山高岁广重迟回。

湛若水 甘泉

题嘉会堂

二贤并生世，于此际嘉会。七日与朋来，唱酬固尚在。我生何不辰，独立无朋辈。忆昔阳明子，相期将有待。时势倏变更，至今有遗悔。二贤祠下树，勿翦与勿败。悠悠千古心，泉樾系感慨。

蒋信 道林

次朱张二先生韵

题品从人谩拟莲，中天秀色谢佳妍。角巾晚对苍烟里，不记莲翁爱乐篇。

次东廓

鞭鹤同谁出薜萝，石泉云外和予歌。太清清处堪同住，不用青钱买竹窝。

次石泉

嘉会堂高围石林，泉分卓锡下云森。拈将圣训君同领，落尽灯花夜几深。末径可怜空语佛，多年却恐未知心。如今独喜石泉子，肯为疏狂和不禁。

陈大纶 豹谷

佛地前有古器因拟林上人种莲有作

诸峰览下来，爱此方广好。青莲天雨花，大地云根抱。鬙句高四百，人间迹如扫。移种古佛地，堪为证果笑。永结无心盟，坐忘天地老。

高简 太鹤

二贤次韵

明月一轮担满肩，高秋此夕尽飞烟。穿林冉冉莲花下，独立祠前别有天。

欧阳继 □□

方广

信宿留方广，秋容别市城。高风寒叶坠，新月夜堂明。虫韵偏依石，萤飞却近楹。与僧谈梦幻，真觉愧浮名。

蔡汝南 白石

寄方广寺朱张精舍

秋风吹梦到名山，却在千峰万壑间。缘寄薜萝思久结，身婴符竹迥难攀。并游先觉曾投迹，趺坐禅僧自闭关。偶上江楼见苍翠，分明犹许眼光间。

骆尧知 □□

宿方广

凤驾初登岳，从师几杖新。槲香薄日色，溪溜听天钧。采药云迷路，攀林月在身。哲人应识我，不是浪游人。

刘阳 三峰

二贤祠同讷溪和念庵韵

石阁云分住，嵩堂月每期。不缘闲榻恋，因忆古人悲。千载怜真绪，百年虚壮时。莫为分手计，已惜对床迟。

留紫云方丈

雪久琴生润，云来户且扃。洞缘龙气紫，峰作藕花青。石畔收蒟蒻，松根斸茯苓。山中留客住，浑不世间营。

陈庆□ 西塘

次念庵太史韵

登山殊不厌，只恐负幽期。一入诸天寂，能忘万劫悲。洞深石涌处，松老鹤来时。窃忆高贤远，因怜蹒履迟。

王希贤 西溪

方广次韵

到来不拟有佳山，钟磬迎云紫翠间。因记十年曾眺赏，还期八月可跻攀。崖云多事仍开霁，禅榻无拘莫闭关。寄语石梁同笑者，秋高月白一尊间。

刘稳 仁山

方广谒二贤祠

清晨度翠微，傍晚扣禅扉。月上莲花顶，云生薜荔衣。古祠芳草合，高树暮禽归。云泉订好梦，莫怪令威非。

罗朝岳 盘云

方广道中望青衿峰作

行踪遍岳秀，题品皆所寄。五峰固殊特，青衿安可卑？何彼来游人，久矣无相知？蓍如等邱垤，观望靡及期。今来忽予觏，削笔青天涯。晴云映孤岫，佳色辉巍巍。岂非造化初，祝融同根基？惟以不当路，遂致低昂之。此情实乖异，歧路令生悲。停舆悬相对，悠然发长思。我身似尔峰，韬晦甘如痴。

潜圣峰次韵

步援石磴手扪萝，癖爱山行行亦歌。歌入烟霞抛杖屦，万峰深处即吾窝。

石梁桥次韵

斜日疏林晓色青，鸟惊残梦坠寒声。桥头坐看云归洞，感动经营邱壑情。

张术 秋泉

方广奉和东廓

万里无云渺太清，风箫何处奏天声？游人到此浑忘却，吸露餐霞物外情。

毛绍纶 鹤汀

疾风甚雨修祀南岳时乃大霁天映山青因得复往莲花峰奉礼朱张二夫子

钟传方广莲花下，云壑行回径路长。千载高贤游赏地，萧森草树又斜阳。

张居正 叔大

方广寺谒晦庵南轩祠柬诸同志

两贤异乡域，千里还求相。只为恋徒侣，能忘路阻修。我行蹑遗迹，仰见祠屋幽。高山近可仰，嘉会亦绸缪。俯首念畴昔，戚戚怀殷忧。虽抱遗俗心，赋质暗且柔。屃赑负乔岳，有志力不遒。愿我同心侣，景行希令猷。涓流匪沧海，一篑成山邱。欲骋万里途，中道安可留。各勉日新志，毋贻白首羞！

方广燕坐次念庵韵并寄仰怀

烟雨晓微微，山僧未启扉。花坛分石髓，苔壁挂牛农。挥麈频闻难，停锦已忘归，曹溪一宿后，真觉夙心非。

赵贞吉 大洲

出方广作

偶来何见去何闻？耳畔清泉眼畔云。山色有情能恋客，竹门将别却怜君。瘦筇又逐孤鸿远，浪迹如还落叶纷。尘土无心留姓字，碧纱休护壁间文。

陈惟顺 南崖

再游方广

泉流百折涧，云拥万重山。虎吼风生地，乌啼月满关。蕙兰吹岭气，杖屦失愁颜。天纵山人兴，葛巾任往还。

尹台 洞山

游方广

衡岳峰阴万翠隈，幽林危刹倚天台。水摇树色烟中落，山作瑶莲石上开。终夜星河朱宿拱，高秋云雾黑潭来。欲辞簪绂随猿鹤，留语老僧待客回。

出方广望石廪不果登有作

莲花峰影散参差，石廪天梯挂壁危。坐惜阴崖苍藓滑，难攀绝壑紫萝垂。风声昼吼玄冥窟，云气秋翻霹雳池。安得身轻陵绝顶，卧承清露茹仙芝！

张元忭 阳和

游方广谒晦庵南轩两先生次韵

风月行囊总一肩，芒鞋得得破春烟。碧桃溪畔花先吐，始信山中别有天。
禅堂独对一灯清，却讶溪声似雨声。灖灖东流无日夜，今人剩有古人情。

刘之龙

游方广次韵

几夜禅房梦独清，又看翠岫带溪声。明朝策马出山去，回首烟云无限情。

黄廷用

莲花峰

山似莲形开朵朵，僧家住在藕花心。银涛夜泻滋珠蕊，紫雾晴分润玉林。长向藤萝看虎伏，忽乘风雨听龙吟。青莲玉井华峰上，安得骖鸾一往寻？

曾朝节 直斋

宿方广题朱张二先生祠

复峰危岳极攀缘，忽到灵山有洞天。一自西方开白社，遂令东土涌青莲。周罗花瓣应为供，清净天香总似禅。彻夜雨声眠不得，谁知幽响过流泉！

邹德溥 泗山

偕从兄汝禹暨伍学父欧用卿周振南同游方广

万山盘翠隐琳宫，挈侣寻幽兴不穷。曲磴千层枯木里，飞泉百道乱岩中。香台漠漠生虚白，仙梵微微入远空。欲问真如无一字，觉来步步是玄同。

曾凤仪 金简

入方广阅藏

独上招提静掩扉，青莲朵朵漾晴辉。斋分香积和云供，步引金绳夹日飞。涧水时清居士耳，溪霞巧映定僧衣。少林传得空王印，□□空山第一机。

和阳和张太史二贤祠韵

揽胜名山此□肩，莲花深处足风烟。闲临定水心无事，况是阳春二月天。

李焘 斗野

洗衲池

宝地山环碧，琳宫瀑供奇。一泓开宿海，三峡倒天池。丹鼎银为冶，龙头雪作维。从来堪洗衲，即此濯缨宜。

岳和声

次张孝廉无名方广同宿见赠之作

行尽七千里，山中才见君。岳开莲作寺，人散咳为云。剑喜雌雄合，星占吴越分。不缘清夜坐，自性得闻闻。

张博 无名

岳仪部过山斋夜谈

世外逃喧地，林开识使君。言寻南岳胜，更踏万山云。沦茗留趺坐，高谈入夜分。何缘调流水，得向静中闻！

尹嘉宾 淡如

游方广

惟心净土谁能识？火里青莲怎样开？水鸟树林都护法，山僧犹自觅如来。

杨佐明

登峰作付方广

朱明缘北极，紫盖拥南天。胜景观无尽，游情我独仙。软舆披曲径，轻扇拂危烟，怒石疑逢虎，惊泉似听蝉。断崖孤磴外，独树半山前。洞锁丹霞古，桥封玉版鲜。松篁衔落照，云日护飞船。昏黑投僧寺，清凉结梵缘。捧盂怜小衲，拂藓读新篇。未了嵩风梦，初看若木悬。坐亭凌倒影，倚塔睇洪川。万嶂沉幽壑，诸天拱法筵。关山收一望，尘雾溿无边。桑下宁三宿。源中逾百年。等闲离洞口，怅望武陵舷。

周赞春

二贤祠次韵

下山复踵踏前肩，势便乘高破雾烟。趋至莲花峰顶坐，旋开遍地井中天。

杨鹤 修龄

方广

千岩万壑窍玲珑，云气乘嘘能混濛。若向名山搜地脉，六根何处不灵通！山中归卧武陵春，倦鸟闲云自在身，静里闭门惟打睡，起时还作灌园人。

宿凝然方丈

今夕眠何处？众山作人语。八月潮声枕上来，扁舟一夜潇湘雨。

谭元春 友夏

出岳路

灵雨记起止，在山皆晴望。意岂不忘归？归心闻汪涨。何以迎送予？青松同微尚。爱涛步迟迟，人以为惆怅。我则实不然，方寸岳万状。

衡岑同异寄报蔡敬夫朱无易二公

五峰木石身，沃之以方广，不踏岑山泉，空作衡山想。太霁捐山情，将无失惝恍！犹念祝融前，众云寒俯仰。中外奔一岑，百祥无他往。古岳任其天，所以荆榛长。

洗衲池

日下寺峰静，水流桥路深。清晖向前去，奇影自相沉，以我倚松意，知师洗衲心。声光融万物，不独在长林。

方广路

真幽难测识，古路自多惊。深绿摇灵魄，空青盖众声。山释如水泛，地暗杂天明。曲直度千劫，高低分一泓。鹿禽人共道，花草树同生。如此十余里，难言有限情。窈冥常是夜，奇奥晓而晴。梵火浓阴里，何僧不可清！

出方广

溶溶水木澹多思，长叹声如良友离。素蝶黄花春尽日，暗泉深树雨来时。将横石上过驯鹿，欲湿桥边立子规。去住飘然吾夙昔，白云生满下山迟。

茅瑞徵 五芝

游方广寺

穷幽觅古寺，峰绕薜萝深。奇壑烟全锁，晴岚气亦沉。僧来穿鸟道，香发出松林。坐听清泉泻，何烦丝竹音！

郭都贤 天门

游方广

见所见而去，问予何太忙？度云闻石语，吸露带瓯香。衲洗灵泉水，灰飞古道场。莲花从火现，佛法应重光。

洗衲池

万壑千峰翠霭遮，上方旁拥碧莲花。尘夫不解无生法，洗衲池边自吃茶。

魏士章

方广对月

为穷胜迹肯辞疲，再过禅房致旧诗。淡淡白云劳应接，辉辉清影独犹夷。归林宿鸟喧歌笑，绕石鸣泉恣鼓吹。一榻隔窗人数起，幽怀却被老僧知。

堵胤锡 仲缄

听涧有感

涧石磈无次，溃泉各见功。千崖悬影合，密箐曲身通。应有情能感，将无理自同。踌躇听不去，端望诵山蒙。

谒朱张二夫子祠四首

犹见先生宇，巍然古刹前。勿深同异辨，翻借磬钟缘。栋落阴晴雨，甍飞昼夜泉。古期今在昔，迥户历星悬。

羹墙觊小子，俎豆拜吾师。居世有无尔，高长山水诗。采泉源在近，出户道多歧。通夕□□□，惊寒衣倒披。

四十悲闻力，仰面怅何求！从前都过眼，夫子在高头。未便登为岸，难量水作舟。蹉跎思接引，沧海一槎浮。

众水恒沙下，通山烟雾中。难将簪绂子，再进简编功。醒醉无糟啜，追亡在跂攻。疏斯何若粺，不寐听梵宫。

冒雨游方广中道喜晴

危磴垂萝人径少，盘蹊觅路鸟声呼。满头薄雾通天气，一背初晴负画图。万壑中开云树暗，四山层簇雨连孤。千年涧里潺潺水，流到人间听有无。

周大启 _{芝田}

登方广

曲曲层层侧径通，寺尖插出翠微中。山情似我擎拳拱，我意穷山劈面逢。花雨半天随涧落，衲云千缕到身空。闲行多少添忙趣，拣得悬崖印脚踪。

刘明遇 _{浣松}

游方广

山深春尽尚高寒，探石搜云爱路难。孤瀑忽从天上落，众峰如在掌中看。鸟争花性啼香艳，僧定禅心住世宽。一宿精蓝狂念歇，然灯选梦入更残。

自九渡路口上岳山

四顾无行径，晓风迷宿雾。劈空一卷石，凿破寻山路。缘溪一线行，云绕石无数。桃李醉春风，争妍松杉树。风雨生木末，阴云起竹户。时闻霹雳声，四望皆瀑布。剔薛觅奇书，苔莓深固护。七十二幻峰，峰峰白云吐。幽人投僧舍，僧僚如亲故。崖月入我怀，高朗寒生怖。毒舌问山僧，杀运如何渡！云超兹劫中，须借英雄箸。甫动买山心，山鬼已知处。何如入水火，度人亦自度。假寐白云窝，定力追天步。夜半晓钟鸣，蘧然发深悟。

方广山房赋赠周芝田先生

湘岳绝顶祝融峰，七十二峰最巃嵸。溪岩洞瀑溅空翠，春山春涧百花浓。我访名山周四大，西极少华东泰岱。楚岳山灵新交游，收拾云霞满衿带。中有紫光浮嶙峋，万谷桃李放深春。步云趋雾叩金英，是乃东壁图书林，南和丹缯之真人。有人驻杖在方广，崖深烟雾生蓬幌。平章梅柳增颜色，鸟戛笙簧众山响。山僧采蕨供伊蒲，春茗压醐百宝望。气吐精灵蛇龙窟，宅喷鲛珠□□□。明眼选佛方广殿，佛子短长丝丝见。洞庭千里奔归湖，百川万壑开生面。千中抡得补天手，撑扶日月还霄汉。掀翻劫运如反掌，长夜漫漫明星烂。

《莲峰志》卷五终

《莲峰志》全书终